# सर्वेश्वरदयाल सक्सेना का रचना-कर्म

# सर्वेश्वरदयाल सक्सेना का रचना-कर्म

कृष्णदत्त पालीवाल

वाणी प्रकाशन

वाणी प्रकाशन का 'लोगो'
विख्यात चित्रकार मक़बूल फ़िदा हुसेन की
कूची से



ISBN : 81-7055-467-6

वाणी प्रकाशन
21-ए, दरियागंज, नयी दिल्ली-110002
द्वारा प्रकाशित

फोन : 0091#11#23273167, 23275710
फैक्स : 0091#11#23275710
ई-मेल : vaniprakashan@gmail.com
vani_prakashan@yahoo.com
वेबसाइट : www.vaniprakashan.com

प्रथम संस्करण : 2006
द्वितीय संस्करण : 2010
© लेखकाधीन
शिवम् आफसेट, शाहदरा, दिल्ली-110032
द्वारा मुद्रित

मूल्य : 295.00

SARVESHWARDAYAL SAXENA KA
RACHNA-KARM
by Krishnadutt Pailwal

# आमुख

नयी कविता के एक-दो कवियों को छोड़कर हिंदी में ज्यादातर नये कवियों पर स्वतंत्र रूप से उनकी कृति या कृतियों के समग्रता में विवेचन-विश्लेषण का अभाव खटकता है। प्रायः पुराने आलोचक उन पर मौन रहना ही उचित समझते हैं और बोलते भी हैं तो जैसे नाराजगी में बरस पड़ते हैं। नये लेखक और सर्जक को वे वह सह्रानुभूति नहीं दे पाते हैं जिसकी नये कवि को उनसे आशा होती है या रहती है। नये कवि या साहित्यकार पर लेखनी उठाते हुए देखकर भी उनका विचार होता है कि अभी इन पर लिखने की जरूरत ही क्या है। मैं इस प्रकार के विचारों का पूरे मन से विरोधी रहा हूँ। मेरे लिए तो नया सर्जक ज्यादा ताल्लुक रखता है, वह मेरे जीवन के लिए ज्यादा प्रासंगिक है, वह मुझसे वर्तमान की समस्याओं पर सीधी बात करता है। मेरा उस रचना-भार से संवाद वर्तमान से वर्तमान का संवाद है तो यह पुस्तक नये कवि सर्वेश्वर से इसी ढंग का संवाद है। इसमें जड़ सैद्धांतिकता की सैकत-राशि से हटकर अनुभूतियों की सामाजिकता, वैचारिकता के विभिन्न रंग-ढंग, आदि पर सोचने-समझने की एक तटस्थतामूलक पद्धति को व्यवहार में लाने का प्रयास है। काव्यगत प्रतिमान मनोविश्लेषणवादी तथा मार्क्सवादी दोनों पद्धतियों से मूल्यांकन में वैज्ञानिकता एवं प्रामाणिकता लाने के लिए प्रयुक्त किए गए हैं। इन दोनों पद्धतियों के मेल-जोल में ही मुझे आलोचना की सही राह बनती दृष्टिगत हुई है। इन दोनों पद्धतियों के समन्वय में कितना सफल रहा हूँ, इसका निर्णय तो सजग अध्येता ही करेंगे।

मैं मानता हूँ कि प्रखर प्रातिभ-शक्ति से संपन्न कलाकार पर चाहे वह नया हो अथवा पुराना—बार-बार बहस, चिंतन, चर्चा-परिचर्चा, आलोचना-प्रत्यालोचना का क्रम चलते रहना चाहिए। ऐसा करने से नये सर्जक को बल मिलता है और पुराने साहित्य की शक्ति का परीक्षण होता रहता है। सृजन में अन्वेषण का यही आज सबसे अच्छा तरीका हो सकता है। इससे कवि की मूल संवेदन-क्षमता, उस संवेदनात्मकता में निहित सामाजिकता और सृजन-कर्म की कलात्मकता का मूल्यांकन एवं तारतम्य निर्धारण भी होता चलता है। काव्य की संप्रेषणीयता से भी हम परिचित होते हैं तथा उसके प्रति हमारा लगाव भी ताजा होता रहता है, उसमें नया भराव आता है। युगीन परिवेश के प्रति जागरूकता, समस्याओं के प्रति दृष्टि, सामाजिकता का लगाव, बदलते हुए मानवीय

संबंधों की जानकारी पाठक को होती है। यह जाना जा सकता है कि वैचारिक धरातल पर उसने अपने देश और समाज को कितना दिया है या देना चाहता है; साथ ही, काव्यगत वैचारिकता का स्तर क्या है तथा कवि किस वर्ग, समुदाय या किन लोगों की ज्यादा तरफदारी करता है; मामूली आदमी के प्रति उसकी क्या हिस्सेदारी है, उसके बिंब, प्रतीक, मिथक, काव्य-भाषा, लय, अर्थच्छवियों के गुच्छ आदि के प्रेरक-स्रोत कहाँ हैं, उनका ध्वन्यर्थ क्या है, कवि के अवचेतन में बड़ी घुमड़न किस बात को लेकर है; उन अनुभवों अनुभूतियों में कौन से जीवन-मूल्य निहित हैं–प्रतिगामी या प्रगतिशील; काव्य-यात्रा के आरंभ से उसकी चेतना में उत्कर्ष हुआ है या शनैः-शनैः सृजन शक्ति का क्षरण। साथ ही, हमारी अपनी जातीय-परंपरा जो भारतेंदु, प्रसाद, निराला, मुक्तिबोध आदि में उपलब्ध होती है, उसकी कौन-सी छवि कवि में उभरती है; वह खरी अभिव्यक्ति, सच्ची अनुभूति का प्रखर कवि है या किसी संस्था या दल से जुड़ा प्रचारक मात्र है, जिसकी अनुभूति भीतर की तड़प न होकर बाहर की दिखावट-भर है। इन सभी सवालों पर आज की नयी आलोचना में वैज्ञानिकता के साथ विचार करने की जरूरत है जिसे रूपात्मक आलोचना की पद्धति पूरा नहीं करती है। 'सर्वेश्वरदयाल सक्सेना का रचना-कर्म' शीर्षक यह पुस्तक मेरे इन्हीं प्रश्नों के कुरेदने पर मिलने वाले उत्तरों का रूप है। एक प्रकार से यह मेरा कवि सर्वेश्वर से वैचारिक तथा कलात्मक ढंग का कवि-पाठक संवाद है। फिर यह नया कवि अपने काव्य-मुहावरे, भाव-विचार आदि में भी इतना नया है कि सचमुच मुझे आंदोलित-आलोड़ित करता है। मैं समझता हूँ कि मेरे जैसे अन्य तमाम लोग होंगे, जिन्हें यह काव्य आंदोलित करता होगा या कर सकता है। यह पुस्तक इसी अर्थ में कवि-कर्म का विवेचन-विश्लेषण, मूल्यांकन करती है। यह खतरनाक पारिभाषिक जालों से तोड़कर सामाजिक-राजनीतिक अनुभूतियों की ईमानदारी पर बहस को बार-बार केंद्रित करती है। आलोचन-कर्म की यह प्रतिबद्धता ही इस अध्ययन की धुरी है।

यह अध्ययन न तो मात्र प्रशस्तिवाचन है या निंदा-भर नहीं है। रचना-कर्म के समस्त सौंदर्यात्मक संसार को खोलने की इसमें तैयारी रही है। जैसे किसी भी नाटक की सबसे बड़ी शांति अपने अंतिम लक्ष्य में काव्यात्मकता को पाने में विकसित एवं समृद्ध होती है वैसे ही किसी भी कविता की सबसे बड़ी शक्ति अपने अंतिम लक्ष्य में नाटकीयता को पाने पर ही है। कथ्य एवं शिल्पगत नाटकीय-व्यापारों को 'कुआनो नदी' तथा 'जंगल के दर्द' की विस्तृत समीक्षाओं में इसी दृष्टि से विश्लेषित-परिभाषित किया गया है। सर्वेश्वर के रचना-कर्म की दिशा और दृष्टि को प्रकाश में लाने के लिए प्रसिद्ध विद्वानों के कथनों पर भी विचार किया गया है।

मैं अपने गुरुजनों, मित्रों एवं स्नेहियों का भी कृतज्ञ हूँ जिनकी सत्प्रेरणा से यह अध्ययन संभव हो सका है।

इस प्रयास में मैं कहाँ तक सफल रहा हूँ, इसका निर्णय प्रबुद्ध पाठक स्वयं करेंगे।

–कृष्णदत्त पालीवाल

# अनुक्रम

# 1

# युग परिवेश

सर्वेश्वरदयाल सक्सेना (15 सितंबर, 1927–23 सितंबर, 1983) का रचना-समय स्वाधीनता-प्राप्ति के चालीस वर्षों में फैला हुआ है। उन्होंने 1947-48 के आसपास रचना-कर्म आरंभ किया और जीवन के अंतिम क्षणों तक रचनारत रहे। 'नयी कविता' का आरंभ जहाँ से हुआ वहीं से सर्वेश्वर की सर्जनात्मकता निष्पत्ति पाती है। सच बात यह है कि 'नयी कविता' को सर्वेश्वर ने न केवल एक नयी पहचान दी बल्कि नया सृजन-मुहावरा दिया। स्वाधीनता-प्राप्ति के बाद देश में जो कुछ जिस ढंग से घटित हुआ, उसका अंतर्इतिहास सर्वेश्वर के सृजन-कर्म में मौजूद है। आजादी के बाद के मोह-भंग का परिवेश इस रचना-कर्म के भीतर जीवंतता से धड़कता मिलता है। सर्वेश्वर जिस महत्त्वपूर्ण काव्य-आंदोलन के साथ पूरी तरह से संबद्ध हुए तथा जिसकी मूल प्रवृत्तियों का उन्होंने निर्माण-परिष्कार किया, उसे 'नयी कविता' के नाम से स्वीकृति मिली। 'नयी कविता' नवीन भाव-विचार स्थितियों का विस्फोट है और उसकी केंद्रीय संवेदना की गहरी पहचान सर्वेश्वर के रचना-कर्म से की जा सकती है। अज्ञेय जी के शब्दों में—"वह मूल गुण जो कवि-दृष्टि को रवि-दृष्टि से अधिक गहरे पहुँचाता है वह गुण सर्वेश्वर जी में है।"

स्वाधीनता के बाद हिंदी कविता का इतिहास तीव्र परिवर्तनों के बीच से गुजरा है। काव्य की बहुत-सी पिछली मान्यताएँ और कसौटियाँ अमान्य घोषित कर दी गईं। यह परिवर्तन काव्य-प्रेरणा, काव्य-संवेदना, कथ्य और दृष्टिकोण, अभिव्यंजना के माध्यमों में तो उभरा ही, कविता का पूरा आधार और प्रयोजन ही बदल गया। 'नयी कविता' नयी मनःस्थितियों का विस्फोट थी और पुरानी रुचियों-संस्कारों पर चोट करती थी, इस कारण उसका विरोध भी हुआ। ग. मा. मुक्तिबोध ने 'नयी कविता' का आत्म-संघर्ष निबंध में लिखा है—"जब कभी कोई नयी काव्य-प्रवृत्ति अथवा साहित्य-प्रवृत्ति अवतरित होती है, कला के मूल तत्त्वों के संबंध में, सिद्धांतों के बारे में, बहस शुरू हो जाती है। यदि इस विचार-विनिमय को वास्तववादी होना है, तो उसे एक साथ दो काम करने होंगे—एक तो अपने युग-बोध की प्रवृत्तियों को समझना होगा, दूसरे नयी काव्य-प्रवृत्ति के स्वरूप को हृदयंगम करना होगा। नयी काव्य-प्रवृत्ति अभी तक

पंडितों, आचार्य-प्रवरों और आलोचक वरेण्यों द्वारा हृदयंगम नहीं हो सकी है। (*नयी कविता का आत्मसंघर्ष तथा अन्य निबंध,* पृ.1) प्रश्न उठता है कि ऐसा क्यों? इसलिए कि 'नयी कविता' अपने परिवेश के साथ द्वंद्व स्थिति में प्रस्तुत हुई। उसके भीतर तनाव-घिराव-संघर्ष का वातावरण पुराने काव्य-युगों की तुलना में अधिक तीव्र हो गया। यथार्थ का स्वरूप भी सरल न रहकर जटिल हो गया। जीवन-जगत् के इस यथार्थ की जटिलता का कवि-कर्म पर गहरा असर पड़ा। वास्तविकता में बौद्धिक-दृष्टि द्वारा प्रवेश करने का कवि-अरमान प्रबल हो गया। फलतः नये कवि को चाहे सर्वेश्वर हों या ग.मा.मुक्तिबोध तीन क्षेत्रों में संघर्ष करना पड़ा—(1) सत्य के लिए संघर्ष (2) अभिव्यक्ति को सक्षम बनाने के लिए संघर्ष (3) दृष्टि-विकास के लिए संघर्ष। यह त्रिविध संघर्ष सभी नये कवियों का एक-सा नहीं है। सबकी अपनी-अपनी विशिष्ट शैलियाँ हैं—विचारधाराएँ हैं—जीवन-दृष्टियाँ हैं। सच यह है कि सर्वेश्वर ने उस भाव-धारा का साथ दिया है, जिसमें प्रगतिशील तत्त्व पर्याप्त हैं।

अपने समय के साहित्यिक परिवेश पर सर्वेश्वर ने स्वयं अज्ञेय द्वारा संपादित 'तीसरा सप्तक' (1959) में एक कवि की हैसियत से 'कवि-वक्तव्य' के अंतर्गत लिखा—"जब चारों ओर लोग इस बात पर कमर बाँधे हों कि वे आपकी बात नहीं समझेंगे, तब आपके सामने दो ही रास्ते रह जाते हैं, या तो चुप रहें—अपनी बात न कहें, या फिर उसे इस ढंग से कहें कि सुनने वाले तिलमिला उठें, उनकी कलई उतर जाए।" हालत यह थी कि नयी कविता के व्यापक-विरोध से सर्वेश्वर तिलमिला उठे और लिखा, "जिनमें रेंगने तक का सामर्थ्य नहीं है वे भी फैशन समझकर नयी कविता के खिलाफ फन उठाने लगे; नयी कविता पर आलोचना लिखकर आलोचना लिखने की मश्क की जाने लगी। साहित्यकार बनने और पुराने साहित्यकारों द्वारा मान्यता प्राप्त करने के लिए नयी कविता और नये कवियों को लंबी गलियों द्वारा स्मरण किया जाने लगा। अपनी कविता के विषय में कुछ लिखते समय यह स्थिति मेरे सामने है।" इस स्थिति का सर्वेश्वर ने डटकर मुकाबला किया तथा नयी कविता को अहंवादी, कुंठावादी, सेक्सवादी, फ्रायडवादी, प्रयोगवादी, सार्त्रवादी कहकर कोसने वालों को ललकारा। पूरी आस्था और कवि-शक्ति के साथ वे सृजन-कर्म में प्रवृत्त हुए। स्वाधीनता आंदोलन के संस्कार सर्वेश्वर में गाँधी की दृढ़ता बनकर मौजूद रहे और स्वाधीनता के बाद लोहिया की विचारधारा ने उनके कवि-मानस को सींचकर सबल बनाया। मार्क्स ने उन्हें प्रभावित किया पर वे मार्क्सवादी नहीं बन सके और फ्रायडवाद से उनका कोई समझौता नहीं चल सका। वे मूलतः वादों-नारों से दूर स्वतंत्रचेता रचनाकार रहे हैं।

'नयी कविता' जिसका आरंभ 1950-51 के आसपास हुआ मूलतः जवाहरलाल नेहरू के युग की उपज है। गाँधी जी की हत्या के बाद एक अहिंसावादी मूल्य-दृष्टि का अंत हो गया। भारत-विभाजन की त्रासदी ने देश की मानसिकता में एक गहरी

पीड़ा को जन्म दिया। 1950 में नया संविधान लागू हुआ तो सपने जाग्रत हुए। लेकिन शीघ्र ही नेहरू युग ने आम आदमी की आशा-आकांक्षाओं को निराशा में बदल दिया। नेहरू युग ने पश्चिमी आधुनिकता और आधुनिकतावाद की आँधी से भारतीय चिंतन की आँख में धूल झोंक दी। फलतः मूल्यान्धता की स्थिति पैदा हो गई। 'प्रगति' और 'विकास' के पश्चिमी मॉडल जनता पर थोप दिए गए और सत्ता-चरित्र नकलची और उधारी पर जीने वाला बनता गया। तिलक-गाँधी के मूल्यों का स्वदेशी मॉडल नेहरू युग ने ध्वस्त कर दिया। राजनीतिक स्वतंत्रता देश को मिली—बाकी सभी क्षेत्रों में देश अंग्रेजी एवं अंग्रेजों का पिछलग्गू बना रहा। आयातित मूल्यों को ढोने के कारण स्वाधीन-चिंतन का विकास नहीं हो सका। स्वाधीन-चिंतन के बीज नष्ट होने का नतीजा हुआ कि आत्म-सम्मान का भाव ही जाता रहा। हम आत्म-दया, हीनता और आत्म-धिक्कार के हर क्षेत्र में शिकार हुए। हालत हुई कि सर्वेश्वर ने स्वयं महसूस किया कि "लोकतंत्र को लाठी में जूते-सा लटकाए भागे जा रहे हैं सभी सीना फुलाए।" नेता का वचन छल-कपट-झूठ-पाखंड-ढोंग से पट गया। विकास के नाम पर वह जनता को धोखा देने लगा। "झाँकियाँ निकलती हैं ढोंग अविश्वास की बदबू आती है मरी हुई बात की।" मोह-भंग का पूरा परिवेश 'नयी कविता' में खौलता हुआ मिलने लगा। पराजय, मस्ती, अवसाद, कुंठा, निराशा, आत्म-निर्वासन, संत्रास, विसंगति, विडंबना, विद्रूपता से हिंदी की नयी कविता पट गई। ध्यान देने की बात यह है कि यह सब केवल पश्चिमी अस्तित्ववाद की देन नहीं है भारतीय परिवेश-परिस्थिति की अपनी उपज भी है।

नयी कविता परिवेश के संघर्ष की सर्जनात्मक निष्पत्ति है। संघर्ष पहले भी कवि-कर्म या सृजन-कर्म में था लेकिन तब के संघर्ष और अब के संघर्ष में जमीन-आसमान का अंतर आ गया था। नवीन स्थितियों के विपर्यय, मानसिक तनावों के क्लेश, श्रम के परायेपन की पीड़ा, अवमानवीकरण, यांत्रिकता के दबाव आदि के कारण अनुभूति की जटिलता और संवेदनात्मक उलझावों का समावेश बढ़ गया। नयी कविता की आंतरिक और बाह्य बनावट में इस स्थिति-परिस्थिति का बहुत हाथ है। महामानव आखिरकार उदात्त मानव यहाँ 'लघु मानव' बना और यह लघु मानव 'सहज मानव' में अपना प्रतिरूप पाने लगा। देश और काल में निरंतर बदलते हुए मानव को नयी कविता ने अपने ढंग से पहचान दी और पारिभाषित किया। विजयदेव नारायण साही ने 'नयी कविता' पत्रिका के अंक 5-6 में शमशेर की काव्यानुभूति की परीक्षा करते हुए कहा कि "न सिर्फ कविता का कलेवर बदला है; बल्कि गहरे स्तर पर काव्यानुभूति की बनावट में ही फर्क आ गया है। चेतना के जो तत्त्व काव्यानुभूति के आवश्यक अंग दिखते थे, उनमें से कुछ अनुपयोगी या असार्थक दिखने लगे, कुछ अन्य जो पहले अनावश्यक या विरोधी लगते थे, काव्यानुभूति के केंद्र में आ गए और कुल मिलाकर काव्यानुभूति और जीवन की काव्येतर अनुभूतियों में जो रिश्ता दिखता था,

वह रिश्ता भी बदल गया।'' (पृ. 120) अनुभूति के बदलाव से कविता की परिभाषा ही बदल गई। डॉ॰ नामवर सिंह ने 'कविता के नये प्रतिमान' पुस्तक में लिखा—''यही कारण है कि नयी कविता छायावाद के समान ही अनुभूति पर बल देते हुए भी भावों की शाश्वतता के प्रति उतनी आश्वस्त नहीं है। इसीलिए नये कवि अनुभूति से अधिक अनुभूति के परिवर्तित संदर्भ पर विशेष बल देते हैं। स्पष्टतया उनका बल रागात्मक संबंधों पर है।'' (पृ. 25) यही बात अज्ञेय जी ने प्रथम बार जोर देकर कही थी कि ''यह कहा जा सकता है कि हमारे मूल राग-विराग नहीं बदले, प्रेम अब भी प्रेम है और घृणा अब भी घृणा, यह साधारणतया स्वीकार किया जा सकता है। पर यह भी ध्यान रखना होगा कि राग वही रहने पर भी रागात्मक संबंधों की प्रणालियाँ बदल गई हैं और कवि का क्षेत्र रागात्मक संबंधों का क्षेत्र होने के कारण इस परिवर्तन का कवि-कर्म पर गहरा असर पड़ा है। जैसे-जैसे बाह्य वास्तविकता बदलती है और अगर नहीं बदलतीं है वैसे-वैसे हमारे रागात्मक संबंध जोड़ने की प्रणालियाँ भी बदलती हैं और अगर नहीं बदलती तो उस बाह्य वास्तविकता से हमारा संबंध टूट जाता है।'' (*दूसरा सप्तक, भूमिका*, पृ. 9-10) जाहिर है कि नयी कविता में भावों के बदलते हुए आधारों को ठीक से पहचानना जरूरी शर्त है। कारण, संवेदना के परिवेशगत आधारों में परिवर्तन आते ही उसका रूप एवं स्वरूप बदल जाता है।

कवि-समीक्षक लक्ष्मीकांत वर्मा ने 'नयी कविता के प्रतिमान' शीर्षक पुस्तक में लिखा है कि ''नयी कविता की सफलता और श्रेष्ठता का निर्धारण अनुभूतियों के प्रति ईमानदारी, अभिव्यक्ति की यथार्थता, विचारों में विवेक, भावनाओं में मानवीय वेदना, दृष्टि में व्यापकता आदि मानदंडों द्वारा किया जाना चाहिए।'' (पृ. 39) यह अनुभूति अपने मूल रूप में बौद्धिक अनुभूति है जिसमें 'रस' को खपाने की क्षमता ही गायब है। नयी कविता पाठक को रिझाती नहीं है—खिजाती है—बैचेन करती है, सोचने पर तर्क पर विवश करती है और पूरे परिवेश की खबर लेती है। भारतेंदु, मैथिलीशरण, रामनरेश त्रिपाठी, माखनलाल चतुर्वेदी, नवीन, प्रसाद और निराला की चिंतन-परंपरा सर्वेश्वर के सृजन-कर्म में सक्रिय है। अपने पूर्ववर्ती रचनाकारों की भाँति सर्वेश्वर की प्रमुख संवेदना के निर्माण में स्वाधीन चेतना का योग प्रमुख है। ''अब मैं कवि नहीं रहा/एक काल झंडा हूँ/ पचपन करोड़ लोगों के बीच खड़ी है मेरी कविता'' जैसी कविताएँ इसके उदाहरण हैं। यथास्थितिवाद के प्रति विद्रोह, साम्राज्यवादी-पूँजीवादी शक्तियों के प्रति विद्रोह सर्वेश्वर का काव्य-स्वभाव है। किसान-मजदूर पीड़ा, गाँव के आम आदमी का दर्द और शहरीकरण के नाम पर गाँव का शोषण सर्वेश्वर को यहीं कहीं एक कच्ची सड़क थी, जैसी कविताओं में खलता है। किसान अपने अधिकारों के लिए लड़ें और उन्हें प्राप्त करें—यही लोक-जागरण की भाव-भूमि है। 'नयी कविता' एक ओर तो सामाजिक-राजनीतिक लोक-जागरण की कविता है दूसरी ओर युग एवं यथार्थ को पूरी ईमानदारी से नये बिंबों-प्रतीकों-मिथकों से व्यक्त करने वाली सर्जनात्मकता।

सर्वेश्वर का रचनात्मक मानस लोक-संवेदना को जज्ब करता हुआ लोकानुभूति को सबल शब्दों में अभिव्यक्ति देता है।

नेहरू-युग और इंदिरा-युग के साथ लालबहादुर शास्त्री-युग को इतिहास प्रवाह के रूप में देखना होगा। तभी हम कोई अर्थ पा सकेंगे। इस काल में पूँजीवादी-उपभोक्तावादी-विदेशी कर्ज पर विकास का स्वप्न देखने वाली व्यवस्था दृढ़ होती है। पंचवर्षीय योजनाएँ, नक्शों में पसर कर समाप्त हो जाती हैं तथा चीन और फिर पाकिस्तान से युद्ध कड़वे अनुभवों के घूँट पीने को विवश करते हैं। नेहरू जी के सफेद कबूतर चीन लील लेता है और देश में तबाही फैलती है। इंदिरा जी द्वारा घोषित 'आपात्काल' तेंदुओं-चीतों-बाघों को शक्ति देता है कि वे मुलायम गोश्त वाले खरगोशों-हिरणों का आहार कर सकें। एक हरामखोर संस्कृति का भारत पर धावा होता है जिसमें गाँधी जी के विचार-मूल्य कहीं नहीं हैं। इसलिए नयी कविता तथा साठोत्तरी कविता के काल को हमें साहित्यिक चेतना और सामाजिक-सांस्कृतिक चेतना की समानांतरता में देखना चाहिए। साहित्यिक मानस एक दिन में नहीं बनता, वह दीर्घ अनुभव-पुंजों-संवेदना-घातों, अर्थ-अनुषंगों का प्रतिफलन होता है। सर्वेश्वर के मन में गाँव फिर इलाहाबाद फिर दिल्ली तीनों उमड़ते रहते हैं। प्रयाग के साथ विजयदेव नारायण साही, धर्मवीर भारती, लक्ष्मीकांत वर्मा, केशवचंद्र वर्मा, जगदीश गुप्त कहना चाहिए पूरा परिमल परिवार निरंतर मौजूद रहता है। वे प्रयाग की मित्र-मंडली और 'परिमल' से दूर नहीं होते। यह लगाव उन्हें साहित्यिक-शक्ति देता है। फिर 'परिमल' मात्र एक संस्था नहीं थी, वह नवीन सर्जना की विचारभूमि थी जिसपर प्रतिभाएँ फलती-फूलती थीं। सर्वेश्वर बड़ी निष्ठा के साथ अज्ञेय जी के साथ रहे और अज्ञेय जी ही उन्हें 'दिनमान' पत्र में लाए।

नयी कविता और उसके बाद के रचनाकर्मियों को जिस समस्या का निरंतर सामना करना पड़ा—वह है—आधुनिकता, आधुनिकीकरण, आधुनिक बोध तथा आधुनिकतावाद की चुनौती भरी समस्या। यंत्र-युग के विस्तार, ज्ञान-विज्ञान के बदलते समाजशास्त्र, अर्थशास्त्र, तकनॉलॉजी, कंप्यूटर-युग, औद्योगीकरण ने नये मानव का पुराना अर्थ ही बदल दिया। पश्चिमी ढंग के नकलची आधुनिकीकरण तथा आधुनिकता ने कुछ ऐसे परिवर्तन किए जिन्हें 'आत्म-परायापन' (सेल्फ एलियेनेशन) के नाम से जाना गया। 'आत्म-निर्वासन' को अस्तित्ववादियों और मार्क्सवादियों ने अपने-अपने ढंग से परिभाषित किया। प्रकृति और मनुष्य के तदाकार रूप के विच्छेदन से 'आधुनिकता' की एक नवीन शक्ल बनी। एक ओर अतीत से अलगाव और दूसरी ओर इतिहास से विच्छेद। फिर आधुनिक तकनॉलॉजी ऐतिहासिक-सामाजिक, सांस्कृतिक-धार्मिक रूपों वाले 'श्रम' को अत्यधिक प्रभावित करती है। ऐसा चक्र चलता है कि मनुष्य अपने ही 'श्रम' का हक प्राप्त नहीं कर सकता। उससे कार्य का उल्लास छिन गया, शेष बची निराशा-अवसाद-पीड़ा की स्थिति। हुआ यह कि श्रम के उत्पादों

ने उसका शोषण किया और कार्य की प्रक्रिया ने अमानवीयकृत (डी-ह्यूमेनाइज)। 'प्रजातंत्र', 'स्वतंत्रता', 'समानता', 'मानव मुक्ति', 'स्वाधीन चेतना' जैसे सभी मूल्यवाची शब्द निरर्थक हो गए। मानव नव-उपनिवेशवाद, नवसाम्राज्यवाद, पूँजीवाद का शिकार हो गया। गाँधी जी ने ग्रामीण व्यवस्था में 'भारतीयता' का जो स्वतःपूर्ण स्वदेशी मॉडल निर्मित किया था, उसे देखते-देखते गाँधी के बाद की राजनीति ने निकम्मा सिद्ध किया। राजनीति में टुच्चापन और अमानवीयता का दौर कायम हुआ। स्वाधीनता के बाद का सृजन इसी परिवेश की उपज है।

जीवन के हर क्षेत्र पर राजनीति का वर्चस्व हो गया। कोई उससे बचना भी चाहे तो बच नहीं सकता। राजनीति में अवसरवाद, जातिवाद, भाई-भतीजावाद, प्रांतीयतावाद, नस्लवाद, धर्मवाद का कौन-सा विकृत रूप इस दौर में नहीं उभरा। सर्वेश्वर ने 'बकरी' नाटक में राजनीति पर व्यंग्य किया। भारतीय बुद्धिजीवी की पहचान कायर और पिछलग्गू की बनी। उसके लिए 'देश' प्रमुख न रहकर 'स्व' प्रबल हो गया।

अंग्रेजी और अंग्रेज साम्राज्यवादी-उपनिवेशवादी गुलाम मानसिकता से मुक्ति दिलाने के लिए सर्वेश्वर ने भारतेंदु एवं निराला की राह का अनुगमन किया। 'अधिकार प्राप्ति के लिए हिंदी को सड़क पर लाना होगा' नामक लेख में कहा है कि "एक लेखक के रूप में सड़क पर आने का मतलब मेरे लिए है ऐसी भाषा लिखना, जिसे सड़क का आदमी समझ सके। साहित्य में आम आदमी की जुबान लिखना और आम आदमी के सवालों को उठाना और आम आदमी के साथ उसके संघर्ष में साहित्य द्वारा शामिल होना। एक लेखक के रूप में सड़क पर हूँ और अधिक होने की कोशिश कर रहा हूँ। संस्था पुरुष अपना-अपना तय करें। उन्हें कोई लेखक मार्गदर्शन नहीं करा सकता क्योंकि वह मार्ग में नहीं हैं। अपने-अपने किले में हैं और उनकी हिफाजत में लगे हैं।" (*सर्वेश्वरदयाल सक्सेना : संपूर्ण गद्य रचनाएँ,* पृ. 62, भाग 3) सर्वेश्वर निरंतर अभिव्यक्ति की स्वंतत्रता और कविता पर चिंतन करते रहे हैं। उन्होंने स्वाधीन-चिंतन की ताकत पर लिखा है, "अभिव्यक्ति की स्वतंत्रता मिलती नहीं ली जाती है। वह माँगी नहीं जाती उसके लिए लड़ा जाता है। रचनाकार के जीवन में यही एक लड़ाई है जो सर्वाधिक मूल्यवान है। यह उसके अस्तित्व की लड़ाई है। यह नहीं है तो वह नहीं है और न ही उसकी रचना है।" (*वही,* पृ. 62, भाग 3) जाहिर है कि हर जागरूक लेखक को अभिव्यक्ति की स्वतंत्रता की लड़ाई पूरी तरह लड़नी पड़ती है। यह छापामार लड़ाई नहीं—खुली लड़ाई है।

सर्वेश्वर सत्ता और संस्कृति के सवालों से टकराते हैं। रीतिवादी-मूल्यों का हर कीमत पर विरोध करते हैं। राजनेता 'समाजवादी समाज की रचना' और 'गरीबी हटाओ' का नारा लगाकर जनता को छल सकता है—पर रचनाकार नहीं। रचनाकार का शब्द विष्णु का सुदर्शन-चक्र है जिसकी ताकत वह पहचानता है और निर्भय होकर

अन्यायी नेता को ललकारता है। रचना-कर्म के दायित्व या कला-कर्म के दायित्व का जब दरबारीकरण होता है तो सर्वेश्वर के शब्दों में यामिनी कृष्णनूर्ति का इंदिरा-प्रियदर्शिनी नृत्य होता है। (*दे.वही*, पृ. 67, भाग 3) "मैं केवल इतना कहूँगा कि जब सत्ता निकम्मी और भ्रष्ट हो चुकी हो तो संस्कृति क्या करे? संस्कृतिकर्मी क्या करें? इन भ्रष्ट राजनीतिज्ञों और उनके मेरुदण्ड से कैसे मुकाबला करें? यही प्रश्न है जो आज सत्ता और संस्कृति के मुद्दे को उठा रहा है।" (*वही*, पृ. 67, भाग 3) सत्ता की तानाशाही को इस रचनाकार ने 'आपातकाल' में देखा था कि कैसे अखबारों तक पर दमन-चक्र चलाकर उनका मुँह सिल देना चाहती है, प्रेस विधेयक लागू करती है ताकि संस्कृतिकर्मी भयभीत होकर जीभ को तालू से चिपका लें। "यानी तानाशाही सामने है, तानाशाही फिर सामने आएगी और उससे लड़ना हमारा काम है अर्थात् सत्ता के तानाशाही चरित्र से संस्कृति का लड़ना जरूरी है किसलिए? समाज की रक्षा के लिए समाज की रक्षा का अर्थ जीवन-मूल्यों की रक्षा है। अभिव्यक्ति की स्वतंत्रता की रक्षा है। जबान पर कील न जड़ दी जाए यह इसलिए जरूरी है कि ताकि हम भ्रष्ट को भ्रष्ट कह सकें।" (*वही*, पृ. 67, भाग 3) इसी विचार-चिंतन की कविताएँ 'खूँटियों पर टँगे लोग' काव्य-संग्रह में हैं जहाँ यह आवाज उठती है कि 'मेरे भीतर एक कोयल पागल हो गई है।' कोयल क्रांति एवं जागरण का प्रतीक है—"गा कोकिल! बरसा पावक कण" वाला सुमित्रानंदन पंत का स्वर सर्वेश्वर में नये हाशिए से फूटता है। मूल बात यह है कि सर्वेश्वर जनवादी और कलावादी, दोनों अतियों से बचते रहे। उनकी विचार-यात्रा वाद-मुक्त चिंतन का साहसी स्वर है।

सर्वेश्वरदयाल सक्सेना का रचना-काल घटनाओं-उत्तेजनाओं, नाटकीय मोड़ों और संघर्षों से भरा हुआ है। वे किसान-मजदूर की पीड़ा-यातना के लिए जूझते दिखाई देते हैं। उनके काव्य-विकास के मोड़ों को राजनीतिक-सांस्कृतिक संदर्भों में ही समझा जा सकता है। अपने समय की पूरी गूँजों-अनुगूँजों को यह रचनाकार पकड़ता है। जाहिर है कि सर्वेश्वर का रचना-समय अपना एक महत्त्वपूर्ण इतिहास निर्मित करता है। कविता-नाटक, गद्य-साहित्य (निबंध, समीक्षा), कथा-साहित्य सभी विधाओं में सर्वेश्वर अपने समय के अनुभव को रचते हैं तथा जिंदगी के मूलभूत प्रश्नों से जूझते हुए वे समय का अतिक्रमण करते हैं। स्वाधीनता के बाद का 'मोहभंग', 'मानवीय अस्तित्व का संकट', 'सत्ता की तानाशाही', 'संस्कृति पर संकट', 'आधुनिकता', 'श्रम के परायेपन की पीड़ा'—सभी पर वे निरंतर विचार करते हैं। भारतीय समाज की भीतरी हलचल और कल्लाहट, नेहरू-युग की मूल्यांधता और बाद के युगों में विदेशी पूँजी पर भरोसा इन पर सर्वेश्वर का रचनाकार मन कसकता-दुःखता है। सर्वेश्वर का पूरा सृजन मानव-मुक्ति की आकांक्षा और स्वाधीनता चेतना की ध्वनि लिए हुए है। एक खास अर्थ-कोण बनाकर यह रचनाकार सलाह देता है "भेड़िया गुर्राता है तुम मशाल जलाओ/क्योंकि भेड़िया गुर्रा तो सकता है/मशाल नहीं जला सकता।"

# 2

# जीवन वृत्त

सर्वेश्वरदयाल सक्सेना का जन्म 15 सितंबर, 1927 गाँव पिकौरा जिला बस्ती, उत्तर प्रदेश में हुआ। उनके पिता का नाम विश्वेसर प्रसाद सिंह सक्सेना और माता का नाम सौभाग्यवती था। माता-पिता अर्थिक संघर्ष में डूबे रहे जिसका प्रभाव सर्वेश्वरजी के बाल-मन पर अंकित रहा। "जिस भूमि पर मैं जन्मा, जहाँ बचपन बिताया अब वहाँ कोई चिह्न नहीं है, खँडहर भी नहीं। उस मकान के बगल की विशाल इमली के पेड़ों की बगिया उजड़ गयी है। पीछे जिस तालाब में घंटों कंकड़ फेंका करता था, वह सूख गया है। जिस ठाकुर-द्वारे में प्रसाद पाता था, अब वहाँ दिया भी नहीं जलता। वहाँ अब मुझे कोई भी नहीं पहचानता। मैंने कभी इसकी जरूरत भी नहीं समझी, क्योंकि वह छोटा-सा गाँव मैं हमेशा अपने साथ लिए घूमता हूँ। वह गाँव जो मेरा है, मेरे साथ रहता है वह अब इस धरती पर नहीं है।" (*सर्वेश्वरदयाल सक्सेना : संपूर्ण गद्य रचनाएँ*, पृ. 11, खंड 3)

सर्वेश्वर के मन में गाँव के प्रति गहरा लगाव रहा। इतना गहरा कि जीवन भर गाँव को अपने भीतर लिए घूमते-रचते रहे। उनके पूरे सृजन-कार्य में 'गाँव' अनेक छवियों में उभरता है। लेकिन दुःखते-कसकते अनुभवों की स्मृतियाँ ही उनमें अधिक होती हैं। "गाँव के बाहर माता-पिता का बनवाया एक मकान है, जो मेरे लिए उनकी समाधि है। आर्थिक संघर्ष से जूझता निम्न मध्यवर्ग का वह मेरा छोटा-सा परिवार उस मकान के पीछे तबाह हो गया। उसकी छत आज तक चूती है। बगल में इतना सटा हुआ कि जिसकी एक तरफ की दीवार मेरा घर है, एक अनाथ आश्रम है। बचपन का अधिकांश समय जिसमें बच्चों के साथ कटा और आज भी हर निराश्रित क्षण में अपने को उन बच्चों के बीच बैठा हुआ पाता हूँ।" (*वही*, पृ. 11) एक आत्म लेख 'परिचय अपना और अपनी कहानी का' में यह भी लिखा—"माँ अध्यापन कार्य करती और एक लंबी बीमारी क्षय-ग्रस्त से जूझती मुझसे यह कहकर चल बसी कि महत्त्वाकांक्षा से हीन जीवन का कोई अर्थ नहीं है।" पिता स्वतंत्र रूप से जीने की आकांक्षा के लिए दुकानदारी, फोटोग्राफी, रंगसाजी आदि जीविका के अनेक साधन बदलते-बदलते अंत में नौकरी करने के लिए विवश हुए और पचपन वर्ष तक आते-जाते

"संतोष परम धन है" का संदेश देकर विदा हो गए। मैं दोनों की मृत्यु पर रो नहीं पाया। लोग कहते हैं–मैं सख्त दिल का आदमी हूँ। (*वही,* पृ. 12) तीव्र स्मृतियों की कौंध में लिखा, "मेरी माँ कहा करती थी–तू किसी का नहीं है, जो तेरे इर्द-गिर्द रहता है, थोड़ा-सा पुचकार देता है उसी का हो जाता है। और उदाहरण में मेरे शिशुकाल का एक किस्सा सुनाती थी कि मैं सालों उसे छोड़कर पड़ोस की एक बहुत ही साधारण बर्तन मलने वाली औरत से इतना हिला रहा कि रात में उसके पास ही सोया करता था, बाद में उठाकर लाया जाता था। उसका नाम था सुबरा। गेहुँए रंग की एक स्वस्थ लंबी आकृति इस नाम के साथ आज भी मेरी आँखों के सामने खिंच जाती है। यद्यपि बड़े होने पर उसे खोज निकालने की मैंने कभी कोशिश नहीं की। अपने बारे में राज की बात मैं यही बता सकता हूँ कि मेरा स्नेह क्षणिक होता है, शायद इसी से उसमें आवेग अधिक होता है।"(पृ. 12)

अपने जन्म, बचपन, माता-पिता, परिवार, मित्र, इलाहाबाद, पहली रचना की चर्चा करने में उन्हें मजा आता था। सर्वेश्वरदयाल सक्सेना से जब मैंने दिल्ली के (बंगाली मार्किट) किराये के घर में एक 'साक्षात्कार' लिया तो कहने लगे–"मेरा परिवार आर्थिक संघर्षों से जूझता आर्य-समाजी विचारों का परिवार था। बचपन आर्थिक तंगी, पारिवारिक कलह और अनाथ बच्चों के साथ बीता क्योंकि मेरा घर अनाथ आश्रम से सटा हुआ था। पिता जीविका कमाने के लिए जी-तोड़ काम करते थे, जो भी सामने आ जाता था–दुकानदारी से लेकर रंगसाजी तक उन्होंने की। माँ स्कूल में पढ़ाती थी। मनोरंजन के नाम पर आर्यसमाज के जलसे थे या गाँव के लोकगीत, नाट्य आदि।" (*अंतरंग साक्षात्कार,* पृ. 46) इन लोक गीतों ने इतना गहरा असर डाला कि उनकी पूरी सर्जनात्मकता लोक-लय में थिरकती मिलती है। आरंभिक शिक्षा-दीक्षा के विषय में कहा है कि "प्रारंभिक शिक्षा बस्ती के गवर्नमेंट स्कूल में हुई। नवीं कक्षा में क्रांतिकारी कार्यों के कारण निकाल दिया गया और वहीं के ऐंग्लो संस्कृत स्कूल से हाई स्कूल किया। कविताएँ छठी कक्षा से ही लिखनी शुरू कर दी थीं। पर नवीं कक्षा तक आते-जाते छपने लगीं। पहली कविता 'आर्यमित्र' में छपी जब मैं नवीं कक्षा में पढ़ता था। माता को मेरा लिखना पसंद था। पिता को भी शायद रहा हो पर ऊपर से वह उसके विपरीत ही दिखते थे क्योंकि मैं पढ़ाई में बहुत अच्छा नहीं था। और शायद डरते थे कि कविता के पीछे पढ़ाई में रह न जाऊँ। बचपन में मेरे शिक्षक ताराशंकर प्रसाद ने मेरे साहित्य प्रेम को काफी बढ़ावा दिया। और मेरे मित्र धर्मेन्द्र नाथ त्रिपाठी और मेरे सहपाठी ब्रजभाषा के कवि जगदीश हरि की लाग डाँट ने भी। पिता हाई स्कूल के बाद चाहते थे कि मैं नौकरी कर लूँ। बस्ती की कचहरी में उन्होंने मेरी नौकरी की बात भी कर ली थी। पर माँ मुझे आगे पढ़ाने की इच्छा रखती थी। मैं भी आगे पढ़ना चाहता था। फलस्वरूप उसने अपना तबादला बनारस करवा लिया। मैंने क्वींस कालेज से इंटर किया। फिर इलाहाबाद

अपने एक साथी महेन्द्रप्रताप के साथ बी॰ए॰, एम॰ए॰ करने के लिए चला आया। पर माँ वाराणसी से कहीं और न जा सकी।'' (*अंतरंग साक्षात्कार,* पृ. 47)

भारतीय स्वाधीनता आंदोलन का यह असीम शक्ति से भरा नवजागरण काल था, जिसमें सर्वेश्वर का बचपन बीता था। साम्राज्यवादी, उपनिवेशवादी शासन से मुक्ति दिलाने के लिए गरम और नरम दल के नेता एड़ी-चोटी का जोर लगा रहे थे। समाजवादी क्रांतिकारी दल सक्रिय था और मार्क्सवाद की धूम थी। गाँधीवादी-समाजवादी-सुभाषवादी देशभक्त क्रूर फिरंगी शासन को खदेड़ने के लिए देशभर में जनांदोलन कर रहे थे। इस नवजागरण के परिवेश का सर्वेश्वर की मानसिकता पर गहरा असर पड़ा। इतना गहरा कि आजादी के बाद वे आजादी के सपनों को साकार करने के लिए तड़पते रहे। लेकिन उन्हें 'मोहभंग' की त्रासद पीड़ा ही नसीब हुई। मोहभंग की यही पीड़ा सर्वेश्वर के सृजन के 'विभाजन' का आधार बनी है। किसी मजदूर की वेदना, राजनीतिज्ञों का टुच्चापन और उसका मानव-द्रोही चरित्र सर्वेश्वर के सृजन में निरंतर कसकता-दुखता मिलता है। उन्होंने लिखा है कि ''मैं स्वभाव से मिलनसार आदमी हूँ। लेकिन लोगों से बहुत कम मिलता-जुलता हूँ क्योंकि मेलजोल रखने लायक लोग दिखते ही नहीं। और यदि गलती से किसी से मेलजोल बढ़ता भी है तो जल्दी टूट जाता है क्योंकि मैं स्वयं संस्कार, रुचि-विचार आदि में दूसरों से इतना भिन्न पाता हूँ कि साथ चलना मुश्किल हो जाता है। नकल मैं किसी की नहीं करता। अपनी लीक पर चलता हूँ। जितनी दूर जो साथ देता है, पूरी सच्चाई से उसका साथ निभाता हूँ और साथ छूट जाने पर कोई गम नहीं करता। व्यक्तिगत संबंधों से लेकर मेरे साहित्य तक पर यही बात लागू होती है। बड़े से बड़े आदमी या बड़े से बड़े लेखक से प्रभावित नहीं होता, पसंद भले ही कर लूँ। इसीलिए ऑटोग्राफ लेने से लेकर बड़े लोगों के दर्शन आदि करने का काम कभी नहीं किया।

''मेरे तीन सबसे बड़े साथी–विपत्ति, संघर्ष और निराशा बचपन से रहे हैं और जैसा मेरा ढर्रा है आगे भी रह सकते हैं। इनसे एक बात मैंने सीखी है, खरी बात कहने में सबसे आगे रहना। अपने साहित्य के माध्यम से भी मैं खरी बात ही कहना चाहता हूँ। क्या कविता क्या कहानी सबमें अभिव्यक्ति के लिए व्यंग्य मेरा सबसे बड़ा साथी है। लोगों का ख्याल है कि रोजमर्रा की जिंदगी में भी व्यंग्य अधिक बोलता हूँ। इसलिए दोस्त से अधिक दुश्मन बनाता हूँ। बनावट मेरा सबसे बड़ा शत्रु है। इसे न अपने में पनपने देता हूँ और न दूसरों में स्वीकार करता हूँ।''(*संपूर्ण गद्य रचनावली,* भाग 3, पृ. 10)

सर्वेश्वर ने लेख लिखा है 'मेरा क्रांतिकारी जीवन' (मार्च, 1963 में) बात 1939-40 की है। उस समय मेरी आयु तेरह-चौदह वर्ष की थी। क्रांतिकारियों की कहानियाँ, उनके त्याग और बलिदान के किस्से चोरी-छिपे पढ़ा करता था। 'लाहौर के शहीद', 'चाँद' का बलिदान अंक ऐसी अनेक पुस्तकें मेरे पास गुप्त रूप से रहती

थीं जिन्हें इधर-उधर वितरित भी करता था और महज इतने से ही देशभक्त माना जाता था। क्योंकि उन दिनों इन पुस्तकों का रखना विस्फोटक पदार्थ के समान था। स्वभाव से ज्यादातर चुप और गंभीर रहने के कारण और इन पुस्तकों की हेराफेरी के कारण मेरे साथी एक विचित्र प्रकार के भय से युक्त सम्मान मुझे देते थे। और समझते थे कि मैं किसी बड़े क्रांतिकारी दल का सदस्य हूँ। अक्सर अपनी कच्ची आयु के कच्चे खून में देश के लिए मर-मिटने की कुछ कर गुजरने की एक सच्ची तड़प का भी अनुभव करता था। लेकिन स्वयं नहीं जानता था कि क्रांतिकारियों से संपर्क कैसे स्थापित किया जाए। तभी क्लास में अचानक एक नया विद्यार्थी आया। स्वस्थ, फुर्तीला और जोश के साथ बात करने वाला। एक दिन खेल के मैदान में एकांत पाकर उसने मुझसे कहा—"मैं भी क्रांतिकारी हूँ। हम लोग यहाँ कुछ काम कर सकते हैं। तुम साथ दोगे?" "दूँगा" मैंने छोटा-सा उत्तर दिया। (*वही,* भाग 3, पृ. 14) इस प्रकार सर्वेश्वर जी एन॰ के॰ डी॰ (नानापारा क्रांतिकारी दल) के सदस्य हो गए। यह दल नेपाल से हथियार लाता था। इस क्रांतिकारी जीवन से वह जल्दी ही मुक्त हो गए। लेकिन उसकी स्मृति में वह जीवन दहकता रहा।

सर्वेश्वर के माता-पिता साहित्य के संस्कार से वंचित नहीं थे। पिता को तो साधारण तुकबंदियों का शौक था और वे मैथिलीशरण गुप्त, रामनरेश त्रिपाठी से विशेष प्रभावित थे। माँ कहानियाँ पढ़ती थी—"मेरे सामने ही दोनों बहस करते थे कि क्या बनाएँगे। जब पिता को दुःखी देखता था तो कवि बनना चाहता था, जब माँ को परेशान देखता था तो कहानीकार। आज जिस रूप में हूँ, दोनों ही हूँ। उस रूप में दोनों ही मुझे पसंद नहीं करते। मेरी सबसे बड़ी कमजोरी है, अनेक ऐसी स्थितियों से चिपके रहना, जिनका मेरे लिए कोई मूल्य नहीं है और फलस्वरूप निरंतर एक तनाव में जीना। यही तनाव मुझे लिखने को विवश करता है। मैं अपने उस कवि मित्र से सहमत हूँ जिसने मेरे लिए लिखा था, मेरे लिए लिखना भोगी हुई स्थितियों से उबर जाना है। कुछ थोड़ा-सा कुछ जोड़ना चाहता हूँ। जिन स्थितियों में, जिस स्तर पर मैं जीता हूँ—शायद अधिक आवेश के साथ। इस तरह दोहरी जिन्दगी बिताता हूँ—एक समर्थन की, एक विद्रोह की, एक यथार्थ की, एक कल्पना की, एक भावना के स्तर पर, एक विचारों के स्तर पर। दोनों स्तरों को एक करने का संघर्ष निरंतर बना रहता है और उसी तनाव की स्थिति में लिखना होता है। दो विपरीत स्थितियाँ मुझे निरंतर अपनी-अपनी ओर खींचती हैं और उस गहन यातना के क्षणों में मेरी हर कराह, हर चीख मेरा साहित्य है।" (*वही,* भाग 3, पृ. 13) सर्वेश्वर की सृजन-प्रक्रिया को समझने का यह सबसे समर्थ 'क्लू' है, जिसे उन्होंने स्वयं उद्घाटित किया है।

दल विशेष की चर्चा-बाँटू राजनीति से उसका संबंध नहीं रहा। जबकि उनकी राजनीतिक समझ पैनी और जागरूक रही। होश सँभालने के बाद से ही राजनीतिक मिजाज की व्यंग्यपरक रचनाएँ करते रहे। क्रांतिकारी साहित्य से उनका गहरा रिश्ता

रहा। 1942 के आंदोलन में वह सक्रिय भागीदारी करना चाहते थे पर माँ की नौकरी छूट जाने के भय से थम गए। अपने साक्षात्कार में कहा भी है—"यह स्थिति बचपन से लेकर आज तक बनी हुई है कि मैं स्वयं राजनीति में कभी सक्रिय नहीं रहा लेकिन सक्रिय राजनीति से जुड़े लोग हमेशा मेरे अच्छे घनिष्ठ मित्र रहे। इलाहाबाद विश्वविद्यालय के दिनों में जितेन्द्र सिंह और विजयदेव नारायण साही सभी मेरे अभिन्न मित्र थे। दोनों ही लोहियावादी थे। उन दिनों मैं 'परिमल' का सदस्य था। ये दोनों भी परिमल में थे। राजनीतिक चेतना का बहुत कुछ इन दोनों से छनकर मेरे पास आता था और अक्सर उनका असर कविताओं पर भी दिखता था।" (*अंतरंग साक्षात्कार :* कृष्णदत्त पालीवाल, पृ. 47) सर्वेश्वर जी ने इलाहाबाद विश्वविद्यालय से बी॰ए॰, एम॰ए॰ (हिन्दी) किया और वहाँ के साहित्यिक-सांस्कृतिक वातावरण ने उनके व्यक्तित्व का निर्माण किया।

कवि होने के साथ ही वे कथाकार भी रहे। "पहले तो जैसा कह चुका हूँ—कविता ही लिखी थी—कविता ही छपी थी। कहानी तो बनारस आकर लिखने लगा। तब मुझे अपनी कविता जो बस्ती में बहुत अच्छी मानी जाती थी। बनारस आकर खुद-ब-खुद अच्छी नहीं लगने लगी। महेन्द्र प्रताप, शंभुनाथ सिंह सब मुझसे अच्छी कविताएँ लिखते थे और कवि सम्मेलनों में कहीं अच्छा गाते थे। मुझे गाना नहीं आता था। उन दिनों बिना गाए कविता लिखने का कोई मतलब नहीं होता था। दो एक बार गीत लिखकर गाने की कोशिश भी की पर असफल रहा। अतः कविताएँ डायरी में कैद होकर रह गईं। कहानियाँ लिखने लगा। इन मित्रों में से कोई भी कहानी नहीं लिखता था। अतः कहानियाँ पसंद की जाने लगीं। पहली कहानी 'क्षितिज के पार' 1943 में शंभुनाथ सिंह द्वारा संपादित 'क्षत्रिय मित्र' में छपी। बाद में यह 'माया' में भी छपी थी। छपना अच्छा लगता था। मुझे पहली रचना से ही पैसे भी मिले। कविता जरूर जब 'आर्यमित्र' में छपी थी तो उसका कुछ नहीं मिला था। (*वही,* पृ. 47-48) सर्वेश्वर शंभुनाथ की गीत कला से प्रभावित थे और गीत लिखते रहे। लोकलय उनकी रचना संवेदना में रची बसी रही। कहानी-उपन्यास में भी उन्होंने आसपास का जीवन यथार्थ लिखा। उनके लिए लेखक धर्म का अर्थ रहा—मानव मंगल अर्थात् मानव-धर्म। अन्याय-शोषण, अपमान-भूख के विरुद्ध कमर कसकर लड़ना। लोहिया और जयप्रकाश नारायण, कार्ल मार्क्स सभी के विचारों का प्रभाव पड़ा। लेकिन राममनोहर लोहिया की समाजवादी विचारधारा से वे बहुत गहराई तक प्रभावित रहे। हालाँकि किसी भी प्रकार से इस सच को स्वीकार करने में वे झिझकते रहे। उन्हें लगता था कि किसी एक विचारधारा की गुलामी से व्यक्तित्व का खुलापन मर जाता है। अन्याय, विरोध को लेकर विद्रोही लेखन करना उनका सृजन स्वभाव रहा।

आत्म-साक्षात्कार—आत्मालोचन के संघर्ष भरे क्षणों में वे अपने को अपने समय को टटोलकर लिखते हैं—इसीलिए कहानी मेरे लिए इन दोनों स्तरों पर लड़ाई की

कहानी है। 'सोया हुआ जल' से लेकर 'पागल कुत्तों का मसीहा' तक में यह लड़ाई देखी जा सकती है। नयी कहानी की बहस में मैं नहीं उलझना चाहता। आप चाहें तो कह सकते हैं कि इसका कारण यह है कि नये कवि के रस में प्रतिष्ठित हूँ। जो एक स्तर पर कथा, दूसरे स्तर पर वैचारिक निबंध और तीसरे स्तर पर भाषा की सांकेतिकता के प्रतीकों के माध्यम से काव्य का सुख दे सके, वह नयी कहानी है। इस दृष्टि से निर्मल वर्मा, रघुवीर सहाय, कुँवर नारायण और श्रीकांत वर्मा नये लिखने वालों में मेरे प्रिय हैं। नयी कहानियों की दिशा उनकी कहानियों की दिशा है, ऐसा मेरा विचार है।'' (*संपूर्ण गद्य रचनाएँ,* भाग 3, पृ. 13)

सर्वेश्वर ने अपने एक आत्म लेख 'ईश्वर का जन्म और मृत्यु' में बनिये की दुकान में अपने काले-सफेद गुड़ और उसके लिए जीभ का जोर, फिर अचानक इकन्नी का मिलना और ईश्वर में विश्वास होने का जिक्र किया है। गायत्री मंत्र का जाप, बालपन और माँ, घर की आर्थिक तंगी सभी पर उन्होंने प्रकाश डाला है। बहन और भाई श्रद्धेश्वर की ओर उनका मन इतना जाता रहा कि 'कुआनो नदी' के समर्पण में लिखा है, ''अपने छोटे भाई श्रद्धेश्वर के लिए जो इस नदी को आज भी झेल रहा है।'' दरअसल 'कुआनो नदी' से सर्वेश्वर की समझ-चेतना जुड़ी रही है–'कुआनो नदी'। सँकरी नीली, शांत। जाने कब होगी आक्षितिज लाल उद्याम। बहुत गरीब है यह धरती–जहाँ वह बहती है। इस नदी के किनारे कवि का जीवन बीता है–दिल्ली की सड़कें दीखती हैं जैसे कुआनो नदी। नदी जो एक कुएँ से निकली है। जिसे मैं अपने बचपन में कभी खोज निकालने का उत्साह रखता था। कुआनो नदी, सँकरी शांत, नीली। अभी भी बहती रहती है, रात-दिन मेरे सामने। अदेखे पानी का उत्साह कुरेदती हुई बचपन की स्मृतियाँ खटखटाती है कवि मन के किवाड़। अभी भी मैं एक लंबी शहतीर अपने घर की दालान से सड़क तक रखकर वह हरहराता जल पार कर जाता हूँ। जबकि मेरे पिता जाँघ तक धोती उठाये, पानी को हलकोरते जाते हैं। कल्ल, कल कल्ल ज्यों ही आती है आवाज मैं लालटेन लेकर बाहर दौड़ता हूँ। शायद यह रोशनी काम आ जाए। वे जीवनानुभव जो काव्य-संवेदना में ढलकर रचना बनते हैं उनकी पूरी कथा-व्यथा 'कुआनो नदी' में मौजूद मिलती है। मछलियाँ, जोंक, पनियल साँप सबके अलग-अलग ढंग हैं पानी में चलने के। मैं आज भी उनका गवाह हूँ। बड़े ध्यान से देखा है मैंने उन्हें। पीले-पीले मेढकों की छपाक से ही बता सकता हूँ कि पानी यहाँ कितना गहरा है। पूरे जिले की गरीबी कविता में कौंधती रही है–''बहुत गरीब जिला है वह बस्ती, जहाँ मैंने इसे पहली बार देखा था। मेरे नाना इस नदी में कूद पड़े थे, और निकाल लिए गए थे। जिंदगी से ऊबकर मर नहीं सके।'' खेत-झाड़ी-पगडंडी, किसान बैल के साथ उनका बचपन बीता। छोटे-छोटे लोगों के बीच–बहुत सँभलकर मैं अब भी जाता हूँ। नरसल की हरी डंडियाँ काट लाता हूँ उनसे लिखने की कलमें बनाता हूँ। दूसरे उनसे पिपहरी भी बना लेते हैं। जिसे बड़ी

शान से बाँसुरी कहते हैं। उन पिपहरियों की आवाज आज भी सुनाई देती है मुझे दिल्ली की इन सड़कों पर। नदी के बाँध के नीचे से जाती हुई सड़क—गाँव की सड़क एकदम स्मृति में साफ है। सड़क पर अधिकतर बैलगाड़ियाँ चलती हैं। कभी-कभी कोई एक्का भी परदा बाँधे, औरतों-बच्चों को बैठाए डगमगाता। और फिर साइकिल धूल से भरी हुई भेड़-बकरियों के गले, नये खरीदे रंगे सींगों वाले बैल घण्टियाँ बजाते, जिसकी आवाज धीरे-धीरे दूर होती जाती है। पीला-पीला सूरज आसमान में डूबता है। और तभी एक तेज भारी कंठ सुनाई देता है, 'लाली हो लाली' और सड़क पर, पुल पर, पेड़ों पर अँधेरा छा जाता है। मेरी निगाह कुछ कमजोर हो गई है। 'कुआनो नदी' आत्मकथात्मक राजनीतिक कविता है। बस्ती जिले का पूरा इतिहास-भूगोल दर्द के साथ इसमें बयान किया गया है।

'कुआनो नदी' खतरे के निशान लेख में सर्वेश्वर जी ने लिखा है—इस कविता का आरंभ 3 सितंबर, 1972 को हुआ था और इसकी समाप्ति 1 दिसंबर, 1972 को हुई। यह तीन कविताओं की श्रृंखला की अंतिम है। गरीबी, हिंसा, सामाजिक क्रांति के लिए उत्तेजना से यह कविता निर्मित्त की गई है। गाँव और दिल्ली के बीच की दूरी से कविता उलझती है और कवि की पूरी मनोभूमिका को समझने का एक प्रामाणिक दस्तावेज है।

सर्वेश्वर ने विवाह माता-पिता के आग्रह पर किया था। "सच तो यह है कि मैं विवाह करना ही नहीं चाहता था। माँ-बाप का प्रेम कम, उनका कलह मन पर हावी था। फिर एकाध प्रेम-प्रसंग भी थे। इत्तफाक से प्रेम की देखते-देखते उन्हीं दिनों मृत्यु हो गई थी।" (*अंतरंग साक्षात्कार,* पृ. 48) अंततः सर्वेश्वर ने धर्मपत्नी के रूप में विमला को पाया और दो संतानों के पिता बने—विभा और शुभा। पत्नी का जल्दी ही देहांत होने पर सर्वेश्वर अकेले हो गए। दुबारा विवाह नहीं किया। छोटी दोनों बच्चियों को बुआ ने पालकर बड़ा किया। पत्नी की मृत्यु पर सर्वेश्वर ने बड़ी ही दर्द भरी कविता लिखी—"बायें हाथ में ले, अपना कटा हुआ दाहिना हाथ/बैठा हूँ मैं घर के उस कोने में, जिसे तुम्हारी मौत जितनी सफाई से साफ कर गई है/एक द्वार की तरह मैं रेगिस्तान में गड़ा हूँ/एक टूटी दीवार का अकेलापन भी अब कहाँ है जो कुछ रोक सके/गर्म हवाएँ सनसनाती हुईं/मुझमें से गुजर जाती हैं/चारों ओर हरहराती है बाढ़/कमर तक पानी में, पीठ पर संदूक लादे गढ़ा रहा मैं/देख रहा हूँ सामने से बहता हुआ सारा घर/हिलती हुई छत पर कुछ सहमे कुछ निडर अपने दो खिलौने/भविष्य सिकोड़ता जा रहा है मेरी पीठ और झुकाता जा रहा है मेरे कंधे/छाती पहाड़ बनते-बनते। मैं आदमी से नाव बनता जा रहा हूँ।" बड़ी हिम्मत से बच्चियों को बड़ा किया और साहित्य को समर्पित हो गए। 'अज्ञेय जी' के साथ रहे। उनका प्रभाव पड़ा और जीवन भर अज्ञेय भक्त भी रहे। औरों की तरह अज्ञेय जी को प्रतिष्ठित हो जाने पर मुँह भर-भर कर गालियाँ नहीं दीं। नयी कविता और नये सृजन के विरोधियों

से सर्वेश्वर ने डटकर टक्कर ली और पूरी ताकत से ललकार कर उन्हें चुप कर दिया।

सर्वेश्वर ने शुरू-शुरू में देश-भक्ति की कविताएँ लिखीं क्रांतिकारियों से प्रभावित होकर। गाँधी और नेहरू ने मेरी काव्य-संवेदना को कभी छुआ नहीं, उन पर मेरी कोई कविता नहीं है। नेहरू की मृत्यु पर जरूर है—'एक सूनी नाव' और गाँधी के सत्ता द्वारा इस्तेमाल पर है—'पंचधातु' शायद कोई गाँधीवादी मेरा मित्र नहीं था। लोहियावादी थे, शुरू में क्रांतिकारी भी। अतः लोहिया की बातें अच्छी लगने लगीं। समझ में आती थीं। पर लोहिया की बातों पर मेरी कविता नहीं थी। मैं कविता उसी पर लिख सकता हूँ जो मेरी अनुभूति का हिस्सा हो। लोहिया की बातें मेरे अनुभव का अंश बनने पर ही मेरी कविता में यादें आई हैं तो अपनी होकर। लोहिया का प्रभाव मेरी कविता में खोजना ऐसा ही होगा जैसे हुसैन की चित्रकला में लोहिया का प्रभाव खोजना। लेकिन लोग ऐसा करते हैं क्या कहा जाए। लोहिया की मृत्यु पर मैंने कविता लिखी। लोहिया के आना-जाना, उनसे बातचीत थी, लोहियावादी साथियों के कारण। (*अंतरंग साक्षात्कार, पृ. 50*) सच बात यही है कि स्वर्गीय राममनोहर लोहिया उनके सर्वाधिक निकट थे। उन्हें वे ऐसी रचनाएँ भी सुनाते थे, जिनसे उनका वैचारिक मतभेद था। इसलिए 'लड़ाई' कहानी भी उनसे बहस के बाद ही लिखी। सर्वेश्वर बड़े ही संवेदनशील थे—जैसे जापान पर बम गिरने की तकलीफ से बैचेन रहे। आजादी से मोहभंग हुआ यही बात 'कुआनो नदी' और 'जंगल का दर्द' में घनी तकलीफ की कविताएँ हैं।

सर्वेश्वर ने जीविकोपार्जन के लिए मास्टरी, क्लर्की, आकाशवाणी में सहायक प्रोड्यूसरी की तथा 'दिनमान' में प्रमुख उपसंपादक और कुछ समय तक बच्चों की पत्रिका 'पराग' के संपादक रहे। बड़े पापड़ बेले और अनुभवों से बहुत सीखा। 'तीसरा सप्तक' 1959 में अज्ञेय जी ने इनकी कविताओं को स्थान दिया और बाद में तो नयी कविता के अधिष्ठाता शीर्षस्थ कवियों में से एक रहे। 'प्रयाग' और 'परिमल' दोनों ने चिंतन में चमक पैदा की। फलतः वह प्रयाग को कभी भूल न सके। धर्मवीर भारती को लिखे पत्रों में 'प्रयाग प्रेम' की अद्‌भुत छटा देखी जा सकती है। धर्मवीर भारती, विजयदेव नारायण साही, केशवचन्द्र वर्मा, जगदीश गुप्त, लक्ष्मीकांत वर्मा, रघुवंश, रामस्वरूप चतुर्वेदी से खूब छनी। इन मित्रों ने उनके रचनाकार को अपनी आलोचना से शक्ति दी। रचना की देशी ताकत को पहचान कर वे पश्चिमी ढंग की नकल, बनावटी भाषा, विकृत ढंग की आधुनिकता और रीतिवादी चमत्कारवाद से दूर रहे। मतांधता और सत्तामोह से भी दूर रहे। उनमें निराला और मुक्तिबोध के प्रति गहरा आकर्षण मौजूद रहा। दद्दा मैथिलीशरण गुप्त के प्रति श्रद्धाभाव से भरकर लिखा, "मुझे अपनी माँ की याद आती है। हर आँगन में ऊँचे स्वरों में गाती। निश्चेष्ट होकर बैठे रहना यह महा दुष्कर्म है।" (*कविताएँ भाग-2 वह स्पर्श दद्दा की स्मृति*) दद्दा से जुड़ने का अर्थ है, भारतीय चिंतन परंपरा के अंतरंग स्त्रोतों से

जुड़ना। इस 'परंपरा' से वे जुड़े थे और यही परंपरा उन्हें अज्ञेय, मुक्तिबोध तक ले गई। 'कवि मुक्तिबोध के निधन पर' शीर्षक कविता में लिखा, ''तुम्हारे हाथों से जुड़े हैं असंख्य हाथ/वे निष्प्राण कैसे हो सकते हैं? बनी बनाई लीकों पर न चलने की यात्रा का अंत पूर्ण-विराम में कहाँ होता है। नहीं-नहीं जीवित हैं हम अभी भी और हम सबमें जीवित हो तुम। ये लहरें जाने कहाँ से आती हैं जो हमारी पसलियों पर अपने को तोड़ती चली जाती हैं/ हमें निरंतर गढ़ती चली जाती हैं तुम्हारे अनुरूप।'' (*कविताएँ, भाग-2,* पृ. 51-52)

सर्वेश्वर ललित कलाओं और कलाकारों के प्रति विशेष रूप से आकृष्ट रहे। कुछ कविताएँ तो 'स्वामीनाथन' जैसे चित्रकारों के नाम को लेकर रची गईं। कलाकारों से उनका रिश्ता 'दिनमान' में आने के बाद बना। उन्होंने कहा भी है—''आरंभ से नहीं 1965 से 'दिनमान' में आने के बाद कलाकारों से मेरा रिश्ता बनाने में श्रीकांत वर्मा का हाथ था—वह दिल्ली में रहते थे, सभी कलाकार उनके दोस्त थे। उनके साथ मिलना-जुलना शुरू हुआ फिर लगभग सभी रचनाकारों और उनकी कला से रिश्ता बनने लगा। कुछ से रिश्ता कला के माध्यम से ज्यादा गहरा हुआ। हिम्मतशाह और स्वामीनाथन के चित्रों पर कविताएँ पहले लिखी गईं परिचय बाद में हुआ। संगीत और नृत्य जगत के कई कलाकारों से उनका परिचय उन्हीं के माध्यम से हुआ। मैं कला और नृत्य पर लिखता था। मेरा लेखन जिन्हें अच्छा लगा वे मिलने-जुलने लगे। अब स्थिति यह है कि मैं कह सकूँ कि मैं बहुत सुखी आदमी हूँ क्योंकि चित्रकला, संगीत, नृत्य और नाटक की दुनिया का कोई भी ऐसा बड़ा कलाकार नहीं है, जिससे मेरा घनिष्ठ जैसा रिश्ता न रहा हो।'' (*अंतरंग साक्षात्कार, पृ. 52*) 'दिनमान' में सर्वेश्वर जी ने साहित्य, कला पर लंबे समय तक लेखन किया। श्यामलाल वर्मा, श्रीकांत वर्मा, रघुवीर सहाय की मित्रता ने संस्कृति-संघर्ष और सामाजिक उथल-पुथल के नये पाठ पढ़ाए।

सर्वेश्वर के जीवन-संघर्ष और रचना-संघर्ष में गहरी निकटता है। 'काठ की घंटियाँ' 1949 से लेकर अंतिम काव्य-संग्रह 'कोई मेरे साथ चले' में प्रखर सामाजिक-राजनीतिक व्यंग्य के दर्शन होते हैं। नाटकों तथा कला-साहित्य में भी यही राजनीतिक व्यंग्य अपनी चोट करता है। पत्नी की मृत्यु के बाद सर्वेश्वर का जीवन सूना अकेला हो गया। विवाह तो नहीं किया लेकिन 'काम' की अनुभूति में गर्क होकर उन्होंने बहुत सारा प्रेम-काव्य लिखा। खुलेपन के नाम पर वे इतना ज्यादा रमे कि रचना उसी रंग में डूब गई। पर सर्वेश्वर के सृजन में सर्वोत्तम वही है—जहाँ वे किसान संवेदना और राजनीतिक वेदना को पूरे आवेग और आवेश में अभिव्यक्ति देते हैं। *जंगल का दर्द, बाँस का पुल, एक सूनी नाव, गर्म हवाएँ, कुआनो नदी और खूँटियों पर टँगे लोग* जैसे काव्य-संग्रहों में उनके कृतित्व का उत्तमांश मौजूद है। *खूँटियों पर टँगे लोग* कविता-संग्रह को साहित्य अकादमी पुरस्कार से सम्मानित किया गया—पर

मरणोपरांत।

कवि, नाटककार, कहानीकार, उपन्यासकार, बाल-साहित्य के लेखक, प्रखर पत्रकार, यात्रा-संस्मरणकार, निबंधकार और कुछ पुस्तकों के संपादक सर्वेश्वर का व्यक्तित्व एवं कृतित्व बहुमुखी है। 'चरचे और चरखे' नामक स्तंभ में मौजूद पत्रकारिता का एक विलक्षण रूप है तो 'कुछ रंग कुछ गंध' नाम से रस यात्रा के संस्मरणों की आत्मीयता भी कम आकर्षक नहीं है। उन्होंने रूसी भाषा में कविताओं के दो संकलन तथा नेपाली कविताएँ निकालीं। 'शमशेर' पर कवि मलयज के साथ मिलकर पुस्तक संपादित की। दरअसल शमशेर की सौंदर्य चेतना और कला शक्ति का सर्वेश्वर के मन में बड़ा आदर था। नयी कविता के इस शीर्षस्थ कवि ने एक नया काव्य-मुहावरा विकसित किया। सर्वेश्वर के काव्य-मुहावरे का असर धूमिल और उसके बाद की पीढ़ी पर साफ देखा जा सकता है। उनकी रचनाओं के देशी-विदेशी भाषाओं में अनुवाद प्रकाशित हो रहे थे, कि अचानक दूर देश से बुलावा आ गया। 23 सितंबर, 1983 को दिल्ली में उनका आकस्मिक निधन हो गया। सर्वेश्वर जी बस्ती, काशी और प्रयाग से पढ़कर नौकरी करने दिल्ली आए जरूर थे पर इस दिल्ली के कभी हो नहीं सके। इस महानगर का अजनबीपन उन्हें कभी रास नहीं आया। उनके शरीरांत के बाद भी उनकी कविता अपनी अनुगूँज छोड़ती रही है—

घन्त मन्त दुई कौड़ी पावा,
कौड़ी ले के दिल्ली आवा।
दिल्ली हम का चाकर कीन्ह,
दिल दिमाग भूसा भर दीन्ह।

# 3

# काव्य-यात्रा की दिशा

शब्द जिन्हें मैं बर्फ की सिल्लियों पर भी
अकेली चींटी-सा चला ले जाता था
अब अंगारों से धधक रहे हैं।
उनसे मैं खेल नहीं सकता
वे युद्धभूमि में बदल गए हैं। *(आग)*

सर्वेश्वर की काव्य-यात्रा का नयी कविता से जुड़ा एक इतिहास हमारे सामने है। इस इतिहास के भीतर उनकी काव्य-यात्रा के वैचारिक दृष्टि-बिंदु अंतर्निहित हैं। अभी उनकी समस्त रचनाओं का क्रम पूरा नहीं हुआ है, किंतु जो संकलन प्रकाशित हुए हैं उनमें विचारों का ताप तेजी से बढ़ रहा है। इसी स्थिति ने उनके शब्दों को युद्धभूमि में बदल दिया है। इस दृष्टि के कारण उनके आगे आने वाले संकलनों से नयी संभावनाएँ और बन रही हैं। सम-सामयिक जीवन-संदर्भों, समस्याओं से सीधे जुड़ने के कारण उनकी ताजी संवेदनात्मक क्षमता एक क्षमता-संपन्न कवि के काव्य को नवीन विचारों-दृष्टियों से भरा-पूरा बना रही है। प्रायः तेजी से उभरने वाले कवि एक-दो अच्छे काव्य-संकलन देने के बाद अपने को दुहराने लगते हैं। वे उनके बाद कविता नहीं लिखते, बस लिखते हैं। छायावादोत्तर कविता में बच्चन तथा भवानी भाई के साथ कुछ यही हुआ। छायावाद में पंतजी के साथ यही हुआ। अंधाधुंध लिखने पर भी अपने 'आरंभ' से आगे नहीं बढ़ सके। अनेक साहित्य में पुराने नाम के बल पर छपते-छपाते रहे हैं। किंतु, सर्वेश्वर के कवि ने लगातार अपने को इस तरह के कवियों से अलग रखते हुए, नयी काव्य-दिशा के साथ क्षमतावान कवि की भाँति विकसित-परिष्कृत करते हुए धारदार बनाया है। उनके काव्य-संकलन उनके विकास के परिचायक हैं, ह्रास के संकेत अभी उनमें कहीं नहीं हैं। अभी तक के काव्य-संकलनों में प्रकाशित उनका सबसे नया काव्य-संकलन 'जंगल का दर्द' ऐसा ही प्रमाण देता है। अतः लगातार विचारों और अभिव्यक्ति की वयस्कता को प्राप्त करती उनकी काव्य-यात्रा पर संक्षिप्त विचार यहाँ अपेक्षित है। ऐसा करने से इस कवि के अभी तक के काव्य-व्यक्तित्व को समग्रतः में समझा जा सकेगा। काव्यानुभूति के उस

आंतरिक आधार से भी परिचित हुआ जा सकेगा जिसने शब्दों को नये ताप से युद्धभूमि में बदल दिया है।

सर्वेश्वर के काव्य-जीवन का आरंभ सन् 1949 ई. के आसपास से होता है। एक कवि तथा कहानीकार के रूप में वे साहित्य-जगत में प्रवेश करते हैं। अज्ञेय जी के संपादकत्व में निकलने वाले 'तीसरा सप्तक' (1959 ई.) में कवि रूप में स्थान पाने पर इनकी चर्चा जोर पकड़ती है और बाद में स्वतंत्र काव्य-संकलनों के आने पर वे नयी कविता के प्रतिनिधि कवि के रूप में स्थापित हो जाते हैं। गद्य-पद्य को साथ में लेकर संकलन रूप में प्रथम बार 'काठ की घंटियाँ' बज पड़ती हैं। इस गद्य-पद्य-संकलन में इनका प्रमुख रूप में कवि-व्यक्तित्व ही अधिक उभरता है। कविता की मनःस्थितियों, तनावों से जन्मी तमाम कहानियाँ भी कवि के भीतर चलने वाली कविता का ही गद्य-रूप हैं।

'तीसरा सप्तक' का कवि सर्वेश्वर नयी कविता या नयी प्रवृत्तियों के विरोध में डटे आचार्यों-मठाधीशों से अत्यंत क्षुब्ध है। कारण, इन आचार्यों ने पूरे माहौल को गुमराह करने का प्रयास किया था। ऐसे समय में "जब चारों ओर लोग इस बात पर कमर बाँधे हों कि वे आपकी बात नहीं समझेंगे, तब आपके सामने दो ही रास्ते रह जाते हैं : या तो चुप रहें—अपनी बात न कहें, या फिर उसे इस ढंग से कहें कि सुनने वाले तिलमिला उठें, उनकी कलई उतर जाए।" (*तीसरा सप्तक—वक्तव्य,* पृ. 207)। आज इस कथन पर सोचते ही ध्यान जाता है कि कवि सर्वेश्वर ने दूसरा ही रास्ता चुना है। अपने व्यंग्य में इतनी ताकत पैदा की है कि सुनने वाले की दिमागी खिड़कियाँ खुल जाती हैं। इस यात्रा में कवि ने यह महसूस किया है—

> वह आग मेरे करीब आती जा रही है।
> कभी मैं किसानों की चिलमों में
> अंगारे की तरह दमकने की कामना करता था,
> मजदूरों की बीड़ियों में सुलगने के
> ख्वाब देखता था।
> उनके चूल्हों में धधकना चाहता था।

संपूर्ण संकल्प से कवि किसानों-मजदूरों से मिल जाना चाहता था—'उनका और उनके लिए होना चाहता था।' कोमल भावनाओं को 'फूल' से 'आग' में बदलना चाहता था। सदियों से लिखने-पढ़ने से वंचित अनपढ़-खेतिहर मजदूरों को 'आग' और 'सामूहिक आग' का मतलब समझाना चाहता था। दुखी चेहरे, उदास चेहरे, निस्तेज चेहरे, गुस्से-भरे चेहरे, सभी से प्यार करना चाहता था। आजादी के बाद के सही समय को पहचानकर आदमी और गधे के रिश्तों को ठीक से समझाना चाहता था। गरीब आदमी को आदमी होने का अहसास कराना चाहता था। पर मजदूरों की लौ में बदलती उँगलियाँ और मशाल में बदलते हाथों का आत्म-विश्वास

कहता था–

मैंने महसूस किया
चारों तरफ केटलियाँ खौल रही हैं
मैं भाप बनकर उड़ रहा हूँ।

विचारों की यह आग ही सभी को एक करती है–आग सबकी होती है। समझ आने पर अपना हक माँगता श्रमजीवी गुलेल की तरह खिंचकर चल जाता है। एक ही स्थिति रह जाती है–'घेराव'? 'आग लगा देंगे आग।' किसान और मजदूर की एकता इसी 'आग' से आज आ रही है। अब यह काव्य-यात्रा एक समर्पित क्रांति-यात्रा में मोर्चा सँभाल रही है–

अब–
उनका और मेरा चेहरा एक हो गया है।
हम सब एक अंगार हैं, एक लपट, एक आग,
एक शब्द, एक अर्थ, एक राग,
एक चरण, एक यात्रा, एक राह,
एक संकल्प, एक नारा, एक चाह,
समर्पित
एक क्रांति को।

यह क्रांति-यात्रा की समझ ही 'थुनकियों पर खड़े छप्परों' को ललकार रही है। 'नक्शा फाड़ते बच्चों' के क्रोध को कोण दे रही है। 'बंद रास्तों पर दौड़ने की यातना' को बुन रही है। 'भेड़ियों' को खदेड़ने के लिए उनकी आँखों में आँखें डालकर घूरने का संदेश दे रही है। गुर्राते हुए भेड़ियों के लिए 'तुम मशाल जलाओ' का मंत्र दे रही है। 'कंकड़ों' में रेंगते साँपों को कंकड़ों में छिपकर रेंगने पर भी मारने के साधन खोज रही है। यह समझ ही भूख से लड़ने के लिए खड़ा होने वाले को सुंदर कह रही है। यह समझ ही पैरों से रौंदी धूल को बेचैन हवाओं के बवंडर में उड़ने का संदेश देती है। धूल की ताकत को समझने का नया दर्शन देती है। यह समझ ही झाड़ियों-पहाड़ियों में छिपे शत्रुओं को खोजने का संकेत देती है। यह समझ ही आज के जंगली लोगों की दबोच से जंगल का दर्द तानती है। यह समझ ही 'कला-दर्शन' की टुकड़खोरी को, दुम हिलाने को प्रकाश में लाती है। यह समझ चट्टानों पर सोते काले तेंदुए को, अँगड़ाई लेते काले तेंदुए को, चट्टानों पर दौड़ते काले तेंदुए को, चट्टानों पर शिकार झिंझोड़ते काले तेंदुए को आपात्-स्थिति में पहचानकर कह सकती है–

चट्टानों पर झिंझोड़ रहा है अपना शिकार
काला तेंदुआ
चट्टानें, चट्टानें नहीं रहीं
एक तेंदुआ

सारे जंगल को

काले तेंदुए में बदल रहा है। *(जंगल का दर्द)*

'जंगल के दर्द' में पैदा होने वाली यह 'समझ' लंबे सामाजिक-आर्थिक इतिहास को समझने का गुणन-फल है। रूप-विधान से अधिक विषय-वस्तु को प्रधानता देने का परिणाम है।

'तीसरा सप्तक' के वक्तव्य में 'कवि के व्यापक जीवन-दर्शन' को अपनाने का भी संकेत था—"मैं कविता क्यों लिखता हूँ—मैंने कविता क्यों लिखी? कहूँ कि किसी लाचारी से ही लिखी। आज की परिस्थिति में कविता लिखने से सुखकर और प्रीतिकर कई काम हो सकते; और मैं कविता न लिखता यदि : हिंदी के आज के प्रतिष्ठित कवियों में एक भी ऐसा होता जिसकी कविताओं में कवि का एक व्यापक जीवन-दर्शन मिलता...अधिकांश पुराने कवि छंद और तुक की बाजीगरी के नशे में काव्य-विषय की एक-एक संकीर्ण परिधि में घिरकर व्यापक जीवन-दर्शन के संघर्षों को भूल न गए होते और उन्हें कविता के विषय में से निकाल न देते।" (*वक्तव्य*, पृ. 200)

इस कथन से स्पष्ट है कि एक गहरी आंतरिक प्रेरणा से विवश होकर कवि ने कवि-कर्म का दायित्व उठाया है। यह कविता कसीदाकारी या बेलबूटे की नक्काशी न होकर 'अकथित सत्यों' की प्रेरणा से जन्मी है तथा नकली जीवन छोड़कर साहित्यकार के अनुभव-प्रवण, लोकजनीन वास्तव जीवन को अपनाने से जन्मी है। अर्थात् अपने समय के साहित्यिक संकट को ठीक से समझने के कारण सच्ची अभिव्यक्ति रूप में फूट-फट पड़ी है। अनुभव-अनुभूतियों का 'वास्तवपन' ही कथ्य को रूप दे गया है।

स्वतंत्रता-प्राप्ति से पहले के आधुनिक साहित्यकार—अपने कवि-कर्म के संपूर्ण दायित्व को समझते हुए पूरा करते थे। भारतेंदु, गुप्त, प्रसाद, निराला, नागार्जुन इसी दायित्व-बोध के कवि हैं। किंतु आजादी के बाद के कवि सवेरे की हवा में जगने-जगाने के काम से दूर स्वयं चादर तानकर सोने लगे थे। साहित्य इनके लिए 'दायित्व' नहीं 'धंधा' बन रहा था। यह बात आलोचक तथा कवियों दोनों पर लागू हो रही थी। छायावाद के आलोचक गुलाबी आँखों पर काला चश्मा लगाकर जीवन देख रहे थे। 'बलिशाला ही हो मधुशाला' कहने वाले कवि माखनलाल चतुर्वेदी के क्रांति-दर्शन से दूर होकर 'कल्पना की हाला-मधुशाला' में डुबकी लगा रहे थे। प्रिया की चटकती चूड़ियों की छायाओं के प्रेम-बिंब थाह रहे थे। वैयक्तिक गीति-धारा के कवियों का इतिहास तथा प्रयोगवाद के रूमानी कवियों की यही रंगत थी।

नयी कविता के कवियों ने अपने सामाजिक-दायित्व को समझते हुए कविता में इसे ही पूरा करने का प्रयत्न किया है। मुक्तिबोध का काव्य इसी परंपरा को नया प्रवर्तन देता है, नया संस्कार देता है। नयी कविता ने जीवन के यथार्थ-संघर्षों को

पहचानते हुए राजनीतिक, सामाजिक, आर्थिक—सभी क्षेत्रों में सांस्कृतिक विघटन से उत्पन्न मूल्यों के क्षेत्र में समर लड़ा है। कहना न होगा कि यह समर सर्वेश्वर को जमकर लड़ना पड़ा है। संवेदना, विषय-वस्तु और काव्य-भाषा तीनों ही स्तरों पर कवि को संघर्ष करना पड़ा है। पर आज यह स्थिति आ गई है कि उन्होंने विषय-वस्तु एवं बोलचाल की काव्य-भाषा दोनों ही स्तरों से नयी कविता को बहुत-कुछ नया दे दिया है।

'तीसरा सप्तक' को छोड़कर उनके कुल संकलनों की अभी तक संख्या छह है। प्रथम काव्य-संकलन 'काठ की घंटियाँ' में सन् 1949-57 तक की कविताओं को एकत्रित किया गयाा है। इसमें 'तीसरा सप्तक' की भी कविताएँ सम्मिलित हैं। इस प्रकार इस संकलन में छयासठ कविताएँ हैं, जिनमें विषय-वैविध्य एवं रूप-विधान का वैचित्र्य एक साथ दृष्टिगत होता है। कलम उठाने की तैयारी करते ही कागज पर एक लंबी चोंच वाली चिड़िया बैठ जाती है। यह चिड़िया या चेतना का आदिम-प्रतीक ही सृजन में फुदकता-बोलता है। कवि कहता है--

शुक्रिया।
ओ प्रकाश!
शुक्रिया
ओ कलम-थमे हाथ की परछाईं।

'ये तो परछाईं है' वही कवि के विचारों का अनवरत साथ है। कवि अपनी काव्य-प्रेरणा की इस परछाईं से ही कहता है—

बोलना चाहता है, अपनी ही पगध्वनि से बोल
दर्द की गाँठ तू अपने ही छालों पर खोल,

'दर्द की गाँठ' खोलने के साथ इन कविताओं में मुक्त-प्रेम के लिए बड़ी तड़पन है। प्रकृति तथा नारी प्रेम के जीवंत संकेत कवि ने जीवन की तमाम मजबूरियों, विवशताओं, विडंबनाओं के साथ ही दिए हैं—

चार नयन मुस्काए, खोए, भीगे, फिर पथराए--
कितनी बड़ी विवशता जीवन की कितना कह पाए!

एक बंद समाज का दर्द स्मृति के कब्जों से कसा हुआ जिसे भावना की हवा हिलाती रहती है। अभाव की, अतृप्ति की कुंठा कवि-मानस पर छाई हुई है—

एक मैं ही हूँ—कि मेरी साँझ चुप है,
एक मेरे दीप में ही बल नहीं,
एक मेरी खाट का विस्तार नभ-सा
क्योंकि मेरे शीश पर आँचल नहीं है।

इसलिए कवि आम तले की सफेद गुलाबों से सजी सेज के पास की चाँदनी को पाना चाहता है। केले के झुरमुट के पास की अलस-प्रिया का इंतजार करता है।

मालतीकुंज में तनिक अँधेरा आते ही किसी को बुलाना चाहता है। अभाव-भरे जीवन की यह पुकार ही 'बीसवीं शताब्दी के एक कवि की समाधि पर' कविता है। 'एक प्यासी आत्मा का गीत' कवि की तमाम अवचेतन में दबी इच्छाओं की साफ अभिव्यक्ति है—

एक अभागे कवि का गीत—
जिस पर हर आँधी ने थकावट की पर्त्त ही जमाई
जिसके घावों को हर झोंके ने गहरा ही किया
और जिसके अंतिम घड़ी के अंतिम प्रयत्न को भी
प्यार करना तो दूर रहा, किसी ने दुआ तक नहीं दी।

उसी प्यासी-भटकी हुई आत्मा का दर्द भरा संगीत संवेदना में झंकृत हो रहा है। प्यार के रंगे हुए क्षणों की मौत पर थकी हुई आँखों की जलपरियाँ टूट रही हैं। इनका 'दर्द थिरता नहीं' है, अंजलि के फूल धीरे-धीरे अनंत तिमिरावर्त्त की धूल में गिर जाते हैं। दर्द के चीखते हुए सागर में कवि अकेला पड़ जाता है। शांत ज्वालामुखी-सी प्रिया का प्यार याद में ही रह गया है—

एक हल्का-सा मेघ
बरस कर निकल गया
पेड़ों की पत्तियाँ धुल गईं
एक छोटी-सी चिड़िया
तेजी से झुरमुटों को चीरती चली गई,

रूमानियता के उमड़ते सागर में एक शब्द लगातार फूटता है—'अहं से मेरे बड़ी हो तुम'।

क्योंकि अंतर में
आस्था के टूटते असहाय रथ के चक्र थामे
नित खड़ी हो तुम।
अहं से मेरे बड़ी हो तुम।

इसी बिंदु से रोमानी प्रेरणा के हजारों बिंब कौंधने लगते हैं। एक बिंब देखिए—

प्यार का नाम लेते ही
बिजली के स्टोव-सी
जो एकदम सुर्ख हो जाती है

पर पराजित सूरज, थकी सूरजमुखी को सहन-शक्ति का संदेश देता है। इस संकलन में 'बनजारे के गीत', 'चरवाहे का युगल-गीत', 'झूले का गीत', 'सुहागिन का गीत', 'युग-जागरण का गीत', 'सिपाहियों का गीत' नाम से गीत लिखे गए हैं जिनमें लोक-लय की मिठास को रक्षित रखा गया है। लोक-भाषा का मस्त रंग इन गीतों की प्राण-शक्ति है। नयी कविता की लोक-भावभूमि के इन गीतों में 'हूक करेजवा छाई रे' की ध्वनि

सर्वत्र है। 'चरवाहों का युगल गान' पुरुष-स्वर तथा नारी-स्वर का संवादात्मक प्रयोग है। इनमें सामाजिक भावभूमि की लोक-संपृक्ति बहुत है।

**पुरुष स्वर**–बया घोंसला, मोर घरौंदा, बैठो चित्र उरेहो।

**नारी स्वर**–बिंद्दिया, झूमर, मुँदरी, तरकी लाओ कहाँ धरे हो।

इन कविताओं में 'ताँबे के फूल', 'घास काटने की मशीन', 'नीला अजगर', 'सरकंडे की गाड़ी' आदि ऐसी कविताएँ हैं जिनमें बड़ी बात को बहुत सीधे कहा गया है। 'कलाकार और सिपाही', 'पोस्टर और आदमी', 'सामाजिक अभिव्यक्ति', 'आत्मसाक्षात्कार', 'काठ की घंटियाँ' आदि कविताएँ समसामयिक अनुभव को नया मुहावरा देने की तलाश हैं। बदलते हुए विचारों का आज के कलाकार से सीधा टकराव इन कविताओं में मिलता है। इसी संकलन में 'लोहिया से प्रेरित' होकर कवि ने 'कॉफी हाउस में एक मेलोड्रामा' नामक एक सशक्त लंबी प्रतीक कविता लिखी है। कवि मानस पर डॉ॰ राममनोहर लोहिया के विचारों की यह स्पष्ट मुहर है। जान-बूझकर कवि ने कविता के अंत में डॉ॰ लोहिया के विचारों की प्रेरणा का संकेत दिया है। लोहियावादी विचारधारा का ही प्रभाव है कि कवि उसके बाद के संकलनों में उनकी वैचारिक भूमिका को काव्य में ढालता गया है। इस विचार-दर्शन में लोहे की जेबों में छिपी हुई बारूद की असंगति को विश्लेषण से पकड़ा गया है। जहाँ हर दर्शन, क्रास लेकर खड़ा था, हर साक्रेटीज को जहर दिया जा रहा था, जहाँ रूसो का समता, बंधुत्व तथा स्वतंत्रता वाला सिद्धांत जीवित किया जा रहा है, जहाँ कार्ल मार्क्स का अखाड़ा था वहाँ लोहिया का विचारक देश की हालत समझकर बोला है–

बचो, उनसे बचो
जो लकड़ी की टाँगों पर दौड़कर
मानव-प्रगति का इतिहास लिखने में लगे हैं

इस आवाज को सुनकर जंग खाए इंसान जग पड़े थे। देवताओं और संतों के नकली चेहरे लगाए हुए लोगों को लोहिया-विचार ने नंगा कर दिया था। पुरानी बूढ़ी रीढ़ों ने हड्डियों के टूट जाने की शिकायत करते हुए पवित्र परंपरा की दुहाई दी है। डॉ॰ लोहिया ने 'सत्ता जिंदाबाद' का नारा लगाने वाले चोरों के चोरदरवाजों को पहचनवाया था। वीर-पूजा करने वाले नकली संतों के भीतर छिपी बंदूक को ललकार दी थी। इस प्रकार इस संपूर्ण कविता में लोहिया विचार-दर्शन का तार्किक विस्फोट है। समाज की सीली-काली ईंटों के नीचे का कीचड़ कवि ने ढंग से इसी विचार से प्रायः आगे भी पहचान लिया है। परंपराओं की रूढ़ियों का कीचड़ भूखे इंसान को जीवन-फूल तक नहीं पहुँचने देता है, उन आधारों को भी कवि व्यंग्य से खोलता चलता है।

सन् 1958 से 1963 तक की कविताओं का दूसरा संकलन 'बाँस का पुल' है। इसमें विषय-वैविध्य लिए हुए चालीस कविताएँ हैं। अज्ञेय को यह समर्पित संकलन है और शमशेर के प्रति कवि-मोह का प्रमाण है। शुरुआत में एक सशक्त घोषणा है–

निडर आगे बढ़ो—
तुम्हारी राह में यह एक छोटा-सा
बाँस का पुल है।

यहाँ पर कवि अपनी काव्य-यात्रा की सही दिशा निर्धारित करता है। नागफनी के टीले, अजगर, रंगीन साँप झूलने लगते हैं तो कवि 'राह पर' विवेक से बढ़ता है। तभी अतीत की स्मृतियों का दंश उभरता है—

आह! स्मृति की अजानी राह—
दर्द अजगर सा
निगलकर उगल देता है—

'निगलने' और 'उगलने' के दर्द से यह काव्य-यात्रा बनती है। तपते हुए पत्थरों पर बैठा विवेक संभावनाओं के नये तार जोड़ता है। काले जल पर चेतना पीली रेखाओं में सिमट जाती है। अवचेतन के आदिम बिंब-प्रतीक कविता में एक नया अर्थ पाने लगते हैं। इन्हें कवि 'जाने कहाँ से तैरती आती मछलियाँ' जो जल की सतह हिलाकर चल पड़ती हैं, ठीक नाम देता है। भोगने-जीने का 'दर्द यह किससे कहूँ' कविता बनने लगता है। दर्द की तीखी अनुभूतियाँ पैर-फटी बिबाई-सी दुःखती हैं।

मुझको चुनौती देती हैं
मेरी ही परछाइयाँ,
दर्द यह किससे कहूँ ?

धमनियों में कसा हुआ ठहराव फूटकर गति पाता है। निर्मल, निर्द्वंद्व प्रवाह की हरहराहट का अनुभव एक समर्पित कवि-व्यक्तित्व को नयी मूर्ति देता है। अपने आसपास के अनुभव, अपने बच्चों के अनुभव खुलकर सृजन में ढलने लगते हैं। नये बिंब उगते हैं—एक साथ तो—

पेड़ों के झुनझुने
बजने लगे;
लुढ़कती आ रही है
सूरज की लाल गेंद
उठ मेरी बिटिया, सुबह हो गई।

एक ताजा अनुभव ही तारों को 'गैस के गुब्बारे' कह पाता है। रोशनी की नदी इसी प्यार में झिलमिलाने लगती है। दूध है दूध यह धूप जो चारों ओर फैलती है। बच्चों को कहानी सुनाता-खिलाता-खेलता पिता यहाँ तमाम प्रकृति के दृश्यों को संवेदना से रचता है। हर भूखे बच्चे के पिता की गाय उसे मिल जाती है। समाज की कठोर यंत्रणाओं की टक्कर कवि को कचोटती-दबोचती है।

मस्तक पर लगी चोट,
मन में उठी कचोट,

अपनी ही भूल पर मैं,
बार-बार पछताया।
जब जब सिर उठाया
अपनी चौखट से टकराया।

वसंत के दिन प्यार और यौवन में नहीं धूल-भरी थाली में गिर जाते हैं। काली छायाएँ चुपचाप घेरने लगती हैं। फिर भी कवि किसी वसंत की प्रतीक्षा करता है। दर्दीली भावनाओं की 'बाढ़' में उद्यान, फूल-तितली डूबने लगते हैं। सफेद तितलियाँ नैतिकता के झूठे आडंबर में तड़पकर दम तोड़ने लगती हैं। कवि अनुभव करता है कि अधूरा व्यक्तित्व ही जीवन की अतृप्ति का मूल है। अधूरी वृत्ति, अधूरे संबंधों, विचारों के कारण सभी लोग संपूर्ण जीवन जीने से कतराते रह जाते हैं। 'शमशेर का काव्य संग्रह पढ़ने के बाद' कविता में कुमारी कविता अंजीर का पत्ता नहीं, रोटी बाँधती है। नीली घाटियों में एक-दो लाल पंखुरियों के अतिरिक्त डबडबाई झील लहराती है। यह 'व्यथा-बोझिल' संसार ही शमशेर तथा सर्वेश्वर का एक-सा काव्यानुभव है। बाँस की खपच्चियों पर नट-सा सूरज रात-दिन इसी करतब को दुहराता है।

संध्या के चित्र छायावादी कवियों से एकदम अलग रूप में यहाँ आने लगते हैं। गाँव के सीमांत में तने गहरे धुएँ में संध्या डूबती है। हरी साड़ी पहने उदास मटर, मटमैले पानी के साथ यहाँ पसर गई है। तोते के हरे पंख तैरकर सिमट गए हैं। गाँव की किसान छाती पर संध्या के निशान अँधेरे में खो रहे हैं। प्रसाद जी की 'माधवी-संध्या' का यहाँ पता तक नहीं है। निराला की 'संध्या सुंदरी' यहाँ किसान की छाया-भर रह गई है। गाँव के प्रकृति-चित्रों में सूर्योदय, सुबह के नये रूप कल्पना में जाग पड़ते हैं। प्रकृति के रंगों का विशाल ज्वालामुखी फूट-फट पड़ता है। इस हरहराते रंग ज्वाला में कवि जीवन-जीता है, खूब-खूब जीता है। इस प्रकार प्रकृति का विशिष्ट अनुभव इस संकलन में अनेक नये बिंबों में दृष्टिगत होता है। हेमंत की संध्या की प्रतीक्षा का एक चित्र देखिए—

आकाश की नीली टोपी लगाए
क्षितिज का टीला चरवाहे-सा
ढलते सूरज की आग ताप रहा है।

यही संध्या सुलभ आदिम-अधरों पर वसंत बन जाती है। रंगीन संध्या के खोने-पाने का अनुभव चल पड़ता है। अतः इस संकलन में तमाम कविताएँ 'संध्या' से भरी पड़ी हैं। इस संकलन को देखकर यह भ्रम टूटता है कि नयी कविता पीव-मवाद की ही कविता नहीं है, नये सौंदर्य-बोध की कविता है। कवि के लिए सुबह दमकते सोने से रंग वाली एक तूली रंग की साड़ी पहने, रंग-बिरंगी मूँज की डलिया बुनती अल्हड़ किशोरी है। यह बिंब एकदम काम करती हुई ग्रामीण युवती का संस्कार-भरा बिंब है। शाम सेंदुर का बड़ा टीका लगाए बुनकर की साँवली औरत है जो सूत की रंग-बिरंगी

लच्छियाँ बुनकर आकाश की अरगनी पर टाँग रही है और रात काली साड़ी पहने पांडुमुखी विधवा जैसे शीश झुकाए आकाश के विशाल कंध में डोरा डाल रही है। इन तीन भाव-चित्रों से एक निष्कर्ष सहज ही निकलता है कि ग्रामीण-संवेदना के बोध ने सर्वेश्वर के कवि को कितनी गहराई तक थाम रखा है। मूल में सर्वेश्वर इसी दृष्टि से गाँव के जन-जीवन से जुड़े कवि हैं।

'मेरा साथी अहं' कविता में कवि ने अपनी ही मनोदशा को अनेक रूपों में शब्द-बद्ध किया है। यह 'अहं' ही आदमी को जी लेता है, आदमी उसे नहीं जी पाता है। इस सत्य का अहसास ही कविता में है। जिंदगी की सड़क पर यही 'अहं' घोड़े-सा लगता है। गौतम-गाँधी को पीठ पर बैठाए डींग मारता फिरता है।

गाँव में शहर आने लगता है तो कवि को अपना एक असली–भला–मान भरा संसार छिनता प्रतीत होता है। 'यहीं कहीं एक कच्ची सड़क थी' में यही व्यथा है। शहर आएगा तो गाँव को अपनी ही तरह बनाकर तबाह कर देगा, यह चिंता कच्ची सड़क को पक्की सड़क में बदलते देखकर शुरू है। नीम की निबौलियाँ, आम की डालें, महुआ, इमली-जामुन, काँसे की चूड़ियाँ सभी के स्मृति-बिंब उभरते हैं। लिपिस्टिक-पाउडर भरी आधुनिकाओं का खोखलापन ग्रामीण नारी पर बर्बादी ही लाएगा–

सुनो ! सुनो !
यहीं कहीं एक कच्ची सड़क थी
जो मेरे गाँव को जाती है।

अपनी मर्मस्पर्शिता में यह कविता बड़ी सशक्त है। गाँव की चेतना को संपूर्णता में आँखों के सामने लाती चलती है। शहर का नकली रूप कवि में कराहता है–

किसने कहा झूठी उद्दाम वासना के
प्रखर सूर्य में अग्नि-सी तपे,
शीत के स्नेह-रंजित तुहिन बिंदु
शुष्क अंतर में सोख ले।

'किसान-मजदूर' के इस कवि को धरती से इतना राग है कि युद्ध-भूमि में लड़ने वाले सैनिकों को धान और मक्के के लहराते खेतों को समर्पित करता है। मुझे नहीं पता है कि सैनिकों को ऐसा समर्पण नयी कविता के किसी कवि ने इस भाव-बोध से किया हो। देश के करोड़ों बच्चों की दूधिया मुस्कानें, नववधुओं की तृप्त चितवनें, गाँव के धूल-भरे चटक मेले प्रथम बार इस ढंग से सैनिकों को समर्पित किए गए हैं।

'आए महंत वसंत', 'जाड़े की धूप', 'मेघ आए', 'वसंत की शाम', 'नया वर्ष फिर आया', 'रूप-दर्शन', 'वसंत पूर्णिमा' आदि तमाम प्रकृति-रंग में डूबी कविताएँ हैं।

सामाजिक सत्यों को पहचानने की कविताएँ अंत में दी गई हैं–जैसे 'तुम', 'गीत', 'तमाम समझदार लोगों के बीच', 'कभी-कभी लगता है', 'दिवंगत पिता के लिए', 'सर्प मुख के सम्मुख', 'मैं नहीं चाहता', 'अंत में' आदि। इन कविताओं में कवि सच्ची-समर्थ आवाज को खोजता है। क्योंकि–

कैसी विचित्र है जिंदगी
जिसे मैं जीता हूँ।
एक सड़ा कपड़ा जो फटता जाता है
ज्यों-ज्यों सीता हूँ।

इस संकलन में बिंबों-प्रतीकों की समृद्धि ने नयी अभिव्यक्ति की भाव-भंगिमाओं को नयी कविता के ताजे मुहावरे में निष्पन्न किया है।

'एक सूनी नाव' कवि का तीसरा काव्य-संकलन है। इसमें सन् 1963 से 1966 तक की इकतालीस कविताएँ हैं। यह पहला 'काव्य-संकलन' है जिसमें कवि व्यंग्य-वक्रोक्ति की कला को विकसित करने के साथ नयी राहों की ओर बहुत तेजी से झपटता है। कवि ने स्वयं 'अनिर्मित पंथ प्यारे' को अपनाया है–

लीक पर वे चलें जिनके
चरण दुर्बल और हारे हैं,
हमें तो जो हमारी यात्रा से बने
ऐसे अनिर्मित पंथ प्यारे हैं।

इसी विश्वास तथा संकल्प के साथ कवि इस यात्रा की शुरुआत करता है। यहीं से कवि-व्यक्तित्व में अनुभवों की नयी आँच दहकती है। नये छंदों को पुरानी लयात्मकता में ढालने का काम भी शुरू होता है। भाषा और छंद की कसावट में व्यंग्य भीतर और भीतर प्रभाव जमाता जाता है। 'घंत-मंत' ऐसी ही कविताई का प्रतीक है–

दिल्ली हम का चाकर कीन्ह
दिल-दिमाग भूसा भर दीन्ह

शहरी जीवन की विडंबनाओं-विद्रूपताओं के अनुभव भाषा में सीधे आने लगते हैं। आज पक्की राजधानी की सड़कों का कवि कटु-सत्यों को पचा नहीं पाता है–'पढ़ी-लिखी मुर्गियाँ' उसी ढंग की कविता का प्रतीक हैं। किड़-किड़-किड़ कियां-कियां करती पढ़ी-लिखी मुर्गियों से–

बड़े-बड़े घरों के कचरे पर डोल रहीं,
पता नहीं कहाँ-कहाँ गंदे पर खोल रहीं
हर अपाच्य पाच्य इन्हें
ऐसी हैं प्रचुरगियाँ।

इस प्रकार की कविताओं में समसामयिक यथार्थ के साथ व्यंग्य-कला में

बिंबों-प्रतीकों को संयोजित कर अनुभव का पूरा खंड प्रस्तुत करने का शिल्प विकसित रूप में पाया जाता है। इस अनुभूति में आज के उच्चवर्गीय जीवन के विद्रूप, विकृत, भयावह पक्षों की आहटें सुनाई-दिखाई देती हैं।

पहेली की पद्धति में नये ढंग के प्रयोग इस संकलन में जगह-जगह मिलते हैं। 'घंत-मंत' कविता में जीवन का नया शहरीपन तथा अवसरों की ताक का नरक बसता है। थोड़े से पैसों से दिल्ली में तिकड़म से नेता बनने तथा जनता को गुमराह करने की संसदीय कला का अंधा कमाल है। संसद में बैठकर बीट करने वाले इन नेताओं को बाद में सर्वेश्वर की परंपरा के कवि धूमिल ने भी इसी ढंग से 'संसद से सड़क तक' को पहचनवाया है। धूमिल के लिए इसी अर्थ में संसद तेली की घानी है जिसमें 'आधा तेल और आधा पानी' है।

यहाँ नये ढंग का बिंब-विधान कवि ने नयी भंगिमाओं में जमकर शुरू किया है। ऐसा प्रतीत होता है कि बिंब-मोह कवि में तेजी से उमड़ पड़ा है। रोमांटिक स्वप्नों के टूटने तथा नये वास्तव-बोध से जुड़ने के प्रक्रिया ही मानो बिंबमयी अभिव्यक्ति खोज लाई है। प्रकृति-संबंधी कविताओं में पूरी कविता अनुभूति के तारों में गठित है तो यहाँ कवि की अनुभूति, कल्पना से नहीं, विचार से सृजन-धर्म को जोड़ती है। वस्तु और शिल्प में सामंजस्य भी काफी आने लगा है और मनोजगत की आवाज भी अनुगूँज छोड़ती है। उदाहरण के लिए 'पाँच नगर प्रतीक' कविता को लिया जा सकता है जिसमें दिल्ली, लखनऊ, बनारस, इलाहाबाद, बस्ती के बिंब हैं। दिल्ली 'नकली हीरे की अँगूठी असली दामों के कैशमेमो में लिपटी हुई रखी है' ध्यान जाते ही लगता है कि अभिव्यक्ति की सचाई में कवि आगे बढ़ने को तत्पर होता गया है। यथार्थ को नयी भाषा के काव्यानुभव में शक्ति से कवि ने उठा लिया है। इस प्रकार इस संकलन की अधिकांश कविताएँ व्यंग्य को चित्र-भाषा की प्रासंगिक अर्थ-ध्वनियों में पहुँचाने की ताकत का सबूत देती हैं। पता नहीं क्यों डॉ॰ रघुवंश इन्हें कमजोर मानते हैं। वे इन कविताओं के कमजोर पक्षों का उदाहरण नहीं, आचार्यत्व की मुद्रा में निर्णय देते हैं जो अजीब लगता है। डॉ॰ रघुवंश लिखते हैं—"अपनी प्रकृति के कारण आगे सर्वेश्वर द्विधा-ग्रस्त होते दिखाई देते हैं, पर उनके व्यक्तित्व-बोध तथा परिवेश की प्रतिक्रियाओं के बीच कोई तनाव या द्वंद्व भी व्यक्त नहीं हो सका है।...पर इस प्रकार नयी अर्थात् भिन्न स्थितियों और प्रतीकों का उपयोग करने के बाद भी वे आगे बढ़ने का आभास नहीं दे पाते।" (*समसामयिकता और आधुनिक हिंदी कविता*, पृ. 31)। यहाँ ऐसा लगता है कि वे सर्वेश्वर काव्य की प्रकृति और सर्वेश्वर के कवि-व्यक्तित्व को ठीक से थाह नहीं सके हैं, तभी तो मनमाने ढंग से आक्रमण किया गया है। वास्तव में सर्वेश्वर की कविता को सामाजिक प्रतिबद्धता के कवि के रूप में न समझने के कारण ही ऐसे विचार व्यक्त किए गए हैं। नये बनते-बिगड़ते जीवन और समाज की तस्वीर को यथार्थ के स्तर पर व्यक्त करने में सर्वेश्वर लोकधारा के कवि हैं।

जन-धारा के इस मूल से काटकर उनके काव्य का मूल्यांकन अनुचित ही कहा जाएगा।

सन् 1966-69 तक की कविताएँ 'गर्म हवाएँ' संकलन में संगृहीत हैं। विचार-दृष्टि तथा कथ्य की प्रौढ़ता पर ध्यान दें तो यह उनका श्रेष्ठ संकलन है। यहाँ कवि कविता के 'फ्राड' में नहीं, कविता के संघर्ष में जीता है। उन कवियों की तरह नहीं रहता है—जो जीवन वे जीते न हों, उसी पर लिखते हों। यहाँ तो जीने और लिखने, सोचने-समझने में आंतरिक रिश्ता सघनता पाता है। छोटी-बड़ी छत्तीस कविताओं का यह संकलन राजनीति और कविता को मिलाकर कह देता है—

अब मैं कवि नहीं रहा
एक काला झण्डा हूँ
तिरपन करोड़ भौंहों के बीच मातम में
खड़ी है मेरी कविता।

सच्चे अर्थों में कविता का विद्रोही-स्वर इसी कृति से दृष्टिगत होता है जिसका आगे की यात्रा में निरंतर विकास हुआ है। प्रकृति के रंगीन चित्रों को जीने वाले, प्यार के लिए प्यासे कवि का संसार यहाँ उजड़ आता है। 'कवि-पत्नी' की मृत्यु उसे भीतर से बैचेन किए है और बाहर की दुनिया का नरक उसे पीने लगता है। भीतर-बाहर की 'गर्म हवाएँ' तेजी से गुजरती हैं, इतनी तेजी से गुजरती हैं कि पुराना संसार नष्ट होकर नया मैदान आ जाता है जिसकी हर राह कठिन है क्योंकि बड़ी ऊबड़-खाबड़ और पथरीली है। निराला की भाँति उनके शब्दों में 'जब कड़ी मारें पड़ीं दिल हिल गया' वाला दृश्य सर्वेश्वर के साथ भी जुड़ जाता है। एक बृहत्तर सामाजिक परिप्रेक्ष्य से कवि अपने को 'गर्म हवाएँ' की तमाम कविताओं से जोड़ लेता है। समसामयिक राजनीति की उखड़ी साँसों और काली खाँसियों की बेदमी हालत कविता के अनुभव-चक्र में रचाव पाती है। आजादी के बाद के टूटते स्वप्नों से यह तथ्य तय हो जाता है कि धीरे-धीरे कुछ नहीं होता है, मौत होती है। धीरे-धीरे ही लड़खड़ाता देश बैठ गया है और 'धीरे-धीरे' वाला दर्शन ही कवि को घृणित लगता है। वह परिवर्तन तथा गति के मूल्यों से उपजा विकास खोजता फिरता है। 'धीरे-धीरे' में विश्वास रखने वाले लोगों (नेताओं) ने गाँधी-लोहिया के साथ दगा किया है। इतिहास के साथ की गई इस गद्दारी से कवि बेचैन है। मामूली आदमी का कम होता हुआ कद उसे कचोटता है। क्योंकि आरंभ से ही यह जनकवि मजदूरों की बीड़ियों और गरीबों के चूल्हे में सुलगना चाहता था। उसी अदम्य इच्छा का भारी विस्फोट 'गर्म हवाएँ' हैं। घिसटते हुए मेहनतकश पैरों की व्यथा को पहचानने के कारण कवि घुटता है। 'यह खिड़की' कवि की इसी मनोभूमिका की जिद का बिंब है—पचास करोड़ आदमी खाली पेट बजाते गुजरते हैं जिनमें ठठरियाँ शेष हैं। फिर भी नेता स्थिति पर ध्यान नहीं देते हैं। ढोंग तथा विश्वासघात की झाँकियों से कवि आत्म-दग्ध है। हर बार की मरी पड़ी बातों की दुर्गंध से सड़ान में जीता हुआ पाता है—

लोकतंत्र को जूते की तरह
लाठी में लटकाए
भागे जा रहे हैं सभी
सीना फुलाए।

संवेदनशील मन इतना टूट गया है कि उसे कोई भी प्रतीक्षा नहीं रही है। शरीर की खुली खिड़कियों में अंधी आँधी चलती रहती है और खीझ, निराशा, आक्रोश, घुटन की तमाम मनःस्थितियाँ एक साथ कविता में आने लगती हैं। पूरा का पूरा परिवेश विज्ञापनबाज शासकों के चक्कर में मदारी का तमाशा बनकर रह गया है। ऐसी स्थिति से विद्रोह करने वाले तो—

कालिख लगी ईंट से
पड़े होंगे हम राह में
एक काला झंडा लिए
अपनी उखड़ी बाँह में।

शासकों के द्वारा क्रूरता से कुचली-उखाड़ी बाँहें पहाड़ उठाकर फेंक नहीं पाएँगी—ऐसा चक्र सत्ता ने चला दिया है। तभी तो कवि इस सत्य को कहता है—

लगाते जाओ दलों की टोपियाँ
पर कोई रास्ता कहीं नहीं ले जाता।

जनता का गुस्सा जंगली सूअर की तरह निकल जाता है और पैंतरा बदलता शिकार ठीक-ठाक बच रहता है। बच क्यों जाता है?

मजबूत तेज सलाखों वाले पिंजड़े में
बैठा है आततायी
शेर झपटेगा अपने ही पंजे घायल करने के लिए।

इन कविताओं को पढ़कर मार्क्सवादी आलोचक कवि से नाराज होकर कह सकता है कि कवि को जनता की ताकत में विश्वास नहीं है। विश्वास न होने के कारण सर्वेश्वर जन-परिवर्तन के कवि न होकर प्रतिगामी निराशा के कवि हैं। पर मनोविश्लेषणवादी दृष्टि से समझा जाए तो कवि समाज के अवचेतन की इन कविताओं में सच्ची पहचान कराता है। यह सिर्फ भाषण न होकर उपमानों से नये विचारों की यथार्थ पकड़ है। कवि राजनीतिक परिस्थिति और विचारों पर कविता लिखता है। किंतु सर्वेश्वर का मन जो कुछ आसपास देखता है, भोगता-जीता है, उसी पर कविता लिखता है। सुनी-सुनाई बातों पर उनका ध्यान प्रायः कविता में नहीं ही जाता है। गरीबों के प्रति करुणा का स्रोत हृदय फोड़कर निकलता है। इसी दृष्टि से वे यथार्थवादी कवि हैं तथा यथार्थ पर विशेष आग्रह के कारण निराला, मुक्तिबोध की परंपरा के सच्चे कवि। समसामयिक कवियों में सर्वेश्वर ही आज ऐसे कवि हैं जो पूर्व और पश्चिम के तमाम नये कवियों को पढ़ते खूब हैं, किंतु किसी भी कवि के शिल्प का अंधानुकरण नहीं

करते हैं। उनकी कविता उनके ही नये प्रयोगों की वैविध्यमयी स्थली है। इसीलिए अनेक प्रकार के छंदों में कविता का स्वभाव ही रक्षित रखा गया है। लोक-लयों में ढले छंदों का जितना प्रयोग सर्वेश्वर ने नये ढंग से कविता में किया है, साठोत्तरी कविता का कोई भी कवि नहीं कर पाया है। इस दृष्टि से उनकी काव्य-यात्रा हिंदी-कविता की संभावना एवं समृद्धि का प्रतीक है एवं इसी अर्थ में वे नये कविता के प्रतिनिधि कवि हैं। वे पुराने की मरम्मत भी करते हैं तथा नये को रचते भी हैं। जबकि ज्यादातर नये कवि नये के जोश में नया तो रचते हैं किंतु पुराने की मरम्मत नहीं करते हैं। परंपरा और आधुनिकता का यही सामंजस्य इनकी कविता को जीवंत एवं गत्यात्मक मूल्यों से कसाव देता है।

इस संकलन में 'धीरे-धीरे', 'यह खिड़की', 'स्थिति यही है', 'लोहिया के न रहने पर', 'छीनने आए हैं वे', 'पंच धातु', 'बुद्धिजीवी' विशिष्ट ढंग की कविताएँ हैं। इनका कथ्य इतना सशक्त है कि पूरी की पूरी कविता पाठकीय संवेदना में 'समझ' के साथ हलचल मचा देती है। युग-जीवन की पद्धतियों, संस्कारों, आचरणों, चरित्रों और स्थितियों के पूरे संदर्भ व्यंग्य और आक्रोश के बिंबों में उभर पड़े हैं। रचनात्मक अनुभव का यह रूप जीवनगत अर्थ-संदर्भ से अलग नहीं हो सकता। यह संपूर्ण काव्यानुभव अपनी कलात्मक जीवंतता में युग तथा भाषा से जुड़ा अनुभव है। संपूर्ण काव्यानुभव एक प्रकार से भाषिक संरचना के सांस्कृतिक व्यापार तथा बिंब-विधान से निर्मित है। युग परिवेश तथा लोक-संस्कार दोनों से गहराई तक जुड़ने के कारण यह काव्य-भाषा लोक-भाषा के स्तर तक उठती है। इसी अर्थ में सर्वेश्वर कबीर-सूर-तुलसी की परंपरा के ठेठ लोक कवि हैं, जिन्होंने आभिजात्य के दंभ को तोड़ा और छोड़ा है।

'पत्नी' विमला के बाद जीवन का 'सूखा' फैलता है। तकलीफों की काली आँधियों को झेलने का संघर्ष 'एक पीला मुख—मेरा दुख' बनकर तन जाता है। चीथड़ों-सी फटी धरती की दरारों में आकाश के पैर फँस गए हैं और सूरज लुढ़क गया है। 'पत्नी की मृत्यु पर' एक शोक-गीत ही कवि नहीं लिखता, एक दहाड़ती चीख से बेबसी को परिभाषित करता है। 'बाएँ हाथ में ले अपना कटा हुआ दाहिना हाथ' इसी स्थिति का त्रासद-बिंब है। उस त्रासदी का साक्षात्कार है जो भाग्य से नहीं, स्थिति से जन्मी है। 'सोए हुए कुत्ते', 'सितार पर रेंगते मकड़े', 'आकाश में रुके पत्थर' के बिंबों से जीवन का अकेलापन और रेगिस्तान झाँकता है। एक प्रकार से यह आत्म-व्यथा में भयंकर आत्म-साक्षात्कार के क्षणों की आत्माभिव्यक्ति है। निराला की 'सरोज-स्मृति' के बाद का सर्वाधिक सशक्त शोक-गीत है।

जीवन के दुर्बल क्षणों को कवि आत्म-शक्ति से जीतकर आत्मजयी बनना चाहता है। कड़े जीवन-संघर्ष में शक्ति अर्जित करने की प्रार्थना इसी आत्मा की पुकार है—'नहीं, नहीं प्रभु तुमसे शक्ति नहीं माँगूँगा'। शक्ति को मरकर बिखरकर भी अर्जित करना

चाहता है। आजकल में वह बुरी स्थितियों से उबर जाएगा और यदि इसी संघर्ष में वह कुचल भी गया तो भी कमजोरी की शरण न माँगकर कठिन पहाड़ों से टकराएगा। यह आत्म-संघर्ष-शक्ति ही उसे जीवट वाले प्राणी में बदल देती है।

इसी संकलन के तीसरे भाग 'वे हाथ' में प्रकृति-संवेदना से जन्मी कविताएँ हैं। इनमें 'फिर वसंत ने मुझे डसा', 'प्यार', 'तुम्हारे लिए', 'वसंत की चाँदनी', 'तुम्हारा मौन', 'वह चुंबन', 'रेत की नदी', 'वे हाथ', 'उड़ने दो मन को', 'शाम : एक किसान', 'वसंत के नाम एक खुला पत्र' आदि रोमानी भाव-बोध की कविताएँ हैं। किंतु इन कविताओं का भाव-बोध बेहद सहज तथा खुलापन लिए होने के कारण छायावाद के भाव-बोध से अलग ढंग का है। श्रम में जुटे हुए हाथ कवि चूमना चाहता है और सभी कविताओं की उपमान योजना में कवि-मानसिकता का विशिष्ट रूप है—

हवा के झोंकों को
टोकरों की तरह सिर पर रखे
नाच रहे हैं पेड़—
झुको मत व्यथा के भार से।
× × ×
आकाश का साफा बाँधकर
सूरज की चिलम खींचता
बैठा है पहाड़,
घुटनों पर पड़ी है नदी चादर-सी।

तकलीफों की भीषण मार में भी कवि प्रकृति-साहचर्य से जीवन में रस पैदा करता है। प्रकृति-सौंदर्य से जीवन के अभावों को भरता है। यहाँ हर बार 'वसंत' के आने पर यौवन की उमग का खरगोश उछल पड़ा है। बिंबों के संसार को संवेदना ने खूब फैलाया-बढ़ाया है।

कवि का अगला काव्य-संकलन 'कुआनो नदी' है। इसमें सन् 1969-73 तक की सत्रह कविताओं को स्थान मिला है। 'कुआनो नदी' नामक लंबी कविता के तीन चरण—'कुआनो नदी', 'कुआनो नदी के पार', 'कुआनो नदी खतरे का निशान' है। कविता के इन तीनों चरणों में मामूली आदमी की त्रासदी को शब्द मिले हैं। नदी भारतीय ग्रामीण-चेतना की वह मंद धारा है जिसमें सब कुछ सहने पर भी विद्रोह की शक्ति नहीं आ सकी है। कवि चाहता है कि जन-चेतना में एक जन-क्रांति का स्वर बुलंद हो, नीला दर्द, रक्त की लालिमा में फूट पड़े। अपने व्यापक अनुभवों को कवि ने इस कविता में छानकर एकत्रित कर दिया है। इस दृष्टि से नई कविता की तमाम लंबी कविताओं में इस कविता का अपना अलग व्यक्तित्व बनता है। मुक्तिबोध की 'अँधेरे में' तथा 'कुआनो नदी' जन-जीवन का सामाजिक इतिहास प्रस्तुत कर पाने के कारण बहुत तुलनीय कविताएँ हैं। इसीलिए इस कविता की मैंने स्वतंत्र

रूप से चर्चा की है। एक प्रकार से यह कविता सर्वेश्वर की पूरी कवि-दृष्टि को समझने का प्रामणिक आधार है। विचारों की वयस्कता, अभिव्यक्ति की लोक-संपृक्ति-क्षमता तथा प्रस्तुतिकरण की नाटकीय गतिमयता तीनों को इसमें एक साथ पाकर नयी कविता के नये लहजे और बोध को थाहा जा सकता है। इस लंबी कविता में सामाजिक यथार्थ का आग्रह ही नहीं, पकड़ भी रही है। लोक-जीवन के ताजे प्रतीकों-बिंबों ने जन-जीवन के गहरे संसर्ग को विविध भाव-मुद्राओं में अभिव्यक्ति दी है। प्रश्नों के नये अकुंर फूटे हैं—

क्यों हर हाथ टूटा है?
क्यों हर पैर कटा हुआ है?
क्यों हर चेहरा मोम का है?
क्यों हर दिमाग कूड़े से पटा हुआ है?

कीचड़ में फँसी हर नाव को देखकर एक ही आवाज आती है—

'कहाँ हो, ओ क्रांति के सूत्रधार !'

सरकारी वायदों के सफेद झूठ पर शेष कविताएँ व्यंग्य-शैली में लिखी गई हैं। समाज के हर दर्द को अभिव्यक्ति देने की समस्या कवि के सामने खड़ी है—

आग मेरी धमनियों में जलती है
पर शब्दों में नहीं ढल पाती।

फिर भी कवि ईमानदार अभिव्यक्ति से कवि होने का दायित्व प्रमाणित करता है। कविता न तो नारा है, न उपदेश है, न भावुक आस्फालन है। कविता तो सामाजिक दायित्व का बोध है। अभी तक की प्रकाशित काव्य-कृतियों में 'जंगल का दर्द' कवि का सन् 1976 ई॰ में प्रकाशित नया काव्य-संकलन है। इसमें आपात्-स्थिति के दौरान लिखी गई अट्ठावन कविताएँ हैं जिनमें ज्यादातर कविताएँ नये प्रतीकों से समय की राजनीतिक-आर्थिक-सामाजिक स्थितियों को कविता में उतारती हैं। इस जमे हुए परिवेश की शीतल मार आँख के आँसू को कपोलों पर जमा देती है। शब्द-कंठ में ही बर्फ हो जाने पर भी स्मृतियाँ आग की तरह धधकती हैं और कवि इस बर्फीले माहौल में रोशनी तथा ताप देने के लिए विचारों की मशाल लेकर चल पड़ता है। यह मशाल गुर्राते हुए भेड़ियों, काले तेंदुओं को खदेड़ने के लिए जलाई गई है। दुखी, उदास, फीके, निस्तेज, क्षोभ और क्रोध-भरे चेहरे इसी मशाल से अपने को बचा सकते हैं। अपढ़-अशिक्षित जनता की ताकत को कवि 'आग' प्रतीक से पहचानता है तथा उन्हीं की आग के ताप से नयी चेतना खोजता है।

मैंने देखा, स्लेट पर चलती
उनकी उँगलियाँ
लौ में बदल रही हैं
और पूरा शब्द लिखते ही

उसका हाथ मशाल में बदल गया है।

इसी प्रक्रिया से बर्फ की सिल्लियों पर चींटी से चलने वाले शब्द अंगारे से धधक उठे हैं, उनसे खिलवाड़ नहीं किया जा सकता है, उनमें जन-चेतना की आग ने लौ पकड़ ली है। वही आग कवि के कथ्य और अभिव्यक्ति में यहाँ जलती हुई महसूस होती है। कवि ने यहाँ समय की कटी जीभ को जोड़कर नये विचारों की शब्द-गोलियाँ दागनी शुरू कर दी हैं। अभिव्यक्ति के हर खतरे को उठाकर वह जनधारा में मिल गया है।

आज की नयी पीढ़ी व्यवस्था के साँप को मारने के लिए उपाय कर रही है, विद्रोह कर रही है। जो इस क्रांति-धारा को नहीं पहचान पा रहे हैं, वे हाथ पर हाथ रखे बैठे हैं—

यदि तुम जानते होते
तो चुप नहीं बैठते
इस तरह।

अतः जानते हुए भी कि तमाम रास्ते व्यवस्था ने बंद कर दिए हैं, विद्रोह से नया रास्ता बनाओ ताकि बाद में पश्चात्ताप न हो। सामने के भेड़िए से भिड़ो, उससे डरकर भागने का अर्थ होगा—अपने दायित्व के प्रति गद्दारी—तो

भेड़िए की आँखें सुर्ख हैं।
उसे तब तक घूरो
जब तक तुम्हारी आँखें
सुर्ख न हो जाएँ।

इस भेड़िए को खदेड़ना कठिन नहीं है। सम्मिलित ताकत और विचार के सामने वह डर जाएगा—इतिहास के जंगल से इसे खदेड़ना होगा—

भेड़िया मशाल नहीं जला सकता।
अब तुम मशाल उठा
भेड़िए के करीब जाओ
भेड़िया भागेगा।

करोड़ों हाथों में मशाल लेकर जनता चल पड़ेगी, तो सभी भेड़िए भाग खड़े होंगे। इन्हें जंगल से खदेड़कर बर्फ में छोड़ दो—भूखे भेड़िए आपस में लड़कर मर जाएँगे और एक नयी पीढ़ी इनसे मुक्त हो जाएगी। साथ ही आगे की पीढ़ी को मुक्ति-मार्ग की मशाल भी मिल जाएगी और आदमी आतंक-भय से रहित होकर जी सकेगा। किंतु इन जंगली भेड़ियों को मारे बिना चैन नहीं आ सकता।

इतिहास के जंगल में
हर बार भेड़िया माँद से निकाला जाएगा।
आदमी साहस से, एक होकर,

मशाल लिए खड़ा होगा।

भेड़िए के खदेड़ने-मारने के इस मार्ग पर द्वंद्व, संशय से मुक्त होकर सभी चलेंगे तो 'राह निकलेगी' क्योंकि–

विपत्ति में
तुम अकेले नहीं हो,
असंख्य सोते कुलबुलाते हैं
चट्टानों में
मिलकर एक धारा बनने को,
इसे पहचानो
राह निकलेगी निश्चय।

किंतु वर्तमान की तानाशाही के खिलाफ योजनाबद्ध कार्य करना होगा, क्योंकि अधिनायकवाद का साँप तरकीबों से चल रहा है–

कंकड़ों में रेंग रहा है साँप
लाठियाँ मारने पर भी
वह सुरक्षित है।

इस साँप को समतल भूमि पर आने से पहले ही अस्त्र बदलकर मारना होगा। क्योंकि–

ऐसी कोई जगह नहीं
जहाँ तुम पहुँच न सको
ऐसा कोई नहीं
जो तुम्हें रोक ले।

जब जनता कोपाकुल होकर कदम बढ़ाती है तो भूडोल हो जाता है, इतिहास-चक्र की गति और दिशा बदल जाती है। मानव की क्रांति-यात्रा का इतिहास इसी सत्य का विश्व-भर में साक्षी है। डॉ॰ राममनोहर लोहिया के विचार-दर्शन से प्रभावित कवि उनके शब्दों को जैसे अनुवाद में रखता चलता है। जैसे–

इंतजार
शत्रु है
उस पर यकीन मत करो।

फिर जिंदा कौमें पाँच साल या पाँच दिन इंतजार नहीं करती हैं, कार्य में सक्रिय हो जाती हैं। ज्यादा सोच-समझ में उलझा आदमी कायर बन जाता है। इसीलिए कर्म-योग की साधना में तात्कालिकता का बड़ा हाथ है। इसीलिए जंगल के दर्द को पहचानकर कवि वर्तमान व्यवस्था के ऊपर कठोर प्रहारात्मक मुद्रा अपनाता है। जंगली शेर, भोले तथा कमजोर जीवों को खाकर मौज करता है, पर क्या कमजोर ऐसे ही मिटता रहेगा। यही दर्द जंगल का दर्द है क्योंकि हमेशा ही यह अव्यवस्था समाज में रही है कि–

ताकतवर ने सब खा लिया

कमजोर ने उच्छिष्ट से
संतोष कर, दर्द से मुँह छिपा लिया।

ताकतवर ही 'सब कुछ' खाता रहे, यह क्रम तोड़ना होगा। इस व्यवस्था को बदलकर नयी व्यवस्था कायम करनी होगी, जिसमें गैरबराबरी या छोटे-बड़े का फर्क कम हो। रोटी और मक्खन पर बड़े का ही नहीं, छोटे आदमी का भी हक बन सके। हिंसक पशुओं में बदली पूँजीवाद आँख को या तो अहिंसक बनाना होगा या फिर फोड़ना पड़ेगा। लेकिन गैरबराबरी से भरा यह समाज और देश अब इसी तरह नहीं चल सकता, नहीं चलना चाहिए। इस प्रकार प्रतिगामी शक्तियों से लड़ने वाला एक लड़ाकू जीवन-दर्शन कविता में महत्त्व-प्रतिष्ठा पाता रहा है। इस दृष्टि में पूँजीवादी, साम्राज्यवादी, सामंतवादी, अधिनायकवादी ताकतों को नष्ट करने का संदेश है एवं एक नवीन समाज-व्यवस्था को स्थापित करने का स्वप्न। अतः सर्वेश्वर की कविता 'मूड' की कविता न होकर व्यापक 'विजन' की कविता है। कवि व्यक्तिवादी भावों की भूमिका पर बलि नहीं होता है, कविता में परिवर्तनकारी नये विचारों की मशाल जलाता है। उसका हृदय लोक के दुःख-दर्द से ढरकता है और वह लोक-भाव-भूमि पर काव्य-देवता को ले आता है।

कवि को यह जानकारी है कि मध्ययुगीन संस्कारों-मूल्यों ने आदमी को (वर्तमान के आदमी को) जीवन के सच्चे संघर्ष-पथ से गुमराह कर दिया है। आदमी की आदतों को बदलने की आज बहुत जरूरत है, खासकर वे आदतें तो 'कुत्ता भाव' से जन्मी हैं जिनमें 'टुकड़खोरी' छिपी हुई है।

क्योंकि कुत्ता
आदत से टुकड़खोर है
तुम्हें टुकड़खोरी के रास्ते
बंद करने होंगे।

हर स्थिति और व्यवस्था बदली जा सकती है, क्योंकि कोई भी स्थिति और व्यवस्था अंतिम नहीं होती है। ऐसे विचार ही इस काव्य-कृति के केंद्रीय-भाव हैं। स्थिति एक गिलास की भाँति है जिसे उलट देने से गिलास की क्षमता नष्ट नहीं होती है, जरूरत होती है गिलास को सीधा करते हुए उसकी क्षमताओं का उपयोग करना। 'एक स्थिति' कविता का मूल भाव यही है।

नये संक्रांतिपरक समाज में आर्थिक-राजनीतिक जटिलताओं ने संकट तथा संक्रमण को नये ढंग से उजागर किया है। राजनीतिक प्रक्रिया की बिगड़ती स्थितियों ने सांस्कृतिक प्रतीकीकरण में अवमूल्यन को ही सृजनात्मक स्तर पर व्यक्त किया है। मामूली भारतीय बुद्धिजीवी एक 'राजनीतिक संस्कृति' बन रहा है, जिसमें उसका राजनीतिकरण, सामाजिकीकरण तो हुआ है, किंतु सार्थक संवाद का आपसी रिश्ता ही टूट गया है। मजदूर किसान ने श्रम का 'परायापन' भोगा है। इस स्थिति से समाज

विरोधी वर्गों में विभक्त हुआ है। श्रम के सामाजिक विभाजन ने कामगारों को तोड़ दिया है—सफेद पोश को पाला है। अधिकार, अफसरों, भूपतियों, नेताओं, व्यापारियों के हाथ में केंद्रित हो गए हैं, इस स्थिति ने 'परायेपन' को और बढ़ावा दिया है। श्रम और सृजन-प्रक्रिया दोनों के परायेपन ने विवशता के साथ आशा की लालटेन ही बुझा दी है, तभी तो—

अब मैं किस
अँधेरे का वर्णन करूँ,
जो उसके बाहर है
या जो उसके भीतर?

मूल्यांधता एवं यांत्रिक स्थितियों की रफ्तार में कुछ भी न दिखाई देने की स्थितियाँ उत्पन्न हुई हैं। नयी कविता के सभी जागरूक कवियों ने इस बात को बार-बार संकेतित भी किया है। समस्याएँ बढ़ रही हैं, पार्टियाँ बढ़ रही हैं किंतु जनता को राह दिखाने का किसी के पास कार्यक्रम नहीं है। व्यवस्था की सड़ाँध पर राजनीति के कौए चोंचें चलाकर एकत्रित हो रहे हैं। समस्याओं के जंगल में कोई भी घुसना नहीं चाहता है। इस अँधेरे में एक व्यक्ति सभी को अपने जैसा बना रहा है। आपात्-स्थिति में देश ने यही भोगा है—

एक तेंदुआ
सारे जंगल को
काले तेंदुए में बदल रहा है।

इस 'काले तेंदुए' को ही पहचानकर आपात्-स्थिति के बाद जनता ने उसी की चट्टान पर दे मारा है। किंतु अभी भी उसका वंश चल रहा है। पूँजीवादी व्यवस्था का जब तक अंत नहीं हो जाता, उसका वंश नाश नहीं है।

भारतीय बुद्धिजीवी 'मुक्ति की आकांक्षा' में वह पिंजड़ा तोड़ देना चाहता है, जिसमें वह सदियों से बंद है किंतु आसमान में चिड़ियों को तकता हुआ शिकारी अभी भी घात लगाए है। उस शिकारी को न मार पाने के कारण बुद्धिजीवी आत्मपरायेपन की धारणा, आत्मनिर्वासन, अवमानवीकरण, श्रम का परायापन, सत्ताधारी की तानाशाही की विकृत स्थितियों में छटपटा रहा है। मठाधीशों का अवसरवाद, भूतवाद सभी पर भय रूप में सवार है और हर ईमारनदार नाक कटने के नजदीक अपने को पाती है। एक प्रकार से व्यवस्था का सारा इतिहास ही गड़बड़ा गया है। कीचड़ में हम सब फँसे खड़े हैं, उस कीचड़ तथा उस कीचड़ से निकलने का एक ही मार्ग है—जन चेतना को नये मार्ग दिखाते हुए एकत्रित और प्रबुद्ध करना। तब वह होगा जिसकी कवि को प्रतीक्षा है—

थोड़े दिन और...
बादल छँटेंगे

कल के सिरमौर
पैरों पटेंगे।

सर्वेश्वर में निराशा, हताशा, बेचैनी आदि का सामयिक बोध होने पर भी अनास्था का अँधेरा अंत तक नहीं है। वे अंधकार से लड़ते हुए प्रकाश की प्रतीक्षा के कवि हैं। यथा—

निराशा की ऊँची काली दीवार में भी
बहुत छोटे रोशनदान-सी
जड़ी रहती है कोई न कोई आकांक्षा
जिसमें उजाला फँसा रहता है।

यह 'फँसा हुआ उजाला' ही इनकी आस्था है। कवि की कला-प्रक्रिया उसी दृष्टि से रचना को सार्थक बनाना चाहती है। कवि ने जीवन के रंगों को पहचानकर ही कला को समर्पित किया है। इस जीवन में—

संभावनाएँ निरंतर हैं :
जिंदगी की खोज, जो रचना है,
रचना, जो सार्थक करती है,
महत्त्वाकांक्षा नहीं
जो दूसरों को छोटा करने से ही पनपती है।

'जंगल के दर्द' में कवि ने रोमांटिक खुलेपन को लिए हुए तमाम कविताएँ लिखी हैं, जिनमें एक आदमी प्रेम के लिए सुरक्षित है। औरत और वसंत कवि के अभाव, अतृप्ति के संकेत रूप में यहाँ विद्यमान हैं। जो अँधेरे में लिखने वाले संगीत के फूल न पाने पर टूटता और आश्रयहीनता में जीता है।

और अंत में
अपनी हथेलियों से
बेहतर जगह दूसरी नहीं मिली।

मिल भी कैसे सकती है, जीवन के तटों की धारा में अकेलापन ही बहता है, भरा रहता है। मनोविश्लेषण के सिद्धांतों से उन प्रेम कविताओं को विश्लेषित किया जाए तो यह तथ्य उभर पड़ता है कि कवि का दमित काम, इच्छाओं के अनेक रंगों-प्रतीकों-बिंबों की हरियाली में घूमता फिरता है। फिर भी यह दुर्बलता का संसार नहीं, जीवन के आकर्षण का रंग है। आज भी जीवन की सार्थक तलाश का कोना है जो वसंत की तितलियों को जीवन के 'प्रेम-पत्र' माने हुए जी रहा है। यह धमनियों का आंतरिक संगीत है जिसे वह लगातार सुनता रहा है। फ्रायड ने जिस नारी-भोग की कलाकार में शाश्वत इच्छा की बात की थी, वह सर्वेश्वर की संपूर्ण काव्य-यात्रा का प्रकट भाग है।

हिंदी की नयी कविता में सर्वेश्वर की इस लंबी काव्य-यात्रा का महत्त्वपूर्ण

इतिहास है। मामूली आदमी की व्यथा और इच्छाओं की स्पष्ट अभिव्यक्ति में अनुभवात्मक ताप का खरापन उन्हें एक समर्थ कवि के रूप में खड़ा करता है। आधुनिक भाव-बोध के सभी स्तरों को खोलने का प्रयास उनके व्यंग्यकार ने लगातार किया है। व्यंग्यकार अपने विवेक से समाज में व्याप्त भ्रष्टाचार को न सह पाने के कारण और अपने भीतर सत्य की आग का अनुभव करने के कारण विद्रोही हो जाता है। सर्वेश्वर इसी बोध के विद्रोही कवि हैं। एक प्रकार से निराला और मुक्तिबोध की विद्रोही परंपरा का यह सबसे बड़ा वर्तमान में कवि कहा जा सकता है। लोक-व्यथा से जुड़ा हुआ यह कवि अपने लोक-हृदय को लोक-भाषा में लगातार खोलता रहा है और उससे अभी भी तमाम संभावनाओं की प्रतीक्षा चुकी नहीं है। उनकी काव्य-यात्रा विकास की इन्हीं स्थितियों का प्रमाण है। अपने समय की त्रासदी को नये प्रतीकों-बिंबों में रचने वाली कला नयी कविता में उनके वयस्क अनुभवों की ताकत का सबूत है। सभी को उनके इस कथन पर विश्वास है कि—

वह आग मेरे करीब आती जा रही है।
कभी मैं किसानों की चिलमों में
अंगारे की तरह दमकने की कामना करता था,
मजदूरों की बीड़ियों में सुलगने के
ख्वाब देखता था।

× × ×

अब—
उनका और मेरा चेहरा एक हो गया है।

उनकी अभी तक की काव्य-यात्रा ने यह सिद्ध कर दिया है कि सामाजिक सत्य की ईमानदारी से बड़ा कविता का कोई अन्य सत्य नहीं होता है। मैं मानता हूँ, कविता का चरम साध्य यही सत्य होता है।

# 4

# 'मैं नया कवि हूँ'

सफल और साहसी कवि को अनिर्मित पथों की तलाश में पुरानी लीकों से नमस्कार करना ही पड़ता है। काव्य-यात्रा की इतिहास-कथा में इसी दृष्टि से मौलिकता को विशेष आदर प्राप्त है। सृजनात्मकता को मौलिकता की ओर मोड़ देने के बिंदु पुरानी कविता के घिसे-पिटे मुहावरों को किसी भी कीमत पर स्वीकार नहीं हो पाते और कवि को एक विशेष अर्थ-संदर्भ में परंपरा को छोड़ते-तोड़ते-बदलते हुए नयी दिशा खोजने पड़ती है। जमी हुई पुरानी पपड़ियों को तोड़ते ही उनसे मोह रखने वाले नाराजी की मुद्रा में (पुराने आलोचक) आ जाते हैं और नयी संवेदना के कवि पर उनकी झपटें-झड़पें शुरू हो जाती हैं। पुरानी कविता का टूटता हुआ काव्य-संसार नये पर हावी होना चाहता है, बस, नये कवि और आलोचक में बहस बढ़ जाती है। किन्तु समर्थ कवि पतनशील वृत्ति के आलोचकों-पाठकों-मठाधीशों की परवाह नहीं करता है। अपने कवि-कर्म के कठिन दायित्व-बोध को समझते हुए आगे चल पड़ता है। नयी कविता के इतिहास में सर्वेश्वर का कवि-कर्म इस दृष्टि से महत्त्व-प्रतिष्ठा के विशिष्ट पक्ष का अधिकारी है कि उन्होंने नयी कविता को नया मुहावरा दिया है तथा कड़े संघर्ष से कविता को नया कथ्य और रूप दिया है। आरंभिक आलोचकों के नयी कविता संबंधी बवंडरों को जितने साहस से सर्वेश्वर के कवि ने झेला है तथा उसका माकूल उत्तर दिया है, उतना नयी कविता के बहुत कम कवियों ने दिया है। इसी दृष्टि से उनकी काव्य-यात्रा का बड़ा रोचक इतिहास है।

नयी कविता के कवि के खिलाफ आरंभ में पुराना माहौल कैसा शत्रु-भाव रखें हुए था, इसका संकेत कवि-सर्वेश्वर ने 'तीसरा सप्तक' के 'वक्तव्य' में निर्भय होकर दिया है कि "नयी कविता पर आलोचना लिखकर आलोचना लिखने की मश्क की जाने लगी; साहित्यकार बनने और पुराने साहित्यकारों द्वारा मान्यता प्राप्त करने के लिए नयी कविता और नये कवियों को लंबी गालियों द्वारा स्मरण किया जाने लगा।" (*तीसरा सप्तक*, पृ. 207)। कवि के इस कथन से तात्कालीन स्थिति की भयावहता का पता आज के व्यक्ति को आसानी से लग जाता है। रूढ़िग्रस्त अवसरवादी मठाधीशों ने नये कवि के कर्म को सहानुभूति तो दूर धिक्कार के सिवाय कुछ नहीं दिया।

अहंवादी-कुंठावादी आलोचना के डंडे ने चोर साहित्यिक पंडों की रक्षा की तथा जीवन के व्यापक यथार्थ को चित्रित करने वाले इन कवियों को खबरदार किया। इन कठिन लोकों से उठकर जूझते हुए सर्वेश्वर के कवि ने संकल्प रखा है—

फिर नयी मैं टेक गढ़ता हूँ,
भूमि पैरों के तले मेरे न हो फिर भी
हर नये संघर्ष के विष-शृंग चढ़ता हूँ।

(*तीसरा सप्तक*, पृ. 229)

इन विष-शृंगों पर चढ़ते हुए कवि ने जीवन की नयी आस्था तथा जिजीविषा का नया स्तर कमाया है। हर पराजय को जीत की कड़ी में जोड़कर दम लिया है। अपने कवि-जीवन में कवि, पर्वत काटकर राह बनाने का सहज अभ्यासी है। पड़ाव के क्षणिक विश्राम में अपनी हर मृत्यु को हरी-भरी क्यारियों में भरी तितलियों के पंख रंगकर भी चटक रखना चाहा है ताकि जीवन के चटक रंगों पर पस्ती की धूल धावा न बोल दे। इसीलिए सर्वेश्वर के कलाकार ने 'सिपाही' के जीवन-दर्शन को कविता में शब्द दिए हैं, संतों के अमूर्त विचारों को झटक दिया है। अँधेरी रात में मशाल लिए निर्भय सिपाही की तरह उनका स्वर है—

मैं नया कवि हूँ—
इसी से जानता हूँ सत्य की चोट बहुत गहरी होती है,
मैं नया कवि हूँ— (*तीसरा सप्तक*, पृ. 218)

नया कवि सत्य की चोट से चोटित है तथा उस चोट के दर्द को सबमें सबसे मिलते हुए संप्रेषणीय बनाना चाहता है। इसीलिए मुक्तिबोध के बाद वे नयी कविता के सर्वाधिक जागरूक समस्याओं के यथार्थ-अनुभवों पर टिके कवि हैं। वे झूठे अनुभवों का 'फ्राड' नहीं रचते, अपने पिसे हुए जीवन का रंग कविता में लोक संपृक्ति-भाव से उतारते-चढ़ाते हैं इसीलिए अपनी काव्य-यात्रा की इति से अथ तक वे अटूट जीवट के कवि हैं जिसमें मामूली आदमी के दर्द ने अपना शब्द पाया है। अपनी आस्था से छोटे कदों को कवि ने ऊँचा कर दिया है। वे 'लघु मानव' के कवि नहीं हैं और न ही 'लघु मानव' का जीवन-दर्शन उनमें चिपककर भी जी पाता है।

सर्वेश्वर में नयी दिशाओं की तलाश का संकल्प सामूहिक अवचेतन मन से जुड़ा है।

लीक पर वे चलें जिनके
चरण दुर्बल और हारे हैं
हमें तो हमारी यात्रा से बनें
ऐसे अनिर्मित पंथ प्यारे हैं। *(एक सूनी नाव)*

उसमें 'हम' बहुवचन से पूरी पीढ़ी की ओर कही गई बात का संकेत है। कवियों ने 'अनिर्मित पंथ' के प्रश्न को हर युग में अपने रंग से संसार-भर में उठाया है और

रचना-प्रक्रिया के साथ अनिवार्य रूप से जोड़कर इस प्रश्न का उत्तर भी समय-समय पर दिया है। इस प्रश्न का कोई सही उत्तर चाहे न मिला हो किंतु आत्म-संघर्ष, आत्म-मंथन, कलाकार की समग्र नयी दृष्टि तथा शक्ति का बोध तो इस उत्तर में समाया ही रहा। इसीलिए अनेक रूपों में उठने पर भी यह प्रश्न आज भी नया है, क्योंकि हर बार नये ढंग से सोचने-लिखने की प्रक्रिया आरंभ होती है और प्रश्न नया होता रहता है। कलाकार अपने आसपास के जीवन, समकालीन अनुभव के साथ नये रागात्मक संबंधों की बदलती प्रणालियों को नयी आँच से सार्थक या प्रासंगिक बनाता है। किंतु जो प्रश्न कलाकार के प्राणों का पीछा करते हैं, प्रायः वे ही प्रश्न आलोचक या पाठक के लिए उसी अनुपात और गुण में उतने महत्त्व के नहीं होते हैं। कहना न होगा कि पाठक उन्हें उतनी जल्दी नहीं पहचान पाता, किंतु सृजन-प्रक्रिया के रचना-धर्मी-चक्र से गुजरते हुए कवि के लिए जीवन-मरण का संग्राम चल पड़ता है। समस्याओं को पुराने आलोचक तो शास्त्र-मान्यताओं से सुलझाते हैं, बस यहीं से प्रश्न उलझते चले जाते हैं और नये कवि के साथ देव-दानव-द्वंद्व शुरू हो जाता है। किंतु सर्जक कलाकार सृजन से ऐसी दृश्य-दृष्टि विकसित करता है कि प्रबुद्ध पाठक उसकी संवेदनात्मक ज्ञान-क्षमता-संपन्नता को टोहने लग जाता है। सर्वेश्वर की काव्य-यात्रा भी इसी प्रश्न को नये ढंग से उजागर कर रही है कि यह कविता पुराने काव्य-शास्त्र के चौखटे से बाहर की कविता है, जिसके लिए समसामयिक यथार्थ बोध की समझ की अपेक्षा है, कविता के पुराने प्रतिमानों की नहीं।

नयी कविता के कवियों के खिलाफ आरंभ में यह अफवाह तेजी से फैलाई गई थी कि ये कवि पाश्चात्य ढंग की नकलमयी अनास्थावादी कविता लिखते हैं। यह भ्रम इतनी चतुरता की चाल से फैलाया गया था कि पाठक धूमाकुलित हो उठे थे। यह जोर से कहा जाने लगा था कि 'विदेशी डाकिए नये कवि' हैं और नयी कविता हिंदी-काव्य परंपरा की सहज और समृद्ध कड़ी नहीं है। चूँकि यह कविता अपनी देश की माटी में जड़ें नहीं रखती है, इसलिए विदेशी जूठन मात्र है, इसका जीवन-दर्शन खोखला तथा आरोपित है। किंतु नये कवियों ने धैर्य से उत्तर दिया कि नयी कविता को नकल या विदेशी मानना अपनी परंपरा-प्रयोग-प्रकृति को न पहचानना है तथा भारतीय कवि की प्रतिभा के प्रति अविश्वास का भाव भी है। विचारों, मूल्यों की टकराहट से सिद्ध है कि नयी कविता इसी माटी की खुराक से जीवित है तथा अनास्था की कविता नहीं है। इसी शोरगुल से जूझते हुए कवि सर्वेश्वर ने कविता को अपनी जमीन पर खड़ा किया तथा अपनी आस्थाओं को 'अहं से मेरे बड़ी हो तुम' कहकर पुनः दृढ़ किया। हर विकल विद्रोह के सिर पर यही आस्था (प्रिया) कलंगी-सी जड़ी रहती है तथा कवि ग्रामीण संवेदना की व्यथा-कथा से पाठक को कुरेदता है, सोचने को विवश करता है, मुट्ठी भींचकर टूटी पसलियों में वज्र की ताकत पैदा करता है। सर्वेश्वर की सर्वाधिक सशक्त वे ही कविताएँ हैं, जिनमें गाँव के सच्चे

हाल-चाल लिखे गए हैं। यद्यपि उनमें शहरी तथा ग्रामीण संवेदना का अलग-अलग बँटवारा नहीं है किंतु यह सच है कि गाँव का भूगोल उनमें अनेक संबंधों से खरे रूप में फूट-फट पड़ता है।

ग्रामीण संवेदना का 'वास्तवपन' उन्हें नयी कविता के उनके सहकर्मियों के मध्य एक विशिष्ट कवि-मूर्ति देता है। लोक-भूमि की रीझ-बूझ तथा लोक-लयों का टटका प्रयोग, रचनाधर्मिता का प्रायः संवादमय स्वर, व्यंग्यपरक टोन से व्यवस्था के भूत की छीछालेदर बिना किसी प्रयास के चलती रहती है। इस दृष्टि से वे शिल्प-मोह के नहीं, व्यापक जीवनानुभूति के कवि हैं। उनकी कविता में आरंभ से ही व्यक्तिगत आवाज का स्वर छायावादियों की भाँति नहीं रहा है। अपने को वयस्क अनुभवों से जोड़ती हुई कविता पाठक-हृदय को "स्वार्थ संबंधों के संकुचित मंडल से ऊपर उठाकर लोक-सामान्य भावभूमि पर ले जाती है जहाँ जगत की नाना गतियों के मार्मिक स्वरूप का साक्षात्कार और शुद्ध अनुभूतियों का संचार होता है।" (*रस-मीमांसा*, पृ. 5)। ऐसी स्थिति में उनकी अनुभूति सबकी अनुभूति बनने की क्षमता रखती है तथा यही क्षमता-संपन्नता भावों का परिष्कार करती हुई रागात्मक संबंधों की रक्षा तथा निर्वाह में योग देती है। आदिम युगों से चली आती हुई प्रकृति-प्रेम, मानव-प्रेम की सहज मनःस्थितियों, गतियों तथा भाव-भंगिमाओं से प्रकृत सामंजस्य होता चलता है।

सर्वेश्वर काव्य की आधारपरक पृष्ठभूमि प्रकृति है। नयी कविता के कवियों ने प्रकृति के इस अनंतरूपात्मक विस्तार को जहाँ छायावादियों से अलग हटकर ग्रहण किया है, वहाँ उनका प्रकृति-बोध ज्यादा प्रामाणिक बना है। झूठे आवेग तथा आवेश के स्थान पर प्रकृति का जीवन-साहचर्य चित्रित किया गया है। सर्वेश्वर ने छायावादी-परंपरा का नया उपयोग इसी अर्थ में किया है कि 'संध्या' के दृश्य उनके पंत-प्रसाद-निराला की भाँति न होकर उनके अपने अनुभवात्मक संसार के भीतर से गुजरे-सुथरे दृश्य हैं। कल्पनातिरेक ने छायावादी प्रकृति को मादक ढंग से बहका-बहका रूप दिया है, वहाँ नयी कविता के कवियों ने (विशेष सर्वेश्वर ने) प्रकृति को कवि की भाँति नहीं एक आम आदमी की जागरूक संवेदना-शक्ति से जिया-पिया, फिर व्यक्त किया है। फूल, चट्टान, वृक्ष, नदी, वन, झाड़ी, मेघ, आकाश, खेत-मेंड़, बैल-हल आदि उनके चिर-सहचर हैं। हर 'नये साल पर' कवि ने शुभकामनाएँ भेजते हुए कहा—'खेतों की मेंड़ों पर धूल-भरे पाँव को, कुहरे में लिपटे उस छोटे से गाँव को, नये साल की शुभकामनाएँ। जाँते के गीतों को, बैलों की चाल को, करघे को, कोल्हू को, मछुओं के जाल को' कवि प्यार करता है। (*तीसरा सप्तक*, पृ. 213)। शीतल ठंडी हवा जलते हुए मस्तकों को सहलाती है तथा चाँदनी का वितान धुला हुआ जीवन देता है।

नयी कविता की उपलब्धियों के रूप में सर्वेश्वर को देखते ही स्पष्ट हो जाता है कि वे सिकुड़ते काव्य-भूमि के कवि नहीं हैं—बृहत्तर-बलवत्तर फलक के स्रष्टा हैं।

छायावाद ने जिस 'अर्थ-भूमि का संकोच' कर दिया था, उसकी व्यापकता तथा मुक्ति भी सर्वेश्वर की ताकत का सबूत है। नयी कविता में श्रीकांत वर्मा, कैलाश वाजपेयी तथा तमाम नारेबाज कवि जहाँ कुंठित-भ्रमित तथा नकली यंत्रणाओं का ढोंग भरते हैं, वहाँ सर्वेश्वर का कवि नकली मुखौटों को लगाकर कविता का स्वांग नहीं भरता है। सर्वेश्वर दूसरों पर ही हँसते या व्यंग्य नहीं करते हैं, अपितु अपने पर भी खुलकर हँसते हैं, व्यंग्य करते हैं–

एक थे हाँ-हाँ
एक थे नहीं-नहीं
जहाँ-जहाँ गया मैं
मिले मुझे वहीं-वहीं

गरीब का पसीना कवि-रक्त में भारी हरकत करता है तो आदिम अवचेतन मन सामूहिकता में खुलते हुए लंबी कविता 'कुआनो नदी' लिखने लगता है जिसमें व्यथा का वर्णन नहीं, तदाकार परिणति है। प्रकृति तथा जीवन के गमगीन चित्र हमारा चैन तोड़ते हैं तो रंगीन-प्रकृति-बिंब भी कम आकृष्ट नहीं करते हैं। प्रकृति के साथ मानव की अंतःप्रकृति का सामंजस्य और अंतर्दृष्टि का विस्तार कथ्य के व्यापारों-रूपों तथा गतियों को बढ़ाता है। काली चट्टानों का जंगलीपन तथा लहलहाते खेतों की सौंदर्य-छटा से कुरूपता-सुरूपता का गठबंधन चलता रहता है। कवि अत्याचारों से तिलमिलाता है, दीन-दुःखी के आर्तनाद से पसीजता है तथा पूँजीवादी व्यवस्था की मार से पैर फैलाकर गिरते हुए आदमी के दर्द को शब्द देता है। यह सब रुचिकर इस दृष्टि से है कि कविता में सच बोलने की शैली विकसित है–

दे रोटी?
कहाँ गई थी बड़े सवेरे
कर चोटी?

जैसी कविताओं में खेल खेलते बच्चों की संवाद-शैली का जीवंत रूप है। ऐसी लोक-शैली नयी कविता के किसी भी कवि के पास शायद नहीं है। परंपरागत भाषा के शब्दों से उभरा शब्द एक ऐसा बिंब छोड़ता है जो पाठकीय संवेदना को तीर की तरह चीरता हुआ गुजर जाता है। हम इसमें आत्म-सम्मोहित से भी ज्यादा वाक्-सम्मोहित होते हैं। छंद-विधियों की परंपरा में नया प्रयोग करते हुए गद्य को आवेग-सर्जित लय का रूपतंत्र देता है। भाषिक संवेदन का ठेठ रूप तथा लचीलापन निराला जी की रीझ-बूझ तथा रूप-रंग की अचानक याद देता है। इस दृष्टि से उनकी काव्य-यात्रा निराला की काव्य-यात्रा का भरा-पूरा फलता-फूलता कुनबा है। सर्वेश्वर का 'कवि-स्वभाव' व्यंग्य-कविताओं में ही पहचाना जाता है, छंद जितना सहज गति का है, भाव उतना ही जटिल तथा अर्थ-गर्भित है। लोक-लय गतियों की सहजता-सरलता सूक्ष्म-संश्लिष्ट भावों में छनकर सुघर-व्यवस्थित रूप पाती है। मुक्त छंद की मुक्तता बिखरती नहीं,

नयी लय में अनुशासित रहती है। लय की ऐसी ही पहचान शमशेर को है जिसमें कविता का स्वभाव अंतर्निहित रहता है। शमशेर तथा सर्वेश्वर इसी शक्ति से अपनी विशिष्ट आवाज की अनुगूँज से पाठक को मोहते हैं। शमशेर छोटी कविताओं में अधिक सफल हैं, पर सर्वेश्वर छोटी तथा लंबी कविताओं में समान नाटकीय मुद्रा अपनाते हुए स्तंभन-प्राणत्व बनाए रहते हैं।

आज नयी पीढ़ी में कविता करने वाले अनेक युवा कवि हैं जिन्हें सर्वेश्वर ने नये ढंग के काव्य-सृजन की प्रेरणा-दिशा दी है। अपने प्रारंभिक सोपानों में शायद ही किसी युवा ने—गिरिजाकुमार माथुर, भवानी भाई, श्रीकांत वर्मा, भारती, नरेश मेहता, माचवे आदि से प्रेरणा ग्रहण की हो, किंतु सर्वेश्वर के सामाजिक-आर्थिक-राजनीतिक-व्यंग्यों ने युवा-मानस को आंदोलित करते हुए झकझोरा है। परिणाम स्पष्ट है कि अनेक नये कवियों में उनका असर कथ्य तथा रूप के स्तर पर देखा जा सकता है। 'लोकतंत्र को जूते की तरह लटकाए। भागे जा रहे हैं सभी सीना फुलाए' जैसी कविताओं ने धूमिल, मलयज तथा लीलाधर जगूड़ी ऐसे कवियों को काव्य-दिशा बनाने में सहायता दी है। नयी कविता का अभिव्यक्तिगत खुलापन जितना सर्वेश्वर में लगातार कायम रहा है, एक अर्थ में एकरसता को छोड़कर प्रौढ़-पुष्ट होता आ रहा है, उतना रघुवीर सहाय आदि एकाध कवि को छोड़कर अन्य कवियों में नसीब ही नहीं हुआ। ज्यादातर कवि थर्राते हुए आवेगों के तालाबों में मग्न हो गए, उन्हें गतिवान नदी का तट नहीं दे सके। सर्वेश्वर, रघुवीर सहाय जैसे जन कवियों में ऐसा बहुत कुछ रहा है जो किशोर कल्पना को उत्तेजित भी कर सके तथा नयी अंतर्दृष्टि देते हुए युवा मानस को नयी ज्ञानात्मक संवेदना-शक्ति की स्फूर्ति भी दे सके। निराला तथा मुक्तिबोध के बाद सर्वेश्वर तथा रघुवीर सहाय ही ऐसे दो कवि हैं जो अकालपक्वता से बचते हुए जल्दी ही जिज्ञासाओं से मथित वयस्क कवि बनते जाते रहे हैं। ऐसा इन कवियों में इस प्रक्रिया ने भी किया है कि कठिन होते कवि-कर्म की चुनौतियों के प्रति विचारवान मुद्रा ने जीवन-जगत के अर्जित संघर्ष को संशोधित-संपादित करते हुए कलात्मक अनुभव में ढाला है। इसीलिए जिन जड़ीभूत सौंदर्याभिरुचियों पर मुक्तिबोध ने जमकर प्रहार किए थे, उन्हीं के अवशेषों को गिराने-ढहाने में इन दो कवियों का भी सक्रिय योग रहा है। इनका चिंतन-मनन मानसिक-संघर्ष की भूमिका में भावना का बवंडर नहीं बनता, विचारों की छन्नी में छन-छनकर आता है, बूँद-बूँद टपककर जमा होता है।

छायावादी कवियों को कवि-व्यक्तित्व का सीधा प्रकाशन खटकता था, वे जगह-जगह अभिव्यक्ति की गलियों में छिपते-लुकते चलते थे। एक रहस्यात्मक कुहेलिका उनका आगा-पीछा करती थी। अपने अंतर्जगत को प्रकृति को सौंपकर वे निश्चिंत हो जाते थे। उन्हें लगता था, सब कुछ प्रकृति से ही है, प्रकृति में ही है तथा प्रकृति ही सृजन की प्रेरणा है। किंतु नयी कविता ने 'कवि-व्यक्तित्व' को

अभिव्यक्ति की 'बलिवेदी पर' चुपचाप नहीं कटने दिया, धार के ऊपर चलने में समर्थ कवि-व्यक्तित्व दिया है। मुक्तिबोध के शब्दों में 'अभिव्यक्ति के खतरों' को उठाते हुए गढ़ों-मठों की धन्नासेठशाही के अतिचार को खोलना धर्म समझा है। इसीलिए सृजन-प्रक्रिया तथा सर्जनात्मक कृत्य भी बदलाव ले गया। युग की तमाम समस्याओं में जन्मे सृजनात्मक प्रश्नों ने मथते हुए 'असाध्यवीणा', 'अँधेरे में', 'अलविदा', 'आत्महत्या के विरुद्ध', 'समय देवता', 'कुआनो नदी' आदि कविताओं को अलग-अलग स्वर देकर भी एक व्यक्तित्व का खुलापन दिया है। लंबी कविता को 'कथात्मक' मात्र होने से बचाकर 'युगीन भूगोल का चित्र' बनाते हुए अंतर्जीवन का नया अंतर्ईतिहास बना दिया। पुरानी रसधर्मिता की जगह विभावादि बने वैचारिक व्यापारों ने ले ली तथा बिंबधर्मिता की लड़ियों ने पुरानी संरचना का धनुष-भंग कर दिया। इसी अर्थ में इन कविताओं की संरचनाजटिल-अन्वितिपरक होती गई, जिनमें कथ्य की प्रकरण-वक्रताएँ, वाक्य-वक्रताएँ, शब्द-वक्रताएँ तथा अर्थ-वक्रताएँ वृद्धि पाती रही हैं। इसीलिए इन लंबी कविताओं का सृजनात्मक अन्वेषण एक प्रामाणिक तार्किकीकरण की ओर झुक गया। केवल 'असाध्य वीणा' ही तमाम कविताओं में ठंडी गति तथा नाटकीय तनावहीनता के कारण मनस्तात्विक जीवन की अवचेतन-क्रिया बनकर सिकुड़ गई। शेष सभी की प्रक्रिया गतिवान तथा नाटकीय रही है। 'कुआनो नदी' में नयी कविता का एक अलग मुहावरा इस अर्थ में है कि अदना आदमी के अपरिभाषित दर्द को परिभाषित करने में कविता अर्थ-संदर्भों से जुड़े नदी के तटवर्ती प्रतीकों का गहराई से विस्तार करती रहती है। नदी के तट की अपरिवर्तित दुर्दशा-ग्रस्त पीढ़ी की यंत्रण, व्यथा-भुखमरी, सभी को अपने अनुभवों में रचा गया है। इसके बावजूद भी सृजन-प्रक्रिया की संपूर्णता अन्वेषण के पर्यावरण में रूपांतरण पाकर खो नहीं जाती है। सृजनात्मकता में कवि के अंतर्मन की व्यथा का बहिर्मुखी विस्फोट होता है। भौतिक जीवन की त्रासदी कलात्मक व्यापार में ढलकर 'कुआनो नदी' जैसी 'कलाकृति' बन जाती है। इस सफल व्यथा-रूपांतरण ने ही सृजन-प्रक्रिया को परंपरा तथा मौलिकता, वैयक्तिकता तथा सामूहिकता का द्वंद्वात्मक सह-अस्तित्व दे दिया है। जीवन की ठहरी हुई अस्तव्यस्तता के बीच भी लंबी कविता 'कुआनो नदी' व्यंजनात्मक प्रतीकात्मकता से व्यथात्मक संबंधों का प्रत्यक्षीकरण कराती है। मुक्तिबोध की कविता 'अँधेरे में' में राजनीतिक विस्फोट अधिक है, 'कुआनो नदी' समाज में जमी हुई ठहराव-भरी साजिश का सामाजिक विस्फोटन है। सामाजिक विस्फोट का जितना आत्मीय, प्रत्यक्ष, तार्किक, भोगे हुए अनुभवों का व्यवस्थित बिंब, कथ्य के मूल्यपरक घटकों का पुनर्योजन तथा अंतर्योजना की जितनी कसावट उसमें है, धूमिल की 'मोचीराम' को छोड़कर हिंदी की अन्य लंबी कविताओं में शायद कहीं नहीं है।

सर्वेश्वर अपनी अनुभूति और कल्पना को अंतर्दृष्टि से जोड़कर अलंकृत करने के बजाय ठोस एवं मूर्त्त बनाते हैं। इससे एक ओर तो कविताओं की संप्रेषणीयता

में गतिपरकता आती रही है तथा अस्पष्टता का बहुत हद तक परिहार भी हुआ है। कल्पना ने एक बौद्धिक स्तर को अभिन्नता से अपनाने का काम इस अर्थ में किया है कि वह भाव-विचार या संवेगों को नियंत्रित करती है, फैलाती-भड़काती नहीं है। किसी विशेष विचारधारा के प्रति विशेष आग्रह न होने के कारण भी कवि की विचारधारात्मक गति नालियों में नहीं बहती, तमाम विचार के झरनों से जुड़कर पहाड़ी नदी का वेग पाती है। हम पाते हैं कि उनके विचार-दर्शन में अंकुश नहीं है, पर भेदभाव वही है जहाँ गैरबराबरी का झगड़ा है। यह गैरबराबरी ही कवि को भी गाँधी-मार्क्स तथा लोहिया की भाँति चुभती है जिस पर कवि अपनी वैचारिक काव्यात्मक प्रतिक्रिया करता है। इसीलिए सर्वेश्वर किसी एक विचारधारा के कवि न होकर विचारधाराओं के गतिशील मूल्यों के कवि हैं। किंतु वे अपनी कविता में विचारधारात्मक विवाद के लिए ईमानदार बुद्धिजीवियों को सदैव आमंत्रित करते हैं। वे अपनी परंपरा के इस पक्ष से परिचित हैं कि मानव ने शताब्दियों के विचारधारात्मक संघर्ष में ही जूझकर जीवन के मूल्य तथा मान पाए हैं। आज के आदमी से जुड़े प्रश्नों को तकिया देकर वे सुलाते नहीं हैं—खड़ा करते हैं, जगाते हैं तथा सोचने को ढंग से विवश करते हैं। इन चिंतनगत संवेदनों को वे तात्कालिक मोह-मंत्रों से कीलित नहीं करते, स्वचेतनतापरक बौद्धिकता से जमी हुई राख को फूँककर दहकाते हैं। जीवन की गहराई से सोचने-समझने वाला कवि कितनी 'सही समझ' हमारे भीतर निष्पन्न कर सकता है, सर्वेश्वर की कविता इसका प्रमाण रही है।

सर्वेश्वर की काव्यानुभूति का स्वरूप रसाश्रित न होकर भी काव्यास्वाद के मानस-व्यापार का अंग है। चित्तवृत्ति का तन्मयीभवन चाहे न हो पर तटस्थ तथा निर्वैयक्तिक भाव-भूमि पर पाठक अवश्य आ जाता है। अपने आसपास के जीवन को अनुभवात्मक अर्थ-स्तरों से रचना बनाते समय यह खतरा बराबर बना रहता है कि वे व्यक्तिबद्धता में सिमट न जाएँ, उन्हें अप्रतिम शक्ति के संस्पर्श से कलानुभव या सौंदर्यानुभूति में परोसना पड़ता है। सर्वेश्वर का आहत अहं तथा अभावग्रस्त जीवन दया पर नहीं आत्म-शक्ति पर अडिग रहना चाहता है। कवि ने जीवन के प्रभु से कड़ा संघर्ष माँगा है, दया के फूल नहीं चाहे हैं—

नहीं, नहीं प्रभु तुमसे
शक्ति नहीं माँगूँगा *(गर्म हवाएँ—प्रार्थना-1)*

इस कविता में नये अनुभव-संवेदन पकड़ने के लिए एक विशेष प्रकार की सतर्कता अपेक्षित है क्योंकि 'जंगल का दर्द', 'बाँस का पुल', 'कुआनो नदी' आदि कृतियों में आलोकित होने वाले अर्थ और मूल्य पूर्व प्रतिष्ठित संस्कृति के अंतर्गत आने वाले संस्कारगत मूल्य नहीं हैं। सांस्कारिक मन के साथ यहाँ प्रायोगिक मन का टकराव अनवरत रूप से सक्रिय रहा होता है। इसलिए काव्यानुभूति की बनावट के भीतर अनेक स्तर हैं। कविताओं की काव्यानुभूति के शुद्ध तथा निरपेक्ष रूपों का पृथक्करण आवश्यक

होता है। फिर भी ये कविताएँ 'मानसिक अंतराल' में नहीं रह पातीं, कथ्य के ग्रहण में मानसिक दूरी की घटना घटित नहीं हो पाती है। क्योंकि इस समस्त कलात्मक सृजन-व्यापार में भावन-ग्रहण के साथ संवाद का वाचक तत्त्व दुर्निवार रूप से जुड़ा हुआ होता है। इसीलिए आस्वादन तथा मूल्यांकन में जब एक-सा प्रभाव नहीं पड़ता है तो अकालपक्व आलोचक सर्वेश्वर के कथ्य को 'सनक' भर कहकर चुप हो जाते हैं। क्योंकि उनकी कविताएँ निर्मित मूर्त्तियों-सा ठोस प्रभाव छोड़ती हैं प्रायः सर्वेश्वर के कलाकार में मनोवेगों के रूप मूर्त्त सामग्रियों के रूप में जन्मते हैं। यह कवि अनुचिंतन में न रहकर सहचिंतन की सह-यात्रा का सहभागी बना रहता है। कविताओं में पैदा की गई कला विषय-वस्तु तथा रूपाकार के मध्य अविभाज्य इकाई है।

सर्वेश्वर की क्रांतिधारी कविता को पढ़कर आप इस तथ्य के प्रति उदासीन नहीं रह सकते हैं कि ये कविताएँ किस विचार का सृजन करती हैं। आप पाते हैं कि ये समाजवादी क्रांति के माध्यम से पूँजीवादी व्यवस्था के ध्वंस के साथ वस्तुगत रूप से गरीब की आँख का आँसू पोंछने को अग्रगामी होती हैं। इस बुनियादी कार्य के लिए उनकी कला संघर्ष को और तेज करना चाहती है। सरल रूप से उनकी कविताओं के विषय मामूली आदमी की तकलीफें ही रही हैं। तो इन कविताओं का 'चरित्र' वैचारिक अंतर्वस्तु को मनोवैज्ञानिक ढंग से प्रतिबिंबित करता है। चट्टानों पर बैठे 'काले तेंदुआ' का प्रतीक इधर की उनकी कविताओं में बहुत है। यह 'काला तेंदुआ' समाज के दुर्बल को चबाना चाहता है, किंतु कवि डार्विन के उस विकासवादी सिद्धांत से सहमत नहीं है कि शक्तिशाली जिएगा, गरीब मरेगा, यह प्रकृति का नियम है। मानव चाहे तो अपने चिंतन से इस विकासवादी चिंतन में मोड़ दे सकता है। उनका कवि उसी अर्थ में सृजन-गौरव की तलाश कर रहा है। कला की वैचारिक अंतर्वस्तु के साथ प्रभावी अंतर्वस्तु के सामाजिक प्रभाव की स्वचेतनता उनके काव्य की वैचारिक अंतर्वस्तु को और बलवत्तर आधार देती है। कला में यथार्थ का सही प्रतिबिंबन का अर्थ केवल फोटोग्राफिक निरूपण नहीं होता, क्योंकि ऊपर से गतिहीन दिखाई देने वाली वस्तु में भी भीतरी परिवर्तन-विकास की शक्तियाँ सक्रिय होती हैं। परिवर्तन की इस प्रक्रिया को न समझने पर कला के कई भ्रामक निष्कर्ष निकलते हैं। अतः विश्वजनीन दृष्टिकोण से सर्वेश्वर की काव्य-यात्रा की परिवर्तन-विकास-प्रक्रिया को समझना-समझाना ही कवि के साथ सही न्याय होगा। ऐसी स्थिति में हम पाते हैं कि इस काव्य-यात्रा में जीवन के सतही यथार्थ की तलछट का चित्रण नहीं, यथार्थ के आंतरिक तत्त्वों को निर्मित तथा खोलने वाले अनेक पक्षों की अभिव्यक्ति है। उनकी ज्यादातर कविताएँ व्यंग्यपरक हैं जिनमें आर्थिक, सामाजिक, राजनीतिक जीवन की विसंगतियों, विभ्रमों, विद्रूपताओं तथा विभेदीकरण की स्थितियों का प्रकृत यथार्थवाद है। इसीलिए कला का भाववादी चिंतन सर्वेश्वर के पास आने की हिम्मत ही नहीं कर सका है।

सर्वेश्वर की कविताओं में बिंबधर्मी कला की बहुतायत पाने का अर्थ यह नहीं

लिया जाना चाहिए कि बिंबधर्मिता के मोह ने उन्हें रूपवादी कलाकार की शक्ल दे दी है। उन्हें बिंबधर्मी रूपवादी मानने की भूल हिंदी के पुराने-नये आलोचक प्रायः करते रहे हैं। ऐसा इसलिए भी हुआ है कि नयी कविता में सर्वाधिक नये बिंबों को सर्वेश्वर ने ही (अज्ञेय तथा मुक्तिबोध के बाद) प्रयुक्त किया है। इस दृष्टि से उनकी सैकड़ों कविताएँ द्रष्टव्य हैं जिनमें ताजी बिंबधर्मिता बड़ी ही चमत्कारिक है। कवि का काम अर्थ-ग्रहण ही नहीं, बिंब-ग्रहण कराना भी है तथा वह भी मूर्त्त, गोचर तथा निर्दिष्ट हो। इस कसौटी का ध्यान सर्वेश्वर को है किंतु वे बिंबों की खनक-चमक में उसके विलास (बिंब विलास) के कवि नहीं हैं। नये प्रतीकों तथा नये बिंबों का प्रयोग नये अनुभव को सही ढंग से व्यक्त करने की एक आंतरिक विवशता है, झूठा 'फैशन' या 'कुतूहलमात्र' तो नहीं ही है। घटिया रूपवादी कलाकार जैसे अपने बिंबों को बिल्कुल रूप पर, अमूर्त्त-अर्द्ध अमूर्त्त आधार पर केंद्रित कर देते हैं, वैसा वे कभी नहीं करते हैं, यह उनकी प्रवृत्ति ही नहीं है। एक प्रकार से अस्पष्ट रूपवाद शमशेर का पीछा करता ही रहा है और उनकी कला तमाम ताम-झाम के बावजूद भी सहज संप्रेषणीय नहीं है। किंतु उनके भी बिंब रूपवाद के पतित संदर्भ से नहीं आँके जाने चाहिए, उनकी शक्ति मूर्त्त है, अमूर्त्त नहीं। जिसे इलियट ने कहा है कि "निरंतर आत्म-बलिदान और व्यक्तित्व के निरंतर विलय में ही कलाकार की प्रगति निहित है।" (*दि सक्रेडवुड,* पृ. 53)। इसी संदर्भ में सर्वेश्वर की बिंब-धर्मी कला को निरखा-परखा जाना चाहिए। रोमांटिक कविता का चरम व्यक्तिवाद जिस लोक की सृष्टि कर चुका था, सर्वेश्वर उसकी ओर पीठ किए रहे हैं। किंतु जिस ओर 'आत्म पलायन' के निर्वैयक्तिकता के सिद्धांत से टी॰एस॰ इलियट ने संकेत दिया है, उसे सर्वेश्वर में संकीर्ण अर्थ से ग्रहण करना उनकी 'काव्य प्रकृति' के साथ अन्याय होगा। क्योंकि कवि के वैयक्तिक अनुभव, संवेग, विचार, प्रत्यय आदि विस्तृत होकर आत्मेतर पूर्णता पाते हैं। कवि-व्यक्तित्व की इस कला ने कविता को संपन्न तथा समृद्ध बनाया है। इस अर्थ में यह कलानुभव चाहे बिंबों से प्राप्त हो या प्रतीकों से, एक भरा-पूरा, रचा-पचा जीवनानुभव है। रिचार्ड्स के शब्दों में यही उनकी काव्यानुभूति की 'विशिष्टता' है। रचना के अर्थ स्तरों में घटित संतुलन और सामंजस्य ही 'कुआनो नदी' की अनुभूतियों का निस्संग भाव देता है। एक प्रकार से यह निर्वैयक्तिक कथा के तत्वगत संवेग हैं, जिनसे कविता में मूर्त्त वास्तविकता पारिभाषित हुई है।

वैयक्तिक जीवन और संवेगों की कविताएँ इधर फिर उनके सामान्य जीवन होने की पहचान बनाने लगी हैं। इनमें भी 'प्रजनन पुष्प' चूमता हुआ पुरुष है जो जीवन में, जीने में लिप्त है। यह एक प्रकार से उनकी कविता की 'निगेटिव कैपेबिलिटी' है कि हर स्थिति के अनुकूल वे अपने को ढालते चलते हैं। इन कविताओं में भी हमारा ध्यान पुरुष-नारी व्यक्तित्व से भी ज्यादा काव्यात्मक प्रक्रिया पर जाता है जिसमें कवि सब कुछ कह सकता है। पर यहाँ सर्वेश्वर की कविता शिथिल पड़ जाती है।

सृजन-प्रक्रिया का 'ताप' गिर जाता है और वासनात्मक खुजली उभर आती है। किंतु ऐसी कविताएँ उनकी काव्य-यात्रा में अल्प ही मिलेंगी। उनकी ज्यादा कविताओं में 'आब्जेक्टिव कोरिलेटिव' अथवा 'विभावन-व्यापार' के द्वारा ही आत्मनिष्ठ संवेगों, अनुभूतियों, प्रतीकों, विचारों को बिंबों, स्थितियों तथा चरित्रों के माध्यम से वस्तुनिष्ठ रूप मिला है। अतः कवि-कर्म की समस्त रासायनिक प्रक्रिया में विधायक होते हुए भी वे निमित्त-मात्र रह जाते हैं। युंग की दृष्टि से सोचें तो सर्वेश्वर को 'व्यक्ति-निरपेक्ष-सृजन' का समर्थ कलाकार मानना चाहिए। 'कवि-पत्नी' की मृत्यु के आसपास तथा उसके प्रभाव की सभी कविताओं को इसी कोण से नापना-देखना चाहिए। जहाँ एक ओर तो 'व्यक्ति सर्वेश्वर' है तथा दूसरी ओर 'कवि सर्वेश्वर' है। इन विरोधी प्रवृत्तियों के संश्लेषण से सृजन-कर्म वैयक्तिक से निर्वैयक्तिक सृजन-भूमि पर चला है। इसी अर्थ में वह सर्वेश्वर मात्र न होकर एक 'सामूहिक मानव' है जो मानव-जाति के सामूहिक अवचेतन को वहन एवं रूपायित करता है। इसी अर्थ में वह इच्छाओं का एक ऐसा माध्यम मात्र है जो प्रयोजन-सिद्धि के द्वार खोजता है। 'नारी तन का मोह' सर्वेश्वर की इसी लालसा का रूप है। जैसे हर बड़े कलाकार में नारी-भोग की प्रेरणा प्रायः सृजन-कार्य में सक्रिय रहती है, वैसे ही सर्वेश्वर में भी रही है। एक दुर्बलताओं से भरा मानव भी यहाँ है तथा संपूर्ण शक्ति से विपत्तियों से जूझता हुआ नर का 'नाहर' भी कविताओं में झाँकता है। उनकी कविताओं की बिंबधर्मिता को समष्टिगत दृष्टि से समझते ही जाहिर हो जाता है कि उनमें रूप, रंग, स्पर्श तथा ध्वनि के गतिपरक बिंब बहुतायत से हैं जिनमें स्वाभिमानपरक चेतना की प्रबलता है। समाज में व्याप्त संशय की रात ने व्यक्ति को भीतर से कितना छील दिया है, उन नाना पाखंडों की पोल को ये बिंब खोलते चलते हैं।

सर्वेश्वर की काव्य-यात्रा का निर्णायक क्षण वह है जिस यात्रा ने उत्तर-छायावादी गीतकारों के अतिशय रोमानी प्रेम, कल्पना-विलास से दूर हटते हुए जीवन की वास्तविकता को नयी संवेदना-भूमियों की तलाश के साथ अभिव्यक्त किया है। कवि-कर्म में इस निर्णय के पीछे निश्चय ही 'साहित्यिक ईमानदारी' से भी बड़ा प्रश्न 'सामाजिक ईमानदारी' के निर्वाह का था। जो पूँजीवादी विचारधारा की पतनशील व्यवस्था का अंग बनते गए, वे इस 'सामाजिकता' के दायित्व-बोध को समझ ही नहीं सके हैं। वैयक्तिक काव्य-धारा के गीतिकार नरेंद्र, अंचल तथा बच्चन इसी पतनशील खेमे में थे किंतु सर्वेश्वर कल्पनात्मक लफ्फाजी से दूर अपनी जमीन पर जीना चाहते थे। जिन समीक्षकों ने 'प्रश्न कवि की सामाजिक ईमानदारी का नहीं, बल्कि उसकी साहित्यिक ईमानदारी का है' कह कर रूपवादी समीक्षा के प्रतिमानों से कविता को समझा था, वे न तो मुक्तिबोध को समझ सके और न सर्वेश्वर को। क्योंकि उनका सामाजिकता-विरोधी रुझान सामाजिक समस्याओं से जूझते कवि सर्वेश्वर को कैसे सही परिप्रेक्ष्य में समझ सकता था। यही कारण है कि पतनशील

अकवियों तथा अस्मिता खोजियों की गद्दी थामने वाले समीक्षक सर्वेश्वर की लंबी काव्य-यात्रा पर कम से कम बोले हैं। हिंदी समीक्षा जिस मिथ्या-चेतना से ग्रस्त रही है, उसने सर्वेश्वर ऐसे ही अन्य ताकवर कवियों पर भी पर्दा पड़ा रहने दिया। 'साहित्य की नितांत स्वायत्त दुनिया' खोजने वाले अज्ञेय के काव्य को तो वे सराहते रहे—रघुवीर तथा सर्वेश्वर को नहीं सराह सके। क्लीन्थ बुक्स, एम्पसन, जान क्रो रैन्सम, टेट आदि के प्रतिमानों की दृष्टि इतनी गई-गुजरी थी कि हिंदी की सशक्त जनधारा-धर्मी कविता को बड़ा खतरा उत्पन्न हो गया था। उधार के अमेरिकन प्रतिमानों तथा फैलाव-भरे अंधड़ के रूसी औजारों से हिंदी कविता का समर लड़ा जाता रहा, परिणामतः समकालीन भारतीय समाज की सच्चाई का साक्षात्कार करने वाले कवि किनारे पर ही रह गए। उनकी प्रासंगिकता को आधुनिकतावादियों ने पीठ पीछे कर दिया। यही कारण है कि मुक्तिबोध का काव्य उनके जीवित रहते तो सही 'सामाजिकता' से समझा नहीं जा सका, बाद में भी मनमाने प्रतिमानों की डंडेबाजी हुई तथा मुक्तिबोध काव्य के सही साक्षात्कार से पाठक वंचित ही बने रहे।

समीक्षा का रीति-रस-अलंकारवादी मुहावरा जिसमें शब्द-शक्ति, शैली, भाषा, अलंकार आदि का खानेदार चक्कर था, इधर की कविता को समझने ही नहीं देता था। समझ की इसी पिछड़न ने नये पाठकों को बहुत गुमराह किया—वे जाना चाहते थे चित्तौड़, भेजे गए हरिद्वार। किंतु मुक्तिबोध ने नये साहित्य का सौंदर्यशास्त्र देकर पाठक को जिला दिया। हिंदी की जातीय परंपरा से उनकी दृष्टि ने पाठकों को जोड़ते हुए कविता को समझने का नया वैज्ञानिक तरीका दिया है। जब से यह 'वैज्ञानिक तरीका' प्रकाश में आ गया है, नये कवियों को भी समझने की कठिनाई जाती रही है। इसीलिए सर्वेश्वर या रघुवीर सहाय की कविता के लिए 'विसंगति', 'विडंबना', 'तनाव', 'प्रामाणिकता', 'क्रीड़ाभाव' का उतना अर्थ नहीं रहा है जितना अर्थ सामाजिक अनुभूति की सच्चाई को परखने का है, संवेदनात्मक-ज्ञान तथा ज्ञानात्मक-संवेदना के वास्तवपन से रचना-प्रक्रिया को समझने का है। वैज्ञानिक नियमों के ज्ञान तथा विचारधारात्मक संघर्ष के सत्य से कमाई विश्व-दृष्टि से काव्य को जीने का प्रश्न है। जीवन के नये संदर्भों ने कवि को भी भीतर से बदल दिया था, इसीलिए 'काठ की घंटियाँ' में सकंलित 'तुम कहो' शीर्षक कविता में कवि ने प्रिया के स्वभाव को 'थर्मामीटर के पारे', 'रेकार्ड', 'क्लोरोफॉर्म', 'बिजली के स्टोव', 'दवा की शीशियों की ट्रे', आदि से व्यक्त किया। नये उपमानों का यह क्रम बाद में इतना विकसित हुआ कि काव्य-संप्रेषणीयता के ये आधार बनते गए। 'एक सूनी नाव' की प्रिया में वे 'इधर आओ, चाँदनी को स्कार्फ की तरह। तुम्हारे चेहरे पर बाँध दूँ। बादलों को जेबों में भर दूँ। बिजलियों की रस्सियाँ बँटकर। एक विशाल जाल बनाऊँ' के नये प्रतीक तथा बिंब उछलने लगे। 'गर्म हवाएँ' कवि के भावुक संसार को जलाती तो हैं पर बहती हुई हवाएँ हैं। यहाँ भी कवि अवसर पाकर कहता है—

फूलों भरी डाल
जिसको था पकड़ इतराता
फूल गिरी मुझ पर अजगर-सी
ठंडी एक लपेट ने
मुझे आज फिर कसा
फिर वसंत ने मुझे डसा।

प्यार की बिजलियाँ ही दम तोड़ गईं तो प्रिया का आलिंगन अजगर की ठंडी लपेट में बदल गया। फिर भी कवि जीवन तथा मौसम से बेखबर नहीं है, उसमें वसंत के डसने का अभी भी जहरीला मद इतराता है। इसीलिए सर्वेश्वर धुंध-धुआँ के कवि न होकर प्रकाश, रोशनी, खेतों की हरियाली के आस्थावान कवि हैं। 'बाँस का पुल' शिकायती मुद्रा में सामने आता है। भारतीय लोकतंत्र के अधूरेपन ने कवि को दरका दिया। उस दरकन का एक अंश देखिए—

रंग बदरंग हुआ
सब अर्थ खो गया
आकर्षण भरा
अस्तित्व व्यर्थ हो गया
चिपका हूँ गले पोस्टर-सा
दीवार से।
करूँ फिर शिकायत कैसे बहती बयार से।

जो भी हवा चली कवि ने उसका साथ दिया, किंतु इसी अहसास के साथ कि संशय की रात समाप्त होगी। धीरे-धीरे आजादी का प्रकाश पीला तथा रुग्ण होता गया। एक काला अँधेरा देश की बिगड़ती राजनीतिक-आर्थिक नीति से परिवेश में मँडराने लगा, तो कवि बेचैनी से कह उठा—

साम्यवाद या पूँजीवाद
मैं दोनों पर थूकता हूँ
और पूछता हूँ
जिसके पैर में तुम जूते नहीं दे सकते
उसके हाथ में तुम्हें
बन्दूक देने का क्या अधिकार है *(युद्ध-स्थिति : एक सूनी नाव)*

कवि स्वयं एक ऐसे वैचारिक युद्ध में शरीक है जिसमें रोजी-रोटी का सवाल सबसे बड़ा है। मामूली आदमी की व्यथा से पीड़ित-प्रताड़ित होकर उसने चीख-चीख कर कहा है—

तीन आने भी जब नहीं बचेंगे जेब में
आँख पूरी खुलेगी जब

फँसे हुए झूठ में, फरेब में
उन्हीं घनी भौंहों की तब गहरी लकीर
करकेगी जैसे चुभा तीर
ओ मेरे देशवासियो!
छूट न जाए कहीं क्रांति की डोर
एक चिनगारी और, *(गर्म हवाएँ)*

क्रांति की इसी डोर को उनका कवि थामे रहा है। इसी हाशिए से वे जगाने वाले कवि हैं। अपनी तमाम प्रार्थनापरक कविताओं में कवि भक्ति से भोग नहीं, पराजय के क्षणों में भी शक्ति जुटाने का संकल्प चाहता रहा है। 'गर्म हवाएँ' व्यक्तिगत तथा सामान्य सामाजिक जीवन में हरहराती गुजरती रहती हैं किंतु कवि जूझते हुए जीता है–

नहीं-नहीं, प्रभु तुमसे शक्ति नहीं माँगूँगा
अर्जित करूँगा उसे मर कर बिखर कर
आज नहीं, कल सही आऊँगा उबरकर
कुचल भी गया तो लज्जा किस बात की
रोकूँगा पहाड़ गिरता, शरण नहीं माँगूँगा। *(गर्म हवाएँ)*

अपने भीतर की अदम्य शक्ति से कवि विद्रोही बन जाता है। आरंभ से ही उनका विश्वास रहा है कि "जो सत्य है, उसे चुपचाप अपनाए रहने भर से काम नहीं चलेगा, बल्कि जो असत्य है उसका विरोध करना पड़ेगा और मुँह खोलकर कहना पड़ेगा कि यह गलत है।" (*तीसरा सप्तक,* पृ. 208)। अपने इस कथन से थोड़ा पहले भी उनका ध्यान था कि "सभी अकथित सत्य विषैले हो जाते हैं।" जब चारों ओर लोग इस बात पर कमर बाँधे हों कि आपकी बात नहीं समझेंगे, तब आपके सामने दो ही रास्ते रह जाते हैं, या तो चुप रहें–अपनी बात न कहें, या फिर उसे इस ढंग से कहें कि सुनने वाले तिलमिला उठें, उनकी कलई उतर जाए। (*तीसरा सप्तक,* पृ. 207)। आज बहुत समय बाद उनके इस कथन पर विचारते ही पाते हैं कि अपनी काव्य-यात्रा में उन्होंने पहला रास्ता जो भीतर जाकर डूब जाता है–कभी भी नहीं चुना। आरंभ से ही भीतर से बाहर जाने वाला पथ (कठिन अभिव्यक्ति के सत्य-पथ) को अपनाया है। अपनाया कहने से भी ज्यादा सही यह कहना होगा कि दूसरे रास्ते के प्रति वे समर्पित रहे हैं। असत्य के खिलाफ मुँह खोलने ने एक ऐसी लोक-शक्ति उनके शब्दों को दी है कि वे जीवन के संघर्षों के सामने सीना ताने खड़े होते हैं।

समय के राजनीतिक-सामाजिक-सांस्कृतिक संकट को अनेक मुद्राओं से संप्रेषणीय बनाने वाली काव्य-भाषा का रूप भी कवि ने बोलचाल की आम भाषा का रखा है। यह भाषा गद्य की संवाद-शक्ति से भी लैस है और काव्यात्मक सृजनात्मकता से भी।

'काठ की घंटियाँ' की भाषा पर भावुकता तथा भावमयता का दबाव है। धीरे-धीरे कवि में भाव या विचारों के 'रिफलैक्स' ज्यादा मूर्त्त और तेज होते गए। इसी प्रक्रिया में कवि की भाषा विचार के प्रति समर्पित होती हुई 'सपाट बयानी' से दूर, व्यंजनात्मक गद्य की लय को पकड़ती गई है। आम आदमी का व्यक्तित्व और अस्तित्वगत ताप भी इस भाषा में समाता गया तथा रोजमर्रा की जानी-पहचानी अनुभूतियाँ भाषा में खीझ, रीझना, पश्चात्ताप तथा आंतरिक संघर्ष को व्यक्त करने के लिए नये प्रतीकों तथा बिंबों को रचती गईं। जटिल छंद तथा जटिल वाक्य-विन्यास को हटाने से कविता ने अभिव्यक्ति का प्रत्यक्ष द्वार पा लिया है। परम्परागत भाषा का बूढ़ा शरीर सर्वेश्वर को नहीं भाया है। वह भाषा उनके नये संवेदनों को ढोने में ही लाचार है या ढोने से सिर हिलाती है। अनुभव-क्षमता की संपन्नता ने पांडित्य की भाषा से हटकर बातचीत की भाषा के जीवंत रूप का हाथ पकड़ रखा है। जीवन के गहन अर्थ-संदर्भों की खोजी इस संदर्भ-भाषा ने खेत-मेंड़-चूल्हे-चौपाल, सड़क-शहर, लोक-मंच, राजनीति आदि के शब्दों से कथ्य और रूप का अंतःसंबंध बनाए रखा है। लोक-जीवन में जीते चलते शब्दों और लयों की यह मौलिक घनिष्ठता भाषा का धनात्मक काव्य-क्षेत्र है, जिसमें कविता के जीवित संसार को झूठी उत्सवधर्मिता से मुक्ति मिली है तथा भाषा-क्षेत्र व्यापक हुआ है। चूँकि कवि का अनुभव-संसार बहुत बड़ा रहा है, इसलिए भी भाषा की लोक-संपन्नता लहकती हुई होनी चाहिए थी, जिसे कवि ने लोक-संपृक्ति-भाव की गहन अर्थवत्ता के साथ पाया है जैसे—"चुपाई मारौ दुलहिन। मारा जाई कौआ" आदि कविताएँ हैं। लोक-भाषा तथा लोक-लयों के प्रभाव से कविता में एक विशिष्ट ढंग का आकर्षण उत्पन्न हुआ है। काव्य-भाषा का लोक-भाषा के जीवंत रूप में ग्रहण करने का सीधा परिणाम सर्वेश्वर में यह हुआ है कि लोक में जो अनभिव्यक्त है उसे यह भाषा अभिव्यक्त करती है। बिंबवादी भी मानते रहे हैं कि काव्य-भाषा लोक-भाषा ही बनकर महत्त्व-प्रतिष्ठा पाती रहेगी और इस भाषा की ताकत अलंकृत-भाषा, शास्त्र-भाषा तथा पांडित्य-भाषा से अधिक रहेगी। सर्वेश्वर में आरंभ से ही काव्य-भाषा का यह लोकपरक झुकाव बढ़ता ही रहा है। इससे एक ओर तो लोक-चेतना के प्रति उनका गहरा लगाव व्यक्त होता है और दूसरी ओर लोक-जीवन के 'संपूर्ण चरित्र' को अभिव्यंजक रूप में यह भाषा सामने लाती है। कवि की भाषिक-चेतना और लोक-चेतना के इस अंतःसंबंध ने अनुभवों की सामाजिक ईमानदारी को पाठक के लिए ज्यादा आत्मीय या अपनापन दिया है। भाषा से पाठक यदि 'परायापन' पाता है तो वह उसे ठीक से नहीं जीता है, किंतु अपनापन पाते ही उससे लिपटने-लिभड़ने लगता है। एक प्रकार का हृदयगत लाड़ भाषा स्वतः पा जाती है।

पुरानी काव्य-भाषा के विरुद्ध नयी क्रांति नयी कविता ने की है तो सर्वेश्वर उसी क्रांति के अगुआ कवि हैं। काव्य एक सांस्कृतिक-प्रक्रिया है जिसमें भाषा भी समाहित रहती है। भाषा के इस सांस्कृतिक बोध को यदि कवि ठीक से आत्मसात

नहीं किए होता है तो शब्दों की खपच्चियों पर उसका काव्य सधा होता है। अपने पैरों से अपनी भूमि पर खड़ा नहीं हो पाता है। ऐसे नकली तथा पांडित्य-भरे झूठे शब्द मिथ्या-तोष भले ही दें, सजग पाठकों में सम्मान के निमित्त नहीं बन पाते हैं। उसी दृष्टि से कवि-सृजन में भाषा को नहीं बनाता, बल्कि सच तो यह कहना ही है कि सच्ची भाषा ही कवि को सच्चा कवि बनाती है। यह सच्ची भाषा समाज के भीतर से कवि खोजता-कमाता तथा प्रयोग में लाता है। कवि जीवन के यथार्थ से साक्षात्कार कराने के लिए सच्ची भाषा को पूर्ण आस्था से माँगता है तो वह आती है। सर्वेश्वर ने भाषा को इसी आस्था से सृजन में विद्रोहात्मक भूमिका के बीच खड़ा किया है। भाषा का वह जंगल काटकर जमीन साफ की है जिस भाषा के जंगल में खरगोश हाथियों की तरह चिंघाड़ते थे, मुर्गे बाँग नहीं देते थे, भेड़ियों की तरह गुर्राते थे। किंतु कवि ने गुर्राते हुए भेड़ियों को भी काबू में लाने वाली भाषा को खोजा है। भूखे-फटेहाल आदमी ने अपनी यातनाओं के दिनों में भी सच्ची भाषा को नहीं छोड़ा है। सर्वेश्वर इसी भाषा-चेतना के नजदीक हैं—

एक गलत भाषा में
गलत बयान देने से
मर जाना बेहतर है,
यही हमारी टेक है
और अब छीनने आए हैं वे
हम से—हमारी भाषा
यानी हम से हमारा रूप
जिसे हमारी भाषा ने गढ़ा है। (*गर्म हवाएँ,* पृ. 28-29)

स्वयं कवि ने भाषा में गलत बयान अपनी काव्य-यात्रा में प्रायः नहीं दिया है। भाषा को अधिकाधिक प्रामाणिक बनाने के लिए सर्वेश्वर ने मुक्तिबोध, भवानी भाई तथा रघुवीर सहाय आदि की भाँति नयी कविता में भरपूर आत्म-संघर्ष किया है। भाषा के रूप को गढ़ने में कवि ने भाषा का सृजनात्मक उपयोग व्यापक तथा गहरा किया है। भाषा के इस लगाव ने कविता में अनुभव के प्रति लगाव पैदा किया है। यह अनुभव की भाषा सांस्कृतिक अस्मिता का सार्थक उपकरण है। भाषा को निरंतर नया बनाने के संकल्प ने सर्वेश्वर को निरंतर नयी भाषा का कवि बनाया है। पंत जी तथा निराला दोनों को एक समय शिकायत थी कि परंपरा से मिली भाषा अपर्याप्त है। यही शिकायत प्रयोगवादी तथा नये कवियों ने भी बराबर की है, किंतु जो कहना था उसके लिए सभी ने भाषा-प्रयोगधर्मिता का विस्तार किया। नयी कविता ने भाषा की जो लड़ाई लड़ी है, उससे एक जुझारू भाषा विकसित हुई है, हो रही है और होती रही है। गद्य-पद्य की सीमाएँ टूटकर मिलाप हुआ है। इसी तथ्य को भीतर से पहचानते हुए कवि सर्वेश्वर ने भाषा की मूल्यवान मौलिक उपलब्धियों को प्राण-पण

से पाया है। गुर्राते हुए भेड़ियों की आँखों में ये भाषा आँख डालकर बात कर सकती है और उसे अपना अर्थ समझा सकती है। संप्रेषणीयता की समस्या नहीं है। तभी तो कवि का यह कहना दंभ नहीं लगता है कि "अब मैं कवि नहीं रहा। एक काला झण्डा हूँ। तिरपन करोड़ भौंहों के बीच मातम में। खड़ी है मेरी कविता।" (*गर्म हवाएँ*, पृ. 9)

विदेशी भाषा के मुहावरों को अनुवाद से नयी कविता के जिन चालाक कवियों ने सीखा तथा सिखलाना चाहा है, सर्वेश्वर की उनसे कभी नहीं बनी है। वे ही उनसे भाषा छीनने आए थे जिसका संकेत कवि ने 'छीनने आए हैं वे' नामक कविता में दिया है। पश्चिमी प्रभाव के अनुवर्ती कवि ही भाषा में 'बिंब-प्रतीक' की मालगाड़ी लादकर उतारते हैं। यह समझते हुए कवि ने कहा है—

बिंब और प्रतीक को
मारिए गोली
बोलिए मेरे साथ
खड़ी फर्रुखाबादी बोली (*गर्म हवाएँ*, पृ. 38)

फर्रुखाबादी बोली सीधी-सादी समझदार मर्दों की भाषा है जिसमें 'सच' कहने की गजब की ताकत है। यह भाषा लखनवी लौंडों की माशे अल्लाह झूठी नजाकत की भाषा नहीं है और न जनेऊधारी पंडों की है, न ही जनखों की जुबान है। यह सोचकर ही कवि फर्रुखाबादी भाषा के तेज-तल्ख रूप को अपनी कविता में संकेतित करता है। भाषा का आभिजात्य मुक्तिबोध ने तेजी से तोड़ा है, भवानी भाई तथा रघुवीर सहाय ने भी जमकर तोड़ने की कोशिश की है। किंतु सर्वेश्वर की संघर्ष-शक्ति भी कम बड़ी नहीं है। उन्होंने कविता में ठीक कहा है कि—

लीजिए पहले मैं ही मरता हूँ
आभिजात्य तोड़ता हूँ
जो भी शब्द आता है जबान पर
कहने में नहीं डरता हूँ। (*गर्म हवाएँ*, पृ. 38)

सर्वेश्वर की कविता भाषा के आभिजात्य को तोड़कर ही कविता में जीवन के मूल्य और मान पा रही है। 'कुआनो नदी' में यह यात्रा और बढ़ी है तथा और भी बढ़ने की संभावना का संकेत देती है। समग्रतः सर्वेश्वर आज के कवियों में नयी कविता की शक्ति, समृद्धि एवं संभावनाओं के बड़े कवि हैं। पर वे कहते यही हैं—

कुछ इतना बड़ा न हो
जो मुझसे खड़ा न हो
कंधों पर हो, जो हो
कुछ नीचे पड़ा न हो। (*गर्म हवाएँ*, प्रार्थना-3)

यह साहसी कंधा नयी कविता को सर्वेश्वर ने आरंभ से आज तक कब नहीं दिया है।

# 5

# काव्य-भाषा और बिंब-प्रक्रिया

कवि का संपूर्ण काव्यानुभव भाषा में होता है, भाषा से होता है। उसमें भाव-विचार तथा भाषा का खंड-खंड अंश न होकर संपूर्ण कला की निर्मिति का रूप उभर रहा होता है। पर भाषा उस ऐतिहासिक-सांस्कृतिक तथा समसामयिक अनुभव को विश्वसनीयता के केंद्र से जोड़कर अर्थ-संहिति तथा मूल्य-बोध तक ले जाती है। भाषा विश्लेषण का कार्य भी कवि के मूल्यों से जुड़ा कार्य है। इसी दृष्टि से कवि सर्वेश्वर की काव्य-भाषा को, उसमें निहित संकेतों, अर्थ-छवियों, संदर्भों तथा अभिप्रायों को समझने की एक आरंभिक कोशिश यहाँ करना चाहूँगा। इस ढंग से 'कवि-व्यक्तित्व' के साथ 'नयी कविता की भाषा' का विकसित मुहावरा भी उनकी कविता से खोजा जा सकेगा तथा यह भी जाना जा सकेगा कि सर्वेश्वर किन लोगों के लिए कविता लिखते हैं और उनके भाव-चित्रों को शब्दों के प्रतीक कितनी दूर तक संप्रेष्य बनाते हैं। नयी कविता के समस्त काल-चरण में सर्वेश्वर का कृतित्व फैला रहा है। नई कविता की समस्त ऐतिहासिक-सांस्कृतिक पीठिका का इतिहास भी उनकी रचनात्मकता में प्रातिनिधिकता पाए हुए है। नयी कविता जीवन के व्यापक संदर्भों को उजागर करने में सक्रिय रही है और यह कार्य उसने काव्य-भाषा से सर्वाधिक किया है। सर्वेश्वर ने काव्य को व्यापकता तथा गहराई से जोड़ने के लिए चली आती हुई भाषा-परंपरा में लोक-भाषा की शक्ति को नये रूप-तंत्र से जोड़ दिया है। लोक-जीवन से संबद्ध कवि की अंतर्मानसिकता ने काव्य-संवेदना को लोक-भावभूमि के अनुकूल रोजमर्रा की भाषा से जोड़कर सृजनात्मकता के स्तर पर सक्रिय किया है। वस्तुतः सर्वेश्वर की काव्य-भाषा दिन-प्रतिदिन बोली जाने वाली भाषा के नित्य तत्त्वों के पुनर्विन्यास और काव्य-संदर्भगत रूपांतरण की भाषा है।

सर्वेश्वर ने अपने परिवेशगत सत्यों को खोजने तथा उन्हें पाठक में प्रेषित करने का माध्यम काव्य-भाषा को बनाया है। उन्होंने लगातार यह अनुभव किया है कि परिवेश की 'सही समझ' का ताल्लुक भाषा की शक्ति पर निर्भर है। अतः उनके संपूर्ण काव्य-व्यक्तित्व की बोध-शक्ति उस भाषा में समाहित होती गई। जैसे-जैसे उनका अनुभव-संसार व्यापक होता गया, वैसे-वैसे उनका भाषा अनुभव-संसार भी

उसका अनुगमन करता गया। इसका अच्छा परिणाम यह हुआ कि भाषा तथा संवेदना का अंतराल उनमें पैदा नहीं हुआ जो कवि को कमजोर बना देता है। नयी कविता की भाषा में नवीन व्यंजनाओं का समावेश सर्वेश्वर ने नये भाषा-प्रतीकों के समृद्ध प्रयोग से किया है। जाने हुए तथ्यों को संप्रेषणीय बनाने में यह भाषा 'दोहरा साधन' इसी अर्थ में कही जा सकती है। उनका मन सदैव इसी कोशिश में रहा है कि उनकी भाषा 'जीवन-मरण-संग्राम' को सही ढंग से अभिव्यक्ति दे सके। इस कार्य के लिए उन्होंने भाषा में 'शब्दों की क्रांति' को आत्मीयता से आत्मसात् करना चाहा है। इसी संदर्भ में उनकी भाषा की तमन्ना है–

> एक आखिरी बयान
> जीने और मरने का
> हम दर्ज करना चाहते हैं।

गुमराह करने वाली शक्तियाँ भरोसे की भाषा छीनकर कवि को गुमराह करना चाहती हैं। इन प्रतिगामी शक्तियों ने शब्द तथा सत्य को इसी तरह भटकाने का काम इस देश में किया है। अपनी भाषा में अपना बयान देने वाले कवि से भयभीत होकर, विकृत मानसिकता की शक्तियों ने, विदेशी भाषा के मुहावरे से कवियों को अपनी जमीन से काट दिया। जिन कवियों ने विदेशी ढंग के शब्दों को अपने अनुभव की संपत्ति समझकर कविता में प्रयोग किया, उनकी भाषा कृत्रिम अलंकरण के आडंबर में ग्रस्त हो गई। छायावाद में पंत जी की 'काव्य-भाषा' को इन्हीं विदेशी शब्दों, वाक्यों के अनुवाद ने गलत मोड़ दिया। अज्ञेय की काव्य-भाषा का परिष्कृत काव्य-संसार धीरे-धीरे मामूली आदमी से दूर पड़ता गया। उनके शब्दों से चौंकते-चमत्कृत तो होते रहे, किंतु आत्मीयता स्थापित नहीं कर पाते हैं। भाषा की जड़ीभूत होती 'सौंदर्याभिरुचि' पर मुक्तिबोध ने प्रहार किया तथा 'कैद किए गए ईमान' को अपनी ऊबड़-खाबड़, पर ताकतवर भाषा से व्यक्त किया। गिरिजाकुमार माथुर की भाषा छायावादी शब्दों के अनुभव-संसार से मुक्त नहीं हो सकी और उनका नया अनुभव धीरे-धीरे भाषागत खुलापन न पाने के कारण ही पाठक से चटककर दूर जा पड़ा। भवानी भाई ने भाषा को आदमी से जोड़ने का कार्य नयी कविता में सही समय पर किया है। 'जिस तरह हम बोलते हैं उस तरह तू लिख' के सिद्धांत ने उन्हें पाठकीय आत्मीयता दी है। उनकी भाषा से सीधा जुड़ना उनके अनुभव से रिलना-मिलना रहा है। भाषा की इस संवादिता में कथ्य का अधकचरापन दूर होकर वयस्कता का भाव आता गया। रघुवीर सहाय की भाषा में भाषण-कला विकसित हुई। यह भाषण-कला भी मुझे दोष नहीं प्रतीत होती है। इसका कारण है कि प्राचीन यूनान में भी काव्य-कला के साथ भाषण-कला के प्रयोग को सही माना जाता था। सिसरो तथा क्विंटीलियन इसी तरह की बात पर जोर देते रहे हैं। विचारों की गहनता में भीतरी धार भाषण बन जाती है और कवि कविता में भी इस शैली का प्रयोग करता है। रघुवीर सहाय की भाषा

का मुहावरा इसी शक्ति के कारण नयी कविता का नया मुहावरा है। सर्वेश्वर नयी कविता में अकेले कवि हैं जिन्होंने आरंभ में लोक-संवेदना के भार से दबी भाषा के महत्त्व को नयी कविता में प्रतिष्ठित किया है। अज्ञेय का सांस्कृतिक ठंडापन इस भाषा से टूटता हुआ दृष्टिगत होता है—लोक-जीवन का सुख-दुःख लोक-भाषा में ही व्यक्त किया जा सकता है—अन्य प्रकार की भाषा-विधि अपनाने पर उसमें केवल 'छल' रह जाता है। लोकभूमि की सच्ची मर्मस्पर्शिता गायब हो जाती है। लोक-जीवन की सही हालत का बयान करने के लिए कवि सर्वेश्वर ने देहाती बोली के जीवित शब्दों को कविता में नये अर्थों, व्यंग्य-वक्रोक्तियों, संदर्भों-मिथकों तथा लोक-लयपरक ध्वनियों में ढाला है। भाषा के शब्द आरंभ में कवि ने घर-आँगन, द्वार-चौपाल, खलिहान, मैदान, खेत-मेंड़, किसान-मजदूर आदि के लहजे में ग्रहण किए हैं। देहाती जीवन के शब्दों का 'प्रवेश-निषेध' नियम ही कविता में सर्वेश्वर ने भंग कर दिया—

बोलना चाहता है, अपनी ही पगध्वनि से बोल
दर्द की गाँठ तू अपने ही छालों पर खोल।

अभागे इंसान के दर्द को पारिभाषित करने में भाषा का संसार व्यापक होता गया है। भाषा में 'ड्योढ़ी', 'कंझौती', 'उजियारा', 'महुए', 'चौपाए', 'काँसे के कंगन', 'गिरिपन', 'कौआ', 'झौआ', 'बुलौआ', 'बलदेउआ', 'कनकौआ' आदि तमाम देहाती शब्द इज्जतदार साफा बाँधकर यहाँ हुक्का पी रहे हैं। इन शब्दों की इज्जत उनके आरंभिक गीतों में बहुत ज्यादा है। 'नीम की निबौली पक्की सावन की ऋतु आई रे' इसी प्रकृति के लोकगीत हैं—

सर-सर-सर-सर बहत बयरिया
उड़ि-उड़ि जात चुनरिया रे,
खुलि-खुलि जात किंवरिया ओठंगी
घिरि-घिरि जात बदरिया रे,
भुइयाँ लोटि-लोटि पुरवाई बड़ी-बड़ी बुंदियाँ लाई रे।

लोक-भाषा का ऐसा शुद्ध प्रयोग लोक-लय में लोक-गीत का प्राण है। लोक-लय तथा लोक-भाषा की ताकत के कारण ही लोक-गीत, कला-गीतों से सदैव ज्यादा प्रभावशाली माने जाते रहे हैं। अपने अकृत्रिम सौंदर्य में लोक-गीत लोक-भाषा की ही लयात्मक शक्ति है। ऐसा ही गीत 'सावन का गीत' उनके शब्द रचाव का उदाहरण है।

साहित्यिक भाषा का परंपरागत साँचा लोक-भाषा से किस प्रकार टूट जाता है, सर्वेश्वर की कविता इसका अच्छा प्रमाण है। बोलचाल की भाषा का सीधा संपर्क अपार जन-समुदाय से होता है और जन-साधारण की भाषा का प्रयोग करने वाला कवि स्वतः ही जन-चेतना से सीधा जुड़ जाता है। लोक-व्यवहार की भाषा को काव्य-भाषा बनाने में कवि को प्रयास नहीं करना पड़ता है। उनका 'मनोमय संसार' इस लोक-भाषा से निर्मित हुआ है। बाल्यकाल से लेकर आज तक विकसित उनकी

चेतना में लोक-संवेदना घुमड़ती-कौंधती रहती है।

संस्कृत के आचार्य लोक-भाषा तथा साहित्यिक काव्य-भाषा का अंतर मानते थे। लोक-भाषा अवक्र तथा काव्य-भाषा वक्र होती है। यह मोटा अंतर कुंतक ने किया है। किंतु सर्वेश्वर की लोक-भाषा को विश्लेषित करते ही स्पष्ट होता है कि वे लोक-भाषा का सर्वाधिक वक्र प्रयोग करते हैं और यह भाषा इस बात का प्रमाण है कि लोक-भाषा तथा साहित्यिक काव्य-भाषा में न तो कोई अंतर है न होना चाहिए। साहित्यिक भाषा के शब्दों को भी जीवन कहाँ से मिलता है, लोक-चेतना के भीतर से ही तो मिलता है। बोलचाल की भाषा को अनायास ही रचनाकार सही काव्य-भाषा बनाता चलता है तथा उसे वक्रोक्ति और व्यंजना से मंडित करता रहता है। यह सब तो कवि के भाषा-प्रयोग-विधि से आया है। 'चुपाई मारौ दुलहिन' नामक कविता में खेल खेलते बच्चों के संवाद से सामाजिक दर्द को, व्यभिचार को कह दिया गया है—

लाला के बाजार में
मिली दुअन्नी
पर वह भी निकली खोटी,
दिन भर सोई
बीच बाजार में बैठ के रोई
साँझ को लौटी
ले खाली झौआ। *(चुपाई मारौ दुलहिन)*

यहाँ सामाजिक व्यभिचार का गरीब औरत के चित्र में अर्थ-व्यापार मात्र ही नहीं है—बिंब ग्रहण कराने का कौशल भी कवि के पास है। किसान का शब्द 'झौआ' यहाँ खटकता नहीं है, अपितु अनभिव्यक्त को व्यक्त कर देता है। 'लाला के बाजार में सोना', फिर भी 'खाली हाथ लौटना' व्यवस्था के 'चरित्र' को पर्त-दर-पर्त खोलता है। 'बीच बाजार में बैठकर रोई' चीख-चीखकर कहने पर भी सुनने वाले लापता ही रहे, रहते हैं। इस तमाम परिवेश के बिंब को कविता भाषा की सहज क्षमता से संकेतित-प्रतीकित कर देती है।

सर्वेश्वर ने अपनी काव्य-यात्रा की शुरुआत से काव्य-भाषा में रोज जी जाने वाली भाषा का प्रयोग किया है। इतना ध्यान उन्हें अवश्य रहा है कि जीवन-संदर्भ के बदलाव को सही ढंग से प्रस्तुत करने के लिए वाक्-लय के साथ देशी-विदेशी शब्दों को जमकर लाया जाए। आजादी के बाद की भाषा में जिंदगी के चलन में ढले तमाम अंग्रेजी के शब्द हमारी भाषा के रंग में रंगते गए तथा आदमी अपनी अभिव्यक्ति में उनका धड़ल्ले से उपयोग करने लगा। जैसे—

तुम—
जिसके बालों में बनावटी 'कर्ल' नहीं है :
जिसकी आँखों में न गहरी चटक शोखी है;

थर्मामीटर के पारे-सी
चुपचाप जिसमें भावनाएँ चढ़ती-उतरती हैं; *(तुम कहो)*

कवि अनेक प्रयोगों में 'किसी रेकार्ड-सी', 'क्लोरोफार्म का एक मीठा...', 'ऑपरेशन थियेटर-सी जो हर काम करते हुए चुप है', 'प्यार का नाम लेते ही बिजली के स्टोव-सी' आदि प्रयोगों ने भाषा को नये आदमी की टोन तथा इंटेंशन दिया है। कविता में कवि नये बिंब इसी भाषा में जगाने लगा—

सुबह होते-होते
आकाश की नीली पिनकुशन खाली थी—
तारों की एक-एक आलपीन चुक गई थी *(कल रात)*

सलमे-सितारों की काम वाली नीली मखमली भाषा का खोल भी भावुकता के क्षणों में कवि ओढ़ता है। प्रकृति में गिरि-तरु के शिखरों से ढर-ढरकर सेंदुर फैलता है उसकी लाली भी भाषा में रंग लाती है। तत्सम शब्दों के 'कोटरों' से झाँकती सखियाँ माथे पर चाँदी की बिंदिया चिपकाकर खिलखिला पड़ती हैं। 'संध्या' के चित्र बनाने में भाषा का एक भाव-चित्र देखिए—

लाल-हरे फूलों वाला मखमली साँप
लिपटा है गुलाब की पीली कली पर
पैरों में जमीन पहने क्यारी है—
जिसके ऊपर—
अँधियारी मिली हुई सिंदूरी संध्या की
गहरी लाल सारी है।

शोख चटक रंगों के प्रयोग ने लाल साड़ी पहने संध्या दुलहिनियाँ का चित्र आँक दिया है। प्रकृति के चित्रों को नये से नये बिंबों में निर्मित करना सर्वेश्वर की तमाम काव्य-यात्रा में है। भूख तथा रोटी के दर्द से फुरसत पाते ही कवि प्रकृति के रंगीन से रंगीन भाव-चित्र निर्मित करने लगता है। इस प्रकार के अनेकों प्रकृति-चित्र रूप-रंग की कला के साथ सभी काव्य-संकलनों में विद्यमान हैं। भाषा का रूपकात्मक प्रयोग अमूर्त्त को मूर्त्त बनाने के लिए ही कदाचित् कवि ने बढ़ाया है।

सभी युगों के कवियों की तुलना में भाषा की सबसे बड़ी चुनौती नये कवि को झेलनी पड़ी है। 'वादों' तथा 'रिवाजों' से भ्रष्ट तथा घिसी भाषा को त्यागते हुए नयी भाषा में नयी संवेदना को प्रेषण के अनुकूल बनाने में बड़ा श्रम करना पड़ा है। शब्द के निरंतर प्रयोग से उसका चमत्कार मरता रहता है और वह अभिधेय मात्र बनता रहता है। "यह क्रिया भाषा में निरंतर होती रहती है और चमत्कारिक अर्थ अभिधेय बनता रहता है। यों कहें कि कविता की भाषा निरंतर गद्य की भाषा होती जाती है।" इस प्रकार कवि के सामने हमेशा चमत्कार की सृष्टि की समस्या बनी रहती है—वह शब्दों को निरंतर नया संस्कार देता चलता है और वे संस्कार क्रमशः

सार्वजनिक मानस में पैठकर फिर ऐसे हो जाते हैं कि उस रूप में--कवि के काम के नहीं रहते। 'वासन अधिक घिसने से मुलम्मा छूट जाता है।'(*दूसरा सप्तक*, पृ.11)। जो अर्थ वाक् में है, उसके पीछे कवि नहीं भागता, वह तो कच्चा माल है जिससे उसे नया निर्मित करना है। वह सार्थक अर्थ भरना है जो जीवंत-अनुभव का साक्षात्कार पाठक को करा सके। नया कवि-कर्म इसी चुनौती को स्वीकारने का सृजन-क्रिया-व्यापार है। नये अनुभव-सत्यों को प्रेषित कराने के लिए कवि ने नयी भाषा का समर लड़ा है। धूमिल के शब्दों में चौधरी जो भाषा में चनरौधा उतार गए थे उसके दबाव-प्रभाव को कम करने की समस्या भी थी। इसलिए नयी संवेदना तथा भाषा की तलाश सभी नये कवियों का लक्षण है। यह सच्ची बात है कि भाषा के लिए कवि को सभी युगों में ऐसे ही प्रयास करने पड़े हैं, क्योंकि शब्द चुनाव तथा उसमें नये अर्थ भरने की समस्या कवि के सामने हमेशा रही है। फिर भी समर्थ कवि दूध-भरी सरस्वती के स्तनों से अपने काम की दुग्ध धारें निकाल लेता है। कितना ही दुहो भाषा की कामधेनु के स्तनों में दूध कम नहीं होता है, दुहने पर और ज्यादा उतरता है। भारतीय कवि इस विश्वास को आज भी रक्षित रखे हुए हैं। पश्चिम में निराशा इस हद तक पहुँची है कि वे यह भी कह उठे कि "बड़ा कवि या महत्त्वपूर्ण क्लासिक की रचना करने वाला कवि समकालीन भाषा को इतनी पूर्णता से दुह लेता है। वह भाषा आगे आने वाले कवियों के काम की नहीं रह जाती है।" इलियट का यह कथन बहुत सुचिंतित इस अर्थ में नहीं है कि कवि कितना ही बड़ा क्यों न हो, भाषा को पूरी तरह नहीं दुह पाता। यह कहना ज्यादा ठीक होगा कि बड़े कवि के अनुभवों को संपन्न भाषा ही इस हद तक दुह लेती है कि वे आगे के लिए काम के नहीं रहते हैं। 'कामायनी' तथा 'पैराडाइज लास्ट' की भाषा ने ऐसा ही किया है। भाषा को कामधेनु मानने वाली भारतीय परंपरा काव्य-चिंतन के आरंभ से ही कविता को 'शब्द-विधान' मानती रही है क्योंकि शब्द ब्रह्म है। ब्रह्म है तो इसमें अर्थ को निर्मित करने की, भरने की, प्रतिपत्ति की, अर्थ-संहिति की ताकत स्वतः है। भाषा के इसी काव्य-संसार का कवि ब्रह्मा है। इसी परंपरा को समझाते हुए आचार्य शुक्ल जी ने कहा है कि "उसी प्रकार हृदय की मुक्तावस्था रस दशा है। हृदय की उस मुक्तावस्था के लिए मनुष्य की वाणी जो शब्द-विधान करती आई है, उसे कविता कहते हैं।" *(कविता क्या है)*। इसी बात को आगे बढ़ाते हुए अज्ञेय जी ने लिखा, "काव्य सबसे पहले शब्द है। और सबसे अंत में भी यही बात बच जाती है कि काव्य शब्द है। सारे कवि-धर्म इसी परिभाषा से निःसृत होते हैं। शब्द का ज्ञान--शब्द की अर्थवत्ता की सही पकड़--ही कृतिकार को कृती बनाती है। ध्वनि, लय, छंद आदि के सभी प्रश्न इसी में से निकलते हैं और इसी में विलय होते हैं। इतना ही नहीं सारे सामाजिक संबंध भी यहीं से निकलते हैं : इसी में युग-संपृक्ति का और कृतिकार के सामाजिक उत्तरदायित्व का हल मिलता है या मिल सकता है।" *(तारसप्तक,*

*पुनश्च)*। इसी दृष्टि को समझते हुए नये कवि तथा आलोचक ने 'काव्य-भाषा' पर नये सिरे से ध्यान केंद्रित किया है।

सर्वेश्वर ने भाषा की शक्ति को समझते हुए वैचारिक तथा रचनात्मक दोनों स्तरों पर उसे सृजित किया है। छायावाद का 'नजाकती नजारा' तथा प्रगतिवादी भाषा का 'हाय-हप्पड़' यहाँ 'सत्य की चोट' से चौपट नहीं होता है क्योंकि कवि सच्ची चोटें बाँटता है, झूठी छायावादी मुस्कानें नहीं बेचता। भाषा ने इसीलिए 'व्यंग्य' को अपनाते हुए सत्य कहना चाहा है। आज के जीवन की आंतरिक बाहरी दृश्य-दृष्टि को 'सत्य' की चोटों से ही अभिव्यक्त किया जा सकता है तथा तमाम विसंगतियों-विद्रूपताओं को इसी सत्य के भीतर धँसाने वाली भाषा से पहचनवाया जा सकता है। इसी बिंदु पर कवि ने कहा है—

> तो मैंने अपना कवि-धर्म पूरा किया :
> चाहे मर्म सहलाया न हो, कुरेदा हो।

कवि-धर्म की यह शपथ रही है कि जीवन के यथार्थ को हर स्तर पर हर कोण से प्रतीकबद्ध करना है, तो इस प्रतीक भाषा ने नया-बोध दिया है—

> एक ओर भूखी गौरैया
> एक ओर नीला अजगर है

भूखी गौरैया की व्यथा-कथा और नीले अजगर का सामंतवादी वृत्तांत दोनों के तनाव को सर्वेश्वर की भाषा झेलती है। इस भाषा में बौद्ध-भिक्षुओं के गैरिक वसन नहीं सूख रहे हैं, फौजी वर्दियों का रंग जोश भर रहा है। कवि कलम को बंदूक की तरह पकड़कर शब्दों से दागता रहता है और दोगली ताकतों के तरबूज फटते जाते हैं। कवि स्वयं उस कलम और शब्द के प्रति आश्वस्त रहा है जिसमें कलाकार की कला-सृजन-शक्ति—

> इन तमाम लिपी-पुती रेखाओं में
> इस युग का यथार्थ-चित्र
> अंकित कर गई है— *(युग-जागरण का गीत)*

'भूखा अजगर', 'काला तेंदुआ', 'भेड़िया' जहाँ दृष्टि लगाए हैं, उन्हें ही बचाने के कवि उपाय सोचता है। चौकन्ना करते हुए—घूरते हुए भेड़िए की आँखों पर विचार की मशाल दिखाता है—

> भेड़िया गुर्राता है
> तुम मशाल जलाओ!
> उसमें और तुममें
> यही बुनियादी फर्क है।
> भेड़िया मशाल नहीं जला सकता। *(भेड़िया-2)*

इधर की कविताओं की भाषा (जंगल का दर्द, गर्म हवाएँ, कुआनो नदी) नये

शब्द प्रतीकों की सघन भाषा है। इन प्रतीकों में सामाजिक संदर्भों से नत्थी हुए अर्थों का लावा बह रहा है। इनमें वैचारिक स्तर भाषा की अर्थ-पपड़ियों को गहराता है। यह प्रतीक भाषा का इतना सावधान प्रयोग है कि सजग पाठक को आत्म-बोधक स्तर तक उठाता है तथा सामान्य भाषा के भीतर जो भाषा का गहरा तल है, उसकी थाह का पाठक प्रयास करता है। कहना न होगा कि इस ऊपरी व्यंग्य-भाषा के भीतर की भाषा में जो अनुभव का गाढ़ापन है। 'ध्वनि' के इन्हीं गहरे स्तरों पर कवि भाषा को उतार ले गया है किंतु भाषा में अनुभव का उतरापन नहीं आने दिया है। इसलिए भाषागत प्रतीक ही सर्वेश्वर की भाषा में सृजनात्मक क्षमता के पुंज हैं। इन प्रतीकों की भीतरी तह में ठीक न उतरने पर भारी भ्रम आलोचकों को हो जाते हैं। सर्वेश्वर के लिए ऐसा ही भ्रम डॉ॰ रामस्वरूप चतुर्वेदी को हुआ है। वे लिखते हैं—"यहीं सर्वेश्वर की रचना में एक कमजोर पक्ष को भी देखना होगा, जो आगे चलकर नयी कविता के कम समर्थ कवियों में और फैल गया है। सर्वेश्वर में प्रतीक विधान के लिए आकर्षण है, जो बहुत बार मोह में बदल जाता है। बहुसंख्यक प्रतीक बहुत बार प्रयुक्त होने पर सामान्य भाषा की तरह ही हो जाते हैं, उनके अर्थ रूढ़ और पूर्व निश्चित हो चुकते हैं।" (*नयी कविताएँ : एक साक्ष्य,* पृ. 23)। अपनी बात को स्पष्ट करने के लिए डॉ॰ चतुर्वेदी ने सर्वेश्वर की कविता 'यहीं कहीं एक कच्ची सड़क थी' को आधार बनाकर उसमें प्रतीकों की चर्चा की है। कच्ची सड़क को 'भारतीय ग्रामीण निष्ठा' तथा पक्की सड़क को 'कोलतार से बना राजमार्ग विदेशी सभ्यता का प्रतीक' माना है। और आगे कह दिया—"ये दोनों प्रतीक इतने मुखर और चौकस हैं कि पाठक की कल्पना को अधिक सक्रिय और उत्तेजित होने के लिए अधिक अवसर नहीं छोड़ते। इस स्तर पर प्रतीक विधान अर्थ का इकहरा रूप देकर चुक जाता है, अर्थ और अनुभव के जटिल संश्लिष्ट रूप को संभव नहीं करता।" (*नयी कविताएँ : एक साक्ष्य,* पृ. 23)। आलोचक के इस कथन पर गहराई से विचार करते हैं तो अंतर्विरोध स्पष्ट होने लगते हैं। पहले तो यही ध्यान दिया जाता है कि कच्ची सड़क का प्रतीक मनोमय संसार और संस्कार से जुड़ा है। उसी कच्ची सड़क पर कोलतार की पक्की सड़क बनने लगती है, तो यह बदलाव कवि-मन में विदेशी सभ्यता का नहीं अपने ही देश के सरकारी तंत्र की यंत्रणाओं का बिछता हुआ जाल बनने लगता है। पक्की सड़कों ने आदमी के एक सहज सरल संसार को छीनकर एक पैसे कमाने वाली बनिया-व्यवस्था को मजबूत किया है, मामूली आदमी को नहीं। नागरिक सभ्यता का खोखलापन एवं उसके आक्रमण से डरता हुआ मन ही पक्की कोलतार की सड़क को देखकर डर जाता है। जैसे-जैसे इस सभ्यता ने विस्तार किया है, मन का मधुर-लोक ढह गया है, यांत्रिकता-भौतिकता ने आदमी को भीतर से छील दिया है। ग्रामीण संवेदना के कोमल-हृदय स्पर्श को पत्थरों ने कूटकर जैसे कठोर करने की कोशिश की है। कोमल मिट्टी के प्रति जो देहाती आत्मीयता है तथा शहरी जीवन की कठोर यंत्रणा

है, उन दोनों के बीच कवि का अनुभव सरकता है। नागरिक सभ्यता का कवि को क्रूर अनुभव है, अतः अपने गाँव में उसके बढ़ते हुए क्रूर कदमों को देखकर दुःखी होना स्वाभाविक है। गाँवों में आता हुआ शहर 'पक्की सड़क' का प्रतीक है और शहरी जीवन के दोषों की यंत्रणा ही कवि-मन का दर्द है। इसलिए इन प्रतीकों में एक बहुत बड़े अनुभव को संमूर्त्तन विधान में बाँधने की कोशिश है। सड़क का काला पक्कापन बाहर से ही नहीं भीतर से भी डराता है। इसलिए इन प्रतीकों को इकहरा कहना कविता के साथ अन्याय है। संप्रेषण की सुविधा के लिए कवि ने अपनी बात को इस ढंग से कह दिया है। इस कविता की भाषा में अतीत-मोह तथा आधुनिक यंत्रणा-ग्रस्त संस्कृति का जो टकराव है, वह रोमेंटिक भाव-बोध की उपज होता हुआ भी पतनशील वृत्ति का व्यक्तिवादी बोध नहीं है। गाँव की सामूहिक व्यवस्था में कच्ची सड़क की आत्मीय भूमिका गतिशील मनोभूमिका है। इसलिए यहाँ प्रतीकों का महत्त्व ज्यादा नहीं है, इस कविता में तो भाषा का संदर्भवाद ही प्रमुख भूमिका रखता है और संपूर्ण काव्यानुभव विशिष्ट दृष्टि-सूक्ष्मता से अर्थ संहति को ठीक-ठाक ग्रहण करने की क्षमता से संपन्न है। इसीलिए सर्वेश्वर की काव्य-भाषा में निहित अर्थ-संदर्भ-प्रक्रिया के सही बोध को पकड़ना आवश्यक है। बिना इसे ठीक से ग्रहण किए पाठक उनके साथ वही अन्याय कर सकता है, जो चतुर्वेदी करते रहे हैं।

सर्वेश्वर का कवि शब्दों के प्रयोग में अर्थ-ध्वनियों से बँधता चलता है। ऐसा करने से शब्दों की आत्मा के आसपास पहुँचकर सटीक प्रयोग करने में ज्यादा मुखरता पैदा हुई है। इसलिए उनकी कविता में हमारा ध्यान नये-पुराने, तद्भव-तत्सम, देशी-विदेशी शब्दों के कम या ज्यादा प्रयोग पर न टिककर उनके शब्दों की अर्थवत्ता तथा प्रयोग-औचित्य की प्रासंगिकता पर जाता है। अर्थ की मौलिकता या नयापन भाषा में पाए गए अनुभव को सघनता से बिंब-रूप में प्रेषणीय बनाता है। विशेषणवाची शब्दों के चक्कर से बचकर भाषा सीधा प्रहार करती है—छिपाकर प्रहार करने का छायावादी ढंग कवि को पंसद नहीं है। शब्दों की अर्थ-ध्वनि को विशिष्ट प्रभाव की वाहक बनाने के साथ उनमें सही सामाजिक संदर्भों का अन्वेषण और संयोजन नियोजित होता चलता है। इसलिए शब्द-प्रतीक ज्यादा महत्त्वपूर्ण न बनकर काव्य-भाषा में रचनानुभव से संकेतित अर्थ-संदर्भ का आधार प्रधान बन गया है। यह अर्थ-संदर्भ भावुकता की पीठ पर फिसल नहीं रहा, विचार के साथ बोध-तत्व तथा राग-तत्व को व्यंग्य-शैली में चमकाता है। प्रतीक में यह अर्थ-ध्वनि का संदर्भ जितने गहरे तक जाता है, भाषिक सृजनात्मकता का स्तर कसावटपूर्ण बनता जाता है। अर्थ और अनुभव का भाषिक-रचाव नये ध्वनि-सदंर्भों के संकेतों से सृजन-गरिमा को बनाता है। 'काला तेंदुआ', 'खरगोश', 'रेंगते हुए पत्थरों में साँप', 'भेड़िया', 'गोबरैले', 'ताँबे के फूल', 'सरकंडे की गाड़ी', 'यह खिड़की', 'धीरे-धीरे', 'पंच धातु', 'बुद्धिजीवी', 'थकान', 'इस जंगल में', 'कुआनो नदी', 'जंगल का दर्द' आदि ऐसी कविताएँ हैं, जिनमें

शब्द-प्रतीकों से भी ज्यादा अर्थ-ध्वनि-संदर्भ को संकेतित किया गया है। कवि के सभी प्रतीक इस प्रक्रिया में नियोजित हैं। तभी तो पूरी कविता के अनुभव में ही उनका प्रतीकार्थ ध्वनित होता है। मात्र शब्द प्रतीक की अलग बड़ी सत्ता नहीं है।

सर्वेश्वर आधुनिक विकृत व्यवस्था के ऊपर भाषा से व्यंग्य-प्रहार करने वाले कवि हैं। एक व्यंग्य कवि के लिए अनिवार्य शर्त होती है कि वह भाषा की सपाटबयानी से भरसक बचता रहे, व्यक्ति-संकेतों से बचकर बड़े समुदाय की ओर से बड़े समुदाय की ही बात कहे। काव्य में समझदार आदमी शब्द-ध्वनि को समझे-सोचे भी और एक गरिमामय मुद्रा भी बनी रहे। बात का नंगापन मात्र व्यंग्य कवि का सृजन नहीं होता। ऐसी स्थिति में व्यंग्य-कवि की भाषा के प्रति अन्य सामान्य कवियों की सामान्य भाषा से ज्यादा बड़ी जिम्मेदारी अपेक्षित रहती है। संप्रेषणीय भाषा के भीतर अभिव्यंजक भाषा के रचाव को लाना पड़ता है। इसीलिए व्यंग्य कविता लिखना कठिन होता है क्योंकि यह सबसे कठिन कविता का कर्म-योग है। यह कविता का सीधा भावयोग नहीं है, क्रूर स्थितियों का विस्फोटक कुरुक्षेत्र है जिसमें कौरवों तथा पांडवों की पहचान भी करानी है तथा स्थितियों-गतियों के संपूर्ण कार्य-व्यापार का गुणनफल योग भी समझदारी से करना है। यह कविता की रीति—रस, अलंकार पद्धति न होकर औचित्य, वक्रोक्ति तथा ध्वनिवादी पद्धति है। यह पद्धति शास्त्र-कवियों के लिए न होकर 'प्रतिमान' कवियों के लिए है। लोक-व्यवहार की, भाषा के भीतर औचित्य की यही स्थापना विधि है। औचित्य के दो पहलू हैं—नैतिकता और यथार्थ। इसीलिए कविता के संपूर्ण शब्द-विधान में औचित्य या यथार्थ का ध्यान ही व्यंग्य कवि का अनुशासन है। शेष सभी रूढ़ियों को वह ललकारता हुआ चलता है। अनौचित्य की अनुभूति मात्र से व्यंग्य कविता 'आभासात्मक' रूप ले जाती है तथा भाषा का साधारणीकरण भी समाप्त हो जाता है। व्यंग्य काव्य की इसी कसौटी से सर्वेश्वर की कविता को परखना चाहिए; तभी सही निर्णय सामने आ सकते हैं।

नयी कविता रिझाने के स्थान पर बेचैन करती है, सोचने को विवश करती है, भयानक खबर बनती है आदि स्थापनाओं का तात्पर्य मुक्तिबोध-सर्वेश्वर तथा धूमिल की कविता में इसी 'व्यंग्य-विधा' को ध्यान देकर समझना चाहिए। व्यवस्था की विकृति-सड़ाँध-विद्रूपता को शब्द-प्रतीकों की श्रृंखला में खोलने का काम ही इस कविता का सृजन-धर्म है। इसी के अनुकूल कवि ने भाषा को अन्वेषित-आविष्कृत करते हुए बृहत्तर अर्थ-संदर्भों में नियोजित किया है। इस प्रक्रिया के लिए 'व्यंग्य' ही इनका इष्ट रहा है। किंतु यह 'व्यंग्य' ध्वनि पर आधृत होना चाहिए, नहीं तो अर्थ-विस्तार और चमत्कार ही समाप्त हो जाएगा। सर्वेश्वर जब कहते हैं कि—

> और आज छीनने आए हैं वे
> हमसे हमारी भाषा
> यानी हमसे हमारा रूप

जिसे हमारी भाषा ने गढ़ा है
और जो इस जंगल में
इतना विकृत हो चुका है
कि जल्दी पहचान में नहीं आता। *(छीनने आए हैं वे)*

'वे हमारी भाषा छीनने आए हैं' से तात्पर्य साफ है कि वे हमारे 'अस्तित्व' और 'व्यक्तित्व' को ही मिटा देना चाहते हैं। भाषा से इन दोनों का रिश्ता होता है। बड़े अर्थ में संपूर्ण सांस्कृतिक-दाय का भाषा से रिश्ता है। यहाँ भाषा छीनने की ध्वनि है कि हमें हमारी जातीय परंपरा, संस्कृति, इतिहास, दर्शन आदि सभी से काट देना चाहते हैं।

सत्ता में बैठे चालाक लोगों की 'भाषा छीनने' की चाल में सांस्कृतिक सत्यानाश का संकेत है। 'अपनी भाषा' के प्रति लगाव (कमिटमेंट) इस भाषा के द्वारा अनुभव के प्रति लगाव है तथा इस अनुभव की भाषा में सांस्कृतिक अस्मिता का बोध निहित है। अंग्रेजी भाषा के भारतीय पक्षधरों ने भाषा की मुद्रा पर कई तरह के दबाव डाले हैं। राजनीतिक दबाव इसी नीति का केंद्रीय स्थल है। यह राजनीतिक दुनिया अंग्रेजी को विश्व-भाषा घोषित करती हुई हमारी भाषा (भारतीय भाषाओं) को दबोचना चाहती है। अंग्रेजी भाषा से संपूर्ण देश को शासित करने की तरकीब तो चल ही रही है, संपर्क भाषा के रूप में अंग्रेजी को जमाने का प्रयास सबसे बड़ा कूट प्रयास है जो बराबर आजादी के बाद किया जा रहा है। कवि 'छीनने आए हैं वे' कविता में इसी राजनीतिक प्रयास का भंडाफोड़ करते हुए सावधानी के नये संकेत देता है। संपूर्ण कविता में यह ध्वनि ही भाषा से महत्त्वपूर्ण है कि वे लोग जो छल-कपट के मानव-विरोधी असांस्कृतिक धृष्टता से पद तथा पैसा थामे रहे हैं, वे इतने से ही संतुष्ट न होकर अब हमारे (जनसाधारण) 'संपूर्ण अस्तित्व' तथा 'व्यक्तित्व' को भाषा छीनकर मिटा देना चाहते हैं। कोई राष्ट्र, संस्कृति अपनी भाषा में ही पनपता–पुष्ट होता है–परायी भाषा में नहीं हो पाता, नहीं हो सकता। सर्वेश्वर के इसी काव्य-कथन को अज्ञेय जी ने इस प्रकार कहा है–"हुआ यह है कि बहुत से लोग, बहुत अधिक समय तक, बड़े करुण भाव से, इस मिथ्या आशा से चिपटे रहे हैं कि परायी भाषा उन्हें संपूर्ण आत्माभिव्यक्ति का साधन दे सकती है। और इस मोह का, मोह-भंग का पूरा पुरस्कार या दंड आज मिल रहा है। कुछ थोड़े से लोगों को परायी भाषा से चाहे जितने शब्द मिल जाएँ, कोई समाज किसी परायी भाषा में जी नहीं सकता, जीना आरंभ भी नहीं कर सकता। और जब वह समाज साथ ही स्वतंत्रता के लिए और स्वतंत्रता में संपूर्ण जीवन के लिए संघर्ष कर रहा हो। तब तो परायी भाषा में जीने का प्रयत्न सफलता की और भी कम संभावना रखता है।" (अद्यतन, पृ. 24)। कवि-कर्म की दायित्व-भावना में सामाजिक ईमानदारी का अंतःसंबंध सीधा भाषा की सांस्कृतिक अस्मिता से जुड़ा होता है। सर्वेश्वर का कवि अपनी भाषा की इसी सांस्कृतिक अस्मिता को पाने का, जीने का लगाव रखता है।

अपनी रचनात्मक सृजनात्मक भाषा से कवि को संतोष का अनुभव होता है तो रचना-धर्मिता निष्प्राण हो जाती है तथा नये अनुभवों की संभावना का समाप्ति-बिंदु आ जाता है। इसीलिए दुनिया-भर के रचनाकार अपनी भाषा से असंतोष का अनुभव करते रहे हैं। नयी संवेदना जिस ढंग से जन्मती है, उतनी जल्दी उसे ठीक से भाषा व्यक्त नहीं कर पाती। भाषा तथा कथ्य का अंतराल रह ही जाता है, बड़ा कवि इस अंतराल को पाटने की जीवन-भर कोशिश भर कर पाता है, उसे पाट नहीं पाता। यह तो सनातन अंतराल है जो कवि-अनुभव तथा भाषा के मध्य रहता है। हर युग में किसी भी नयी संवेदना को पूरी तरह शब्द-बद्ध करने में भाषा सफल रही होगी, इसमें संदेह आज लाजिमी है। भीतर के 'सब कुछ' को बाहर भाषा में कह पाना या पूरा कह पाने का दावा मात्र दंभ या पाखंड होगा। भीतर के 'सब कुछ' को पूरा न कह पाने के कारण ही एक ही कवि एक ही अनुभव पर अनेक कविताएँ बनाता है और बनाना भी चाहता है। निराला ने प्रेम पर तमाम कविताएँ इसी अनुभव को बाहर लाने के प्रयास में की हैं। स्वयं मुक्तिबोध के लिए आलोचक कहते हैं कि वे एक ही कविता को अनेक कविताओं में जीवन-भर लिखते रहे और वह कविता पूरी नहीं कर सके, वह अधूरी ही रह गई। ऐसी बातें दुनिया-भर में कवियों को लेकर आलोचक कहते रहे हैं।

कवि के द्वारा भाषा का उपयोग जितना व्यापक एवं गहरा होता है, भाषा उतनी ही अपने प्रयोगकर्त्ता को समृद्ध अनुभव-संपन्न बनाने का दायित्व पूरा करती है। इसी दृष्टि से जागरूक कवि बोलचाल की भाषा, व्यवसाय भाषा, शास्त्र भाषा आदि के खानेदार हिस्सों में नहीं घूमता रहता है, वह 'अनुभव' को सच्चे ढंग से व्यक्त करने के लिए जीवन के हर हिस्से से शब्दों को ग्रहण करता है, किसी भी अनुशासन का शब्द उसे जरूरत है तो दूर नहीं रह पाता, भाषा में सृजनात्मक उपयोग पा जाता है। यही वह स्तर है जहाँ सभी सीमाएँ टूट जाती हैं तथा कवि शब्द-जल में विचारों की लहरों को उत्पन्न करता चलता है। नये कवि को रोज भाषा भी सीखनी पड़ती है तथा जीवन के नये अनुभवों, विचारों को भी रोज जीना पड़ता है। वह कवि और ज्यादा सीखता है जो पत्रकारिता के व्यापक आयाम से जुड़ा हो। हिंदी में नयी कविता के ज्यादातर कवि, अखबारों या पत्र-पत्रिकाओं से जुड़े कवि हैं। नयी घटनाएँ उनके दिमाग पर धमक छोड़ती हैं और समय पाकर वे उन्हें ही वैचारिक स्तर पर कविता में रचते हैं। इसीलिए इन कविताओं में राजनीतिक-सामाजिक चेतना का हिस्सा हिंदी की प्राचीन कविता से बहुत अधिक है। खबरों से खबरदार कवियों ने भाषा का पुराना संसार भी सृजन में छोड़ा है तथा सामाजिक-राजनीतिक जागरूकता की भाषा को कविता में स्थापित किया है। सर्वेश्वर ने पत्रकारिता के लंबे अनुभव को जिया है—खुलते अनुभवों की खिड़कियों ने नयी भंगिमाओं-मुद्राओं की भाषा सृजित की है। जैसे—'लोहिया के न रहने पर' कविता का आरंभ—'लो' और तेज हो गया उनका 'रोजगार' जैसे

काव्य-प्रयोग में, 'लो' शब्द का चौकन्नापन, व्यथापरक जागरण के लहजे का प्रयोग है। 'रोजगार' शब्द भी परिवेशगत क्रूर व्यवसाय का सत्य कह रहा है। इन शब्दों की मामूली योजना में अर्थ-विन्यास का बलवत्तर संदर्भ निहित है। इसी प्रकार से जगह-जगह सर्वेश्वर की भाषा ने अपने प्रयोगकर्त्ता को समृद्ध बनाया है।

अखबारी जीवन जीने पर भी उनकी काव्य-भाषा में अखबारी भाषा का स्पष्ट तल नहीं है। सामाजिक-राजनीतिक-प्रेमपरक विचारों-भावों को भाषा से कविता बनाते समय कवि, पूरी तरह कवि होता है। राजनीतिक मंच के नकटापन को देखकर कवि-मन में बड़ी खीझ उठती है—'यह खिड़की' कविता इसी खीझ का सशक्त काव्य-मुहावरा है। मानवीय स्वतंत्रता की तलाश में नये विचार संसार-भर में फैल रहे हैं, जिनका वैचारिक दबाव भी नयी कविता पर है। ऐसा होने के कारण कवि विचारों से भाषा सोखता है—भाषा से विचारों को नहीं। पुरानी भाषा विचारों को सोखती चलती है तो उससे विचारों को पीना पाठक के लिए कठिन हो जाता था। आज भी भाषा के विचारों का सीधा क्रम, पाठक से सीधा क्रम है। किंतु जटिल होते जीवन के विचारों की भाषा में जटिल कुहरिल होती जाती है। मुक्तिबोध की भाषा इन्हीं जटिलताओं-तनावों से जूझती भाषा है। शमशेर की भाषा इसी कारण से जटिल है। किंतु भाषा की यह जटिलता भी रघुवीर तथा सर्वेश्वर में एक हल पाती है—भाषा को संमूर्त्तन के सघन-प्रयोग्र-क्रम से। इधर के इन कवियों में भाषागत अस्पष्टता, कुहरिलता, दुर्बोधता तथा शास्त्र-जड़ता का भारी परिहार हुआ है। भाषा के इसी नये संसार में सर्वेश्वर, भवानी, रघुवीर सहाय तथा धूमिल खड़े दृष्टिगत होते हैं।

'कुआनो नदी' की भाषा में गाँव का खुलापन है। सैद्धांतिक शब्द-भंडार से दूर नया संवाद-तत्त्व है। कवि ने यहाँ भाषा में वक्तृत्व-कला का भी पिताजी के संदर्भ में प्रयोग किया है। यह प्रयोग सपाट होने पर भी दुर्बल नहीं है। क्योंकि 'पिता' की भाषा का अजनबीपन महसूस नहीं होता। अर्थ-वहन की सहज कविता ने सहज भाषा का निष्पादन किया है। कवि को अनुमान है कि भाषा कैसे पनपती है और विकसित होती है, कैसे नये शब्द अकल्पनीय ढंग से आ जाते हैं। गरीब मजदूरनों की लाशों से पटा तट चेतना में जलने लगता है। भाषा का यह कहानी-कला-काव्य-क्रम देखिए—

चमगादड़ों के उड़ने से
शाखें खड़खड़ाती हैं
और किसी अकेली चिता की
आखिरी लपटें, बड़े-बड़े दहकते
अंगारों की आँखों से देखती हैं
ऊपर आसमान में तारे होते हैं
नीचे नदी चुपचाप बहती जाती है। *(कुआनो नदी)*

सामाजिक-आर्थिक संबंधों की दृश्य-हत्या का पूरा का पूरा परिवेश भाषा में अंगारों की आँखों-सा चमकता है। यह चमक इतनी तेज और दूर तक कवि चेतना में फैलती है कि बाहर की आँखों से कुछ साफ दिखाई नहीं देता है। कवि के शब्दों में 'मेरी दृष्टि कमजोर हो गई है।' स्थिति को कवि सोचता है, सोचते-सोचते कुआनो उसके ही भीतर बहने लगती है। यह नदी वह दिल्ली की सड़कों पर भी अपने भीतर बहते महसूस करता है। अवचेतन की स्मृति-धारा का यह बहाव, प्रभाव को प्रतीकों-बिंबों और ध्वनियों से धँसाता चलता है। देश की दुर्दशा के परिवेश का नरक पिपहरियों की जनमजली आवाज में गूँजता रहता है। अनुभव और भाषा का अंतःसंबंध 'कुआनो नदी' की अंतर्योजना को खंडित नहीं होने देता है। इस कविता के शब्द-विन्यास-क्रम, वाक्य-योजना तथा संरचनात्मक ढाँचे की निर्मिति से स्पष्ट है कि अनुभव को ढोने वाली समर्थ-भाषा कवि ने कमाई है।

सर्वेश्वर की भाषा के लिए यह कहना अच्छा लगता है कि भेड़ियों के लिए यह भाषा अपने मध्यवर्गीय चेतना के पाठक में भाषा की मशाल जलाती है। आसपास के अंधकार में घूमते-फिरते दानवों के चेहरे इसमें साफ पहचाने जाते हैं। आजादी के बाद के अँधेरे का रंगीन पुरखा बलगम झड़ने लगता है और गलत इरादों को भाषा का चाबुक लगने लगता है। धूमिल के शब्दों में हम उन्हें पहचानने लगते हैं जिन्होंने 'अपने अपने दराजों की भाषा में बैठकर गर्म कुत्ता खा रहे थे, सफेद घोड़ा पी रहे थे।' भूखों को धोखा देने की एक भाषा शोषकों ने तैयार की थी, 'किसान अन्नदाता है', 'सच्चा पृथ्वी पुत्र है', उस भाषा की नियत को उघाड़कर रख दिया है। इसी परंपरा में सर्वेश्वर की काव्य-भाषा का एक नया इतिहास बनता है। निराला की भाषा को मुक्तिबोध ने धारण करते हुए सांस्कृतिक धार दी, उसी धार को सर्वेश्वर ने और पैना कर दिया, धूमिल इसे ही पैनाते रहे और युवा-कवि इसी धार को तेज से तेज करने के प्रयास में है। भाषा की इस परंपरा को सर्वेश्वर के काव्य-प्रयोगों में इस संदर्भवाद से थाहना-परखना चाहिए।

भाषा की जो परंपरा सर्वेश्वर को मिली थी, वह उन्हीं के लिए तथा उनके सभी समसामयिक कवियों के अनुभवों को व्यक्त करने के लिए अपर्याप्त थी। भाषा की इसी 'अपर्याप्तता' की शिकायत प्रयोगवादियों ने 'तार सप्तक' के घोषणा-पत्र में की थी। 'तार सप्तक' के बाद के नये कवियों ने भाषा के इसी भारी संकट को झेला है। इस संकटबोध की ईमानदारी ने ही नयी संवेदना के लिए सही तथा भरोसे की भाषा को खोजने के लिए मजबूर किया। छायावादी काल में 'पंत' और 'निराला' ने भी शिकायत की थी कि परंपरागत धरोहर में मिली भाषा अपर्याप्त है। दोनों ने ही इस शिकायत को दूर करने का अपने-अपने ढंग से काम शुरू किया था और आखिरकार नये सृजन की भाषा उन्हें मिल ही गई थी, जिसका सृजनात्मक उपयोग दोनों ने ही किया। इन कवियों ने सरल तथा कठिन भाषा के विवाद को व्यर्थ बनाते

हुए छायावादी भाषा को नये सिरे से गढ़ने-सँवारने-माँजने-चमकाने का काम किया। किंतु वही भाषा प्रगतिवादी कवियों को पुनः 'अपर्याप्त' प्रतीत हुई तो उन्होंने नवीन जन-भाषा को विकसित किया। केदारनाथ अग्रवाल के शब्दों में कहें तो युग की गंगा चट्टानों को तोड़कर बहने लगी थी—जन-मन का सूखा तट हरापन लेने लगा। किंतु भाषा तथा विचार की इसी हरियाली को प्रयोगवाद ने समेटते हुए नये भाव-प्रयोग किए। नयी कविता में अपनी भाषा तथा नये अनुभव को ठीक से व्यक्त करने की चिंता पुनः-पुनः जन्मती रही। ततस्ततः भाषा में अभिव्यक्ति की नयी टेकनीक खोजने का प्रयास चल पड़ा। "हमारी लड़ाई अपनी भाषा से थी; खींचकर और पकड़कर हम कभी उसकी धज्जियाँ भी उड़ाते थे और उसे रौंदते भी थे। लेकिन फिर भी वह सदैव हमारी ही भाषा रहती थी, अभिव्यक्ति या संप्रेषण की कोई आशा हमें थी तो उसे पूरा करने की संभावना उसी भाषा से हो सकती थी।" (*अद्यतन*, पृ. 23)। इसी संभावना की खोज ने नये कवि को सामाजिक-राजनीतिक सत्य को कहने की 'सही भाषा' दी। संकल्प-धर्मा भाषा के इन नये कवियों ने भदेस भाषा ही सही, अपने को पूरी तरह व्यक्त किया तथा भाषा को भी इस कार्य में सक्षम पाया। उन्हें अहसास रहा है कि हिंदी-भाषा-भाषी चाहे गरीब हों किंतु हिंदी गरीब भाषा नहीं है। इसी समर्थ भाषा में संपन्नता लाने के प्रयास नयी कविता के कवियों ने किए हैं। इस भाषा की परंपरा-प्रयोग की ऐतिहासिक पीठिका में सर्वेश्वर का योगदान एक प्रतिनिधि कवि का रहा है। सौंदर्य, दुख, क्रोध, विवशता, आक्रोश, यंत्रणा, आत्म-निर्वासन, आत्म-पीड़न, आदर्श आदि मनोदशाओं का चित्रण छद्म कल्पनात्मक भाषा में न करके मनोदशा की वास्तविक दशा से मूर्तित किया है। छायावादी कवियों को दूध-धुली तन्वंगी गंगा का सौंदर्य भाता था पर सर्वेश्वर को 'भूख के लिए पैर उठाकर पत्ती खाते,' जीवों का सौंदर्य भाता है। वास्तव में बदलती हुई काव्यानुभूति ने कवि को भी भीतर से ही बदल दिया जिसके चिह्न भाव, विचार, प्रकृति, भाषा, बिंब, प्रतीक आदि सभी में जगह-जगह पाए जा सकते हैं। इसी काव्यानुभूति ने अपने बदलाव के कारण भाषा को भीतर से इतना बदल दिया है कि भाषा वास्तविक सुख-दुःख की सामाजिक पार्श्वभूमि को खुलकर खोलने लगती है। किसान-मजदूर-जीवन का रोमेंटिक वायवीय चित्रण गायब होता गया। 'कुआनो नदी' की भाषा ग्रामीण समस्याओं को बौद्धिक ढंग से समझने-समझाने के लिए छटपटाने लगती है। इस छटपटाहट की भाषा ने भीतर का सच्चा तल्ख-अनुभव बाहर शब्द-मूर्त्त कर दिया है। हर शब्द कविता का रक्त और मांस है, जो घनिष्ठ तथा अभिन्न होता हुआ संवेदना को अर्थ-व्यंजना की सामर्थ्य देता है। शब्दों के नूतन विन्यास-क्रम तथा नूतन लहजे के द्वारा सह-अनुभूति की सह-यात्रा को व्यंजक-प्रतीकों ने सहकारिता दी है।

सर्वेश्वर की काव्य-भाषा सतत परिवर्तनशील परिवेश के संकेतों-बोधों-प्रतीकों-बिंबों की भाषा है, तो उसका सीधा संबंध पाठक से है। पाठक की चेतना भी कवि तथा

उसके काव्य-माध्यम को बदलने का काम करती है। कविता लिखते समय कवि में पाठक की चिंता बराबर रहती है या तो कहिए पाठक उसे लगातार नियंत्रित करता चलता है। भारतेंदु-युग के पाठक ने जिसकी चेतना में विदेशी-संघात से उत्पन्न चेतना थी तथा नवजागरण का सांस्कृतिक-सामाजिक बोध था, उसने भारतेंदु-युगीन साहित्य की चेतना पर भी प्रभाव डाला था। स्वयं द्विवेदी-युग ने समाज-सुधार की सांस्कृतिक दृष्टि से काव्य को नैतिक-सामाजिक मूल्यों की ओर प्रवृत्त किया। नये ढंग के पाठक तथा विचार ने ही ब्रजभाषा को काव्य-क्षेत्र से निकालने तथा खड़ी बोली को लाने का आग्रह किया। आचार्य महावीरप्रसाद द्विवेदी ने नवजागरण के प्रकाश में यह स्वच्छंदतावादी नारा भी बुलंद किया कि गद्य-पद्य की भाषा एक होनी चाहिए। खड़ी बोली से पाठक को आरंभ में नीरसता की शिकायत तो रही किंतु यह शिकायत नहीं रही कि युगीन-संवेदना को ढोने से भाषा कतराती है। घनानंद-देव-मतिराम-रत्नाकर की भाषा-विरासत से कटने के कारण ही द्विवेदी-युग के कवि सतह पर चकराते रहे और छायावाद भी एक जीवंत भाषा नहीं पा सका। छायावादी कवियों की तमाम शक्ति नयी भाषा-सृजन-क्षमता में जूझ गई। किंतु आजादी की ओर बढ़ता पाठक खुल रहा था, वह खुलापन छायावाद ने कथ्य और शिल्प के गहरे स्तर तक व्यक्त किया। परंपरा से कटने के कारण ही तमाम लोग इस कविता को समझ नहीं सके। कथ्य तथा भाषा के स्तर पर संप्रेषण की समस्या ही खड़ी हो गई। किंतु छायावाद का पाठक भी सामान्य पाठक नहीं था—एक सीमा पर वह कविता भी उसके जीवन का अंग बन गई। धीरे-धीरे देश में प्रगतिशील चेतना के बढ़ने पर प्रगतिवाद आया, किंतु कवि-कर्म में गहन ईमानदारी की कमी ने प्रगतिवाद को जल्दी ही समेट लिया। प्रयोगवाद के कवि आजादी के आते ही प्रकाश से भरकर नयी राहें खोज उठे। नयी राहें कवि ही नहीं, पूरा देश खोज रहा था। पाठकीय-चेतना का यही सृजन प्रयोगवाद है। आजादी के बाद भारतीय जनता की आशाओं का जागरण और शुरू से ही आशाओं पर तुषारापात हुआ। गाँधी का भारत, जनता से न जुड़कर गिने-चुने हाथों में फँस गया। इसी कसक को नयी कविता ने अनेक मुद्राओं से व्यक्त किया। नये पाठकों की प्रबुद्ध बौद्धिकता से उत्पन्न तार्किकता ने कविता में 'विचार-तत्त्व' को बढ़ावा दिया। परिणामतः नयी भाषा को रचनाकार ने गाँव-गली, शहर, दफ्तर आदि से अन्वेषित किया है। मुक्तिबोध की ऊबड़-खाबड़-खुरदरी भाषा का गुस्सा-भरा लाल चेहरा आम आदमी की व्यथा का पिंड है जो कहना तो चाहता है, पर सब कह नहीं पाता। संप्रेषण की कमी इसी जटिलता ने उनकी भाषा में दी है। अज्ञेय जी की भाषा का बौद्धिक पर आभिजात्य स्तर 'बहुत ऊपर' का स्तर है जिसे 'सामान्य पाठक' पा नहीं सका है। उसे इस भाषा का द्वार तथा आँगन ही नहीं मिल सका। पाठक की इन मनोदशाओं, स्थितियों तथा परिवेश की समस्याओं को समझते हुए सर्वेश्वर, रघुवीर, भवानी तथा धूमिल ने सृजन-यात्रा शुरू की है। इन कवियों में भी काव्य-भाषा

की संप्रेषणीयता सर्वेश्वर में सर्वाधिक है। लोकानुभव को वास्तविक जन-भाषा में जनता के लिए जनता के सामने इसी कवि ने जमकर रख दिया है। इसलिए मुक्तिबोध तथा अज्ञेय के दौर के परवर्ती कवियों में सर्वेश्वर नयी कविता की बड़ी शक्ति का नाम है। जीवन की भाषा तथा काव्य-भाषा को घनिष्ठता में बाँधने का क्रम 'तीसरा सप्तक' की कविताओं से 'कुआनो नदी' तक अनवरत जारी है।

आज नयी कविता की काव्य-भाषागत शक्ति एवं संभावनाओं को पहचानने में सर्वेश्वर सार्थक कवि नाम है। आज नयी कविता का पाठक कह सकता है कि—

अब—
उनका और मेरा चेहरा एक हो गया है।
हम सब एक अंगार हैं, एक लपट, एक आग,
एक शब्द, एक अर्थ, एक राग,
एक चरण, एक यात्रा, एक राह
एक संकल्प, एक नारा, एक चाह,
समर्पित
एक क्रांति को।

यही भाषा है जो मजबूर की अँगीठी, मजदूर की बीड़ी, किसान की चिलम, चौधरी के हुक्के में आग के अक्षर बनकर सुलग सकती है, सुलग रही है, सुलग उठी है।

कवि की काव्य-भाषा का संबंध बिंब जैसी संश्लिष्ट प्रक्रिया से जुड़ा होता है। इसी अर्थ में प्रतीक और बिंब काव्य-भाषा की सृजनात्मक प्रक्रिया के अनिवार्य किंतु विशिष्ट तत्त्व होते हैं। भारतवर्ष के पुराने साहित्य शास्त्री काव्य-भाषा के इसी कर्म को अप्रस्तुत योजना के अंतर्गत पूरा करते थे और यह आज भी सत्य है कि प्रस्तुत और अप्रस्तुत रचना-प्रक्रिया के अंग होते ही हैं। प्रतीक और बिंब अप्रस्तुत होते हुए भी भाषिक-प्रक्रिया में बहते हुए प्रस्तुत को ही प्रत्यक्ष करने के कारण बनते हैं और कलानुभव की विशिष्ट प्रक्रिया में वे रचते-पचते या रिल-मिलकर भाषा में रूपांतरित हो जाते हैं। इसीलिए शब्दों पर आधारित अलंकार प्रायः भाषा का ही अंग रहे हैं। सूक्ष्म अर्थ-छायाओं में प्रतीक और बिंब में ढालने के लिए कवि कुछ अपने निजी प्रतीक चुनता है। सर्वेश्वर की कविता में भेड़िया, तेंदुआ, कुत्ता, गुबरैला, साँप, लालटेन, संदूक, बंदूक आदि ऐसे ही प्रतीक हैं। यह प्रतीक काव्य-भाषा में उस विकास को सूचित करते हैं जिनसे विचारों का संपूर्ण जीवित संसार व्यक्त होता है। सर्वेश्वर ने बड़ा काम यह किया कि इन विकसित होते हुए नये प्रतीकों को भाषा में एक समृद्ध बिंब-प्रक्रिया के रूप में रूपांतरित कर दिया है। आपात्कालीन स्थिति में व्यवस्था ने लोगों से उनकी जीभें छीन ली थीं। जीभ कटा हुआ आदमी भी व्यथा और विचार की घुटन में किस प्रकार के बिंब और प्रतीक रच सकता है, 'जंगल का दर्द' की भाषा आज इसी सत्य से हमारा साक्षात्कार कराती है। कवि ने यहाँ

सपाट-बयानी से काम न लेकर लगातार उस बिंब-माला को विकसित किया है, जो बेचैनी के उन क्षणों को इस प्रकार कह पाती है—

एक बच्चा नक्शे में रंग भरता है
तुम जानते हो वह कहाँ गया?
एक बच्चा नक्शा फाड़ देता है
तुम जानते हो वह कहाँ पहुँचा?
यदि तुम जानते होते
तो चुप नहीं बैठते
इस तरह।

इस कविता के बिंब का महत्त्व उसके संवेदन के कारण है जिसमें नयी पीढ़ी की एक आक्रोशी मुद्रा बहुत बड़े फलक पर उभरती है। कवि एक ऐसी प्रतिमा का निर्माण कर देता है कि उसके भीतरी कोणों को भीतर से पकड़ पाना कठिन नहीं रहता। यह बात जरूर है कि एक विशिष्ट टकराहट की द्वंद्वात्मक-प्रक्रिया में कवि अर्थ-संश्लेष करता चलता है। जैसे—

वहशी हवाओं में खड़ा पेड़
तालियाँ बजाता है
क्योंकि उसकी जड़ें
धरती में बहुत गहरी हैं।
तुम क्या करोगे
धूनी पर खड़े छप्पर?

यहाँ पर चित्र का दृश्य भाव प्रधान नहीं है वरन् चित्र का संश्लिष्ट रूप-संयोजन प्रमुख है। मामूली भाषा के प्रयोग से एक बहुत बड़े अर्थ-संदर्भ की बात यहाँ कही जा रही है किंतु शाब्दिक स्तर पर हम उस अनुभव को पकड़ लेते हैं जिस ओर कवि संकेत करता है। एक प्रकार से व्यंजना का चमत्कारी पक्ष यहाँ प्रबल है और बृहत्तर अर्थ-संदर्भ में शब्द-प्रक्रिया के लिए यह व्यंजना बहुत उपयुक्त है। शब्दों की समस्त खोज का प्रयास है कि वह स्थिति को मूर्तित करता चलता है। आज के आदमी को बदलने के लिए व्यवस्था और सत्ता की संपूर्ण पद्धति को बदलना जरूरी है। आपात्स्थिति में तो यह और भी जरूरी बात थी। जब सभी चेहरे हाँफते और लार टपकाते हुए दिखाई दें। हर आदमी कुत्ता भाव से दुम हिलाने लगे। दुलराते ही पेट दिखाने लगे और सारा का सारा माहौल कुंकआने से भर गया हो तब समझदार आदमी को चाहिए कि वह उस 'कुत्ता-भाव' से अपने को पीछे खींच ले, क्योंकि—

क्योंकि कुत्ता
आदत से टुकड़खोर है
तुम्हें टुकड़खोरी के रास्ते

बंद करने होंगे।

यहाँ अर्थ की ज्यादातार व्यंजना, सृजनात्मक-काव्य-भाषा में की गई है। मुख्यार्थ और व्यंग्यार्थ में यहाँ अलग-अलग रिश्ता नहीं रह जाता है। ऐसा लगता है कविता का अर्थ कविता से न होकर कविता में ही होता है। एक प्रकार से यही अर्थ और अनुभव का अद्वैत है जिसे भाषा की सृजन-प्रक्रिया से समझा जा सकता है। यदि ऐसा न होता तो भाषा से संपूर्ण अर्थ-प्रक्रिया दूर जा पड़ी होती और प्रतीक का अंगारा कोयला बन गया होता। इसीलिए रचना में अर्थ-विकास-प्रक्रिया की समझ को बिंब से पहचाना जाता है।

सर्वेश्वर की काव्य-भाषा में अर्थ के ऐसे सूक्ष्म स्तर हैं जो तनाव और संश्लेष से एक बृहत्तर अर्थ की सृष्टि करते हैं। हृदय में बैठा हुआ दुःख, विषाद या विद्रोह का अनुभव यह कहता हुआ प्रतीत होता है—

वह हमें नदी बनाकर
हमारे बीच से ही
मछली की तरह अदेखा तैर जाता है
और हम लहरों के असंख्य हाथों से
उसे टटोलते रहते हैं।

वस्तुतः शब्द और अर्थ एक ही अनुभव के अंग हैं या एक ही अनुभव के समग्रतः में दो बारीक स्तर हैं जिनके भीतर से हमें संवेदनात्मक ज्ञान खोजना पड़ता है। नयी कविता के जटिलतर होते हुए अनुभव स्थिति को अर्थ-संश्लेष में ही पकड़ते हैं। अलग-अलग जीवनानुभवों को कवि यथार्थ की पुनर्रचना में उतारता है और बिंब इसी पुनर्रचना प्रक्रिया के प्रधान अंग हैं और बिंब की यह प्रक्रिया भाषा की समूची प्रक्रिया का स्थान पा जाती है। यह समझकर आचार्य शुक्ल बिंब के लिए संश्लिष्ट शब्द का भी प्रयोग करते रहे हैं, या स्थिति के अनुकूल संमूर्त्तन विधान नाम देते हैं। नये अनुभव को नये कवियों ने अमूर्त्त अर्थ-छवियों में प्रायः न बाँधकर जब मूर्त्त का समर्थन किया तो नयी बिंबात्मकता पैदा होनी ही थी। 'टीन पर ओले' नामक कविता में कवि ने आपात्-स्थिति से संघर्ष करने के संकेत इसी ढंग से दिए हैं।

गिरो, टूटो
बिछो, तोड़ो
फिर उबर लो।

सर्वेश्वर की काव्य-भाषा बिंब-प्रधान काव्य-भाषा है और जो आलोचक उनके बिंब-विधान को इस काव्य-भाषा में बाँधकर नहीं देखते, वे आसानी से कह देते हैं कि सर्वेश्वर बिंबों की अतिशयता के कवि हैं और यह बिंब-विधान उन्हें चमत्कार भी दिखाई दे सकता है। किंतु यदि हम उनकी कविता के रचना-संगठन का विश्लेषण करें तो यह बात आसानी से समझ में आ जाती है कि वे एक विचार या अनुभव

खंड को कविता बनाते हैं। कभी-कभार प्राकृतिक राग-चेतना की कविताओं में वे ऐसे बिंब भी सृजित करते हैं जिनमें सौंदर्य के साथ अन्य आकर्षण भी जुड़े होते हैं। उदाहरण के लिंए 'वसंत' को लिया जा सकता है जिसके अनेकों चित्र उनकी काव्य-यात्रा में भरे पड़े हैं, किंतु आश्चर्य यह है कि वसंत का कोई एक चित्र दूसरे से नहीं मिलता है। कभी तो वसंत महंत है, कभी वसंत डसने वाला साँप है, कभी वसंत राग है और कभी समस्त तन ही वसंत है। इस प्रकार वसंत के अनेकों तरीके के चित्र ऊब या एकरसता उत्पन्न न करके रक्त-धमनियों के नये-नये अहसास सामने लाते हैं। इस प्रकार से वसंत एक ऐसा प्रतीक है जिसके अनेक बिंब हैं।

ज्यादातर सर्वेश्वर के बिंब संयुक्त अनुभव के बिंब हैं। अज्ञेय के बिंब ऐसे दूरगामी क्षेत्रों से आते हैं कि हम बिदककर बछड़े-से खड़े हो जाते हैं। एक सामान्य स्थिति का तो अहसास नहीं ही कर पाते हैं। उनमें आदिम अवचेतन के बिंबों के इतने संकेत हैं कि एक विशिष्ट भाव-दशा में ही उन्हें पकड़ा जा सकता है। इसके विपरीत मुक्तिबोध का बिंब-विधान सामाजिक संत्रास के बीच से उभरता है। उनमें भयंकर सूचनाएँ हैं, ऐसी थर्राहटें हैं कि रोंगटे खड़े हो जाते हैं। इसका कारण है—

पिस गया वह दो पाटों बीच
ऐसी ट्रेजेडी है नीच।

वर्तमान की इस नीच ट्रेजेडी ने ही एक दोगले चरित्र को भय की मुद्रा में प्रस्तुत किया है। इनके ज्यादातर बिंब श्यामल जल पर टकराते हुए व्यथा के निशान हैं। और कवि अभिव्यक्ति के तमाम खतरे उठाकर भी उन्हें व्यक्त कर देता है। मुक्तिबोध की तरह ही सर्वेश्वर के ज्यादातर बिंब हैं। किंतु दोनों कवियों का संवेदनात्मक-ज्ञानात्मक स्तर जुड़ते हुए भी एक सीमा पर अलग हो जाता है। इसका कारण है सर्वेश्वर में व्यंग्य-कविता का विस्तार। इसीलिए उनके ज्यादातर बिंब व्यंग्य रूप ही हैं। जैसे—

मैं एक मक्खी की तरह
खुद अपने ऊपर भिनभिनाने लगता हूँ
दिल्ली की इन सड़कों पर।

रघुवीर सहाय भाषा के सृजनात्मक स्तर पर विवरण और बिंब के भेद को मिटाने के लिए प्रतिबद्ध से दिखाई देते हैं, किंतु सर्वेश्वर वर्णन से ही बिंब पैदा करते हैं या उनका वर्णन ही बिना बिंबों के नहीं बन पाता। सर्वेश्वर ने लोक-जीवन की भाव-भूमि से प्रतीक और भाषा दोनों को लिया है। इसलिए उनके बिंब लोक-भाव-भूमि पर कायम रहते हैं और कवि संपूर्णता में लोक-भाषा को ही विकसित करना चाहता है। लोक-भाषा विकसित करने वाले ऐसे ही कवियों के बारे में आचार्य शुक्ल ने कहा है—"जब पंडितों की काव्य-भाषा स्थिर होकर उत्तरोत्तर आगे बढ़ती हुई लोक-भाषा से दूर पड़ जाती है और जनता के हृदय पर प्रभाव डालने की उसकी शक्ति क्षीण

होने लगती है तब शिष्ट समुदाय लोक-भाषा का सहारा लेकर अपनी काव्य-परंपरा में नया जीवन डालता है।" (*हिंदी साहित्य का इतिहास,* पृ. 574)।

इस प्रकार सर्वेश्वर के काव्यानुभव की संपूर्ण सांस्कृतिक पीठिका को समझने में उनकी काव्य-भाषा का विशिष्ट योग है। यह भाषा उस भाषा-संघर्ष के ऐतिहासिक-बोध को पाठक में विकसित करती चलती है; जिसे नये कवि ने बड़ी शक्ति से निष्पन्न किया है।

# 6

# संप्रेषण की दिशा

सर्वेश्वर की कविता के संप्रेषण-संदर्भ में भाषा तथा जीवन वास्तवपन के आयामों का विशिष्ट परिप्रेक्ष्य है। प्रयोगवादी काव्यालोचन में इस संप्रेषणीयता के प्रश्न को उतना महत्त्व नहीं मिला है जितना नयी कविता में। प्रयोगवाद के कवि विषयवस्तु तथा अभिव्यंजना के प्रयोगकालीन स्तर से कविता को बहुत ऊँचा नहीं उठा सके। नयी कविता के समक्ष कथा के प्रश्नों के साथ ही एक बड़ा प्रश्न जुड़ा रहा है—संप्रेषणीयता का। छायावादी काल्पनिक जगत तथा प्रगतिवाद की तेज नारेबाजी से रक्षा करना प्रयोगवादी कवियों को ज्यादा इष्ट था। इधर के नये कवियों का प्रयास रहा है कि कठिन कवि-कर्म के दायित्व के साथ ही संप्रेषणीयता का प्रश्न जुड़ा है। इसीलिए संप्रेषणीयता को लेकर इनकी चिंता तेज होती जाती है। क्योंकि तत्कालीन आलोचकों का भी दावा था कि यह कविता झूठी बौद्धिकता के चक्कर में संप्रेषणीय नहीं है। प्रयोगवाद तथा नयी कविता के संक्रमण काल में नये मूल्यों के संप्रेषित करने की बहस भी जोरों पर हो गई। नयी कविता के कवियों में सर्वेश्वर ने इस दिशा में बड़ी तैयारी से प्रवेश किया। यह समझते हुए ही डॉ॰ रघुवंश ने कहा है, ''परंतु सर्वेश्वर का काव्य-व्यक्तित्व 'नयी कविता' के इन तत्त्वों को समझने में अधिक सहायक होता है। सर्वेश्वर की कविता इस नयी सीमा-रेखा का प्रतीक मानो जा सकती है।'' (*समसामयिकता और आधुनिक कविता,* पृ. 40)। रोमैंटिक स्वप्नों तथा भ्रमित करने वाली कल्पनाओं के टूटते ही सर्वेश्वर की काव्य-यात्रा शुरू होती है। सर्वेश्वर के लिए इसी प्रकार की बात डॉ॰ रामस्वरूप चतुर्वेदी ने भी कही है, ''नयी कविता की लोक-संपृक्ति का वास्तविक प्रतिनिधि सर्वेश्वर को कहा जा सकता है।'' (*हिंदी नवलेखन,* पृ. 46)। सर्वेश्वर के लिए इसी प्रकार के मत प्रायः सभी दायित्वपूर्ण समीक्षकों ने आरंभ से ही दिए हैं तथा उनकी संप्रेषण-शक्ति को आरंभ से ही सराहा है। नयी कवि की लोक-संपृक्ति ही संप्रेषणीयता की दिशा है। इसी तथ्य से अवगत आलोचक उन्हें नयी कविता का 'वास्तविक प्रतिनिधि' कवि घोषित तौर पर कहते रहे हैं।

नयी कविता की समूची ऐतिहासिक पीठिका से सर्वेश्वर का काव्य इतना दुर्निवार होकर जुड़ गया है कि उसे भूलते ही तमाम भ्रामक निष्कर्ष बटोर में आते जाते हैं।

अज्ञेय ने नयी कविता की 'संप्रेषणीयता' की ओर जो इशारा किया था उसका लाभ भवानी भाई, सर्वेश्वर तथा रघुवीर सहाय ने सही अर्थों में उठाया है। इन तीनों कवियों को काव्य-संप्रेषणीयता की खाई का रचना-प्रक्रिया के शुरू के दौर में ही ध्यान था—बोलने तथा लिखने की भाषा में दूरी नहीं होनी चाहिए। ऐसी भाषा ही जीवन के व्यापक अर्थ-स्तरों को अनेक भंगिमाओं से प्रकाश में लाती है। नयी कविता के कवियों के समक्ष संप्रेषणीयता की चुनौती का अहसास करते हुए अज्ञेय जी ने लिखा है—"पर यह भी ध्यान में रखना होगा कि राग वही रहने पर भी रागात्मक संबंधों का क्षेत्र होने के कारण इस परिवर्तन का कवि-कर्म पर बहुत गहरा असर पड़ा है।" (*दूसरा सप्तक*, 9)। बदलते हुए रागात्मक संबंधों के कारण ही कविता का संप्रेष्य-व्यापार भी सीधा नहीं रहा, कवि को माध्यम रूप काव्य-भाषा में टोना (लहजा), सेंस (अभिप्राय), फीलिंग (अवगत), इंटेंशन आदि से सभी युगीन-चेतना के नये अर्थ-ग्रहण करने पड़े हैं। जटिल जीवन के संबंधों को सरल-अभिधेयार्थ से व्यक्त करना ही संभव नहीं रहा। तभी तो संप्रेष्य-माध्यम काव्य-भाषा की नयी शक्तियों-गतियों-संभावनाओं तथा प्रासंगिक शब्दों को खोजना पड़ा। एक समय में ऐसा ही कार्य द्विवेदी युगीन इतिवृत्तात्मक वृत्त को तोड़ते हुए छायावाद को करना पड़ा था, वैसा ही कार्य नयी कविता के कवियों को भी करना पड़ा है। क्योंकि जीवन की नयी वास्तविकता को व्यक्त करने वाली प्रणालियाँ नये मार्गों की माँगों पर थीं, जिन्हें नये कवि ने पूरा करना चाहा है। ज्ञान विज्ञान के बढ़ते हुए हमलों ने भी भाषा का प्राचीन रूप ही व्यर्थ-सा कर दिया। एक ज्ञान-विद्या दूसरी ज्ञान विद्या में अनुप्रवेश कर रही है तो अंतर्विद्याश्रयी संबंध जीवन में बढ़ रहे हैं। इस संबंध का दबाव-प्रभाव भाषा पर भी है—कम से कम साहित्य की नयी विकसित होती हुई भाषा पर तो है ही। इसीलिए भाषा के अनेक नये मुहावरे चल पड़े हैं—बदलते हुए मुहावरों ने संप्रेषण-समस्या को कठिन बना दिया है। भाषा में राजनीति, अर्थशास्त्र, समाजशास्त्र, नृतत्त्वशास्त्र, मनोविश्लेषण शास्त्र आदि के तमाम शब्द आ गए हैं जिनके अर्थ-संदर्भों को ठीक से समझना पड़ता है। विश्व में विकसित नवीन विचारधाराओं ने जैसे मार्क्सवाद, पूँजीवाद, अधिनायकवाद तथा अस्तित्ववाद आदि ने नयी शब्दावली विकसित की है। जिसका प्रयोग भी कविता में बढ़ा है। इन तमाम कारणों से आज कविता का रूप कठिन से कठिनतर समस्या का रूप ले रहा है। इस कठिन समस्या को अपने पाठक के लिए आज जो सुलझे विचारों से हल करने वाला कवि है, वही आज का सफल कवि है, जन कवि है। सर्वेश्वर ने कथ्य तथा रूप के स्तर पर संप्रेषणीयता का ध्यान लगातार रखा है। इस दृष्टि से उनकी ध्वन्यर्थमय वक्र तथा अभिव्यंजक भाषा दूर-दूर तक मार करती है—

> एक थे हाँ-हाँ
> एक थे नहीं-नहीं

जहाँ-जहाँ गया मैं

मिले मुझे वहीं-वहीं

इस कविता में 'हाँ-हाँ' तथा 'नहीं-नहीं' से संबंधित व्यक्तियों के स्वभाव को गहराई तक संप्रेषणीय बनाने में कवि ने अपनी क्षमता का परिचय दिया है। बहुत बड़े व्यंग्य-संदर्भ को शब्द-लाघव में बाँध लिया है

सर्जक तथा ग्राहक के अर्थ-व्यापार में संप्रेषण-शक्ति का बड़ा महत्त्व है। कविता का समस्त सांस्कृतिक बोध उसके विभावादि व्यापारों के ग्रहण से जुड़ा है। कहना यह है कि नया कवि नयी वस्तु को ग्रहण और प्रेषित करता हुआ शिल्प के प्रति कभी उदासीन नहीं रहा है, क्योंकि वह उसे प्रेषण से काटकर अलग नहीं करता है। (*तीसरा सप्तक,* पृ. 11)। इस दृष्टि से शब्द-अर्थ बिंब-प्रतीक आदि सभी से संप्रेषण-व्यापार का सीधा रिश्ता है। कविता का संपूर्ण कथ्यपरक तंत्र और शिल्प इसी संप्रेषण-प्रक्रिया पर टिका है। नया कवि-जीवन तथ्यों को बदलती हुई स्थितियों के अनुसार नये रागात्मक संबंधों के अनुभव-व्यापार से नये अनुभव रंग देता है। "कवि नये तथ्यों को उनके साथ रागात्मक संबंध जोड़कर नये सत्यों का रूप दे, उन नये सत्यों को प्रेष्य बनाकर उनका साधारणीकरण करे, यही नयी रचना है। इसे नयी कविता का कवि नहीं भूलता। साधारणीकरण का आग्रह भी उसका कम नहीं है, बल्कि यह देखकर कि आज साधारणीकरण अधिक कठिन है। वह अपने कर्तव्य के प्रति अधिक सजग है और उसकी पूर्ति के लिए बड़ा जोखिम उठाने को तैयार है।" (*दूसरा सप्तक,* पृ. 12)। साधारणीकरण का तात्पर्य आज इस सिद्धांत की दार्शनिक प्रक्रिया से निकलकर संप्रेषणीयता का पर्याय बन गया है। इसी अर्थ में काव्य-संप्रेषण प्रक्रिया ही साधारणीकरण है। प्राचीन साहित्यशास्त्र में जिस प्रक्रिया के द्वारा कवि विशिष्ट अनुभूति को प्रमाता की अपनी अनुभूति बना देता था, उसे साधारणीकरण कह दिया जाता था। देश तथा काल के भेद से रहित कवि का यह वाक्यार्थ बोध मानसी साक्षात्कारात्मक प्रतीति, कहा जाता रहा है। प्राचीन कवि यह कार्य कथा तथा चरित्रों के द्वारा कराता था, किंतु नयी कविता का कवि यह कार्य व्यापक अनुभव के बिंब-ग्रहण से पाठक को कराता है। सर्वेश्वर ने कविता में कथात्मकता को अनुभवों-विचारों की बोधात्मक-ज्ञानात्मक संवेदना का रूप दिया है। इस दृष्टि से उन्होंने अपनी निजी अंतर्दृष्टि से हुए व्यापक अनुभवों का पाठक से साक्षात्कार कराना चाहा है। उदाहरण के लिए, 'गर्म हवाएँ' संकलन की पहली कविता 'धीरे-धीरे' की संप्रेषणीयता के रहस्य को समझा जा सकता है। इस कविता में कवि की यह विचारधारा भी कार्य करती है कि जीवन-गति है, ठहराव मृत्यु है। जिंदा जातियों ने 'तेज-गति विकास को अपनाया है। 'धीरे-धीरे' सब हो जाएगा; इतनी जल्दी क्या है' यही दृष्टि ठहराव वाली पतनशील दृष्टि है। कर्म की गति को तेज करने से इतिहास की दिशा बदल जाती है तथा रुकी हुई स्थितियों में पैर लग जाते

हैं। आजादी के बाद भारत के वे नेता जो 'धीरे-धीरे' देश की हालत ठीक करने का चिंतन दुहराते थे, कहना होगा वे 'विकास-प्रक्रिया' की 'सही-समझ' नहीं रखते थे। उन्हीं नेताओं ने देश को पतन के कगार पर लाकर खड़ा कर दिया। स्वयं डॉ॰ राममनोहर लोहिया जिंदगी-भर कहते रहे कि जिंदा कौमें पाँच वर्ष तक इंतजार नहीं करती हैं, वे परिवर्तन-प्रक्रिया को तेज करती हुई पूँजीवादी-इजारेदारी की शक्तियों को तेजी से तोड़ने का प्रयास करती हैं तथा गरीब आदमी को कोरी लफ्फाजी का झाँसा नहीं देती हैं, उसे रोटी का बल देती हैं। झूठे वादे कि धीरे-धीरे जनता की हालत ठीक करेंगे, एक दिन में सब ठीक नहीं हो सकता है—एक धोखा था। उसी का परिणाम है कि एक आजादी की पीढ़ी—तरुण पीढ़ी—बूढ़ी होकर मौत की ओर बढ़ रही है तथा देश की हालत बिगड़ती जा रही है। अपने देश की राजनीति के इस दर्द से क्षुब्ध कवि को कहना पड़ा है—

मेरे दोस्तो।
तुम मौत को नहीं पहचानते
चाहे वह आदमी की हो
या किसी देश की
चाहे वह समय की हो
या किसी वेश की।
सब कुछ धीरे-धीरे होता है
धीरे-धीरे ही बोतलें खाली होती हैं।
गिलास भरता है— (*गर्म हवाएँ,* 9-10)

'धीरे-धीरे' के चक्कर में देश का बड़ा नुकसान हुआ है। इसी अहसास से कवि ने लिखा है—

उस देश का मैं क्या करूँ
जो धीरे-धीरे लड़खड़ाता हुआ
मेरे पास बैठ गया। (*वही,* पृ. 10)

कवि का विश्वास है कि धीरे-धीरे आत्मा खाली हो जाती है, धीरे-धीरे आदमी मरता है। धीरे-धीरे अंधकार का पेट बढ़ता है जिसमें सब कुछ समा जाता है, सब कुछ बीत जाता है और आदमी खाली गिलास-सा पड़ा रह जाता है। प्यार, आदमी, झंडा और देश सब धीरे-धीरे व्यर्थ होता जाता है। इसीलिए क्रोध में आकर कवि कह उठता है कि—

'धीरे-धीरे'—
मुझे सख्त नफरत है
इस शब्द से।

आज के युग का हर समझदार आदमी इसी 'धीरे-धीरे' शब्द से थक चुका

है। कम से कम भारत के आदमी को इस शब्द ने तक्षक की तरह डसकर मार दिया है। इसलिए 'धीरे-धीरे' शब्द का आज विशिष्ट निर्दिष्ट बिंब है जिसे कवि संकेतों-प्रतीकों से जगाना चाहता है। अतीत की भ्रष्ट भाषा से मुक्त होकर कवि ने जीवित भाषा में दुख तथा पीड़ा का आंतरिक चीत्कार किया है। बुद्धिजीवियों की छद्म-भाषा से दूर कवि ने सबको पकड़ में आने वाली तथा सबको पकड़ने वाली शब्द-कला का प्रयोग किया है। शब्दों की सरलता में भी एक आंतरिक बनावट के निहित संकेत हैं जो धीरे-धीरे में करोड़ों की मौत का प्रतीक हैं। धीरे-धीरे घुन लग जाता है, विश्वास रीत जाता है, आस्था अंधी हो जाती है तथा सत्य का युयुत्सु भटक जाता है। इसीलिए 'धीरे-धीरे' के दर्शन से कवि को घृणा है क्योंकि–

धीरे-धीरे एक क्रांति यात्रा
शव-यात्रा में बदल रही है
सड़ाँध फैल रही है–
नक्शे पर देश के
और आँखों में प्यार के
सीमांत धुँधले पड़ते जा रहे हैं
और हम चूहों से देख रहे हैं। (*वही,* पृ.11)

धीरे-धीरे रीतने-बीतने के दर्द से ये कविता आदमी से देश तक की यात्रा करती है। कवि का चिंतनगत कसाव गत्यात्मक मूल्यों की महत्त्व-प्रतिष्ठा करता है। इस कविता में विचारों का इतना आधुनिक बोध है कि प्रबुद्ध पाठक से यह कविता सीधी जुड़ती है। सर्वेश्वर की ज्यादातर कविताएँ पाठकीय-संवेदना पर अमिट रह जाती हैं, इसका प्रमुख कारण विचारों-भावों का समसामयिक यथार्थ से जुड़ा अनुभव संसार है जिसमें पाठक को प्रवेश करने पर कविता में अपनी पूरी हिस्सेदारी पाने का अहसास होता है। यहाँ संवेदना का अपनापन ही संप्रेषण-व्यापार की शक्ति बन जाता है। कवि प्रायः ऐसे प्रतीकों का प्रयोग करता है जो जटिल-दुर्बोध न होकर विशिष्ट संदर्भो-सकेतों के प्रतीक होते हैं। अतः अस्पष्ट बिंब तथा प्रतीकों से संप्रेषणीयता की जो बाधा नयी कविता के ज्यादातर कवियों में मिलती है–वह प्रायः सर्वेश्वर काव्य के पास तक आने का नाम नहीं लेती है। अपने परिवेश की समस्याओं-चुनौतियों के प्रति आत्म-सजगता उत्पन्न करना ही सर्वेश्वर के कवि-कर्म की सार्थकता का पर्याय है। कवि सर्वेश्वर से शब्द उधार लेकर कहें तो गुर्राते हुए भेड़ियों के सामने मशाल जलाने की समस्या है। कवि सामान्य जन में एक ऐसी सजग विचारपरक मशाल जलाने के प्रयत्न में कृत संकल्प है कि पूँजीवादी व्यवस्था और अवसरवादी राजनीति का भ्रष्ट व्यूह ढहेगा तो भेड़ियों से डरेगा–प्रहार करने की बजाय छिपकर भाग खड़ा होगा। आदमी के कद को छोटा करने का व्यापार कम हो जाएगा। इसीलिए कवि 'काली चट्टानों पर बैठे तेंदुओं', 'अँधेरे में चक्कर काटते भेड़ियों' तथा 'पत्थरों

के भीतर रेंगने वाले साँपों' से लगातार खबरदार करता चलता है। समाज में घटित होने वाली हर एक त्रासदी के जिम्मेदार यही हैं—इन्हें, कवि प्रतीकों में बाँध-बाँधकर मूर्त्त बिंबों में प्रत्यक्ष करता है। इन प्रतीकों तथा बिंबों का लक्ष्य बुद्धि के सामने नया प्रकाश फेंकना ही है ताकि वह भीतर-बाहर के प्रति आत्म सजग होता चले। उनकी रचना-प्रक्रिया में लगातार आने वाले बिंबों प्रतीकों का यही मूर्त्त विस्तार कविता की संप्रेषण-शक्ति है। क्योंकि 'अमूर्त्तन' की धोखाधड़ी का लिपटवां पर्दा पाठक की बुद्धि पर नहीं गिर पाता है। समाज, राजनीति के हर नाटक का खुलासा ही यह कविता जाहिर तौर पर करती है। पुराने कवि भावावेश के जिस स्वच्छंद, अप्रतिहत व्यक्तिगत प्रवाही लोक में जीते थे, सर्वेश्वर की कविता इस कवि-परंपरा के खिलाफ है। परिवेश की घुटन तथा बेचैनी को नियंत्रित ढंग से व्यक्त करने के कारण ही वह नया कवि है और उसका सृजन-कर्म इसी अर्थ में सबके अनुभव का विषय हो जाता है कि वह समाज-सापेक्ष्य, समाजबद्ध कवि-कर्म है। नये सामाजिक विचारों के तेज प्रवाह में वह गलित-धारहीन नहीं बनता—धारा का हिस्सा बनता है। धारा का यह हिस्सा अकेले कंठ का चौंकना-चहकना तो नहीं ही है—एक प्रकार से सभी के अनुभवों का संपादन है। ऐसी स्थिति में भावात्मक काव्य-भाषा से पूरी तरह हटकर कवि, वैयक्तिक भाषा या विचार-भाषा को कविता बनाता है। फलतः उसकी सृजनात्मकता का भाषिक स्तर गद्य-भाषा के अधिक निकट आ जाता है। यह 'गद्य भाषा' भी 'लोक तत्त्व की गहरी संवेदना' से जुड़कर सर्वेश्वर में भाषा का नया रचाव निष्पन्न करती है। सर्वेश्वर में यह सब पाकर ही मुक्तिबोध के शब्दों में मानना पड़ता है कि "होता यह है कि वह अपने आवेश या व्याकुलता को बाँधकर, नियंत्रित कर, ऊपर उठाकर, उसे ज्ञानात्मक संवेदना के रूप में या संवेदनात्मक ज्ञान के रूप में प्रस्तुत कर देता है। यह सबके अनुभव का विषय है कि मानसिक प्रतिक्रिया हमारे आभ्यंतर में गद्य-भाषा को लेकर उतरती है, कृत्रिम ललित काव्य-भाषा में नहीं। फलतः नयी कविता का पूरा विन्यास, गद्य-भाषा के अधिक निकट है।" (*नयी कविता का आत्म-संघर्ष तथा अन्य निबंध,* पृ. 11)

युग-परिवर्तन और उसके मूल्यों ने कवि-स्वभाव को भीतर से बदल दिया है। किसी दार्शनिक विचारधारा के चक्कर में न पड़कर सर्वेश्वर का कवि बाह्य के प्रति संवेदनशील है। यही कारण है कि उनकी कविता-यात्रा में सामान्य अनुभवों की प्रेमपरक, प्रकृतिपरक कविताएँ अल्प हैं और ज्यादातर सामाजिक-राजनीतिक संदर्भों की समकालीन परिवेश और इतिहास-संस्कृति-चक्र से जुड़ी कविताएँ हैं। सन् 1949 से लेकर अब तक की काव्य-यात्रा में कवि राजनीतिक नरक में गिरते हुए आदमी की यातना को चलती जीभ देता है। आजादी के बाद के भारत के टूटते सपने कवि मन में 'तनाव' पैदा करते हैं। शायद ही कोई व्यक्ति हो जिसने इन तनावों से ग्रस्त इस काल में अपने को न पाया हो। स्वतंत्र भारत की जनता 'लोकतंत्र', 'समाजवाद',

'स्वतंत्रता' के तीन सिंह चुनकर चली थी। साम्राज्यवादी-पूँजीवादी शक्तियों को हटाकर देश एक व्यापक समाजवाद लाना चाहता था। देश के इन सपनों को ही नेहरू-युग ने छिन्न-भिन्न कर दिया। नेहरू-युग की इसी निराशा को, जिसका रूप धीरे-धीरे बढ़ता ही रहा—साहित्य में शून्यता, खीज, बेचैनी, व्यथा-कथा, उदासी, एकांत, मृत्यु-बोध, आत्म-निर्वासन, आत्म-परायापन तथा अनास्था-टूटन आदि को साहित्य की अनेक नयी विधाओं में जमकर स्थान मिला है। हिंदी-साहित्य में यह सब अस्तित्ववादी-मानववादी दर्शन की ही उपज नहीं है, इसमें हमारी स्थितियों का भी तीखा बोध मिला हुआ है। नेहरू-युग में सामाजिक संघर्ष तथा सामाजिक परिवेश का जो ढंग जन्मना चाहिए था, वह उत्पन्न ही नहीं हो सका। एक अवसरवादी, भ्रष्ट राजनीति के साँड़ डकराने लगे। आर्थिक तथा राजनीतिक प्रतिबद्धताओं से दूर रहने का संदेश बढ़ता ही गया। इसी राजनीति के संस्कृति-विरोधी तनाव, समाज-विरोधी रुख ने कवि को भीतर से छील दिया है। 'यह खिड़की' कविता में कवि का गुस्सा इसी संदर्भ को संकेतित-प्रतीकित करता है कि जिसने खुद ही अपनी जीभ काट डाली हो, उससे बात क्या हो सकती है—

अब मैं यह खिड़की नहीं खोलूँगा।

× × ×

जहाँ मैं खड़ा हूँ—
पचास करोड़ आदमी खाली पेट बजाते
ठठरियाँ खड़खड़ाते
हर क्षण मेरे सामने से गुजर जाते हैं।
झाँकियाँ निकलती हैं
ढोंग की विश्वासघात की
बदबू आती है हर बार
एक मरी हुई बात की। (*गर्म हवाएँ,* पृ. 15)

मरी हुई बात की इस बदबू से एक पूरी पीढ़ी बेचैन रही है। एक देश को किस कदर धोखा दिया गया है, यह इतिहास आदमी भूला नहीं है। पूरे परिदृश्य को याद करते ही आँखें ऊपर की ऊपर टँगी रह जाती हैं। देश की सीली दीवारों से बीमार धूप पीठ टिकाकर बैठी रही है और सीलन में हम सड़ते रहे हैं। विचारों की खुलती हुई खिड़कियों से सड़क पर धक्का खाते—धकेलते धकियाते आदमी को देखते रहे हैं। राजनीतिक-आर्थिक नीतियों का हड़बोंगवाद उसे बर्दाश्त नहीं है। हो भी कैसे—

लोकतंत्र को जूते की तरह
लाठी में लटकाए
भागे जा रहे हैं सभी

सीना फुलाए।
हवा को उनके साथ मिलकर
गाना हो गाए,
वह यह न समझे कि समय की लाश
वह इस खिड़की पर रख जाएगी
और मैं ढो लूँगा।
अब मैं यह खिड़की नहीं खोलूँगा। (*वही,* पृ. 15)

लोगों की स्थिति यही है कि उनके आँसू धरती पर गिरते हैं सूख जाते हैं, उन आँखों के आँसू पोंछने वाले हाथ गायब हैं आँखें फोड़ने वाले, नोच खाने वाले हाथ बढ़े-चढ़े हैं। सब हरियाली वैशाखनंदन चर चुके हैं।

'पर बात सही है
स्थिति यही है' (*गर्म हवाएँ,* पृ. 18)

स्थिति इतनी खराब है कि गुबरैले लड़ रहे हैं, गुबरैले बढ़ रहे हैं, गुबरैले चढ़ रहे हैं। यह गुबरैले ही युग-सिंहासन थामे हैं और 'गुबरैला-दर्शन' ही सलामी मंच से समझाया जाता रहा है। भूखे-पेट लोग ठठरी बने रो रहे हैं और थोड़े-से पूँजीवादी उन्हें तबाह किए हैं। उन्हीं शक्तियों के हाथों जो हालत होने वाली है, हुई है, हो रही है, कवि उसका भविष्य जानता है।

कालिख लगी ईंट से
पड़े होंगे हम राह में
एक काला झंडा लिए
अपनी उखड़ी बाँह में (*गर्म हवाएँ,* पृ. 18)

खिचड़ी खाकर कूल्हा मटकाने वाले ड्रामाबाज कल चूल्हे को सलाम करके चले जाएँगे और हमारा विद्रोह उखड़ी बाँह के दर्द से कराह रहा होगा। इसी स्थिति ने सर्वेश्वर से कहलवाया है कि मैं कवि नहीं हूँ, काला झंडा हूँ। करोड़ों लोगों के मातम में शामिल कविता का कवि हूँ। पुराना कवि आनंद के गीत गाता था। नया कवि 'काला झंडा' बनाकर 'सामाजिक दायित्व' के प्रति समर्पित है। मुक्तिबोध ने 'अँधेरे में' कविता में जिस 'नाटक' का संकेत किया है और जिसमें सभी चुप हैं—नेता, अखबार नवीस, अफसर आदि। कोई भी तो चलती हुई गोली-डंडा-लाठी को नहीं रोक पाता है। घोर विवशता में सभी मौन होकर सहे चले जा रहे हैं, सहने के आदी हो गए हैं। इस 'सहने वाली' हमारी आदत ने हमें इतना कायर तथा विवश बना दिया है कि हम विद्रोह नहीं कर पाते। हमें विद्रोह-क्रांति शब्दों से प्यार होना चाहिए, इनका साथ देना चाहिए। कम से कम उस समय तो अवश्य ही जब सत्य की आँखें निकाली जा रही हों, ईमान को फाँसी पर लटकाया जा रहा हो; ऐसी स्थिति में बोलना ही चाहिए। स्थिति इतनी भयावह हो गई है, चीख का मतलब ही गड़बड़ा गया है।

‘अँधेरे में’ कविता तथा ‘स्थिति यही है’ नामक कविता में इतनी समानता है कि दोनों विचार की एक-सी केंद्रीयता पर टिकी हैं।

पता नहीं चलता
लोग घबराए आक्रांत चीख रहे हैं
या आदिम नृत्य कर रहे हैं।
मैं जानता हूँ मेरे दोस्त
हमारी तुम्हारी और सबकी चीखें
इस कब्रिस्तान में गूँजेंगी
और दफन हो जाएँगी
वह यह पहाड़ उखाड़कर फेंक नहीं सकेंगी (*वही*, पृ. 19)

व्यवस्था के भारी पहाड़ को न फेंक पाने की व्यथा ने कवि की नींद हराम कर दी है। समाजवाद के झूठे नारों से जनता को ठगा जा रहा है और ठगा जाता रहेगा। व्यवस्था के भीतरी-बाहरी ढोंगों को कवि खूब पहचानता है–

जो भी आएगा
समाजवाद और समानता के नाम की
ईंटें पकाएगा
मनमाने बेडौल साँचों में
ढालेगा कच्ची मिट्टी
पर बुझा पड़ा रहेगा आवां
नाम गुलबिया चुंतर झावां (*स्थिति यही है*)

जनता कितने ही जंगलों को साफ करती रहे, उसे रास्ता नहीं मिल पाता है। जनता रास्ता बनाना चाहती है तो वे रास्तों पर पत्थर लगाते हैं। अनेक दलों की पीली-सफेद-लाल-बैंगनी टोपियों से छलते हैं। इसीलिए गाँधी के चरखे की नोक जनता की छाती में चुभती है किंतु व्यवस्था के चारों ओर गाँधीवादी पहिया चलता ही रहता है। जनता का जंगली-सूअर-सा गुस्सा बेकार हो जाता है क्योंकि पैंतरे बदलने की राजनीति कमाल की है–

मजबूत तेज सलाखों वालों पिंजड़े में
बैठा है आततायी
शेर झपटेगा और अपने ही पंजे घायल करने के लिए
(*स्थिति यही है*, पृ. 21)

क्योंकि सत्ता के कापालिक नर का जिंदा या मुर्दा मांस खाने में ही मंत्र सिद्ध हो जाते हैं–

सत्ता चतुर बनाती है और पाशविक भी,
सभ्यता बहुत चालाकी से

आदिम गुफाओं में बंद कर देती है। *(स्थिति वही है)*

इन तांत्रिकों से मध्यकाल के नर भक्षी तांत्रिक बेहतर थे क्योंकि उनका इरादा साफ था। वे प्रेम और करुणा के नाम पर आदमी को उल्लू तो नहीं बनाते थे। उनकी पहचान साफ थी, उनका प्रहार सीधा था। इन नये तांत्रिकों के पीठ पीछे प्रहार ने जो छुरा भोंक दिया है उसे तो गरीब निकाल ही नहीं पाता है, दम तोड़ता है—तड़पता है—तड़पता रह जाता है। इनकी गति आँधी बन रही है और जनता दुर्गति से गिर रही है।

नेहरू-युग के इन्हीं 'नये तांत्रिकों' को लोहिया पहचानते थे। इसीलिए इनके खिलाफ पहला खुला विद्रोह लोहियावादी विचारधारा ने किया है। समाज में बढ़ती हुई गैरबराबरी से वे बेचैन रहते थे। उनका सिर फिर गया था। नेहरू सरकार उन्हें 'पागल' करार देती थी और जनता उन्हें ही अपना शुभचिंतक मानती थी। देश की सांस्कृतिक धमनियों में जमा होने वाले इसी पाप को लोहिया नाम देते थे—'कीचड़' और इस 'कीचड़' को साफ करने के लिए जनता से क्रांति-दर्शन का आवाहन करते थे। लगातार पूँजीवादी-साम्राज्यवादी-अधिनायकवादी शक्तियों का देश पर हमला बढ़ रहा था और नेहरू इसके मौन संचालक थे। यह सब पहचानते हुए डॉ॰ लोहिया को कहना पड़ा—''हिंदुस्तान में तो डिक्टेटरी आ चुकी है और आने वाली है।'' *(सरकार में सहयोग और समाजवादी एकता,* पृ. 6)। गाँधी जी के बाद—लोहिया ही गरीब जनता के 'संघर्षशील मन' रहे हैं। लोहिया देखते थे कि आजादी के बाद परिवर्तन की 'गरम हवा' तेज होने के बजाय गलत नीतियों से 'नरम हवा' में बदल रही है। पूँजीपति-साहूकार-जमींदारों के गठबंधन जनता को कष्ट दे रहे थे। 'नरम पंथ' को छोड़कर लोहिया ने भारत को भीतर से समझते ही 'गरम पंथ' अपनाने की इच्छा जाहिर की थी तथा कहा था कि गरीब तथा अबोध जनता को अधिकार दिलाने के लिए रोटी की लड़ाई को पायेदार बनाना चाहिए। ''मुझे लगता है कि ताकतवर लोगों पर या तो चोट करनी नहीं चाहिए और अगर करें तो फिर गहरी चोट करनी चाहिए। मैंने सुना है कि साँप के बारे में कि उसे छेड़ो मत और छेड़ो तो छोड़ो मत।'' (*गरम और नरम पंथ,* पृ. 3)। इसी दृष्टि से वे क्रांति का बिगुल बजाना चाहते थे। मार्क्सवादी न होने पर भी लोहिया कम क्रांतिकारी विचारक नहीं थे। वे किसान तथा मजदूर नारी और आजादी, जाति-प्रथा के बंधन को लेकर आजीवन संघर्ष करते रहे हैं। वे भारत की समस्या को मार्क्सवाद की भाषा में न रखकर, अपनी विचार-मुद्रा में रखते हैं। ''इसलिए दुनिया भर में और खासतौर से हिंदुस्तान में ताकतवर और कमजोर का फर्क करना चाहिए, न कि अमीर और गरीब का।'' (*गरम और नरम पंथ,* पृ. 3)। व्यवस्था का नागवासुकी, लोहिया को कांग्रेस का प्रधानमंत्री ही लगता था। इसी दृष्टि से वे कांग्रेस के प्रधानमंत्री को नंबर एक का जन-शत्रु मानते थे और दूसरे नंबर के शत्रुओं में राजपरिवार, जमाखोर, सांमत-साहूकार, जमींदार-बनिया,

ब्लैक-मार्केटियर्स आदि को मानते थे। इनमें से पहले नंबर का शत्रु तो बदलता रहता है किंतु दूसरे नंबर का शत्रु ताकतवर होता रहता है। इसीलिए उनके विचार-दर्शन में 'संपूर्ण क्रांति' की परिभाषा थी ''इसलिए मुकम्मिल संपूर्ण-क्रांति वहीं हुआ करती है जहाँ नंबर एक के राजा के बदलने के साथ-साथ नंबर दो के राजा बदला करते हैं।'' (*वही,* पृ. 4)। वे जनता को इस राजनीतिक उसूल से परिचित करा देना चाहते थे कि छेड़ो तो छोड़ो मत। ''वे इनकी गर्दन काटने का उपदेश तो नहीं देते थे किंतु पूँजीपति तथा गरीब के बीच गैरबराबरी को मिटाने का उपाय सुझाते रहते थे। उनके सामने हिंदुस्तान की हालत साफ थी कि हमारे यहाँ न्याय कोई चीज नहीं, सच्चाई कोई चीज नहीं, सिद्धांत कोई चीज नहीं, असल चीज है बड़ा आदमी—छोटा आदमी।'' (*वही,* पृ. 10)। बड़े तथा छोटे के बीच में आर्थिक दूरी इतनी बढ़ गई है कि बड़े से छोटे को भयभीत रहना पड़ रहा है। इसीलिए बड़े तथा छोटे के 'चरित्र' को भी बदलने की दिशा में उनका क्रांतिकारी चिंतन सक्रिय रहा है। हिंदुस्तान की गुलाम मानसिकता तथा देशी अंग्रेजों के खिलाफ उनका मत था कि ''संगठन का वही सरकारी ढाँचा चला आ रहा है। बीच में एक बदलाव हो गया, बड़ा बदलाव, राजा बदल गया, लेकिन जनता के चरित्र को बढ़ाने और बदलने वाली जो चीज होती है, वह ज्यों की त्यों चलती रह गई।'' (*वही,* पृ. 15)। लोहिया बहुत चाहते थे कि कम्युनिस्ट, सोशलिस्ट आदि पार्टियाँ मिलकर आंदोलन करें तथा किसान, मजदूर, हरिजन, औरत आदि सभी को जीवन जीने का सही शोषण-मुक्त ढंग दिया जाए। किंतु लोहिया के बाद उनके विचार समाजवादी दल से सध नहीं सके। लेकिन एक समय था जबकि सच्चे अर्थों में लोहिया एक दल के नहीं, समस्त भूखी जनता के नेता थे। मानो जन-क्रांति के परिवेश का नाम ही लोहिया था। इसी दृष्टि से तत्कालीन परिवेश की सच्चाई को सामने लाने के लिए 'लोहिया के न रहने पर' कवि सर्वेश्वर ने एक कविता लिखी है। कविता का आरंभ 'लो' के चौंकने से होता है क्योंकि जननेता के न रहने की स्थिति में पूँजीवादी शक्तियाँ और निर्भय हो जाती हैं—

लो, और तेज हो गया
उनका रोजगार
जो कहते आ रहे हैं
पैसे लेकर उतार देंगे पार।

इस मामूली आदमी के नेता को कवि ने बड़ी श्रद्धा से याद किया है। इस श्रद्धा का यह तात्पर्य नहीं लेना चाहिए कि सर्वेश्वर मात्र लोहियावादी विचारधारा के कवि हैं। इसका इतना ही संदर्भ है कि समय की विचारधारा में लोहिया ही गरीबों के नेता थे। उन्हें जिस साधारण आदमी से दिली लगाव था उसे वे अपना ही प्रतिरूप कहते थे। इसीलिए साधारण आदमी की जिंदगी को बेहतर बनाने का रास्ता लोहिया विचार-दर्शन का रास्ता है। कारण, लोहिया ने सीले दिमागों में क्रांति की आग पहुँचा

दी थी।

बर्फ में पड़ी गीली लकड़ियाँ
अपना तिलतिल जलाकर
वह गरमाता रहा,
और जब आग पकड़ने ही वाली थी
खत्म हो गया उसका दौर
ओ मेरे देशवासियो
एक चिनगारी और। *(लोहिया के न रहने पर)*

गरीबों की आवाज को बुंलद करते हुए लोहिया ने देश के संसद में 'तोंदवालों' के खिलाफ प्रस्ताव पेश किए थे, जिनसे सत्ताधारी दल के दिमागों में भारी उथल-पुथल मच गई थी। उन्होंने देश की गरीबी के गणित को संसद में बताते हुए कहा—कि भेड़ों के वेश में निकलते कमीने तेंदुओं को पहचान कर खदेड़ना होगा—

उसने थूका था उस
सड़ी-गली व्यवस्था पर
उलट कर दिखा दिया था
कालीनों के नीचे छिपा टूटा हुआ फर्श
पहचानता था वह उन्हें
जो रंगे-चुने कूड़े के कनस्तरों से
सभा के बीच खड़े रहते थे। *(लोहिया के न रहने पर)*

कवि ने इस शोक-गीत में लोहिया की दृष्टि को पूरे मन से शब्द-बद्ध किया है। यह कविता इस बात का संकेत देती है कि कवि की विचारधारा का ज्यादा झुकाव लोहियावादी विचारधारा की ओर है। करोड़ों लोगों के बीच में लोहिया दिमाग से जलती सलाख-सी रोशनी भर गए हैं। वे चाहते थे कि देश की नयी पीढ़ी की ढोंगी व्यवस्था का नाश करते हुए क्रांतिकारी कदम की गति को तेज करना चाहिए। गरीबों के जनप्रिय नेता लोहिया का व्यक्तित्व राजनीति में सर्वमान्य रहा है क्योंकि उनके व्यक्तित्व में नेता से बड़ा चिंतक जाग पड़ा है। इसीलिए तत्कालीन चिंतकों को उन्होंने—बहुत आकृष्ट किया है। संस्कृति-साहित्य पर उनका प्रभाव इसी कारण से सर्वाधिक है कि गाँधी के बाद यही जनता से जुड़ा जन नेता रहा है। संपूर्ण नवलेखन को लोहिया विचारधारा का साहित्यिक कथ्य कहना भी अनुचित इस दृष्टि से नहीं है कि आजादी के आसपास तथा बाद के साहित्य पर उनकी दृष्टि का बेहद प्रभाव मिलता है। उन्होंने देश की गरीबी तथा असह्य पीड़ा से क्षुब्ध होकर कहा—"मूल्यों का सारा निकष ही गड़बड़ा दिया गया है। ऊँची जातियाँ सुसंस्कृत पर कपटी हैं, छोटी जातियाँ थमी हुई और बेजान हैं।...शारीरिक काम करना भीख माँगने से ज्यादा लज्जास्पद समझा जाता है। साफ-सीधी बात और बहादुरी के गुणों के बजाय चालबाजी,

सामने 'जो हुकुम' और पीठ पीछे अवहेलना राज्य के सफल व्यक्तियों की निशानी हो जाती है।'' (*जाति प्रथा,* पृ. 35)। भीतरी सामाजिक बुराइयों को दूर करने के लिए वे नारी तथा शूद्र की हालत को सुधारना चाहते थे। उनके चिंतन में यही 'सीता-शंबूक धुरी' है। उन्होंने जाति-प्रथा से जकड़े देश के सांस्कृतिक मानस को मुक्त करने के लिए बुद्धिजीवियों को आमंत्रित किया तथा जाति-प्रथा पर जोरदार प्रहार किए। परंपरा और इतिहास को भीतर से समझने के कारण वे इस सत्य से जनता का साक्षात्कार करा सके हैं कि मातृहंता परशुराम से राष्ट्रहंता नेहरू तक कट्टर न्याय की वशिष्ठी परंपरा है। विश्वामित्र से विश्वेश्वरैया तक उदारता की वाल्मीकी परंपरा है। नेहरू-काल में डगमगाते देश को देखकर लोहिया का चैन खो गया—

एक चिनगारी और
जो खाक कर दे
दुर्नीता को, ढोंगी व्यबस्था को,
कायर गति को
मूढ़ मति को
जो मिटा दे दैन्य, शोक, व्याधि
ओ मेरे देशवासियो
यही है उसकी समाधि। *(गर्म हवाएँ, लोहिया के न रहने पर)*

भावुक आस्फालन से दूर ठोस आधारों पर टिका लोहिया क्रांति-दर्शन परंपरावादी चिंतन में सीधी दरार डालता है। अधिकांश गरीब जनता को नयी राह देने वाले नये विचार आधुनिक हैं। इन्हीं गतिशील मूल्यों के कारण नयी पीढ़ी ने लोहिया को अपना नेता माना है।

भारतीय इतिहास में संस्कृति के दो रूप हैं—आभिजात्य विचारधारा की संस्कृति और लोक-जीवन, लोक-धारणाओं से जुड़ी संस्कृति। राम-कृष्ण और शिव का इतिहास लोक-जीवन तथा लोक-धारणाओं को व्यक्त करता है, जिसमें प्रतिक्रियावादी विचारों को जगह नहीं है। गाँधी इन्हीं असीमित विचारधाराओं से बने व्यक्तित्व थे, जिनका राष्ट्रहंताओं ने जमकर दुरुपयोग किया है। पुरातात्विक-आध्यात्मिक प्रतीकों की गाँधी आधुनिक परिणति थे। जिनके चिंतन की मशाल ने देश को आजादी का प्रकाश दिया। ऐसे राष्ट्रपिता के प्रति भी हमने क्या किया? बाद की स्थिति के सभी चित्र कवि सर्वेश्वर ने 'पंच धातु' कविता में दिए हैं। गाँधी के सिद्धांतों का इस देश ने इतना दुरुपयोग किया है कि कवि उनका जल्दी चला जाना बहुत अच्छा मानता है क्योंकि अपने इस विकृत देश को वे कैसे देख पाते। गाँधी की लंगोटी उत्सवों के अधिकारियों के बिल्ले बनाने के काम आ गई, उनकी लाठी को टेककर एक बिगड़ी दिमाग डगमगाती सत्ता चल पड़ी है। उनके चश्मे से देश का अंधापन बढ़ाया गया—

तुम्हारी चप्पल?

गरीबी की चाँद गंजी
करने के काम आ रही है
और घड़ी?
देश के नब्ज की तरह बंद है।
अच्छा हुआ
तुम चले गए
अन्यथा तुम्हारे तन का
ये जननायक क्या करते
पता नहीं। (*गर्म हवाएँ,* पृ. 31)

नये जननायकों ने गाँधी के भारत को कितना बर्बाद किया है, कवि उन्हीं बिंबों को कौंधता चलता है। जब बुद्धिजीवियों से समाज हताश हो, अपनी भाषा से दूर हो तथा अंधविश्वासों के किलों में जनता कैद हो, तब कवि को बोलना ही पड़ता है कि–

इस देश का मैं क्या करूँ
जो धीरे-धीरे लड़खड़ाता हुआ
मेरे पास बैठ गया है। (*गर्म हवाएँ,* पृ. 9)

'लड़खड़ाते हुए देश' का भीतरी इतिहास राजनीतिक-सामाजिक-आर्थिक स्थितियों की विकृति का इतिहास है। इतिहास के इसी राजपथ पर गाँधी-दर्शन, लोहिया-दर्शन की खपच्चियाँ बिखरी पड़ी हैं और नेहरू युग का सत्यानाशी टारनेडो देश के ऊपर मँडराता दृष्टिगत होता है। भारतीय इतिहास का यह छोटा-सा काल-खंड तमाम स्थितियों में मूल्यों का अवमूल्यन है। जिसमें अपना सिर हम अपने हाथों काटते चलते हैं और नासमझी में किसी दूसरे को 'हत्यारा-हत्यारा' कहकर चिल्लाते हैं। यह दारुण परिवेश 'अंधायुग' है, 'आत्मजयी' है, 'संशय की एक रात' है, 'अँधेरे में' है, 'कुआनो नदी' है। 'समय देवता' की कटती हुई टाँग का शाब्दिक दर्द-स्पर्श है। स्वतंत्र भारत भीतर से कितना 'स्वतंत्रता' के लिए जूझा है--चाहे वह आर्थिक स्वतंत्रता का प्रश्न हो या कोई और प्रश्न, नयी कविता का कवि इसी यथार्थ को पहचानने के लिए शब्दों का जाल फेंकता रहा है। 'स्वतंत्रता' तथा 'स्वायत्तता' के मूल्यों का अधिकार विकास-प्रक्रिया का चरण है। यह चरण ही उठते-उठते, उठा ही रह गया। एक अजीब वात्याचक्र में देश फँसता गया है। भूखे सुदामा सही यात्रा नहीं कर सके और कृष्ण के दरबार में कमलासन बिछा रहा। वहाँ सुदामा प्रवेश ही नहीं कर सके। इसीलिए 'कृष्ण-सुदामा' संबंध की प्राचीन धुरी ही टूट गई। धुरीहीनता का नयी कविता में बढ़ता हुआ प्रकोप इसी कोण से पनपा है। देश के बुद्धिजीवी तथा लेखक भी देश की इस घुटन तथा तनावभरी स्थिति को तोड़ने में हिस्सेदारी नहीं कर रहे हैं। 'बुद्धिजीवी' कविता में बुद्धिजीवियों की कायरता, काहिलता, प्रतिगामिता को बिंबों से बिंबलौकिकता

दी गई है। संस्कृति-इतिहास तथा परंपरा का बड़ा दौर नासमझी तथा सामूहिक कायरता ने पूरा नहीं किया–

मैंने कहा "आपको क्या बताएँ
अब देखिए कल जहाँ प्रेम-पत्र थे
उनमें दबे फूल थे,
आज वहाँ कुतरन है
उनमें दबी मेंगनी है।
एक नक्शा सँभाल रखा था मैंने देश का
उस पर फैली है बदबूदार पीली पेशाब"

(*गर्म हवाएँ; बुद्धिजीवी*, पृ. 32-33)

देश के नक्शे पर फैली हुई पीली बदबूदार पेशाब की दुर्गंध ने ही अपना परिवेश गंधाया है। नाक को नरक का अहसास कराया है। बाप-दादों की दी हुई संपन्न इतिहास की पोथी को सही ढंग से पढ़ने-समझने के प्रयत्न ही नहीं हुए। बंद ज्ञान की पोथियों को चूहे कुतरते रहे। उनका सही सिलसिला ही चूहों ने गायब कर दिया। आज इतिहास की सही जानकारी पाना कठिन हो गया है। इन कुतरने में माहिर विदेशी दिमाग चूहों ने इतिहास की सही दिशा ही बंद कर दी है। आज तो दधीचि की हड्डियों का बचा हुआ टुकड़ा पहचान से बाहर है–

यह था मेरा वंश-वृक्ष
इसकी लिपटन में पड़ा हुआ है
एक हड्डी का टुकड़ा,
जाने किसका है कहाँ से लाए हैं।
हाँ-हाँ की गरदन हिली ऊपर नीचे
नहीं-नहीं की दाएँ-बाएँ। (*बुद्धिजीवी*)

गरदन हिलने के अतिरिक्त और कुछ हो ही नहीं पाता। सब समझते हुए भी हम कुछ नहीं कर पाते हैं, यही आधुनिक बुद्धिजीवी की स्थिति है। खुला समाज धीरे-धीरे 'बंद कमरा' बन गया है जिसमें मुक्त-प्रेम नहीं रहा, 'निजीपन' की आत्मीयता नहीं, केवल प्रेम सिकुड़कर 'झँपकी' मात्र रह गया है। प्रेम जैसे बीतरीत गया है। हम जीवन के सूखे तटों की बालू उछालते रहे हैं। बड़े संघर्ष से एक पायेदार जमीन–आस्था की, साथ जीने-पनपने की परंपरा के पास थी, जिसकी सही देखभाल न कर पाने के कारण बंजरपन पैदा हुआ है। कवि इसी को 'पुश्तैनी मेज' के चित्र से प्रस्तुत करता है। मेज इतनी भारी है कि एक आदमी नहीं उठा सकता, सभी की ताकत से ही वह मेज खिसक सकती है। इस कार्य में हिस्सेदारी करने को साधारण आदमी तो तैयार है पर कायर बुद्धिजीवी नहीं है। यही इतिहास की विडंबना है।

यह पुश्तैनी मेज है, बहुत भारी है

मुझ अकेले आदमी की यही लाचारी है
आप दोनों साथ दें
तो कुछ करूँ
        हिम्मत भरूँ।
आप तो जानते ही हैं
आज के विश्वकर्मा तो सभी ऐसे हैं युग-धर्मा
नया रचते हैं, मरम्मत नहीं करते। *(बुद्धिजीवी)*

आज के चिंतक, सर्जक आदि सभी की यही विडंबना है और सभी विडंबनाओं का केंद्रीय भाव भी यही है कि हम 'नया रचते हैं, मरम्मत नहीं करते हैं।' 'नया रचने' में 'नयेपन का भूत' ही रहता है—संपन्न परंपरा का उक्त अंश बटोर-बीन नहीं पाते हैं। यही कारण है कि नया सृजन, परंपरा का विकास न बनकर, परंपरा-विरोधी बन जाता है। परंपरा-भंजक तथा परंपरा-विद्रोही बनना तो जागरूक बुद्धिजीवी का कर्तव्य-कर्म है किंतु परंपरा-विरोधी बनना परंपरा तथा इतिहास के प्रति गैर-जिम्मेदार व्यवहार है, जिस व्यवहार को लगातार किया गया है, किया जा रहा है। 'नये रचने' से पहले पुराने को नये संदर्भों से सुधारना चाहिए था। अतीत में लौटने का मतलब अतीतजीवी बनना न होकर अतीत-भोगी होकर वर्तमान को उसके भीतर से नयी दिशा तथा दृष्टि देना ही है। अतीत तथा भविष्य की निरंतरता ही वर्तमान है और इसी अर्थ में इतिहास, वर्तमान से अतीत का जीवंत संवाद है। किसी भी जाति से इस 'जीवंत संवाद' का कट जाना ही उसकी सबसे बड़ी सांस्कृतिक ट्रेजेडी है। यह 'सांस्कृतिक ट्रेजेडी' हमारे साथ हुई है, हो रही है और हम इसे भोगते हुए अभिशापित हैं। परंपरा तथा इतिहास के भीतर से नये प्रयोग न करने के कारण ही हमारा 'नया सृजन' तट तो पाता है, सही तल नहीं पाता है। नदी, तट के अभाव में तो कहीं जा सकती है, तल के बिना नदी, नदी नहीं रहती है। बिखरा हुआ जल होता है जो कहीं का कहीं मारा-मारा फिरता है। नदी ही जल को धारा का रूप देती है, गति देती है, सौंदर्य देती है। यहाँ इसी अर्थ में परंपरा की 'मरम्मत' का संकेत कवि देता है। सही मरम्मत न कर पाने के कारण ही दिशाहीनता, धुरीहीनता, दिगंबरता, अजनबीपन आदि का नया पश्चिमी नारा जीवन तथा साहित्य में आसन जमा जाता है, जमा गया है। हम यह जानते हुए भी कि इतिहास के प्रति गद्दारी कर रहे हैं, बुद्धिजीवी कुछ नहीं कर पाता है। बुद्धिजीवी की हालत का एक बिंब देखिए—

तभी मैंने देखा उनके नथुने फड़के
आँखें मिचमिचाईं,
गालों पर उगने लगे गलमुच्छे
रीढ़ की हड्डी जैसे पिघल गई
खड़े-खड़े अपने ही पैरों पर गिर पड़े,

फिर सरक कर
दुबक गए यहीं-कहीं।

दुबककर सरके हुए इन्हीं बुद्धिजीवियों को सर्वेश्वर का कवि, व्यंग्य तथा वक्रोक्तियों से संलक्ष्यक्रम में खोलता चलता है। बुद्धिजीवी बौद्धिक कार्य से क्या देते हैं? बुद्धिजीवी की सामाजिक भूमिका क्या है? ये दोनों ही सवाल आधुनिक बुद्धिजीवी की अंतःक्रिया से जुड़े सवाल हैं। ये बुद्धिजीवी राजनीति में किस ढंग से दखल जमाते हैं तथा इसका प्रभाव क्या है। यह सवाल आज उठ खड़ा हुआ है। क्योंकि बुद्धिजीवी केवल 'केटेलाइटिक' भूमिका ही नहीं देते, वे समाज के वैचारिक मूल्यों को कसकर, सही मार्ग भी खोजने में प्रवृत्त होते हैं।

बुद्धिजीवी का कार्य है सामाजिक हितों को विचारों में रूपांतरित करते हुए व्यावहारिक कार्य-प्रक्रिया का द्वार खोलना। किंतु भारतीय बुद्धिजीवी 'व्यवस्था' से समझौतापरस्त बुद्धिजीवी रहा है, वह विद्रोही नहीं बन सका। वे मानसिक स्तर पर तो सचेत रहे किंतु कर्म के स्तर पर सिकुड़-भटक गए। जनता से न जुड़ पाने के कारण उनका चिंतन आत्मपरक बुद्धिजीवी का रूप ले गया। प्राचीन भारत में चिंतक, मुनि, योगी, आचार्य, पंडित, संत, सहृदय आदि बुद्धिजीवी के प्रतीक थे। आधुनिक भारत में अंग्रेजी ढंग से शिक्षित तथा वेतन-भोगी वर्ग 'बुद्धिजीवी' की भूमिका में आ गया। पद तथा प्रतिभा के लिए इन आधुनिक चरण के बुद्धिजीवियों ने व्यक्तिवादी प्रवृत्तियों का पोषण किया। किंतु स्वतंत्रता-संग्राम लड़ने वाले बुद्धिजीवी कर्मठ, समाज-सुधारक तथा रूढ़िविरोधी थे। समाज की धारा से जुड़े इन बुद्धिजीवियों ने बड़ा ही मूल्यवान कार्य भी किया। किंतु आजादी के बाद का बुद्धिजीवी पुनः सुविधा तथा शौक की ओर लौट पड़ा। राजनीति का चमचावाद ही चालू बुद्धिजीवी की पहचान बनती गई। परंपरा तथा इतिहास के कटे इन बुद्धिजीवियों के मन में समाजहित से ज्यादा व्यक्तिहित का प्रश्न था और ये जनता से दूर पूँजीवाद का हिस्सा बन गए। शिक्षा-केंद्रों पर भी विकृत राजनीति का पंजा जैसे-जैसे मजबूत होता गया, बुद्धिजीवी या तो क्रीतदास बन गए या फिर पार्टी एजेंट या फिर गुटबंदी-घिरे नेता। बुद्धिजीवी अवसरवाद के चक्कर में भ्रष्ट हो गया। देश का बदला हुआ सामाजिक-आर्थिक ढाँचा भी इन बुद्धिजीवियों में झाँक रहा है। विचारजीवी, समाज को धन-जीवी के हमले से न बचा सका तो समाज में अँधेरा व्याप्त होता गया। पूँजीवादी शक्तियाँ जैसे-जैसे सक्रिय होती गईं बुद्धिजीवी वैसे-वैसे निष्क्रिय तथा केले का पत्ता बनता गया है। जिसे हर हवा ने चीरा है और हर चोर ने घूरा है। अंधराष्ट्रवाद, सामंतवाद, पूँजीवाद, व्यक्तिवाद, उपनिवेशवाद का विरोध तो दूर बुद्धिजीवी 'कुर्सीजीवी' बनकर रह गया या फिर समझते हुए चुप्पीवाद का पोषण करता रहा है। अपनी जमीन में गहरा गड्ढा न होने के कारण बुद्धिवाद का थुनकियों पर खड़ा छप्पर हर बार थोड़े-से भार से गिर पड़ा है। उसमें कुछ भी करने की शक्ति ही जैसे लकवा-ग्रस्त हो गई। सर्वेश्वर

की कविता 'बुद्धिजीवी' इसी संपूर्ण ऐतिहासिक पीठिका को रेखांकित करने वाली सशक्त व्यंग्य-कविता है। मुक्तिबोध ने इसी बुद्धिजीवी को 'ब्रह्मराक्षस' नामक कविता की फैंटेसी में ढाला है तथा यही बुद्धिजीवी 'अंधा युग' का युयुत्सु है। यही विजयदेव नारायण साही के 'अलविदा' का बोधक व्यक्ति है। अपने सामाजिक रंगमंच को ध्वस्त करता हुआ जो सत्ता का सुथन्ना बाँधता रहता है। आजादी के बाद का राजनीतिक विद्रूपीकरण ही भारतीय बुद्धिजीवी का विद्रूपीकरण है। राजनीति ही आज नियामक तत्त्व है—बुद्धिजीवी उसे राह दे नहीं रहा, उसके पैरों पर लेटा हुआ 'सोच' कर रहा है। अपनी सामाजिक भूमिका से कटा हुआ बुद्धिजीवी और कर भी क्या सकता है? इस प्रकार सर्वेश्वर ने 'बुद्धिजीवी' कविता में जनता की व्यथा और बुद्धिजीवी की सामूहिक कायरता को संवाद-कला से संवादिता दी है, जो नये बिंबों की वैचारिक मार से हमें झकझोरती है। इस प्रकार उनकी तमाम कविताओं की एक बहुत बड़ी विशेषता है कथ्य की संप्रेषणीयता। सामाजिक-राजनीतिक-आर्थिक जीवन के परिदृश्य को वे बड़ी ताकत से बोलचाल की भाषा में व्यक्त कर सकते हैं तथा उसकी संप्रेषणीयता बाधित नहीं होती है।

नयी कविता के ज्यादातर कवियों से पाठक को शिकायत है कि वे सहज में संप्रेषणीय नहीं हैं। शमशेर, मुक्तिबोध तथा अज्ञेय की कविताएँ साधारणतया कठिन एवं दुरूह मानी जाती रही हैं। कारण, यह कविताएँ ऐसे ऐंद्रजालिक बिंबों-प्रतीकों से रची होती हैं कि 'समझ' में ठीक से नहीं आती हैं। प्रायः 'फैंटेसी' तथा 'यूटोपिया' की पद्धतियों ने भी अर्थ का 'अमूर्त्तन' पैदा किया होता है, अतः इसमें पाठक की समझ का दोष बहुत नहीं है। इसीलिए संप्रेषणीयता के दायित्व से कवि को मुक्त नहीं किया जा सकता। कवि की अनुभूति का पाठक की सहीं अनुभूति बनना संप्रेषणीयता के केंद्र में है। कोई भी बड़ा कवि अपने कवि-कर्म की सार्थकता का अनुभव बिना इसके नहीं कर सकता है और यदि करता है तो कोरा दंभ है। यह समस्या काव्य-अनुभूति तथा काव्य-अभिव्यक्ति के दोनों छोरों पर होती है जिसमें से एक को भी नकारा नहीं जा सकता। काव्यानुभूति या जीवनानुभूति का पाठक में संवेदनात्मक प्रवेश की सफलता तथा सार्थकता इस बात पर टिकी होती है, कितनी सफाई से कवि अपने को दे पाता है। कलम तथा मेज से हटते ही रचना के सामाजिक हो जाने का भी मतलब यही है कि वह समाज की वस्तु है। उसके सामाजिकता के अंतःसंबंधों की परख जरूरी है। काव्यगत अनुभूतियों को 'समग्रता' में कला के संप्रेष्य स्तर तक न पहुँचा पाने के कारण ही यह समस्या उत्पन्न हुई है। 'मूड' पर जीने वाले कवियों में दुरूहता प्रायः रहती है क्योंकि उनके 'मूड' के स्तर तक पाठक को उठना पड़ता है और यदि पाठक नहीं उठ पाता तो स्पष्ट 'अलगाव' की स्थिति रहती है। किंतु 'विजन' के कवियों में ऐसी कठिनाई प्रायः नहीं होती है, वे एक 'विजन' तो कविता से छोड़ ही जाते हैं। मुक्तिबोध, जटिल होते हुए भी 'मूड' के

कवि नहीं हैं—'विजन' के कवि हैं—व्यापक जीवनानुभवों के बाहरी-भीतरी स्तरों के कवि उनकी कविताओं के बहुत से बिंब-प्रतीक आदि न पकड़ पाने पर भी कोई चीज मथती चलती है, जिसे प्रयत्न से पाया जाता है। सर्वेश्वर की स्थिति शमशेर तथा मुक्तिबोध से भिन्न है, वे मूड तथा विजन दोनों के कवि हैं। मस्ती में वे पतले होंठों के तिल पर टिकते हैं, निर्द्वंद्व पूँछ उठाते हुए साँप के जोड़ों को वसंत की चाँदनी पीते हुए देखकर तरंग में आ जाते हैं। वसंत, चाँदनी, हरियाली, फूल, औरत से कवि गहरा राग रखता है, इन पर 'मूड' में लिखता है। किंतु 'बुद्धिजीवी', 'कुआनो नदी' आदि कविताएँ विजन से जन्मी हैं। कभी-कभी दोनों स्थितियाँ एक भी हो जाती हैं जब मूड तथा विजन का फर्क नहीं रहता है। इस कोटि में 'प्यार', 'बे हाथ', 'शाम एक किसान' आदि कविताएँ आती हैं। 'विजन' तथा 'मूड' के एक सक्रिय विजन ने सर्वेश्वर की कविताओं को जीवंत संपर्क का हक दिया है। यह जीवंत संपर्क ही संप्रेषणीयता है।

शमशेर की कविताओं की भाँति पाठक उनके रूप-तंत्र तथा परिष्कृत काव्य-विषयों से चमत्कृत मात्र नहीं होते हैं, इनमें अपनापन पाते हैं, अपने को पाते हैं। यह पाठकीय आत्मीयता ही उनकी शक्ति है। नयी कविता में ऐसी ही आत्मीय शक्ति भवानी भाई तथा रघुवीर सहाय में भी पाठक पाते हैं। तभी तो यह तीनों कवि नई कविता के जनप्रिय संसार को बनाते रहे हैं। इन्होंने नयी लोक-रुचि को भी संप्रेषण की इसी शक्ति से जाग्रत किया है। यह बोल-चाल की भाषा का भी कमाल नहीं है। यह तो कथ्य को आत्मीय ढंग से व्यक्त करने वाली विकसित होती हुई कला का कमाल है।

काव्य में संप्रेषणीयता की समस्या का माध्यम है—शब्दार्थ से जुड़ा कृति का आंतरिक कला-तत्त्व-व्यापार-प्रक्रिया की गति। भाषा की आंतरिक अभिव्यंजना का कला-सौंदर्य भी इसी में समाहित रहता है। ध्वनिमत वाले मानते थे कि उत्तम काव्य वही है जो ध्वनित या अभिव्यंजित है लेकिन उसे पाठक या श्रोता की कल्पना के द्वारा गृहीत किया जाना चाहिए। सर्वेश्वर की कविताओं में काव्यानुभूति का स्तर लोक-भाव की भूमिका से जुड़ा है। कवि युग का 'दर्द सुनाता है' जिसमें दर्द की गाँठों को अपने ही छालों पर खोलता चलता है। यह 'छाले' ही उसके आंतरिक मनस्ताप को समझने में सहायता करते हैं। कवि अभिव्यक्ति की बाँह गहकर ही नहीं रह जाता है उसे लोक-भाषा के मुहावरे में आगे बढ़ाता है। इसीलिए उसकी अनुभूति सबकी अनुभूति होती चलती है—

> पराजय ने मुझे शीतल किया
> और भटकाव ने गति दी;
> नहीं कोई था
> इसी से सब हो गए मेरे
> मैं स्वयं को बाँटती ही फिरी

किसी ने मुझको नहीं गति दी।
लगा, मुझको उठाकर कोई खड़ा कर गया,
और मेरे दर्द को मुझसे बड़ा कर गया।
आज पहली बार। *(आज पहली बार)*

इस कविता के भीतरी-विश्लेषण से ध्वनित है कि विश्व की मूल्यवान अनुभूतियाँ, लोक-मन से जुड़कर किस प्रकार मूल्यवान मनःस्थितियों को, समान पाठकीय संवेदना के स्तर पर पहुँचा देती हैं। स्वयं को बाँटने के कारण व्यक्तिबद्धता समाप्त होती रही है तथा निर्वैयक्तिकता की भूमि ने अनुभवों के बहुलांश को संप्रेषित कर दिया है। कवि में 'सोचने' तथा 'अनुभव' करने के ढंग ही कविता के रूप में निबद्ध होकर अनुभवात्मक गहराई का आधार पा सके हैं।

सर्वेश्वर का कवि संप्रेषण के प्रति आत्म-सजगता रखता है। यह आत्म-सजगता ही आत्मालोचन के साथ कलानुभवों में आत्म-साक्षात्कार की प्रक्रिया बनती रही है। उदाहरण के रूप में उनकी एक कविता 'पत्नी की मृत्यु पर' ली जा सकती है जिसमें घटित होने वाली त्रासदी ने कवि को झकझोर दिया है। फिर भी कवि वैयक्तिक संवेदनों में तटस्थता के बिंब निर्मित करता है। 'बायें हाथ में ले अपना कटा हुआ दाहिना हाथ' घर में बैठे गृहस्थ के शोक को मूर्त्त करता है। संयोग की संध्या रंग-भरी आती थी और अब नाश के बिंब अनायास कविता में आते हैं। शाम, कीचड़ सने पैर घर में रखती है तथा बुझी भट्ठी में सोए कुत्ते की तरह बदन-झटककर चली जाती है। सितार पर रातभर मकड़ा रेंगता रहता है। उसकी वीणा का तार झंकृत करने वाला ही नहीं रहा है कि मौत का सन्नाटा टूट सके। जीवन का हरापन सूखकर रेगिस्तान आ गया है। कोई भी सहारा नहीं है कि अकेलापन टूट सके। कष्टों से भरी गर्म अनुभवों की हवाएँ, कवि के भीतर से गुजरती हैं। दुखों की भयावह बाढ़ में डूबते हुए घर, बच्चे तथा कवि की चेतना का जब तनाव ही कविता में फूटने फैलने लग जाता है तब अनेक अनुभवों से एक साथ साक्षात्कार होता है—

चारों ओर हरहराती है बाढ़
कमर तक पानी में
पीठ पर संदूक लादे खड़ा मैं
देख रहा हूँ सामने से
बहता हुआ सारा घर
हिलती हुई छत पर
कुछ सहमे, कुछ निडर बैठे
अपने दो खिलौने
भविष्य सिकोड़ता जा रहा है मेरी पीठ
और झुकाता जा रहा है कंधे

छाती पहाड़ बनाते-बनाते
मैं आदमी से नाव बनता जा रहा हूँ। *(पत्नी की मृत्यु पर)*

कवि का यह आत्म-कथ्य जिस रूप में पाठक के सामने आता है, वह बहुत ही करुण बिंबों की पंक्तिबद्ध सृष्टि करता है। एक संपूर्ण त्रासद स्थिति से हमारा सीधा साक्षात्कार होता है। कवि ने जैसा भोगा है, वैसा चाहे हमने न भोगा हो किंतु मानवीय संवेदना का स्तर उस दर्द से वह जोड़ देता है और पाठक के भीतर भी गर्म हवाएँ चल पड़ती हैं। विपत्ति तथा संघर्ष का अकेलापन कितना ठहराव भरा होता है इस अनुभव-प्रक्रिया से हम गुजरते जाते हैं। ऐसा इसलिए होता है कि कवि-संवेदना तथा पाठकीय-संवेदना में एक समान भाव का तार अनुस्यूत हो जाता है जिसे 'संप्रेषण' कहते हैं। कविता में कवि ने अचेतन-प्रक्रिया से यह सब कह दिया है।

अनुभव को कविता बनाते समय कवि 'संप्रेषण' पर अलग से कार्यरत नहीं हुआ है। अगर उसने अलग से संप्रेषणीयता की शक्ति लाने का प्रयास किया होता तो कलानुभव में वह स्खलित हो जाता, जैसे कि अलग से कोशिश करने वाले हो जाया करते हैं। नितांत वैयक्तिक क्षण को न कहकर, कविता सामान्य वैयक्तिक क्षणों को सृजित करती है। जिसमें, उनका कलाकार निर्वैयक्तिकता के लिए निरंतर संघर्षशील रहता है। इसीलिए यह कविता वैयक्तिक कलाकृति नहीं है। वैयक्तिक कविताएँ पाठकों के लिए अनुभवगम्य तटस्थ भाव-भूमि नहीं बना पातीं। पाठक उनसे जुड़ नहीं पाता और काव्यानुभूति की अस्पष्टता से कविता में ही बिखराव आ जाता है। कला समग्र अनुभव इसी अर्थ में है कि वह सर्जक तथा ग्रहीता दोनों से ही दृढ़ अंतःसंबंध रखती है। कवि की साधारण मनःस्थितियाँ दुःखपरक हैं और दुःख एक व्यापक भाव है, सभी को बाँधता है। अतः जिस अर्थ में निराला की 'सरोज-स्मृति' से हम तदाकार हो जाते हैं उसी अर्थ में पत्नी की मृत्यु पर कविता में भी सह-अनुभूति का भाव पाते हैं। सर्वेश्वर की प्रवृत्ति है कि उनकी कविता 'जेनुइन कविता' बनती है तथा उसमें आप से आप संप्रेषण-शक्ति पैदा होती जाती है। कला के 'फेंक' अनुभव 'दुःख की छाया पड़ी हृदय में झट से उमड़ वेदना आई' का हिस्सा नहीं होते, नहीं बन पाते। यदि उन्हें कविता में लाया भी जाता है तो भी वे जीवंत संवेदनात्मक क्षमता के अभाव में संप्रेषण-द्वार नहीं पाते हैं।

हमारे आस-पास के जीवन-इतिहास से जुड़ी सर्वेश्वर की कविताएँ, हमारे साथ बतियाती चलती हैं। उनकी संवादिता प्रभावशाली ढंग लिए होती हैं। पाठक का 'मैं' हर कदम पर 'हम' होता चलता है। झेला हुआ जीवन बड़ी सुलभता से पाठक के अनुभव का हिस्सा हो जाता है। क्योंकि कवि दर्शन, अध्यात्म तथा दूर की कौड़ी के मृगजल से बचता है। वह रचनात्मक छल करता है किंतु सभी के लिए, बस, सभी उसके रचना संसार में अनुप्रवेश करते जाते हैं। कलानुभव की सघनता, सच्चाई तथा ईमानदारी ने ही उनमें ऐसा किया है।

# 7

# कुआनो नदी–ठहराव की पीड़ा

'कुआनो नदी' सर्वेश्वर की एक सशक्त लंबी कविता है। किंतु आज जो आलोचक लंबी कविता के भरत-भामह बनते हैं, वे इसे खंडों में विभक्त लंबी कविता का कमजोर उदाहरण मानकर करवट बदल लेते हैं। इस कविता के बृहत्तर सामाजिक-राजनीतिक संदर्भों के बहुस्तरीय आयामों-विचारों को न पकड़ पाने का कारण है, उनका दूषित लंबी कविता वाला प्रतिमान। जिसे वे पंत की 'परिवर्तन', प्रसाद जी की 'प्रलय की छाया', निराला की 'तुलसीदास' तथा 'राम की शक्ति पूजा' पर लागू करने के साथ उसके बाद की तमाम लंबी कविताओं पर लागू करने के चक्कर में हैं। प्रबुद्ध पाठक आज भी जानता है कि छायावादी युग में रचे जाने पर भी 'परिवर्तन', 'प्रलय की छाया' तथा 'राम की शक्तिपूजा' में अलग-अलग तरीके का काव्यानुभव है। उनमें भीतरी-बाहरी ऐसी कोई समानता नहीं है कि लंबी कविता के एक ही प्रतिमान से सभी को नापा जा सके। क्योंकि इन तीनों ही कविताओं में तीनों ही कवियों का 'कवि-चरित्र' या 'कवि-स्वभाव' बड़ी भिन्नताओं के साथ व्यक्त हुआ है। 'कवि-स्वभाव' की इस भिन्नता ने ही कविताओं का 'चरित्र' बदल दिया है।

वास्तव में, सैद्धांतिक चिंतन से कविताओं को विश्लेषित करने में माहिर आलोचकों के लिए नयी कविता की लंबी कविताएँ लिखी नहीं गई हैं। बाहर और बाहर, भीतर और भीतर के व्यापक अनुभवों-संदर्भों-प्रसंगों-स्थितियों-परिप्रेक्ष्यों, संवेदनों ने इन कविताओं को गतिमान आवेगों से सृजित किया है। अलग-अलग खंडों में विभक्त दृष्टिगत होने पर भी इनकी आवयविक अखंडता ने आंतरिकता को दरकने नहीं दिया। सतही दृष्टि से खंड-खंड होने के जो भ्रम उत्पन्न होते हैं, वे गहराई से थाहते ही टूट जाते हैं और कवि का रचना-विन्यास, वाक्य-विन्यास की लय से खुलने लग पड़ता है। जैसे प्राचीन प्रबंधों में समग्र जीवनानुभव रिला-पिला होता था, ठीक वैसे ही नये ढंग की प्रबंध-चेतना को लंबी कविताओं में समग्र जीवन अनुभव के लिए गृहीत किया गया होता है। यही 'अंतर्योजना' कलाकृति में 'अन्विति' तथा 'अंतर्ग्रंथन' का सूत्र दृढ़ करती है। 'इतिवृत्तात्मक' को कम करती हुई लंबी कविता, गत्यात्मक अनुभवों की वैचारिक लड़ी से अपने को कसे होती है। 'गतिमान आवेग'

से लंबी कविता को जोड़ते ही एक खतरा मेरे मन में उठ खड़ा होता है कि स्वच्छंदताधर्मी काव्य प्रवृत्तियों से इसे एक आँख वाले जोड़ न दें। मुझे लगता है कि इस शब्द पर केवल रोमांटिक प्रवृत्ति की बपौती मानना सही नहीं है। प्रामाणिक अनुभवों के गत्यात्मक आवेग, सृजनात्मक कल्पना के बड़े काम के होते हैं। उनमें ही सृजन-कर्म का रहस्य छिपा होता है।

अज्ञेय की 'असाध्यवीणा', मुक्तिबोध की 'अँधेरे में', नरेश मेहता की 'समय देवता', साही की 'अलविदा', रघुवीर सहाय की 'आत्महत्या के विरुद्ध' तथा सर्वेश्वर की 'कुआनो नदी', नयी कविता की लंबी कविताएँ होने पर भी नयी कविता के एक से 'इडियम' में बद्ध कविताएँ नहीं हैं। प्रत्येक कविता अपने रचनाकार की संपूर्ण अंतर्मानसिकता, कला-सौंदर्य की प्रतिनिधिकता की शक्ति सँजोए है। कौन कवि किस वर्ग, किस दल, किस विचार तथा किन पाठकों के लिए लिखता है। यह आशय इन कविताओं को कुरेदते ही उघड़ने लग पड़ता है। राजा के दरबार में रखी 'असाध्यवीणा' आभिजात्यवादी परिवेश का संपूर्ण बिंब है। विवश, बेचैन 'अँधेरे में' का काव्य-नायक जन-चेतना का आत्म-चैतन्य है। राजनीति की मार से मारे गए आदमी की त्रासदी है। 'कुआनो नदी' भारतीय ग्राम-संवेदना के दर्द की सामाजिक-सांस्कृतिक व्यथा है। असल में 'अँधेरे में' तथा 'कुआनो नदी' अपने मूल अभिप्राय में गहरी समानता रखती हैं। दोनों ही आम आदमी की तकलीफ, बेचैनी, विवशता, आत्म-सजगता को पारिभाषित करती चलती हैं। दोनों ही कविताओं में सामाजिक, राजनीतिक विद्रूपताओं की भीषण विभीषिकाओं को बृहत्तर आयामों में व्यक्त किया गया है। अभिव्यंजना में व्यंग्य-वक्रोक्ति वाला बिंबविधान गुँथा हुआ है। दोनों में काव्य-नायक कवि का 'स्व' है। कवि के साथ जीने वाला एक संघर्षशील मामूली आदमी दोनों के ही केंद्र में है। हत्या, असुरक्षा, आतंक, गोली, अँधेरा, दोनों में ही एक-सा तना हुआ है। दोनों में एक-सी झपट—

(1) भागता मैं दमतोड़
काट गया कई मोड़ *(अँधेरे में)*

(2) मैं देखता हूँ और भागता हूँ
मैं भागता हूँ और देखता हूँ *(कुआनो नदी)*

दोनों ही कविताओं में पाठक की संवेदना का तारत्व इन्हीं गतियों-स्थितियों से जुड़ता है। दोनों ही कवियों की जनपरक मानसिकता काफी नजदीकी रखती है। इस दृष्टि से इन दोनों कविताओं की तुलना नयी कविता के प्रगतिशील तत्त्व को समझने का भी दृढ़ आधार देती है तथा नयी कविता के जनधारापरक दिशागत प्रवृत्ति भी आत्मालोचन के स्तर पर पाई जा सकती है। इन दोनों कविताओं को पढ़ते हुए मैंने लगातार महसूस किया है कि दोनों के कथ्य में एक गहरी एकता का सूत्र अनुस्यूत है। एक कविता दूसरी कविता की पूरक है, 'चरित्र' में अलग नहीं है। जिन आलोचकों ने इस समानता पर ध्यान नहीं दे पाया है, वे 'अँधेरे में' को तो शायद समझते हों,

'कुआनो नदी' को नहीं समझ पाते हैं। क्योंकि क्रांतिकारी चेतना और नयी नैतिकता का आधार इन कविताओं में वर्णित समाज के, इतिहास और तात्कालिक यथार्थता में ही निहित है।

'कुआनो नदी' का विश्लेषण अनेक स्तरों से किया जाना चाहिए। इस कविता में इनकी अनंत संभावनाओं का संकेत है। इस कविता को साहित्यिक आलोचक अपने ढंग से विश्लेषित करे तथा कलानुभव का सारांश अपने शब्दों में दे। इसी कविता को एक समाजशास्त्री अपने ढंग से विश्लेषित करते हुए आज तक के ग्रामीण समाज का समाजशास्त्रीय अध्ययन-मनन का चित्र वैज्ञानिकता से दे। इसी कविता को मनोविश्लेषण-शास्त्री अपने ढंग से विश्लेषित करता हुआ अपना मत दे। इतिहासकार तथा अर्थशास्त्री भी इसी कविता को पढ़कर अपने-अपने 'अनुशासनों' से उसकी छानबीन करें। यदि ऐसा किया जाएगा तो स्वतंत्रता के बाद का ग्रामीण गरीब तबका कैसा था, कैसा रहा, कैसा है आदि के स्थायी बिंब निष्कर्ष रूप में उभर पड़ेंगे। और तब हो सकता है—'कुआनो नदी' पढ़ते समय ग्रामीण-संवेदना, कस्बाई-संवेदना तथा शहरी-संवेदना को छानकर छना हुआ पाया जा सके। नगर-बोध की यंत्रणाओं को नयी कविता की तमाम लंबी कविताओं में राजनीति की चादर तानकर संमूर्त्तित किया गया है, किंतु ग्रामीण दशा को समझने में 'कुआनो नदी' अपने ही ढंग की प्रथम लंबी कविता है। एक प्रकार से ग्रामीण पिछड़ेपन, गरीबी-भुखमरी का जीवंत अंतर्इतिहास है। चूँकि कवि इस देश के गरीब ग्रामों से सीधा जुड़ा है, उन्हीं में उसका बाल्यकाल बीता है। उन्हें वह ठीक से समझता है। इन सबका परिणाम है कि 'कुआनो नदी' का दर्द ग्रामीण-संवेदना से जुड़े आदमी के लिए आज भी दाँत का दर्द है। ग्रामीण चौपट आर्थिक व्यवस्था का संघर्ष पीढ़ियों का संघर्ष रहा है, जिसने आदमी को न मरने दिया, न जीने दिया।

बहुत गरीब जिला है वह, बस्ती—
जहाँ मैंने इसे पहली बार देखा था।
मेरे नाना इन नदी में कूद पड़े थे
और निकाल लिए गए थे
जिंदगी से ऊबकर मर नहीं सके।

नाना नदी में एक बार मरने के लिए आर्थिक संघर्षों से मजबूर होकर कूदे थे किंतु प्रतिदिन तड़प-तड़पकर मरने के लिए निकाल लिए गए। पूर्वी उत्तर प्रदेश की अथाह गरीबी का संसार आज के आजाद मसीहों पर व्यंग्य सा करता है। जिन्हें हमारी सरकार 'रोटी' नहीं दे सकी, उन्हें जिंदगी? हजारों सालों की घुटन, भुखमरी, सड़न, सीलन, मुर्दा, मुर्दा स्थितियाँ 'कुआनो नदी' के प्रतीकों में झाँक पड़ते हैं। थोड़े से लोगों के हाथ की पूँजीवादी व्यवस्था ने अपार श्रमजीवी वर्ग को किस कदर दला और छला है—यह 'सबकुछ' इस कविता का 'कथ्य' है। बस्ती जिले की यह नदी

कवि की चेतना में आज भी किस रूप में बह रही है—दिल्ली की सड़कों पर बह उठी है—कविता में पाठक ऐसे अहसास भी करता चलता है। कविता में अनुभवों की यह दुर्निवार चेतना ही पाठक को समाज के इतिहास की चेतना से जोड़ती है।

सामाजिक जटिलताओं ने व्यक्ति को अनेक दबावों में पीसकर फिल्टर्स (छन्नों) की व्यवस्था में छिन्न-भिन्न किया है। गाँवों में बसने वाला हिंदोस्तान द्विवेदीयुग, छायावादी-युग में फिल्मी ढंग से रंगीन दिखाया गया है। गाँव का आदमी अमृत की तलाश में जहर पी रहा था लेकिन आदर्शीकरण वाले भाववादी कवि उसकी वस्तुस्थिति का नक्शा दे नहीं पाए या दे नहीं सके हैं। गाँव के इतिहास में जीवन-मरण का चक्रव्यूह चलता रहा और शहरीकरण वाले 'बाबू', 'साहेब' उससे कभी द्रवित नहीं हुए। सामाजिक रचना-गठन की अमानवीयता पर सत्ताधारी वर्ग का कभी ध्यान ही नहीं गया। भारतीय ग्रामीण निष्पंद कतारों में बसने वाले 'जीव' थे जो 'जीवन' तथा 'जीने' का अंतर नहीं जानते थे (नहीं जानते हैं)। सत्ता का काला तेंदुआ पत्थरों पर शिकार पटक-पटककर खाता रहा, पर हमारी आँखें सुर्ख नहीं हो सकीं। समूह वह मशाल नहीं जला पाया कि भेड़िया भाग खड़ा हो। अंधी असंगठित शक्ति का अंधा अराजक विद्रोह चलता रहा और साँप पत्थरों के भीतर रेंगते ही रहे। उनके मैदान में आने की प्रतीक्षा करते रहे, लेकिन उसे पूँछ पकड़कर पछाड़ नहीं सके। धीरे-धीरे तबाह होते गए, पूरा देश लड़खड़ाकर बैठ गया। स्वतंत्र देश में अपनी सत्ता के साम्राज्यवादी-पूँजीवादी, अधिनायकवादी चरित्र ने पाशविकीकरण, अमानवीयकरण और असांस्कृतिकीकरण को एक साथ तान दिया। सत्ताधारी की विचारधारा से जब मोह-भंग हुआ, तब अशिक्षित आर्थिक ढंग से कमजोर जनता को दिशा-भ्रम भी हुआ। नयी पीढ़ी की प्रबुद्ध चेतना ने विद्रोह किया तो सत्ताधारी दल ने उसके 'विद्रोह' के कारणों को सोचने-खोजने का काम तो बिल्कुल नहीं किया अपितु पुलिस-दल की सहायता से स्कूल-कॉलेज के प्रांगणों-सड़कों को, गोलियों से पाट दिया। नयी पीढ़ी के विद्रोह पर सत्ता ने यह इलजाम भी लगाया कि 'अनुशासन भंग नहीं होने दिया जाएगा'। दोगली नीति तथा चापलूसीवाद के अफसरों ने गोली का साथ दिया। इस पूरे परिवेश को 'कुआनो नदी' फिल्म की तरह घुमाती है—यंत्रणा और मृत्यु का साक्षात्कार कराती हुई—

> यह बच्चा है उसका कटा हुआ धड़
> बस्ता लिए स्कूल के फाटक पर पड़ा है
> इसके हाथ में पत्थर है
> जिसे वह पुलिस पर फेंक रहा था,
> यह बूढ़ा अपनी सूखती फसल के लिए
> रात में बरहा काट रहा था
> यह जवान जब कुछ नहीं बना

छर्रों की बन्दूक लिए हवेलियाँ लूटने की
सोच रहा था।

जवान आदमी को काम नहीं मिलता है, काम की कीमत नहीं मिलती है, काम की गरिमा का गर्व उसका नहीं होता, श्रम का यह 'परायापान' ही 'हवेलियों' पर छर्रेदार बंदूक से डकैती डालने को विवश करता है। पढ़ता हुआ विद्यार्थी, आर्थिक तंगी तथा बेकारी से थककर बंदूक थाम लेता है। तमाम युवा डाकुओं के डाकू बनने का यही इतिहास है। अपमान, बेकारी, हताशा, यंत्रणा से थककर आदमी ने 'डाकू-धर्म' अपना लिया। यह है देश में डाकूवाद का कच्चा चिट्ठा।

उसी से जुड़ा हुआ 'आत्महत्यावाद' भी है। निठल्लेपन की तकलीफ का यह युक्तिद्वार सरकारी अव्यवस्था के कारण ही खुलता है। सामाजिक-राजनीतिक विडंबनाएँ प्रेतों-सा कविता में अट्टहास करती हैं—

मैं भागता हूँ और देखता हूँ
यह खेतिहर मजदूर भूख से मर गया,
यह चौपाए के साथ बाढ़ में बह गया
यह सरकारी बाग की रखवाली करता था
लू में टपक गया
यह एक छोटे से रोजगार के सहारे
जिंदगी काट देना चाहता था
पर रेल से कट गया।

आर्थिक गरीबी से तबाह ग्रामीण-आदमी-औरत का यही कच्चा चिट्ठा है। आप चाहे साहित्य में इसे 'सपाटबयानी' कहो या 'बिंब-विधान' पर यही है यहाँ का आखिरी बयान। पेड़ और आदमी से ढलता सूरज यही बयान लंबे जमाने से दर्ज करता आ रहा है। सड़न तथा दलदल में दोनों की जड़ें सड़ रही हैं, पर सत्ता का चौधरी कह देता है—

यह पागल था
पुलिस की हिरासत में
निजाम उलटने के गीत गा रहा था,
यह एक किराये के जुलूस का
तमाशा देखते-देखते
अपनी जरूरतों पर सोचने लगा था
गोली चलने पर भागना भूल गया,
यह हरिजन था इसे जिंदा जला दिया गया
यह अनपढ़ गरीब था
इसे देवी की बलि चढ़ा दिया गया,

यह आस्थावान धर्मगुरुओं की कोठरी में मरा
यह अनजान ऊँचाइयाँ छूना चाहता था
छत की कड़ी से झूल गया—

बस, इस कविता में भी मुक्तिबोध की कविता 'अँधेरे में' की तरह 'मैं' भाग खड़ा होता है। छाती फट रही है—मुक्तिबोध का 'मैं' भी एक जगह जाकर रुकता है और 'कुआनो नदी' का 'मैं' भी रुकता है तो—

मैं अधजले मकानों के पास रुक जाता हूँ
नारे लगाते जुलूस तेजी से निकल जाते हैं,
शब्द दम तोड़ती मछलियों की तरह
उलटकर अर्थहीन हो जाते हैं
उनमें और पथराई पुतलियों में कोई अंतर नहीं दीखता।

सत्ता के साँड ने सींगों और पैरों से नरों को कुचला है और मादाओं को गर्भवती बनाकर पार्कों में हवा पीने के लिए छोड़ दिया है। नयी पीढ़ी के बुद्धिजीवी समझ में आने पर क्रांतिकारी बन जाते हैं, सत्ता को उलट देना चाहते हैं। मार्क्स-लेनिन तथा माओवाद से इसी स्थिति ने नयी पीढ़ी को भर दिया है। युवक मजबूर है क्योंकि रक्त-क्रांति के अतिरिक्त अँधेरे पिंजड़े में बैठे सत्ता के शेर को मारा नहीं जा सकता है। बंगाल, बिहार आदि में पैदा हुआ यह युवक क्रांति-दर्शन इसी दुर्दशा से जन्मा है। सत्ता के दानव के लिए ही यह पीढ़ी दधीचि की अस्थियाँ खोज रही है—शत्रु को पहचान गई है—पर—

बम बनाते समय जरा-सी चूक से
उसके हाथ-पैर उड़ गए
बिना कुछ सोचे-समझे
एक लाल किताब हाथ में लिए
ये मौत के साथ जुड़ गए,
उसने सोच-समझकर हड़ताल की
अकेला छूट गया,
विक्षोभ, अपमान और गरीबी से
असहाय टूट गया
क्या कोई यहाँ जिंदा है?

यहाँ सब अवसरवादी राजनीति में बुझे पड़े हैं, भरे पड़े हैं, चढ़ाए पड़े हैं, पैड़ाए पड़े हैं, बरगलाए पड़े हैं, हाँ में हाँ किए पड़े हैं, कमेटियों में पड़े हैं, कुर्सियों में पड़े हैं। इन सभी का इतना पतन हो गया है कि 'आत्माधिक्कार' जैसी कोई आवाज इनमें नहीं है। मनुष्य के चिंतक को सुलाकर 'धन का सेठ बैठ गया है'। पर कवि क्रांति करने की ठानता है फिर अँधेरे में विचार-क्रांति की लाल मशाल जलती है। एक

बार सँकरी-नीली-शांत कुआनो को कवि आक्षितिज लाल उद्दाम करना चाहता है—अपने पर नाराज होते हुए—

इन रगों में खून दौड़ता क्यों नहीं
और इन हजारों आँखों की चमक से
कल्ले क्यों नहीं फूटते?

कवि के ये शब्द पढ़ते ही माखनलाल चतुर्वेदी की कविता की पंक्ति 'खून है या है नसों में क्षुद्र पानी' का स्वर गूँजने लगता है। दिमाग के घंटे पर विचार की इतनी बड़ी चोट पड़ती है कि उसकी आवाज बहुत देर तक दिमाग में तनी की तनी रहती है। देश का यह राष्ट्रीय-सांस्कृतिक पतन हमारा कद और छोटा कर देता है। यह सोचते ही हम शत्रु को पहचानने पर भी शत्रु पर वार नहीं करते, उसकी चाकरी बजाते हैं तो हम इतने कायरतावाद-नपुंसकतावाद से ग्रस्त क्यों हैं? क्यों हम अन्य जागरूक देशों की भाँति जन-क्रांति नहीं कर पाते। हमारे खून में कौन सा गाँधी अहिंसा जगा रहा है? क्यारियों की नम भुरभुरी मिट्टी में पड़ी ठंडी जिंदगी से खुरपी जोश क्यों नहीं पाती? गोदाम घरों में हमारे हाथ किसने गिरवी रख छोड़े हैं? क्यों आदमी, आदमी बना नहीं रह सका? क्यों सभी फाइलों में बंद हो गए? दफ्तरों तथा ऊँची इमारतों पर चढ़कर सो रहे? क्यों पाई-पाई के चक्कर में बनियावाद बढ़ा? संस्कृति में पूर्वजों के कमाए मूल्य और मान कैसे दबकर मर गए?—

क्यों हर हाथ टूटा है?
क्यों हर पैर कटा है?
क्यों हर चेहरा मोम का है?
क्यों यहाँ हर दिमाग कूड़े से पटा हुआ है?
क्यों यहाँ कोई जिंदा नहीं है—

'मौन रहो और प्रतीक्षा करो' के घटिया प्रतिक्रियावादी सिद्धांत दर्शन को थूकता हुआ कवि घृणा से भर जाता है। धीरे-धीरे हालत और खराब हुई है। कुआनो नदी की नाव से कवि आया था तब सूखे हाथ, सूखी रोटी, नमक तथा तेल से खा रहे थे और लौट रहा है तो वही हाथ रोटी का टुकड़ा लिए बेजान पड़ा है। श्रमजीवी की जीतोड़ मेहनत का ऐसा नतीजा—(इस देश में तो हमेशा ही आता है)—

उस सूखे चीमड़ कंकाल का
रूखा झुर्रियों वाला हाथ भी नहीं रहा,
रोटी का टुकड़ा लिए बेजान पड़ा है
मैं एक मक्खी की तरह
खुद अपने ऊपर भिनभिनाने लगता हूँ
दिल्ली की इन सड़कों पर।

पर यह सब सोचने-देखने तथा निर्णय पर पहुँचने के बाद कवि चुप नहीं बैठता है।

ये कविता राष्ट्रीय सांस्कृतिक-परंपरा का विकसित क्रांतिचरण बनने लगती है। एक ईमानदार बुद्धिजीवी तथा कवि की हैसियत से कवि 'क्रांति' के सूत्रधार को दर्द के स्वर से पुकारने लगता है—पुकारता रहता है, पुकार ही रहा है। अतः क्रांति-दर्शन के नाम पर सर्वेश्वर की यह कविता मार्क्सवादी क्रांति-दर्शन से आगे नये युवक क्रांति-दर्शन की नक्सलवाड़ी कविता है।

'क्रांति का सूत्रधार' नेहरू-युग से आज तक (देसाई युग तक) यही कहता रहा—'किसान अपना खून-पसीना दें'। कार वाले की तरफ हेरते ही टोपी गिर जाती है जिसे फिर झाड़कर लगा लेते हैं। सीमा पर युद्ध होता है तो किसान मजदूर ताकतें ही सिपाही बनकर खून देती हैं। 'ददुआ' से कहती है कि देख लो 'बड़का' के सीने पर ही गोली दगी है पीठ पर नहीं। ये सभी किसान हैं जो तीस-इकत्तीस वर्षों से 'प्रतीक्षा करो—मौन रहो' के संदेश को पी रहे हैं। धीरे-धीरे कविता में यही बात सर्वेश्वर ने ठीक मौके पर कही थी। लोहिया के मंत्र में बोल पड़े थे कि 'जिंदा कौमें पाँच वर्ष इंतजार नहीं करती हैं।' अब कुआनो नदी में नया विचार बहाव और भी तेज धारा बन गया है कि किसान-मजदूर, गरीब-हरिजन की हालत को हर हालत में बदलना होगा। बंदूक उठानी पड़ सकती है, प्राण देने पड़ सकते हैं और कवि इसके लिए तैयार है। 'लाल किताब' लेकर इस बार नयी पीढ़ी मरी नहीं पड़ी होगी। पराधीनता तथा दुर्दशा का इतिहास मिटा रही होगी। इसी इच्छा ने कवि से कहलाया है—

कुआनो नदी उतनी ही उथली है
नाव उतनी ही छोटी कीचड़ में फँसी हुई
मुर्दे उतने ही बेशुमार,
कहाँ हो, ओ क्रांति के सूत्रधार।

युवा जन-क्रांति के नेता डॉ॰ लोहिया देश में बहने वाली 'नदियों' तथा 'कीचड़' का एक विशेष अर्थ दे गए हैं। कदाचित कवि के 'मनोमय संसार' में वह दर्शन घुमड़-कौंधकर यहाँ नये रूप में आया है। किंतु इस क्रांति-दर्शन की प्रेरणा डॉ॰ लोहिया से अवश्य मिली है। इस दृष्टि से 'नदी' तथा 'कीचड़' के प्रतीकों की विशेष व्याख्या यहाँ अपेक्षित है। लोहिया ने सांस्कृतिक परिदृश्य के इतिहास से सोच-समझकर एक शब्द चुना—कीचड़। यह 'कीचड़' इस देश की हजारों वर्षों की सड़ाँध तथा गलित परंपरा से पैदा हुआ है। धीरे-धीरे परंपरा भक्तों ने प्राणवान तत्त्वों को विस्मृत कर दिया। इसी का अनिवार्य नतीजा है—आज की विषम, भयंकर तथा त्रासद स्थिति। पूरा का पूरा देश गरीबी, भुखमरी, अपमान, यंत्रणा से पीड़ित है क्योंकि "मूल्यों का सारा निकष ही गड़बड़ा दिया गया है। ऊँची जातियाँ सुसंस्कृत पर कपटी हैं। छोटी जातियाँ थमी हुई, पर बेजान हैं।" यदि इस देश को आधुनिक बनाना है तो हजारों साल के इस कीचड़ को साफ करना होगा। सहनशीलता सिखाने वाली परंपरा ने विद्रोह के नाम पर हमें जकड़ रखा है। परंपरा को आधुनिक बनाने के लिए सांस्कृतिक

जकड़बंदी को खत्म करना होगा। सांस्कृतिक जकड़बंदी के आधार हैं—औरत, किसान, मजदूर, हरिजन, मुसलमान—सभी दबे और तबाह तबके हैं इन्हें नया जीवन देना होगा, बदलकर नये गतिमान मूल्य देने होंगे, छीना हुआ मस्तिष्क इन्हें वापस करना होगा। 'कीचड़' तभी साफ हो सकेगा। 'कुआनो नदी' कविता की पंक्तियों में 'कीचड़' का तात्पर्य है यही सांस्कृतिक कीचड़।

कवि के मन में कुआनो नदी या नदी का परिवेश ही क्यों उमड़ता है? इस प्रश्न के अनेक उत्तर हो सकते हैं। किंतु इसका एक उत्तर मुझे इस प्रकार सूझता है कि संस्कृति की धारा का अपना बहाव प्रभाव होता है। 'नदी' इसी सांस्कृतिक चेतना का आदिम प्रतीक है। नदी की धारा और धारा के तटों की भी एक संस्कृति होती है। डॉ॰ लोहिया का तो विश्वास था कि प्रत्येक संस्कृति-समूह की एक क्षेत्रीय नदी होती है। उस क्षेत्र की संपूर्ण भू-राजनीति, भूगोल, इतिहास, धर्म, दर्शन, अर्थ, कर्म-विधान उस नदी से जुड़ा होता है। एक प्रकार से नदी से ही क्षेत्र का सौभाग्य, दुर्भाग्य, सुख-दुःख, जीवन-मरण संबंधित होता है। देवता पुरातात्विक प्रतीक हैं, नदियाँ पुरातात्विक प्रतीक हैं। भौगोलिक प्रतीकों में नदी तथा वनस्पतियाँ आती हैं। सिंधु, गंगा तथा कावेरी में एक समय से राजनीति और संस्कृति की एक विशाल धारा प्रवहमान रही है। छोटी नदियाँ—कृष्णा, ताप्ती, गोदावरी आदि पठारों से जाती हैं। नदियों से जीवन जुड़ा था, तो आर्थिक-सामाजिक शक्तियाँ भी इन्हीं पर टिकी थीं। नदी परंपरा इतनी प्रबल रही है कि गंगा-यमुना-तोरण साम्राज्यों के संवर्द्धन का प्रतीक बन गया। इसीलिए मिथक, कला और साहित्य और राजनीति भी नदी-संस्कृति में समाविष्ट रहे हैं। भाषा, संस्कृति, धर्म—सभी की उपमा में 'नदी' का आना भी इसी इतिहास-बोध का ऐतिहासिकतावादी निष्कर्ष है। डॉ॰ लोहिया के शब्दों में—"हर एक कौम की कोई न कोई अपनी एक नदी है। इसमें शक नहीं कि सभी हिंदुस्तानियों की अपनी नदी गंगा है...इस हिसाब से मैंने पूछा कि तुम तेलगू लोगों के मन में कौन सी नदी सबसे ज्यादा हिलोरें पैदा करती है, सभी चीजों में, राजनीति में, इतिहास में, धर्म में, लड़के-लड़की के संबंध में, क्योंकि आप यह न समझ लेना कि नदियाँ उनसे कोई ताल्लुक नहीं रखतीं।" (कृष्णा और गोदावरी के इलाके में)। डॉ॰ लोहिया जानते थे कि 'नदी' के साथ जाति के जीवन का पूरा ताल्लुक होता है। नदी की गति-प्रवाह, विस्तार-संकोच, बाढ़-संयम प्रवृत्ति आदि का उसके तटवासियों के मन, स्वभाव, भाव-विचार-चिंतन, मानसिक गठन, घुटन आदि का गहरा एवं स्थायी प्रभाव पड़ता है। इस दृष्टि से भारतीय संस्कृति के मूलाधार में नदी संस्कृति है। पर, आज जब हमारी नदियाँ कीचड़ से भर रही हैं। उन्होंने संपूर्ण परंपरा को समझते हुए ही 'नदियाँ साफ करो' का नारा दिया था। पानी पीने, नहाने, निवृत्त होने, कपड़े धोने, खेत भरने आदि सभी से संबंधित होने के कारण नदियाँ जीवन तथा मृत्यु के घाट हैं। नदियों से जनमानस धारा इतनी जुड़ी रही है कि मुर्दे तक इन्हीं के तटों पर

जलाए जाते थे। यह सब जीवनगत कर्म-विधान से जुड़ी स्थितियाँ रही हैं और हैं। 'कुआनो नदी' को इसी भौगोलिक, प्राकृतिक, सांस्कृतिक प्रतीकार्थ में ग्रहण करना चाहिए, कदाचित यही कवि का भी मंतव्य है। कुआनो नदी के पास की संस्कृति का संपूर्ण जीवन-मरण-बोध इसी प्रक्रिया से कविता में कराया गया है। बाढ़ आती नदी, विनाश का बिंब है और यही बिंब 'कुआनो नदी' के नाम पर कवि-मन में प्रथम बार कौंधता है। इस बिंब माला में विनाश, ठहराव, भूख, भुखमरी, क्रोध आदि के तमाम विनाशपरक भाव-चित्र बाद में जुड़ते गए हैं। राजधानी की सड़कों पर 'कुआनो नदी' बहने लगती है तो कवि—

फिर बाढ़ आ गई होगी उस नदी में
पास का फुटहिया बाजार बह गया होगा,
पेड़ की शाखों पर बँधे खटोले पर
बैठे होंगे बच्चे किसी काछी के
और नीचे कीचड़ में खड़े होंगे चौपाए
पूँछ से मक्खियाँ उड़ाते।

नदी की बाढ़ को कवि ने झेला-सहा है, अतः बाढ़ के सभी बिंब उन्हीं अनुभवों के भीतर से फूट-फूट पड़े हैं। पेड़ की डालों पर बैठे गरीबों के बच्चे—विशेषकर साग-सब्जी—नदी के किनारों पर उगने वाले काछियों के बच्चे याद आते हैं। बाढ़ में चौपाए जानवर दुःख भोगते हैं। चारों ओर विपत्ति तनती जाती है। यह नदी प्रायः ग्रामों को बाढ़ से डुबोती है। बाढ़ का विवरण कवि ने साधारण भाषा के अर्थ-बिंबों से दिया है, पर विशिष्ट रचनात्मकता ने साधारण भाषा की असाधारण ताकत से कविता में नया अर्थ-ध्वनन-व्यापार सृजित कर दिया है। कवि के पास आँख-नाक तथा कान बहुत ही अच्छे हैं। वह उन कवियों में नहीं है कि जो सुनते हैं तो देखते नहीं और देखते हैं तो सुनते नहीं—या फिर सुनते हैं तो देखते ही रह जाते हैं। इंद्रियों की प्रबुद्धता सर्वेश्वर के रूप, घ्राण, स्पर्श, ध्वनि आदि बिंबों में हर जगह है। स्मृति और अतीत के बिंबों की गतिमानता भी अनुभवात्मक प्रामाणिकता का दावा-सा करती है। लोक-जीवन की लोक तात्विक धारणाओं को भाषा ने पुष्ट किया है। शब्द कवि ने नदी किनारे के लोगों के ही लिए हैं—तद्भव, देशज शब्द। पूरी की पूरी कविता इसी लोक-संस्कृति को इसी भाषा में आँखों के सामने घुमाती है। रंग तथा ध्वनि के बिंब एक साथ उभरते हैं—

पीले पीले मेढकों की छपाक से ही।

स्मृति-बिंबों से कविता भरी पड़ी है। यथा—

जबकि मेरे पिता जाँघ तक धोती उठाए
पानी को हलकोरते आते हैं
कलल-कल, कलल-कल

यहाँ स्मृतियों में पानी की ध्वनियाँ बँध-बँध जाती हैं। गति, शब्द और ध्वनि का यह संश्लिष्ट बिंब अपनी अनायासता में अनुभव को और घेर-घेरकर पाठक को देता रहता है। इसी क्रम से संपूर्ण कविता परिवेश-वृत्त को प्रतीकों बिंबों में मूर्तित करती चलती है और जिन पाठकों ने ऐसी नदी के किनारे के गाँव देखे हैं, उन्हें तो पोर-पोर अपने में समा लेती है। गाँव तथा नदी के माध्यम से कविता संपूर्ण भारतीय जन-चेतना के फलक पर फैल जाती है और इसका अर्थ, राजनीति के संदर्भों, व्यंग्यों में प्रासंगिक ढंग से पाठक में उतरता चला जाता है। यह न फैंटेसी है, न रूपकात्मक काव्य है, सीधी दर्द भरी व्यथा-कथा का विराट् बिंब है। संशय को सीधा लाने की कला ने पाठकीय चेतना में कविता को सीधे संप्रेषणीय बना दिया है। नयी कविता की अधिकांश लंबी कविताएँ अपनी जटिलता में उलझा नाटकीय एकालाप है। यह कविता नयी कविता की प्रथम लंबी कविता है जो बहुत बड़े अर्थ-संदर्भों, प्रसंगों, प्रतीकों, स्थितियों को संमूर्त्तन देने में सीधा नाटकीय एकालाप बन सकी है। निश्चय ही कवि-मन के विचारों का सीधापन ही सक्रियता से यह बिंदु पा सका है।

लंबी कविता 'कुआनो नदी' तीन खंडों या गुमटियों में लिखी गई है। प्रथम गुमटी 'कुआनो नदी' (सिंतबर 1970), द्वितीय गुमटी 'कुआनो नदी के पार' (फरवरी 1972), तृतीय गुमटी 'कुआनो नदी—खतरे का निशान' (दिसंबर 1972) में लिखी गई है। जाहिर है कि यह भावावेग से प्रेरित क्षणिक आस्फालन का उबाल-भर नहीं है। चेतना में बहने वाली स्थितियों का अखंडता में व्यंग्य-विद्रूपता-विडंबना से भरा नाटकीय एकालाप है। प्रसंगों-घटनाओं की कार्य-व्यापारपरक क्षिप्रता ने संपूर्ण कथ्य को गति दी है और नये-नये बदलाव नाटकीयता में रचे जा सके हैं। समय के लंबे-लंबे अंतरालों के बीच सृजित होने पर भी कविता में स्तंभन-प्राणत्व-शक्ति की कमी नहीं है, जिसका कि खतरा ऐसी स्थिति में बराबर बना रहता है। यह कालरिज के 'कुबला खाँ' के ढंग और मिजाज की कविता नहीं है कि किसी भी धोबी के दरवाजा खटखटाते ही भाग खड़ी हो और बाद में पकड़ ही में न आए। कहना न होगा कि यह 'मूड' की नहीं 'विजन' की कविता है। 'विजन' की कविता में कवि जीवन की समग्रता को रचाता-पचाता है, उसमें 'सही दृष्टि' को सँभालने का दायित्व ही कवि-कर्म की सफलता बन जाता है। यह तो टी. एस. इलियट की लंबी कविता 'वैस्टलैंड' के गठन की तरह रिफलैक्स फेंकती चलती कविता है। 'कुआनो नदी' पढ़ने और सोचने, सोचने और फिर पढ़ने के लिए लिखी गई कविता है। मैं इसे विचार कविता न कहकर सोचने-समझने की कविता कहना पसंद करूँगा। विचार तो कविता को आज बनाते हैं पर कविता को विचारों के भीतर से कैसे सृजित किया जा रहा होता है—'कुआनो नदी' इसी पद्धति का सबूत है। इसी पद्धति में यह कविता राजकमल चौधरी की 'मुक्ति प्रसंग', सौमित्र मोहन की 'लुकमान अली', धूमिल की 'पटकथा' और लीलाधर जगूड़ी की 'नाटक जारी है' आदि कविताओं से मिलती प्रतीत होती है। नये सोच-समझ

की इन कविताओं की जैसे यह शैली ही विकसित होती रही हो।

आर्थिक-सामाजिक-राजनीतिक स्थितियों के बदलाव से अछूती इस नदी तट की जनता का ढंग भी वही है जो नदी का है। नदी पाट नहीं बदलती है। बदलावहीन जड़ता ने सब-कुछ ठंडा कर दिया है। यही ठंडापन मुर्दों की चिताओं तक पहुँच गया है। मुर्दा घाट के लिए मशहूर नदी के पास जाने का मतलब मुर्दा फूँकने जाना है। इस तट पर बसे गरीबों का आदि और अंत सत्यानाश में डूबा रहा है। शव-यात्रा में जाने पर पिता आधी रात लौटकर माँ से यही कह पाते थे कि कुछ ऐसे भी अभागे होते हैं कि उनकी चिता तक ठीक जल नहीं पाती। उनमें मानो इतना ठंडापन, सीलन, अँधेरा भरा हो, प्रकाश उन्हें अंत समय में भी जीत नहीं पाता। कीचड़ तथा सड़ाँध से भरा आदमी लाल अग्नि नहीं पकड़ पाता है। नदी के किनारे तथा पुल पर कहीं कुछ नहीं है। कामकाजी आदमी-औरतें बतियाते भर हैं, बैलगाड़ियाँ चलती हैं, बकरियाँ चरती हैं, डगमगाते इक्के दुर्दशा के प्राचीन प्रतीक हैं। रोगी-उदास गरीब परिवेश का पीला-पीला सूरज ऐसे ही रोज आता-जाता है। अँधेरा आते ही इज्जत-आबरू बचाने वाली औरतें, चोर-बदमाश, उचक्के-लुटेरों-कातिलों से डरती हुई 'लाली हो लाली' कहकर चिल्लाती हैं। नदी के तट पर मेला नहीं लगता है, धर्म से नदी गंगा की तरह नहीं बँधी है, तो भी प्रातःकाल स्नानी भक्त कहाँ नहीं होते। दूध वाले पानी मिलाते हैं, प्राइमरी शिक्षक निवृत्त होने को रुकते हैं। बाकी जगह बंदर डटे होते हैं।

बड़ी विपत्ति यह भी आ गई है कि इस नदी का शहर से कोई संबंध न होने पर भी अब उन्हीं की यह नदी है। उन्हीं के काम आती है। धूप में शहर की गंदगी साफ होती है। धोबी कपड़े धोते हैं। सिगरेट पीती आवारा औरतें इश्की हरकतें करती हैं। अपने ग्राहकों के साथ घूमती हैं। दिन में यह काम और रात में कत्ल। पुलिस की लाल टार्च तथा सियारों की आवाजों की गूँजें गूँजती हैं। नदी के किनारों के गाँवों में तालाबों से सिंघाड़े का काम होता है। मटके औंधाए नंग-धड़ंग खटिक जाति के लोग दिखाई देते हैं। फटे-पुराने तार-तार कपड़ों में लिपटे खटनियों के युवा पुष्ट अंग झाँक जाते हैं। सभी व्यापारी-बिसाती लोहार-बढ़ई गाँव का पूरा श्रमजीवी कुनबा कविता में मौजूद हो जाता है। इस प्रकार नदी-तट के गाँवों का संपूर्ण इतिहास-भूगोल-अर्थ-कर्म-धर्म-कविता में चित्रों से उतारता है। कोई चित्रकार चाहे तो गाँव का बड़ा ही जिंदा फोटो इस कविता से उतार सकता है। पाठक के मन में 'कुआनो नदी' का पूरा परिवेश फैल जाता है और यह परिवेश ही अर्थ-चक्र में घूम पड़ता है। प्रतीकों की धुरियाँ मजबूत पड़ती हैं और बाहर और बाहर—भीतर और भीतर का तमाम दृष्टिगत होने लगता है।

बरसात के दिनों में गाँव का नरक पैर जमाता है। बरसात का पानी बिना जगत के कुओं में घुसकर कुआँ पी लेता है, तब लगता है नदी, कुआँ में से ही

जन्मी है। आदमी और पशु खरवा से घायल पैर की उँगलियों और खुरों के घायल हो जाने से लँगड़ाते हैं। तालाबों में सूअर लोटते हैं और औरतें पानी में बैठकर खाना बनाती हैं। बच्चे और कुत्ते एक-सी पीड़ा पाते हैं। दोनों की आँखें मिट्टी के तेल की ढिबरियों-सी दिखाई देती हैं। बरसात के बाद जमीन सूखती है तो गाँव का वैमनस्य लाल हो जाता है। खलिहानों में आग लगा दी जाती है। मजूरी न मिलने पर चोरी होती है। गरीबी से तबाह औरतों के झगड़ने-रोने की आवाजें आती हैं। नाक बहाते बच्चे 'हर खुले दरवाजे की ताक में घूमते हैं।'–

और इनके बीच
कुआनो निर्लिप्त भाव से बहती रहती है
अपना पाट नहीं बदलती।

यह संपूर्ण 'दृश्य' ही कवि की 'दृष्टि' से छनता है--अपने लोगों की ऐसी ही दुर्दशा ने कवि को छील दिया है–

इस नदी ने मुझे अंधा कर दिया है
मुझे कुछ दिखाई नहीं देता
अपनी ही आकृति क्रूर-कठोर लगती है।
एक बंजर भूमि में
बड़े हुए नाखून लिए मैं खड़ा हूँ–

यहीं पर कवि में रूपक का झटका शुरू होता है। स्थिति में कल्पना, जीवन का नया रंग लाने लगती है। आवेगों की सामंजस्यमयी अवस्था को व्यवस्थित अनुक्रियाओं द्वारा मूल्यवान अभिवृत्तियों में ढाला गया है। इससे 'कुआनो नदी' में मानवीय अस्तित्व की अनेकविधि संभावनाओं का व्यापक साक्षात्कार होता चलता है। गरीबी की पीड़ा को व्यक्त करने वाले सूक्ष्मतम मानसिक व्यापारों को विशिष्ट मुद्राओं के द्वारा उद्घाटित किया गया है। 'इस नदी ने मुझे अंधा कर दिया है' या 'मेरी निगाह कुछ कमजोर हो गई है' आदि विशिष्ट अर्थ-संदर्भों की व्यंजकता सत्योद्घाटन की कवि-प्रक्रिया है। प्रतीतियों का भावुकतापूर्ण प्रतिपादन प्रभाव को इस दृष्टि से और बढ़ा देता है कि भारी-भरकम शब्दाडंबर से बचते हुए साधारण-जन की भाषा का जादू कविता में विद्यमान है। अनुभवों की सक्रियता, तात्कालिकता, दृष्टिसंपन्नता (विजनरी) को बढ़ाती है। चूँकि कवि 'कुआनो नदी' के किनारे, आसपास के दृश्यों को देखकर विवरण, इतिवृत्त, वर्णन आदि को देने में ही संतुष्ट नहीं होता है, वह सोचने की उस प्रक्रिया को भी व्यंजनात्मक प्रतीकों-बिंबों से शुरू कर रहा होता है जो 'विचार' को जाग्रत करती हैं।

'मेरी निगाह कुछ कमजोर हो गई' आदि कवि के कथनों को पढ़कर रिचार्ड्स की यह बात अचानक ध्यान में आती है कि बढ़िया कविता में निश्चयात्मक कथनों (एसर्सन्स) का प्रायः अभाव रहता है। कारण, कोई भी निश्चयात्मक कथन और

अनिश्चयात्मक मात्रा तक दमन लाता है जो काव्यानुभव की अखंडतः तथा पूर्णतः के लिए घातक होता है। इसीलिए कवि सामान्य विश्वास से कविता को चलाता है। इसी पद्धति से उसे कोई खतरा महसूस नहीं होता। पर कला का कमाल तब प्रगट होता है जब धीरे-धीरे संपूर्ण अनुक्रिया विश्वासाश्रित हो जाया करती है। कवि पर एकदम विश्वास या भरोसा न करने का एक बड़ा कारण यह भी है कि किसी वैज्ञानिक स्थापना में हम जिस तरह विश्वास करते हैं, उसी तरह का भरोसा रागात्मक कथन में नहीं करते हैं। रागात्मक कथन के भीतर छिपी 'एप्रोच' पर पाठक का ध्यान होता है। इसीलिए रागात्मक विश्वास, वैज्ञानिक विश्वासों से भिन्न दृष्टिगत होने पर भी भिन्न नहीं होते हैं, उनमें मात्रा का नहीं प्रकार का भेद होता है। रागात्मक विश्वासों को सही दृष्टि से अन्वेषित करने के लिए ही कवि से भरोसे की भाषा अपेक्षित रहती है।

'कुआनो नदी' के परिवेश के आसपास की बर्बरता 'बढ़ते नाखूनों की बर्बरता' है। जीवन की क्रूर विडंबना को कवि इस प्रकार व्यक्त करता है कि जैसे-जैसे नाखूनों की बर्बरता बढ़ती जा रही है वैसे-वैसे नदी की जमीन बंजर, रफ्तार शांत हो रही है। यह दृश्य पाठकीय चेतना पर घूँसा-सा पड़ता है—

और नदी हर दिल में उसी रफ्तार से शांत
हर विवशता का अट्टहास-सा करती।

× × ×

बहुत गरीब है यह धरती
जहाँ यह बहती है।

'कुआनो नदी' नदी न रहकर जन जीवन-प्रक्रिया-धारा का प्रतीक बन जाती है। कवि, ग्रामीण-व्यथा को अनेक बिंबों में खपाता है। एक लंबी बिंब-माला—जीवन की तमाम स्थितियों को खोलने में जुट जाती है। 'कुआनो नदी', 'दिल्ली की सड़कें', 'नाना', 'काछी', 'कीचड़', 'कुएँ', 'पिता', 'मछलियाँ', 'जोंकें', 'पनियल साँप', 'पीले-पीले मेढकों की छपाक्', 'पिपिहरियों की आवाज', 'मुर्दघाट', 'पुराना बड़ा ढोल', 'पसरी नदी', 'चिड़ियाँ', 'नरसल की हरी छड़ियाँ', 'खड़खड़ाते पीपल', 'जालीदार पीले पत्ते', 'पीला-पीला सूरज', 'किनारे बैठे बंदर', 'सियार', 'चमगादड़', 'चिता', 'हाँफते कुत्ते और बच्चे', 'बंजर भूमि', 'बढ़े हुए नाखून', 'काँसे की चूड़ियाँ', 'दौरियाँ', 'निराई और बोआई के गीत', 'पीली धोती वाली लड़की', 'लाश पर बैठे कौए', 'सँकरी नीली शांत', 'आक्षितिज, लाल, उद्दाम' आदि तमाम प्रतीकों की बिंब-माला चक्राकार गति से घूम जाती है।

'कुआनो नदी' के तट के संपूर्ण इतिहास से परिचित कराने के साथ कवि 'कुआनो नदी पार' जाने की तैयारी करता है। पुल बना होने पर भी यात्रा नाव से शुरू होती है। नाविक यहाँ राम का केवट नहीं है—सूखे चीमड़ कंकाल का सूखी झुर्रियों वाला व्यक्ति है जो नाव खेता है। तुलसी के राम नदियों के तटों पर जिन

केवटों को छोड़कर गए थे, अब उनकी व्यथा का आधुनिक व्यक्ति आता है। सूजी हुई छोटी आँखें पीली पड़ गई हैं, दुर्बल शरीर में दम नहीं है, दम लगाकर नाव चलाता है तो उसकी एक-एक नस फूल उठती है। झाँकती हुई नसों का नीला दर्द नाविक, कवि तथा पाठक तीनों पर तनता है। वहीं, लग्गी की चुभन वाचक के साथ पाठक को महसूस होने लगती है। दिल्ली की इन सड़कों पर कवि को वैसी ही यातनाग्रस्त जनता दिखाई देती है तो टाँका टूट-टूट जाता है। नाविक की उस दशा ने कवि को करवट दे दिया है—थोड़ी देर के लिए नदी के गंदे पानी में वह मछलियों की पिकनिक करना चाहता है। हजारों साल का सांस्कृतिक कीचड़ नाव को पकड़ लेता है—पकड़े रहा है—नाव उसी में धँस जाती है। ऐसा लगता है हर श्रमजीवी की नाव इसी सांस्कृतिक कीचड़ में फँसी खड़ी रहती है। अपने इस 'कीचड़' से अनजान, दुर्गंध से बेखबर, भूखा नाविक नमक-तेल लगी रोटी खाता है। उस नाविक को कवि-सत्ता के शब्दों की खाली तिजोरी देता है—पढ़े-लिखे अपने को समझदार कहने वाले लोग अनपढ़ श्रमजीवियों को यही कहकर धोखा देते हैं—पूरी परंपरा का शब्दार्थ पाप में पसर-सिकुड़कर मंत्र बना है—

'मौन रहो और प्रतीक्षा करो
मौन रहो और प्रतीक्षा करो।'

यही वह मंत्र है जिसने सर्वनाश किया है। जनता से बिना आँख मिलाए हरामखोर नेताओं का मंत्र। लोकतंत्र का मंत्र, जिसने जनता को चबा लिया है। मंत्र के इस 'अभिनय' या 'स्वांग' भाव ने ही 'पाखंडपूर्ण व्यक्तित्व' को जन्मा है। तिकड़मवादी-अवसरवादी की भाँति कवि चुपचाप चल पड़ता है—

और बिना उसकी ओर देखे
तेजी से इन इमारतों की बगल से गुजर जाता हूँ
जिन पर 'सत्यमेव जयते' को खरोंचकर
लिखा है : 'सब चलता है।'

मूल्यों के विघटन से उत्पन्न घटिया जीवन-मूल्यों का नारा 'सब चलता है' गले में अटकता है। अमानवीयकरण, श्रम की क्रियात्मकता का परायापन ही कोठियों का सबेरा है। राजधानी के बुद्धिजीवी 'नाविक वर्ग' की इस जिंदगी से बेखबर घूम-टहल-चुहल में ग्रस्त हैं। दुर्दशाग्रस्त यहाँ दिखाई भी देता है तो कौन देता है। आदमी से यहाँ इमारत की ज्यादा इज्जत है। शहर में बसने पर भी गाँव का शहरी आदमी अभी भी गाँव के आदमी को भूला नहीं है। उसे ठीक से देखने वाली निगाह बिजली की चमक-दमक ने कमजोर कर दी है, फिर भी वह खेतिहर मजदूर का भूख से मरना, चरवाहे का चौपाए के साथ बहना, लू से रखवाले का टपकना, निराश आदमी का रेल से कट जाना महसूस करने लगता है तो व्यवस्था का सड़ा, मलवा उसके सिर पर झड़ने लगता है। पं॰ रामनरेश त्रिपाठी जब 'पथिक' में कहते थे—

चिंतित है, आश्चर्यचकित है कृषक विकल है दुःख से
कौन छीन लेता है उनका कौर अचानक मुँह से

× × ×

फटे पुराने चिथड़ों से ही ढँके किसी विधि तन हैं
कैसे सिए सुई-धागे से भी नितांत निर्धन हैं।

उस समय हम लोग ब्रिटिश शासन को गाली देकर आजादी का कम से कम इंतजार तो करते थे–अब आजादी के बाद खेतिहर मजदूर, भूख से मरता है तो किसे पुकारें? किसे गाली दें? किस अपने को गोली दाग दें? हमारी सरकार की पूँजीवादी नीतियों से मुर्दाघाट देश बन गया है।–सांस्कृतिक पतन के 'कीचड़' ने सब कुछ को काले कीचड़ में बदल दिया है–हरियाली काली पड़ रही है।

दल दल के खड़े पेड़ जड़ से सड़ रहे हैं
पत्तियाँ काली पड़ रही हैं।

यह सब कैसे हो गया? किसने किया किस हद तक किया? यह जानने के बाद ही–'मैं सोचता हूँ और भागता हूँ' की चाप सुन पड़ती है। भूख तथा बेकारी के खिलाफ बगावत करने वाली पीढ़ी–युवा पीढ़ी पत्थर लिए हाथों में स्कूल के फाटक पर कटी पड़ी है। राजनीति के साँपों ने सभी को गुँजलक में लपेटकर तबाह कर दिया–मौत के घाट उतार दिया है। लाठी तथा गोली की भाषा में लोक-तंत्र को खड़ा किया है। लाल किताबों वाले मारे गए, यहाँ कोई भी विद्रोही जिंदा नहीं छोड़ा गया। सभी का यह 'मरापन' ही निष्कर्ष लाता है–

क्यों ये थोथे सिद्धांतों के नीचे
दबकर मर गए,
यदि बच रहे
तो फूली लाश की तरह उबर गए?
क्यों हर हाथ टूटा है?
क्यों हर पैर कटा है?
क्यों हर चेहरा मोम का है?
क्यों हर दिमाग कूड़े से पटा है?
क्यों यहाँ कोई जिंदा नहीं है?

पूरे देश का एक साथ मरण कविता में प्रश्नाकुलता के साथ चक्कर खाता है। गहरी समस्यात्मकता में पूँजीवाद अधिनायकवाद का खूनी पंजा सभी को मारता दिखाई देता है। वह श्रमजीवी जो 'रोटी मकान' की प्रतीक्षा में काफी दिनों जिंदा रहा, आखिरकार अपमान, घुटन, विक्षोभ से भरकर मर गया। यह त्रासदी भाग्य की नहीं है, व्यक्ति की है। उस 'चरित्र' के साथ है जिसे तिरंगा ढोया करता था।

'कुआनो नदी–खतरे के निशान' को अचानक छूने लगी है। कविता का यह

नाटकीय मोड़ बेहद अजीब ढंग से आया है। इस तीसरे खंड में—सँकरी नीली शांत नदी में जन-क्रांति का पानी चढ़ रहा है। कविता फैंटेसी, व्यंग्य-कथा, आत्म-कथन आदि की तमाम शैलियों में रची जाने लगती है। 'क्रांति का सूत्रधार' यहाँ सोच-समझकर खड़ा हो जाता है। घटनाओं, स्थितियों से जन्मी निराशा का कुहासा छूट जाता है और कवि चिंतन के गंभीर क्षणों में मुक्तिबोध के काव्य-नायक की भाँति 'रक्तालोक स्नात पुरुष' की भाँति साँकल खटखटाने लगता है। सच्चे ईमानदार कवि की बुद्धिजीवी भूमिका का यह खंड महत्त्वपूर्ण हिस्सा बन जाता है। कविता के दो खंडों में क्रांति-चेतना को जन-चेतना में न पाकर प्रगतिवादी आलोचक हताश हो सकते हैं, हुए हैं। उन्हें लगता है कि जैसे जन-क्रांति-चेतना में सर्वेश्वर के कवि को विश्वास ही नहीं है। इसी प्रकार के अनाप-शनाप निष्कर्ष मार्क्सवादी निकाल सकते हैं। मार्क्सवादी आलोचक को कठिनाई इस कविता से नहीं है, उनके 'कमिटमेंट' से ज्यादा है। वे यह भूल जाते हैं कि सर्वेश्वर किसी पार्टी के प्रचार-पत्र के रूप में—कुआनो नदी नहीं लिख रहे हैं (जैसा वे चाहते हैं) कविता लिख रहे हैं और जो 'जनवाद' की तंग गली की कविता न होकर 'जन जीवनधारा' के व्यापक संदर्भों की कविता धारा में है। अपनी सत्ता की राजनीति की लज्जा, कलंक और शोक की कविता लिख रहे हैं। इस दृष्टि से यह कविता किसी भी पार्टी के प्रति 'प्रतिबद्ध' न होकर जन-धारा के प्रति प्रतिबद्धता की कविता है।

इन्हीं कारणों से तृतीय खंड में नदी का पानी जड़ से चैतन्य और चैतन्यता से गति, गति से क्रांति-धारा में बदल रहा है। बर्फ की शिला जन-ताप से पिघलकर बह पड़ी है—चढ़ पड़ी है। अचानक खून की गर्मी कविता में जोर मारती है। यह सब 'धीरे-धीरे' नहीं होता है। धीरे-धीरे होने में सर्वेश्वर का कवि विश्वास नहीं रखता है। यह उनका काव्य-दर्शन ही नहीं है। 'गर्म हवाएँ' संकलन की पहली कविता 'धीरे-धीरे' इसी काव्य-दर्शन का प्रमाण है। कवि ने कहा है—

(1) 'धीरे-धीरे'—
मुझे सख्त नफरत है
इस शब्द से। *(गर्म हवाएँ)*

(2) धीरे-धीरे—
मुझे कुछ भी नहीं है स्वीकार
चाहे वह घृणा हो चाहे प्यार। *(गर्म हवाएँ)*

धीरे-धीरे परिवर्तन-प्रतीक्षा के परिणाम कवि पा चुका है। उसने पाया है कि धीरे-धीरे आजादी की पीढ़ी का स्वर डूब गया। धीरे-धीरे एक क्रांति-यात्रा, शव-यात्रा में बदल गई है। धीरे-धीरे सड़ाँध तथा कीचड़ से देश भर गया है। अब, और इंतजार नहीं करना है, परिवर्तन-प्रक्रिया के चक्र को तेज से तेज करना है। उसने 'कल करता हो सो आज ही करो' सिद्धांत की अंतर्दृष्टि को पा लिया है। इसी अंतर्दृष्टि ने 'कुआनो

नदी' के तृतीय खंड में तेज परिवर्तनवाद का संकेत दिया है। कवि ने यहाँ प्रतीकों-संकेतों से अनेक अर्थ-स्तरों को देना भी तेज कर दिया है। 'कुआनो नदी' अब पुरानी नदी नहीं है—नवीन चेतनात्मक क्रांति की वाहक धारा का वेगवान प्रतीक है। 'वाचक' को 'एक और' के शब्द सुनाई देते हैं—'किसी भी समय बाँध टूट सकता है—निकल चलो मेरे साथ।' किंतु इस क्षण में भी शब्दों को संदूक की तरह मेज-कुर्सियों पर जमाया जाता है। तेज-परिवर्तन और निर्णय के क्षणों में जमे हुए पुराने सांस्कारिक मन का नये विद्रोही मन से कैसे टकराव-तनाव होता है तथा कैसे प्राचीन संस्कारों से मोह-भंग एकदम नहीं हो पाता है। इस स्थिति का एक बेबाक बिंब यहाँ लटकता है—आत्म-संघर्ष की स्थिति—

मुझमें अभी भी
बहुत कुछ बचा ले जाने का मोह है
और नदी को सब कुछ तोड़ने का जोश।

साँकल खटखटाने वाला कोई और व्यक्ति नहीं है—चेतन मन को अवचेतन मन की ध्वनियाँ सुनाई देती हैं। द्विधा-ग्रस्त व्यक्तित्व की चेतना ही आपस में टक्कर मार रही है। एक मन का हिस्सा कहता है कि सत्ताधारी साँडों ने जल-थल-वायु में अपनी सुरक्षा का इंतजाम कर लिया है, उनका कोई कुछ नहीं कर पाएगा। द्वंद्वग्रस्त चेतना का दूसरा पक्ष बचपन में पढ़ी किताबों को छोड़ना नहीं चाहता—

'जो बहुमूल्य हो, भारी न हो
उसे रख लो, जल्दी करो।'

ये शब्द सुनकर पुराने सांस्कारिक मन तथा प्रगतिशील मन में टकराहट तेज हो जाती है। अंत में 'पहली बार मुझे लगता है, मेरे पास बहुमूल्य कुछ भी नहीं है। मेरी जान तक नहीं है फिर मैं क्यों सब बचाना चाहता हूँ?' नयी प्रश्नाकुलता नयी वैचारिकता का विचार-प्रकाश पाती है किंतु मन की घबराहट कम नहीं होती है। नये विचार, पुराने विचार को रौंदते हैं कि एक बार आदमी व्यवस्था को बदलने में जुट जाता है तो अपनी चिंता से कटकर सबकी चिंता में चला जाता है। पुरानी व्यवस्था से लड़ने के लिए एक दुर्दमनीय संकल्प की आग चाहिए। 'संविधान' पर जीवन की सच्ची जिल्द न होने के कारण संविधान की पुस्तक अन्य पुस्तकों से कटकर गिर पड़ती है। संविधान, जनता के प्रवाह से कितना दूर पड़ गया है—यह प्रतीकार्थ उभरने लगता है। हिलती व्यवस्था को नष्ट करने में ही सृजन छिपा है। बिना पुराना ध्वंस किए नया सृजन, नया बोध संभव नहीं है। 'संविधान' की पुस्तक और तिलक का 'गीता रहस्य' परिवेश की विसंगतियों को और उभारते हैं। और तभी अहिंसावादी विचारों पर हिंसावादी गोली चल जाती है—

घर के पिछवाड़े बँधी
गाँधी जी की बकरी मिमियाती है

और कहीं गोली चलने की आवाज आती है।

गाँधी की बकरी को भेड़िए कैसे खा गए हैं—इस पूरी स्थिति के व्यंग्य को कवि लोक-नाट्य-परंपरा की नयी प्रयोग नाट्य-कृति 'बकरी' में इसी संदर्भ से उभार चुका है। गाँधी-सिद्धांत की दुर्दशा 'पंचधातु' (गर्म हवाएँ) कविता में साफ तौर से व्यक्त की गई हैं—'तुम्हारी चप्पल गरीबी की चाँद गंजी करने के काम आ रही है।' जैसे निर्णय बहुव्यापक अर्थों में फूट पड़े हैं। 'कहीं गोली चलने की आवाज में' क्रांति का स्वर है—प्रक्रिया है। ऐसी गोली 'अँधेरे में' कविता में चलती है। पर दोनों की स्थितियों में अंतर है। मुक्तिबोध एक अराजक स्थिति को शब्द देते हैं, किंतु सर्वेश्वर गोली चलने के बाद 'यह संकेत बाहर आने का' सुनते हैं। संपूर्ण जनता क्रांति के लिए सड़कों पर नहीं आ जाती है क्योंकि कवि नयी पीढ़ी के उन मरियल, दोगले कहवाघरों में बैठे बुद्धिजीवियों से हताश है जो क्रांति के नाम पर एक चाय और कहकर किसी से प्रेम करने लग जाते हैं। ये 'मरियल हकलाते छोकरे' ही हर क्रांति के आज कलंक हैं। इन्हीं जैसे छोकरों के कारण हर संघर्ष, शिकस्त में गिर पड़ा है—तभी तो

इस नदी में
न जाने कितनी बार बाढ़ आई है
रगों में खून खौला है
पर हर बार अंगीठियों से तमतमाए चेहरों पर
रोटियाँ ही सेंकी गई हैं।

यहीं पर कविता थोड़ा हताश करती है। क्योंकि सत्य यह है कि चेहरे तमतमाए तो, लेकिन अंगीठियों से नहीं तमतमाए। हरएक के इस तरह तमतमाए होते तो इतनी लाल रोशनी उठी होती कि सत्ता की बटुइयाँ उड़ गई होतीं। मरियल चेहरे सुलगते रहे, चिपचिपे रहे, पिचककर फटते रहे, अँधेरे में धँसते रहे हैं। कभी-कभार युवा मर्दों ने क्रांति की धार को तेज करना चाहा है—पर

नक्सलबाड़ी, श्री काकुलम, मुसहरी
पानी कछार में फैले
सूखी धरती और सूखे दिलों में जज्ब हो गया है।

क्रांति, लोग पी गए हैं। इस क्रांति को पीने के भी तमाम आर्थिक-सामाजिक कारण हैं तथा मध्यवर्गीय पेटी बुर्जुआ चरित्र का एक 'विशिष्ट चरित्र' भी इसके लिए उत्तरदायी है। इसीलिए तमाम तैयारी, बेचैनी, घबराहट के बावजूद भी बाँध नहीं टूट पाता है। संकल्पों की सीलन में सुलगते विचारों का धुआँ उठकर परिवेश को धुँधुआ देता है। क्रांति का 'पारा' हथेलियों में ठहरने के बजाय जाने कहाँ भाग जाता है। गोली चलती रहती है, क्रांति के लिए मन का एक पक्ष बुलाता रहा है किंतु मन का दूसरा पक्ष अभी उसका साथ नहीं दे पाता है, कोई निर्णय नहीं ले पाता। ऐसी स्थिति दूसरे

मन की ही नहीं, क्रांति के नाम पर हममें से ज्यादातर की है। इस प्रकार द्वंद्वग्रस्त चेतना की स्थिति का यह मनोविश्लेषणात्मक पक्ष ही इस कविता का भीतरी यथार्थ है। यह कविता मानव-इंद्रियों और मस्तिष्क में अंतर्निहित सृजनात्मकता का उद्घाटन है। ऐसी ही स्थिति के लिए सृजन-कर्म में 'निर्माणात्मक' शब्द अधिक समीचीन है। जिसमें 'रूप', 'संघटन' तथा 'अन्विति' तीनों का सामंजस्य रहता है।

देखे-सुने-भोगे संसार को कवि अनुभव से पुनःसृजित करता है। 'कुआनो नदी' में कवि ने बचपन से लेकर प्रौढ़ उम्र के वयस्क अनुभव और उनसे जुड़ी राजनीति को प्रस्तुत कर दिया है। ऐसी ही कलाकृतियों के लिए प्राणिशास्त्र के प्रोफेसर युंग ने कहा है--"एक अर्थ में जिसे हम दुनिया कहते हैं, उसकी अक्षरशः सृष्टि करते हैं। विशेष ध्यान की बात यह है कि हम यह सीधे ढंग से नहीं कह सकते कि हमारे चारों ओर एक संसार है, जिसके बारे में हमारी इंद्रियाँ सच्ची सूचनाएँ देती हैं।...वस्तुतः यह स्वयं भी इस प्रक्रिया का अंग बन जाते हैं। 'सृजनशील कलाकार' एक पर्यवेक्षक है, जिसका मस्तिष्क नये ढंग से काम करता है। जो विषय पहले संप्रेषणीय नहीं थे, उनके बारे में दूसरों को बता पाना, उसके लिए संभव होता है। संप्रेषण के साधनों द्वारा ही हम अपनी पर्यवेक्षण शक्ति को तीक्ष्ण करते हैं।"

यह कविता इस भ्रम का निवारण करती है कि कलाकार केवल कपोल-कल्पना पर टिका होता है। 'कुआनो नदी' का सहजानुभूतिपरक क्रिया-व्यापार साक्ष्य प्रस्तुत करता है कि कवि, अनुभव से सृजन करता है। यह एक प्रकार का आत्मान्वेषण तथा कविता में आत्मालोचन है। बचपन, कविता में जगह-जगह आता है--नदी के पास जाकर नरसल की हरी छड़ियाँ काटकर लिखने की, कलम बनाने की, तथ्यगत सूचना शिशुसुलभ अन्वेषण वृत्ति को, अंत तक कविता में जीवंत रखती है। नदी के आसपास के दृश्यों की इसी सहजानुभूति ने कविता में ताजगी तथा उर्वर मौलिकता को बनाए रखा है। सर्वेश्वर में कवि-गत प्रतिभा की नैसर्गिक शक्ति के संकेत मिलते हैं, जो प्राक्तन संस्कार के कारण सहजात हैं।

'कुआनो नदी' के अतीत तथा वर्तमान को सामाजिक-आर्थिक-राजनीतिक पूरे परिदृश्य को साफ देखने वाली सृजनात्मक कल्पना ने स्पष्ट बिंब-सृजन किया है। 'कुआनो नदी वैसी ही पसरी रहती है' कविता की एक पंक्ति को ही लेते हैं तो 'पसरने' का भाव-चित्र पूरी दशा-दिशा को खोल देता है। शब्दों का इतना सजग प्रयोग पूरी कविता में किया गया है कि बिंब-धर्मिता में संप्रेषण-व्यापार बढ़ गया है। संकेतगत अस्पष्टता तथा अतिरिक्त दुरूहता की कमी ने इस कविता को पाठक-धर्मिता दी है। 'रूपक' का प्रयोग आलंकारिक वैचित्र्य के लिए न होकर कथ्यगत नूतन अन्वेषण का अंग है। वैयक्तिता के परिहार ने निर्वैयक्तिकता की भावभूमि से जोड़कर कथ्य में सभी की मानसिक स्थितियों को व्यंग्यों से सप्रसंग समायोजित किया है। राजनीतिक जटिलताओं से भरी, परस्पर या विरोधी स्थितियों का तनाव

ही नहीं रहने दिया, उन्हें संतुलित तर्कों से साधा बुना तक है। इसलिए जार्ज लूकाच के शब्दों में कवि की सृजनात्मक अवचेतन शक्ति को इस प्रकार कह सकते हैं–"सृजक के द्वारा सामाजिक संबंध सचेत रूप से नहीं, बल्कि अनायास रूप से व्यक्त होते हैं।" यह अनायास ही कवि का 'स्वतः स्फूर्त' संवेदनात्मक ज्ञान से परिपूर्ण मन है। इसी दृष्टि को समझते हुए मुक्तिबोध ने कविता को 'एक सांस्कृतिक प्रक्रिया' ठीक ही माना है।

'कुआनो नदी' का 'नवीनता' के तत्त्व से भरा परिवेश सहसा हमें कहने को आकृष्ट करता है कि सच्ची कला, कला के इतिहास में नयी कृति होती है। उसमें व्याप्त बेचैनी और तड़प, अनुपलब्ध संभावनाओं की चिंता से पैदा होने के कारण कला की परंपरा-विहित परिपाटी से अलग पड़ जाती है। इसी स्थिति को समझाते हुए स्टीफेन स्पेंडर ने कहा है–"धुँधले बदरा के समान उस विचार को शब्दों के फुहारों में झरते देखने का मन होता है।" वास्तविकता का नया नाम 'अवचेतन' है और 'आदिम बिंब' के नाम से जाना जाने लगा है, तो कविता के भीतरी संसार की वास्तविकता भी समझ के नजदीक आती-जाती है। पर यह कलागत प्रयास निर्वैयक्तिक होता है। युंग के शब्दों में–"कलाकार स्वतंत्र इच्छाशक्ति से संपन्न अपने लक्ष्यों की पूर्ति खोजने वाला जीव या व्यक्ति नहीं अपितु ऐसा प्राणी है जो अपने माध्यम से कला को अपने उद्देश्यों की सिद्धि करने देता है। एक मानव होने के नाते उसमें संवेग, इच्छाएँ और व्यक्तिगत लक्ष्य हो सकते हैं; किंतु एक कलाकार के नाते वह एक समृद्ध अर्थ में 'मानव' है–वह एक 'सामूहिक मानव' है, जो मानव जाति के मानसिक जीवन के अवचेतन को वहन और रूपायित करता है।"

'कुआनो नदी' में गाँव के जन-जन की इच्छाओं को, दमन-अवरोधों को, दुर्गति, बुरी आदतों को–उठाने का कार्य भी इसी चेतना का हिस्सा है जिसमें सृजन-कर्म अवचेतन की गहराइयों से मातृत्व-क्षेत्र लेकर आता है। इसी प्रक्रिया को इस प्रकार समझ सकते हैं, जब कभी कवि में सृजन-पक्ष की प्रधानता होती है, मानव जीवन, सक्रिय इच्छा-शक्ति के विरुद्ध अवचेतन से अनुशासित और रूपांतरित होता है और चेतन अहं गहनतम प्रवाह में बहकर घटनाओं का असहाय पर्यवेक्षक मात्र रह जाता है। प्रक्रिया, गति, रचना, कवि की नियति हो जाती है तथा उसका संपूर्ण सामाजिक-सांस्कृतिक विकास उसमें निर्धारित होने लगता है। इन्हीं क्षणों में सर्वेश्वर 'कुआनो नदी' की रचना नहीं करते, बल्कि कुआनो नदी सर्वेश्वर की रचना करने लगती है और यह 'प्रतीक' ही महत्त्वपूर्ण हो उठता है। इसी दृष्टि से यह कृति अनेक बिंबों की माला में गुँथी हुई एक बृहत सामाजिक 'विजनरी' है, जिसमें समसामयिक ग्रामीण-संवेदना का द्वंद्व सही ढंग से शब्द पा सका है। युंग के शब्दों में, "इतना ही कहना चाहिए–वह वस्तुनिष्ठ और निर्वैयक्तिक है, यहाँ तक कि अमानवीय भी, क्योंकि एक स्रष्टा के नाते वह स्वयं कृति है, न कि एक मानव प्रणीत।"

समग्रतः में 'कुआनो नदी' ठहराव की पीड़ा का कराहता-कसकता-तड़पता संसार है, जिसमें जानते हुए भी कुछ न कर पाने की विवशता का यथार्थ रूप है। यही द्विधा वृति के तीसरे खंड में नदी की तरह पसरती गई है।

'कुआनो नदी' कविता के प्रबंध का स्थापत्य भी इस दृष्टि से महत्त्वपूर्ण है कि कवि ने इसमें नवीन प्रबंध-क्षमता का परिचय दिया है। जैसे ही इस लंबी कविता के भीतर धँसते हैं और अर्थ-संधान की प्रक्रिया में उतरते हुए इसके वैचारिक तल को थाहना चाहते हैं, वैसे ही सहसा यह तथ्य उभरने लगता है कि यह कविता परंपरागत अर्थ में 'प्रबंध' नहीं है। यह एक नये प्रकार का नाट्य-प्रबंध है जिसे मैथिलीशरण गुप्त या प्रसाद के प्रबंध-स्थापत्य की तरह विश्लेषित करना संभव नहीं है। इसका प्रधान कारण यह है कि 'कुआनो नदी' कथा-काव्य नहीं है और कथात्मकता या इतिवृत्तात्मकता को किसी भी कोण से सुरक्षित नहीं रखा गया है। भारतीय जन जीवन की वेदना को कवि ने निजी आत्म-साक्षात्कार, संघर्ष, कथागत प्रतीकों और बिंबों की गत्यात्मक कड़ियों में बाँधकर प्रस्तुत किया है। नाटकीय मुद्रा में किया गया यह समस्त बदलाव ही कविता को परंपरा विहित प्रबंधात्मकता से अलग करने के साथ यह दृष्टि भी उभारता है कि शास्त्रीय परंपरा की भारतीय कसौटी का अपनी सैद्धांतिकता में लागू होना यहाँ उपयुक्त नहीं है।

ऐतिहासिक दृष्टि से कहा जा सकता है कि परंपरागत प्रबंध के अनुशासन द्विवेदी-युग के बाद की कविता में लगातार टूटते गए हैं। इसीलिए उन कविताओं को निश्चित अर्थ में प्रबंध-काव्य कहना न तो संभव है न उचित ही। निराला की 'राम की शक्ति-पूजा', प्रसाद की 'कामायनी' इतिवृत्त को चुनौती देती हुई सूक्ष्म अंतर्वृत्तियों, मनःस्थितियों और नये आत्मसंघर्षों की कविता-परंपरा का संकेत थीं। इस प्रकार छायावाद ने ही एक बिंदु पर प्रबंध-काव्य के लिए अनेक चुनौतियाँ उपस्थित कर दी थीं। विचार के बढ़ते हुए युगीन कदमों ने गद्य को इतनी तेजी से स्थापित किया है कि कविता का भावातिरेक से संपन्न संसार, विपन्न होता हुआ विघटन के कगारों को स्पर्श करने लगा। खतरे का यही निशान छायावादी कवियों के सामने सृजन-समस्या के रूप में उपस्थित हुआ है और इस कविता में भी गद्य ने घुसपैठ ही नहीं की, अपनी स्वायत्त सत्ता का गुणात्मक विस्तार कर दिया। कथात्मकता और रसात्मकता को दर-किनार करते हुए कवि नयी टेकनीक की तलाश करने लगा और लंबी कविताएँ संरचना का एक नया फैलाव पाने लगीं। एक प्रकार से बढ़ते हुए विचार ने या गद्य की ताकत ने प्रबंध-शिल्प की पुरानी बुनियाद पर ही आक्रमण किया। इसलिए हजारों सालों से चला आता हुआ 'शंभु धनु' टूट गया। नये कवि ने इसी बोध को यह कहकर व्यक्त किया, "क्या करूँ जो शंभु धनु टूटा तुम्हारा तोड़ने को मैं विवश हूँ।" एक प्रकार से यह विवशता, बाहरी न होकर आभ्यांतरीकरण कला-प्रक्रिया के बदलाव से उपजी थी। इसलिए चिपटकर जीती हुई प्रबंध रूढ़ियाँ

भी धीरे-धीरे क्षरित होती गई। पश्चिमी कविता में एजरा पाउंड ने जब विचार के इन संकर बिंदुओं का साक्षात्कार किया था और द्वितीय विश्व युद्ध की मूल्यांधता को भोगने के बाद वे स्वयं इस निष्कर्ष पर पहुँच गए थे कि परंपरा का मतलब है, उसे समूचा तोड़कर नयी राहों की तलाश। पुराने संस्कार के लोगों के लिए यह नयापन कविता के काव्यशास्त्र में ही हलचल का प्रयास था किंतु कविता को निगलने वाली भावुकता या भावातिरेक यह सब ढो नहीं सकता था, जिसे द्वितीय विश्व-युद्ध के चिंतन ने पैदा कर दिया था। व्यक्तिवाद, अस्तित्ववाद, अति-यथार्थवाद, जिस मुद्रा में शीर्षासन कर रहे थे, उन्हें सीधा करना बाद में टी॰ एस॰ इलियट के लिए भी संभव नहीं हुआ। कवि-मन या युग-मन, रचनात्मक द्विधा और तनाव में आ गया था और हिंसा के बढ़ते हुए नाखून तथा मानवता की बंजर होती हुई जमीन कोई सृजन नहीं कर सकती थी। अपनी असफलताओं में घिरी एक पीढ़ी विद्रोह के अतिरिक्त कर भी क्या सकती थी। उन्हीं नये विचारों की टक्कर ने भारतीय जनमानस को भी बदल दिया और उन्हीं के तरीके का चिंतनात्मक प्रबंधगत स्थापत्य इधर भी नयी कविताओं में दृष्टिगत होने लगा। यहाँ का भी आदमी आर्थिक, सामाजिक गरीबी से थक गया था और जब गाँव की पुरानी पीढ़ी असमंजस में थी, तब नयी पीढ़ी बलिदान की ओर बढ़ गई थी। 'कुआनो नदी' में पत्थर फेंकता हुआ बच्चा स्कूल के फाटक पर कटा पड़ा है, जैसे—

यह बच्चा है इसका कटा हुआ धड़
बस्ता लिए स्कूल के फाटक पर पड़ा है
इसके हाथ में पत्थर है
जिसे वह पुलिस पर फेंक रहा था,

इस प्रकार के तमाम संकेतों और संदर्भों को देती हुई कविता देश की अंतर्व्यथा की कथा भी कहती चलती है। घटनात्मकता के बिंदुओं से उभरता हुआ अर्थ, यह अहसास कराता है कि विद्रोह के मूल में चाहे वे अराजकतावादी हों या नक्सलवादी, साम्यवादी हों या सुधारवादी कौन-कौन से कारण रह होंगे। इसीलिए—

पानी चढ़ रहा है :
खून खौल रहा है,
बहुत करीब आ गया है
खतरे का निशान।

यह नक्सलवादी आवाज सुनकर भी कविता में एक संस्कारगत मन है जो विद्रोह नहीं कर पाता, इसीलिए शब्दों का संदूक हिलता है, गाँधी की बकरी मिमियाती है, कहीं गोली चलने की आवाज आती है और तिलक का गीता रहस्य मेज से गिर पड़ता है, संविधान की पुस्तक जिल्द से अलग हो जाती है। लेकिन एक आत्म-संघर्ष है जो केवल यही विश्वास ले पाता है—

मुझे लगता है अभी एक लपट कौंधेगी
और इस हरहराते पानी में आग लग जाएगी।

प्रायोगिक मन और सांस्कारिक मन की टक्कर में जीत, सांस्कारिक मन की ही होती है और इतना ही निष्कर्ष उभर पाता है—

गहरे अँधेरे में वह
झमझमाता निकल जाता है

फिर पता नहीं चलता कि यह पत्थरों से जाकर टकराया या लाश की ठोकरों ने उसे रोक दिया, किंतु यह अहसास जरूर होता है कि फैसले पर न पहुँचा हुआ आदमी फैसले पर पहुँचे हुए आदमी से ज्यादा खतरनाक होता है। कविता का संपूर्ण अर्थ-संभार, विचार पर केंद्रित है। फिर भी कवि, विवरणों में न जाकर या सामान्य टिप्पणियों से दूर रहते हुए समकालीन भारतीय समाज के इतिहास को रचना-प्रक्रिया के स्तर पर स्पष्ट कर देता है। इसका प्रबंधशिल्प, प्रसंगगत उद्भावनाओं से संश्लिष्ट होते हुए भी क्लासिक परंपरा का विस्तार नहीं है। निराला 'राम की शक्ति पूजा' में क्लासिक संदर्भ की एक परंपरा का निर्वाह करता है जिसे नयी कविता ने बाद में छोड़ दिया। अनिर्मित पथों की तलाश करने वाला कवि सर्वेश्वर घटनाओं और प्रसंगों से देश का दर्शन कराना चाहता है। किसी चौंकाने वाले रचनात्मक बिंदुओं के अमूर्त्त लोक में नहीं ले जाना चाहता। इसीलिए कवि ने कविता में गतियुक्त, लयात्मक भाषा-बंध की स्थापना न करके नये ढंग की भाषिक संरचना विकसित की है और भाषा में इसीलिए आत्मसंबोधनात्मक स्वर कई बार व्यक्तिवादी संकेतों से आता है जैसे 'मेरी निगाह कुछ कमजोर हो गई है।' भाषा तथा विचार की जिस भूमिका पर मुक्तिबोध 'अँधेरे में' कविता को लाकर नया प्रबंध-शिल्प गढ़ते हैं, उसी ढंग से 'कुआनो नदी' भी नये प्रबंध-नाट्य को प्रस्तुत करती है। इसलिए मुक्तिबोध की कविताओं की तरह इस कविता को लंबी कविता मात्र कहने से काम नहीं चलता। मौलिक सर्जना ने जिन तीन गुमटियों में, कविता को सृजित किया है उसमें वैचारिक बेचैनी ही नहीं है एक प्रश्नाकुलता दहककर ह्रदय पर छा जाती है और अपनी ही समस्याओं के उलझे हुए अंबार में हम ऐसे फँस जाते हैं, जैसे कोई पशु पानी के भीतर फैली हुई जड़ों में फँसकर संघर्ष कर रहा हो। इसलिए इस कविता का प्रबंधगत ढाँचा 'संशय की एक रात' या 'उर्वशी' की तरह भी नहीं है। भारती की 'कनुप्रिया' का धरातल भी इसे स्पर्श नहीं करता, क्योंकि यह कविता अंतर्मुखी व्यक्तिबद्धता से ग्रस्त न होकर, देश के दर्द की हलचलों को रचना-प्रक्रिया के स्तर पर पारिभाषित करती चलती है। देश को भीतर से पहचानने के कारण ही एक समझदारी की तकलीफ पहले आत्मबोध के स्तर पर आती है, फिर यह आत्मबोध विवेक-प्रक्रिया के रूप में बनने लगता है और फिर यह विवेक-प्रक्रिया क्रांति के गुच्छों में गुँथ जाती है। इसलिए यह कविता एक प्रकार से पुनःपहचान का प्रयास है। अज्ञेय की कविता

'असाध्य वीणा' रचनात्मक धरातल पर किसी संकट का अहसास नहीं कराती, किंतु 'कुआनो नदी' रचनात्मकता के इन तटों पर फैली है। इसलिए इतिवृत्त, लोकवृत्त में बदल गया है। और कवि ठोस अनुभवों को किसी छलावदार भाषा में उतारना नहीं चाहता। दरअसल यह कविता ऐतिहासिक-समसामयिक यथार्थ-संदर्भ की उस भूमिका को सँजोए हुए है, जिसमें कवि जनता के समस्त समस्यागत कोणों को एक नये ढंग से ढाल रहा है।

संक्षेप में, यह कहना उचित होगा कि 'कुआनो नदी' गाँव में बसे हजारों गरीबों की स्थितियों और विवशताओं को नवीन प्रबंध-स्थापत्य में प्रस्तुत करती है, जिसमें कवि के बचपन से लेकर आज तक के सभी अनुभव, नवीन वैचारिक प्रतीकों और बिंबों में सृजनात्मक धरातल पर व्यक्त हुए हैं।

# 8

# जंगल का दर्द–समस्याओं का सोच

अब तक की काव्य-यात्रा में 'जंगल का दर्द' एक विशिष्ट प्रकार की अतंर्मानसिकता को व्यक्त करने वाला काव्य-संकलन है। आपातूस्थिति के अंतरंग अंशों को कवि ने अपनी अनुभूति से रचनात्मकता प्रदान की है। सुविधा के लिए यह संग्रह दो भागों में विभक्त है, किंतु कवि की मूल चेतना कथ्य के स्तर पर एक-सा लहजा अपनाती है। सर्वेश्वर की विशेषता है कि उनका हर अगला संग्रह पिछले संग्रह की सृजनपरक मानसिकता से विच्छेदन करता चलता है। किंतु यथार्थ को पकड़ने वाली आधारभूमि कहीं भी बदलती नहीं है। आरंभिक संकलनों में रोमानी रुझान उनके व्यक्तित्व का अंश है, किंतु इस संग्रह में वह रोमानियत जैसे सूख जाती है और कवि अंतरंग और बहिरंग समाज के सामाजिक संदर्भ को शब्दों की नयी धार पर उतारने लगता है।

> कितनी ठंड है
> शब्द कंठ में ही
> बर्फ हो गए।
> फिर भी स्मृतियाँ
> आग की तरह धधक रही हैं,
> जैसे बर्फ में मशाल लेकर कोई जा रहा हो।

बर्फ में मशाल लेकर चलने वाला यह विद्रोही कवि परिवेश को पहचानते हुए ताप को जन-चेतना में गर्मी लाने के लिए अनिवार्य मानता है। यही वह मनःस्थिति है, जिसमें कवि को बर्फानी तूफान में दफन होने का पश्चात्ताप नहीं है। अपने ही दर्पण में जब अपना चेहरा विकृत आकृतियों में घूमने लगता है, तो दूसरों के चेहरों में अपनी ही आँखों की कसक देखना और उनसे अपना चेहरा अलग कर पाना कठिन हो जाता है। जिंदगी की तमाम मजबूरियाँ आत्मीय मुस्कान खोकर पीली, थकी, बीमार और हाँफती हुई दृष्टिगोचर होती हैं तो कवि उस आंतरिक विवशता को पहचानकर मुक्तिबोध की तरह बोल उठता है–"याद रखो कभी अकेले में मुक्ति नहीं होती। यदि वह है तो सबके ही साथ है"–सब का साथ देने के लिए ही यह कवि प्रत्येक सुंदर आँख में छिपे हुए दर्द को भीतर झाँककर महसूस करने की कोशिश करता है–

मैंने झाँका—
वहाँ तमाम चेहरे थे :
दुखी चेहरे, उदास चेहरे, गुस्से और
क्षोभ से भरे चेहरे, फीके, निस्तेज
धूल खाए चेहरे।

यह चेहरे ही आँखों में दर्द की तस्वीर बनाते हैं, इनकी स्थिति प्लेग से भागकर खड़े असहाय लोगों की भाँति हो गई है और भीड़ में खोया हुआ हर चेहरा अपने से नफरत करने की शुरुआत करता हुआ दिखाई देता है। समय के दर्पण में झाँकने पर पता चलता है—कोई चेहरा फूल नहीं रहा, आग में बदल गया है। हर सुगंध धधककर रोशनी बन गई है और हर कोमलता विपत्तिग्रस्त चेहरे को जैसे धिक्कार उठी हो। बुद्धिजीवियों के साथ दिन-भर के थके-हारे अनपढ़ मजदूरों ने पहली बार जिंदगी की स्लेट पर एक शब्द लिख दिया है—आग। किसान, मजदूर सदियों से अपनी जिस ताकत को नहीं पहचानता था, उसकी पहचान उसमें 'आदमी' बनने के लिए बेचैन हो उठी—

समय आ गया है
जब इन्हें आदमी और गधे का
रिश्ता समझाना होगा,
इन्हें आदमी होने का अहसास कराना होगा
और उनको गधा होने का।

इस रिश्ते को समझाने के कारण ही कवि पुराने ढर्रेदार ढंग से शब्द पढ़ने की आदत को हटाकर उन खेतिहर मजदूरों के ही शब्दों को नये अर्थ-संदर्भों तक ले जाना चाहता है जो उनके सही अर्थों से बेखबर रहे हैं। खबरदार मुद्रा ने ही इन जनों के साथ आत्मीयता जोड़ते हुए लिखा है—

मैंने देखा, स्लेट पर चलती
उनकी उँगलियाँ
लौ में बदल रही हैं
और पूरा शब्द लिखते ही
उनका हाथ मशाल में बदल गया है।

यह समझते ही ऐसा अनुभव होने लगता है चारों तरफ केटलियाँ खौल रही हैं और शक्ति की भाप से एक खोखला लोकतंत्र पिघलाव ले रहा है। यह पिघलाव ही बदलाव की उस स्थिति का संकेत है जिसकी प्रतीक्षा रही है—

शब्द जिन्हें मैं बर्फ की सिल्लियों पर भी
अकेली चींटी-सा चला ले जाता था
अब अंगारों से धधक रहे हैं

उनसे मैं खेल नहीं सकता
वे युद्धभूमि में बदल गए हैं।

शब्दों की यह आग मजदूरों की ओर मुखातिब है उन मालिकों की ओर लाल आँखों से देख रही है जो मजदूरों को फाके पर फाके कराते रहे हैं। अब उनकी कोठियों का घिराव करने के अतिरिक्त कोई चारा नहीं रहा है। विवश मजदूर कच्ची मिट्टी की गोली न बनकर जैसे आग में तपकर सुर्ख हो गया हो। गुलेल की तरह खिंची हुई उसकी भौंहें संकेतों से कह उठी हैं, 'आग लगा देंगे आग' सामूहिकता की यह आग सर्वहारा वर्ग को एक करती है और अधिनायकवाद का सीना इसी से जलकर राख हो जाता है। अधनंगे, अधभूखों का समूह में इकट्ठा होकर बढ़ना ऐसा होता है जैसे जंगल की आग किसी गिरिशिखर की ओर बढ़ जाती है और उसे ध्वस्त करके ही दम पाती है। इस आग की लपट और उसकी अलग-अलग चिनगारियों को पहचानना ही 'जंगल के दर्द' को पहचानना है। कवि की बड़ी भारी तमन्ना रही है कि वह किसानों की चिलमों में अंगारे की तरह चमके, दमके, धधके और मजदूरों की बीड़ियों में सुलगने के स्वप्न साकार कर सके। उन चूल्हों में आग बनकर धधक उठे जो बहुत समय से उदास पड़े रहे हैं। यह स्थिति अब कवि ने जैसे पा ली है—

अब—
उनका और मेरा चेहरा एक हो गया है
हम सब एक अंगार हैं, एक लपट, एक आग
एक शब्द, एक अर्थ, एक राग
एक चरण, एक यात्रा, एक राह,
एक संकल्प, एक नारा, एक चाह
समर्पित
एक क्रांति को।

यह क्रांति जन-क्रांति है। आज साहित्य जब दो अतियों के बीच से गुजर रहा है, जिसमें एक कलावादी अति है और दूसरी जनवादी। "एक के पास आज भी 'कला कला के लिए है' का नारा है, शोषित समाज और जन से उसे कोई मतलब नहीं। दूसरे के पास साहित्य जन के लिए का नारा है पर उसे अपने दल को छोड़ जन से जैसे कोई मतलब नहीं। कलावादी चाहता है कि समसामयिक-सामाजिक राजनीतिक यथार्थ से कटकर प्रेम, प्रकृति, अध्यात्म जैसे शाश्वत विषयों पर ही लिखा जाए और जनवादी चाहते हैं कि इन शाश्वत विषयों को तिलांजलि देकर केवल राजनीतिक शोषण और जन समस्याओं पर ही लिखा जाए, वह भी उनके संगठन के चश्मे से देखकर। अन्यथा जो आप लिखेंगे वह आम आदमी से जुड़ा होने पर भी जनसाहित्य नहीं होगा। लेखक पहले एक राजनीतिक संगठन का सदस्य हो, फिर

जन-साहित्य लिखे। बिना ऐसा किए वह जन-साहित्य नहीं लिख सकता। कम्युनिस्ट पार्टी, मार्क्सवादी कम्युनिस्ट पार्टी, मार्क्सवादी लेनिनवादी पार्टी, सब की जन-साहित्य की परिभाषा यही है कि लेखक उनकी पार्टी का सदस्य है या नहीं। उनकी पार्टी के चश्मे से राजनीतिक-सामाजिक लड़ाई को देख रहा है या नहीं। फलस्वरूप साहित्य का उनके लिए कोई अर्थ नहीं है।" (*सर्वेश्वरदयाल सक्सेना—हिंदी साहित्य दो अतियों के बीच*, पृ. 51, *दिनमान* 13-19 अगस्त, 1978)। कवि के इस लंबे वक्तव्य से जाहिर है कि वह पार्टीधारी स्थितियों से त्रस्त है, क्योंकि जो पार्टी का सदस्य है वही लेखक है। पार्टी प्रतिबद्धता से हटकर तटस्थ चिंतन का लेखक जैसे साहित्य का लेखक ही नहीं है। सर्वेश्वर किसी भी पार्टी की संकुचित गिरफ्त का लेखक नहीं है। वह समसामयिक, सामाजिक, राजनीतिक यथार्थ पर भी कविता लिखते हैं और राजनीतिक शोषण तथा जन समस्याओं पर भी वे कभी चुप नहीं बैठते। ऐसी स्थिति में उन्हें जनसाहित्य लिखने वाला लेखक न मानना अन्याय ही होगा। फिर आम आदमी का साहित्य लिखने का ठेका वामपंथी या दक्षिण पंथियों ने ही नहीं ले रखा है। यह कोई बपौती नहीं है कि जिसे साधिकार अपने ही कब्जे में रखा जाए। इसीलिए बड़ा लेखक अतिवाद के दुर्भाग्यपूर्ण कुचक्र में नहीं पड़ता है। पार्टीगत संकीर्ण मनोवृत्तियाँ पाठकों को अंधा करने की कोशिश करती हैं, किंतु पाठक अंधा नहीं होता। वह व्यक्ति तो साहित्य की मतांधता से भरा होता है जिसकी आँखें कुत्ते के पिल्ले की तरह खुली नहीं होती हैं। सर्वेश्वर मानते हैं, "सो जनवादी समीक्षक के पास कला दृष्टि नहीं है, कलावादी समीक्षक के पास जनवादी दृष्टि नहीं है। एक को जन से प्रयोजन नहीं; दूसरे को कला से प्रयोजन नहीं। हमें दोनों से प्रयोजन है—कला से भी, जन से भी। दोनों एक-दूसरे के शत्रु नहीं हैं। हम एक समग्र दृष्टि चाहते हैं, अधूरी दृष्टि नहीं। हम समग्रता में रचते हैं।" (*वही, दिनमान,* पृ. 51)। कला और जन दोनों को अपनाने के कारण ही सर्वेश्वर की कविता सच्चे अर्थों में कविता बनती है। कवि की निजता में समाज का पूरा हिस्सा है और समाज से ही कवि अपनी निजता की, अस्मिता की पहचान कराता है। वह सब उसकी अनुभूति का अंग है जिससे हमारी संवेदना झंकृत होती है, उसके लिए प्रेम उतना ही अनिवार्य है जितनी कि क्रांति-यात्रा। इन दोनों को मिलाने से ही बड़ा अनुभव होता है और कवि-दायित्व भी पूरा होता है। खुला कवि, हर लड़ाई, हर मोर्चे पर लड़ता है। क्योंकि कलम लेकर बैठा हुआ आदमी संपूर्ण आदमी होता है। यदि वह किसी लड़ाई को आधा देखता है, तो कलम उठाने का अपना नैतिक अधिकार खो देता है। डरा हुआ कवि जीवन को समग्रता में नहीं देखता, नहीं देख पाता। अतः कवि की प्रगतिशीलता का अर्थ है—एक समग्र जीवन दृष्टि। जिसे मुक्तिबोध 'विश्व दृष्टि' कहते थे। मुक्तिबोध के लिए जनता के साहित्य का अर्थ, जनवादी अर्थ से बड़ा अर्थ है। जनता के साहित्य पर विचार करते हुए मुक्तिबोध लिखते हैं—"तो फिर जनता का साहित्य का क्या

अर्थ है? जनता के साहित्य से अर्थ है, ऐसा साहित्य जो जनता के जीवन-मूल्यों को, जनता के जीवनादर्शों को प्रतिष्ठापित करता हो, उसे अपने मुक्तिपथ पर अग्रसर करता हो। इस मुक्तिपथ का अर्थ राजनीतिक मुक्ति से लगाकर अज्ञान से मुक्ति तक है। अतः इसमें प्रत्येक प्रकार का साहित्य सम्मिलित है, बशर्ते कि वह उसे सचमुच मुक्ति पथ पर अग्रसर करे।'' (*नये साहित्य का सौंदर्य शास्त्र,* पृ. 79)। सर्वेश्वर आम आदमी की पीड़ा को अपनी कविता से जीभ देते हैं। इसी अर्थ में 'जंगल का दर्द' की सभी कविताएँ 'मुक्तिपथ' की ओर अग्रसर करने वाली कविताएँ हैं। यह राजनीतिक नारा नहीं है, मूल उद्वेगों के क्रांतिकारी क्षण हैं, जिन्हें कवि ने व्यक्तिगत कार्य न समझकर सामूहिक कार्य समझा है। अतः यह कवि-कर्ममात्र व्यक्तिगत न होकर एक बड़े सामाजिक दायित्व से बँधा हुआ है। विद्रोह की कविता में अन्याय को सहन न करने की बात भगौने के भाप से ढक्कन की तरह उठती है और बार-बार यह गुनगुनाती है 'बहुत हो चुका अब ऐसे नहीं चलेगा।'

'जंगल का दर्द' को पढ़कर यह प्रश्न पाठक के मन में बार-बार उठता है—किससे क्या कहा गया है? ऐसा क्यों कहा गया है? और कैसे कहा गया है? मनचले लोग यह भी कह सकते हैं—आप लेखक पर क्यों जाते हैं, रचना पर जाइए, रचना तो अपना वक्तव्य आप होती है। रचना में जाने का अर्थ है, उसमें निहित विचार क्या है? वह किन लोगों की तरफदारी करता है? सामान्य जन की या प्रभुसत्ताधारी वर्ग की। रचना में जीवन-मूल्य क्या है? संवेदना में कितना रचाव और भराव है? समकालीन यथार्थ के प्रति लेखक का कैसा रुझान है? इन सब बातों की खोज-बीन करते ही पता लग जाता है कि कविता का सामाजिक-राजनीतिक संदर्भ क्या है। कवि-दृष्टि में आए हुए कलात्मकता के बिंब, प्रतीक, भाषा, शैली, मुहावरा अर्थात् संपूर्ण रचना-प्रक्रिया। सर्वेश्वर की कविता को इस दृष्टि से विश्लेषित करते हैं, तो पाते हैं कि उनकी संपूर्ण कलात्मकता का अर्थ जन-मुक्तिपथ ही है। 'भेड़िया' नाम की एक कविता देखिए—

भेड़िया गुर्राता है
तुम मशाल जलाओ
उसमें और तुममें
यही बुनियादी फर्क है
भेड़िया मशाल नहीं जला सकता।
अब तुम मशाल उठा
भेड़िए के करीब जाओ
भेड़िया भागेगा।
करोड़ों हाथों में मशाल लेकर
एक-एक झाड़ी की ओर बढ़ो

सब भेड़िए भागेंगे
फिर उन्हें जंगल से बाहर निकाल
बर्फ में छोड़ दो
भूखे भेड़िए आपस में गुर्राएँगे
एक दूसरे को चीथ खाएँगे
भेड़िए मर चुके होंगे
और तुम?

इस कविता में भेड़िया जाना-पहचाना प्रतीक है। हर बकरी को चबाने का बिंब भी उससे अलग नहीं है, किंतु कवि ने उसे भाषा के नये मुहावरे में बाँधकर नये ढंग से परिभाषित किया है। यह भेड़िया सत्ता का प्रतीक है जिसे जन-चेतना की मशाल से ही भगाया जा सकता है। जनता के करोड़ों हाथ ही मिलकर इसे मार सकते हैं और जब तक जनता ऐसा नहीं कर पाती है, भेड़िया झपटकर जनता को दबोचता रहता है। भेड़िए ऊपर से नहीं टपकते। अचानक हम-तुम में से ही कोई एक दिन सत्ता को थामने के चक्कर में भेड़िया बन जाता है। फिर वह भेड़िया अपना वंश बढ़ाने लगता है और तमाम भेड़िए मुँह फैलाकर घूमने लगते हैं। किंतु यदि जनता चेतना की मशाल जलाना सीख जाती है तो जनता निर्भय हो सकती है—

इतिहास के जंगल में
हर बार भेड़िया माँद से निकाला जाएगा।
आदमी साहस से, एक होकर
मशाल लिए खड़ा होगा।
इतिहास जिंदा रहेगा
और तुम भी
और भेड़िया?

भेड़िया यदि आँखें सुर्ख करता है तो जनता को चाहिए उससे आँख मिलाए, उसे ललकारे और उसे तब तक घूरती रहे जब तक उसे मार डालने के लिए तुम्हारी आँखें लाल न हो जाएँ—

यदि तुम मुँह छिपा भागोगे
तो तुम भी उसे
अपने भीतर इसी तरह खड़ा पाओगे
यदि बच रहे।
भेड़िए की आँखें सुर्ख हैं।
और तुम्हारी आँखें?

जनता की सुर्ख आँखों को भेड़िया पहचानता है। ऐसा ही करने से 'मुक्तिपथ' का मार्ग निकल सकता है। जनता का मानसिक परिष्कार और मानवीय भावनाओं

का उदात्त वातावरण बन सकता है। शोषण और सत्ता के घमंड को चूर कर देने वाली स्वतंत्रता और स्वायत्तता इसी ढंग से पाई जा सकती है। किंतु ऐसा करने के लिए आदमी को 'कुत्ता-धर्म' हटाना होगा। आज के आदमी की आदत को बदलने के लिए उसके भीतर उगी हुई कुत्ते की उस दुम को काटना पड़ेगा जिसे हिलाने की उसकी आदत है। जब हर चेहरा पुचकारते ही लार टपकाने लगे, दुलराते ही पेट दिखाकर दुम हिला उठे, जब सारा माहौल ही ऐसा हो गया हो तब समझदार आदमी को चाहिए कि वह उस नयी विचारधारा को विकसित करे जो मानवीय गरिमा को स्थापित करती है। अतः कवि आदमी के कुत्ता-धर्म की बार-बार निंदा करता है—

> क्योंकि कुत्ता
> आदत से टुकड़खोर है
> तुम्हें टुकड़खोरी के रास्ते
> बंद करने होंगे।

कुत्ते की आदत को बदला जा सकता है और जब उसमें बदलाव आएगा तो कुत्ता भेड़िए से भिड़ सकता है। जमात जोड़कर शेर से लड़ सकता है और फिर जनता मात्र धूल नहीं है, उसमें बड़ी ताकत है। पैरों से रौंदी हुई धूल को चाहिए बेचैन हवाओं का साथ दे, आँधी का अंग बनकर उन आँखों में घुस पड़े जिनकी निगाह में उसकी कोई कीमत नहीं है, जिनके पैर उसे रौंदते रहते हैं। इसलिए कवि जनता को एक सलाह देता है, पुरानी बंद व्यवस्था को तोड़ने का मार्ग बंद नहीं है, क्योंकि—

> ऐसी कोई जगह नहीं
> जहाँ तुम पहुँच न सको
> ऐसा कोई नहीं
> जो तुम्हें रोक ले।

इस जनता की शक्ति से परिचित कराते हुए दिनकर ने एक कविता लिखी है, 'लोकतंत्र का जन्म'। आपातस्थिति में लोकनायक ने उस कविता को मंत्र के रूप में दोहराया था—"सिंहासन खाली करो कि जनता आती है।" यह जनता जब भूख से लड़ने खड़ी हो जाती है तो वह हाथ काट दिया जाता है जो अन्न को गोदामों में बंद करके मस्त घूमता है—

> जब भी
> भूख से लड़ने
> कोई खड़ा हो जाता है
> सुंदर दीखने लगता है।
> झपटता बाज

फन उठाए साँप
दो पैरों पर खड़ी
काँटों से नन्ही पत्तियाँ खाती बकरी
दबे पाँव झाड़ियों में चलता चीता
डाल पर उल्टा लटक
फल कुतरता तोता
या इन सब की जगह
आदमी होता।

यहाँ कवि ने भूख को नये बिंबों से व्यक्त किया है। सौंदर्य-बोध और सौंदर्याभिरुचि के वे चक्र चला दिए हैं जो समसामयिक जीवन-दृष्टि को बहुत नजदीकी देते वैं।

अशोक वाजपेयी अज्ञेय में जिस अकेलेपन का वैभव पाते हैं, वह इस संग्रह में कहीं नहीं है। यह मात्र आत्मसाक्षात्कार का कवि नहीं है और न यह कविताएँ मात्र आत्मसाक्षात्कार की प्रतिक्रिया रूप हैं। सड़ाँध-भरी सामाजिकता और व्यक्तित्व के तनाव से उत्पन्न जो अकेलापन होता है वह व्यक्ति को भीतर-बाहर दोनों से तोड़ता है। सर्वेश्वर के बिंब-व्यवस्था की सच्ची पड़ताल की जाए तो पता चलेगा कि वे प्रायः ऐसे बिंबों को चुनते हैं जो बृहत्तर अर्थ-संदर्भों को उजागर करते हैं। इन कविताओं में वक्तव्य और सपाटता का दोष तो मिल सकता है और यह कविताएँ इन दोषों से मुक्त भी नहीं हैं। फिर भी यह मानना अनुचित होगा कि इन बिंबों में मात्र स्थितियों का सरलीकरण है या इन बिंबों की भाषा मात्र तनावहीन भाषा है। भीतर धँसकर धरना देने वाली भाषा नहीं है। इनकी संप्रेषणीयता में एक बड़ी शक्ति है—भाषा और सचाई के बीच पार्थक्य सा न होना। नयी भाषा की प्रामाणिकता और अनुभूति की अंतर्दृष्टि वक्तव्य की तमाम अपर्याप्तताओं को छिपा लेती हैं और कवि अपने रचनात्मक छल में मात्र उपदेशक, नारेबाज या पैगंबरी अंदाज का कवि नहीं रह जाता है। हमारा अपना एक आत्मीय सलाहकार बन जाता है, जो आम आदमी की तरफदारी करता हुआ सत्ता की लाल फीताशाही के खिलाफ एक योजना बनाता है। 'रेंगता साँप' इस दृष्टि से द्रष्टव्य है—

कंकड़ों में रेंग रहा है साँप
लाठियाँ मारने पर भी
वह सुरक्षित है।
क्या प्रतीक्षा करूँ
जब तक वह
समतल भूमि पर न आ जाए,
या अपना अस्त्र
बदल दूँ?

आरंभ से ही सर्वेश्वर लोहियावादी विचारधारा के कवि रहे हैं। लोहिया का सीधा संदेश था, "जिंदा कौमें पाँच साल तक इंतजार नहीं करतीं।" 'धीरे-धीरे' के बौड़म दर्शन से उन्हें बेहद घृणा थी क्योंकि वे तेज परिवर्तन के चक्र में विश्वास करते थे। लड़ाई अमीर और गरीब की गैर-बराबरी की रही है और यह गैर-बराबरी 'धीरे-धीरे' के दर्शन से समाप्त नहीं हो सकती। 'धीरे-धीरे' एक जिंदा कौम मौत में बदल जाती है। धीरे-धीरे एक देश लँगड़ा होकर बैठ जाता है। लोहिया की भाँति सर्वेश्वर भी मानते हैं—धीरे-धीरे सब कुछ ठीक हो जाएगा मानने वाला दर्शन इस देश के प्राणों का पीछा करता रहा है और इसी फिलासफी ने देश का सत्यानाश किया है। लोहियावादी स्वर में वे कहते हैं—

इंतजार
शत्रु है
उस पर यकीन मत करो।
वह जाने किन झाड़ियों
और पहाड़ियों में
घात लगाए बैठा रहता है
और हम पत्तियों की चरमराहट पर
कान लगाए रहते हैं
इंतजार
शत्रु है
उस पर यकीन मत करो।

× × ×

उससे बचो
जो पाना है फौरन पा लो
जो करना है फौरन करो।

कार्य को फौरन करने वाली जीवन-दृष्टि सदैव कहती रही है जो कल करना चाहते हो उसे आज करो, जिसे आज करना चाहते हो, उसे अभी करो। पल में प्रलय हो जाती है, अतः क्षण को टालना नहीं चाहिए, क्योंकि काल-पुरुष किसी का इंतजार नहीं करता, काल-पुरुष तो पहिए के चक्रों की तरह लगातार घूमता रहता है। कभी चक्र ऊपर होते हैं, कभी नीचे, कभी समानांतर तनते हैं, किंतु अनवरत चलना ही उनकी नियति है। यह गत्यात्मक दृष्टि का दर्शन ही 'जंगल का दर्द' में बार-बार परिभाषित होता है।

संग्रह में कवि उपदेशक की भाँति नहीं मध्ययुगीन संतों की 'संतवाणी' का आश्रय लेकर कहता है। तेज आँधी में लालटेन लेकर चलने वाला आदमी रास्ता कैसे काट सकता है? कुछ देर बाद चिमनी काली होने लगेगी और यदि बत्ती टेढ़ी

कटी है तो धीरे-धीरे कालिख बढ़कर रोशनी को पीना आरंभ कर देगी और बत्ती को तेज करने पर भी रोशनी की वही हालत रहेगी। लालटेन में यदि तेल है तो बत्ती काफी देर तक साथ देगी, किंतु दुख यह है कि देश बिना तेल की कटी हुई बत्ती वाली लालटेन लिए तेजी से भाग रहा है, इसलिए हर आँधी में यह लालटेन बुझ जाती है। वैज्ञानिक रफ्तार पूर्ण स्थितियों में 'लालटेन-युग' पीछे छूट गया है और अब तो विचारों की नयी टार्चें अँधेरे का मुकाबला कर रही हैं। लालटेन वाली मूल्यहीनता की दृष्टि से थककर कवि कहता है–

तेज आँधी में
अब वह बुझी हुई
लालटेन लिए खड़ा है
जाने कब से,
जाने कब तक के लिए।
        क्षमा करो!
अब मैं किस
        अँधेरे का वर्णन करूँ,
जो उसके बाहर है
या जो उसके भीतर?

इस प्रकार कवि पुरानी सड़ी-गली व्यवस्था को पूरी तरह बदलना चाहता है। पुरानी राहों और निगाहों को छोड़कर नया मार्ग बनाना उसे प्रिय है। आज चूँकि कोई भी समस्याओं के जंगल में जाने को तैयार नहीं है, ऐसी स्थिति में हमारे भीतर का जंगल और फैलता जाता है। पुरानी पीढ़ी इन घने जंगलों में भटक चुकी है, भटक रही है। क्योंकि उनके सड़ियल विचार समस्याओं की झाड़ियों को साफ नहीं कर सके हैं। किंतु नयी पीढ़ी इन राहहीन घने जंगलों में धमाके के साथ घुस पड़ती है। यह पीढ़ी ज्यादा सचेत है–

अचानक खड़खड़ाहट हुई
मैं सावधान हो गया,
मैंने पीछे देखा
एक नन्हा बच्चा निर्भीक
चला आ रहा था।
मेरे कुछ पूछने से पहले ही
उसने जवाब दिया :
मुझे रंगीन चिड़ियाँ
अच्छी लगती हैं,
इस जंगल में बहुत हैं।

रंगीन चिड़ियाएँ जीवन की लहकती-चहकती वे लालसाएँ हैं जिन्हें बच्चा अपनी अदम्य जिजीविषा से पूरा करना चाहता है। बच्चा नयी चेतना और नये जीवन का बीज है। यह संकेत सर्वेश्वर की भाँति मुक्तिबोध ने अपनी कविताओं में अनेक बार दिया है, जिसे वे 'सद्योजात एक बालक सुंदर' के प्रतीक से व्यक्त करते हैं। आत्मारूपी माता ने जीवन के इस आत्मज सत्य को न जाने किस डर से जन्म दिया है। सड़ी-गली व्यवस्था दानवता का आत्मज सत्य है। अंध इतिहास-धारा है।

'अँधियारे के सुनसान पथों पर निकल पड़ा
बहते झरने के तट आया
देखा बालक
अनुभव बालक'

वाचक कवि इस बालक को उठाकर प्रसन्न चित्त घर लौटता है। उलझा लटका हुआ सत्य कहीं मिल जाए तो यह बच्चा किलकारी भर उठे–

'अजीब अनुभव है
सिर पर की टोकरी विवर में मानव-शिशु
वह कोई सद्योजात
मृदुल-कर्कश स्वर में
रो रहा है।'

पूँजीवादी व्यवस्था के षड्यंत्रों को 'प्रिय बालक दुर्भर, दुर्धर' फोड़कर नष्ट करना चाहता है। शिशु स्वर से अर्गला टूटती है, दरवाजे खुलते हैं। भीतरी आनंद मुक्ति बनकर बाहर आता है। हर विपत्ति में उनके कंधों पर शिशु होता है। डॉ॰ रामविलास शर्मा ने इस शिशु को 'दायित्वबोध' या 'क्रांति' का प्रतीक माना है। सर्वेश्वरदयाल सक्सेना ने भी 'नव सत्य' या क्रांति के रूप में बच्चे को प्रतीक रूप में ढालते हुए लिखा–

एक बच्चा नक्शा बनाता है
तुम जानते हो वह कहाँ जाता है?
एक बच्चा नक्शे में रंग भरता है
तुम जानते हो वह कहाँ गया?
एक बच्चा नक्शा फाड़ देता है?
तुम जानते हो वह कहाँ पहुँचा?
यदि तुम जानते होते
तो चुप नहीं बैठते
इस तरह।

'कुआनो नदी' में भी बच्चा क्रांति का प्रतीक है, वह क्रांति करता हुआ मारा जाता है और उसका धड़ फाटक के दरवाजे पर कटा पड़ा है। किंतु यहाँ एक निर्भीक बच्चा जंगल में रंगीन चिड़िया पकड़ने के लिए लगातार चल रहा है। मानो सही घड़ी

पर बच्चे ही क्रांतिकारी होते हैं। चट्टानों पर लेटे हुए काले तेंदुओं को नयी पीढ़ी बहुत देर तक पहचान नहीं पाती। क्योंकि वे अभेद्य चट्टानें बहुत समय से बनी होती हैं। उनका काला रंग तेंदुओं के काले रंग में मिल जाता है। यह काला तेंदुआ भी सत्ता के उस अंग का प्रतीक है जो शताब्दियों से अपना शिकार झिंझोड़ती रही है।

युवा कवियों पर यह शिकायत प्रायः की जाती है कि वे भाषा में एक ऐसी संस्कृति विकसित करने का प्रयास करते हैं जिसका कोई तालमेल नहीं बैठता, किंतु सच्चाई यह है कि अपनी कविता को उत्तेजनात्मक वक्तव्य बनाने के स्थान पर रघुवीर सहाय, धूमिल, कमलेश, अजित कुमार आदि नये कवि समकालीन छटपटाहट को ही अधिक व्यक्त करते हैं। रघुवीर सहाय और सर्वेश्वर का स्वर सामाजिक और राजनीतिक उलझावों के प्रति प्रायः आक्रामक रहा है। यदि इस आक्रामकता को हम समकालीन संदर्भों में खोजना चाहेंगे तो स्पष्ट होगा कि यह आक्रामकता उस संस्कार की नयी आग है जो समूची नयी पीढ़ियों की अनुभूतियों को भाषा में बाँधने की प्रतिबद्धता है। भाषा को समकालीन सच्चाई से सामना कराने के लिए यह कवि उन वैचारिक केंद्रों की ओर संकेत करते हैं, जहाँ वह स्वतः सृजनात्मक बनती हुई भड़क उठती है। यह चेतना राजनीतिक प्रेरणा के अतिरिक्त उस सांस्कृतिक विघटन से भी जुड़ी हुई है जिसे मात्र स्त्री-पुरुष संबंधों तक सीमित नहीं किया जा सकता। असल में यह कविता एक वैचारिक संवाद माँगती है, जिसे अब तक की कविता में खतरनाक समझा जाता रहा है। मानव-मूल्यों का संदेहवाद और आत्मसंतुष्टिवाद की ओर संकेत करती हुई यह कविता उस विचारात्मक राजनीति से जुड़ जाती है जो आज के प्रत्येक ईमानदार बुद्धिजीवी के लिए कहीं न कहीं चुनौती का रूप धारण करती है। अतः यह अब भाषा का कोरा अनुभववाद नहीं है। यह वह विकासात्मक परिवर्तन है, जो विचार के क्रांतिकारी परिवर्तन को भाषा में नंगा करता है। इसीलिए रघुवीर सहाय और सर्वेश्वर आदि कवि भाषा के पुराने जाल को तोड़ते हैं। चूँकि भाषा में केवल कवि शब्द-समूह की समस्या नहीं झेलता, शब्द-संदर्भ को नयी लोक-चेतना से जोड़ने के लिए भी एक भीतरी लड़ाई लड़ता है। सांस्कृतिक-ऐतिहासिक परंपरा की बहुत-सी चीजें इसमें टूटती-छूटती भी हैं, किंतु परिवेश के साथ अपने संबंध की सबसे महत्त्वपूर्ण कड़ी के रूप में मानवीय संस्कृति की सबसे मूल्यवान उपलब्धि के रूप में भाषा उसे ग्रहण किए रहती है। और इसी अर्थ में भाषा मानवीय अस्मिता को आविष्कृत करती है। मुक्तिबोध और धूमिल ने जिस भाषा को ढर्रे से तोड़कर नया रूप दिया था, उस नये रूप को आगे बढ़ाने का काम इधर के युवा-कवि कर रहे हैं। "किसी भी कवि के लिए शायद यह सबसे कठिन काम होता है—अपने द्वारा रचित उस भाषिक साँचे को तोड़ना जिसके भीतर से कविता का जन्म उसका मानसिक अभ्यास बन चुका है।" (*आलोचना, अंक* 46, पृ. 87)। युवा कविता के इस दौर पर निगाह डालते हुए यह मानना पड़ता है कि रघुवीर सहाय और सर्वेश्वर

आदि कवियों ने भाषा के साँचे को बार-बार तोड़ा है, उसे तात्कालिक अनुभवों के अनुकूल बनाया है। किंतु इस भाषा का एक ही दुर्बल पक्ष है कि यह भाषा रोजमर्रा की राजनीति तक जाती है, नये मिथकों को पकड़कर उन सांस्कृतिक दराजों में प्रवेश नहीं कर पाती, जहाँ से बहुत कुछ पाया जा सकता है। इसलिए इनका सृजनात्मक मुहावरा बहुत कुछ भाव-बोधक अतिरंजना की ओर झुक जाता है। भाषा की मुद्राओं में जो प्रतीक व्यवस्था मानवीय स्थिति के साक्षात्कार के लिए विकसित होती है, वह भी सामान्यीकरण में उलझ जाती है। जैसे सर्वेश्वर का प्रतीक 'काला तेंदुआ' पुराना प्रतीक होते हुए भी नया अर्थ तो देता है, किंतु आज की उस जटिलता को व्यक्त नहीं कर पाता जो आज की स्थिति की बड़ी माँग है। सर्वेश्वर दयाल सक्सेना की ताकत यह है कि वे अपने प्रतीकों से पूरे षड्यंत्र की भयानकता को सघनता से कौंधाते हैं–

चट्टानों पर सो रहा है काला तेंदुआ
चट्टानों का रंग काला है
चट्टानों पर अँगड़ाई ले रहा है
काला तेंदुआ
चट्टानों का रंग बदल रहा है।
चट्टानों पर दौड़ रहा है
काला तेंदुआ
चट्टानों का रंग बदल गया है।
चट्टानों पर झिंझोड़ रहा है अपना शिकार
काला तेंदुआ
चट्टानें, चट्टानें नहीं रहीं
तेंदुआ में बदल गई हैं।
एक तेंदुआ
सारे जंगल को काले तेंदुए में बदल रहा है।

इस कविता का सबसे बड़ा आकर्षण है–तार्किक अन्विति में न्यस्त अर्थ-अनुषंग और मूर्त्त बिंब-विधान। बिंब-विधान और प्रतीक-विधान की सफल संयोजना के रूप में यह सर्वेश्वर की सर्वाधिक संपन्न रचना है। जन साधारण के बौद्धिक स्तर को यह कविता आत्मीय संप्रेषणीयता से कुरेदती है और एक फैंटेसी का रूप ग्रहण करती चलती है। क्योंकि इस कविता में तेंदुआ और काली चट्टान दोनों ही चेतन या अर्धचेतन के भीतर के अनुभवों की भूगर्भ यात्राएँ हैं। कोरी कल्पना नहीं, अनुभव है और एक बौद्धिक सचेत स्तर उन अनुभवों को कतार पर कतार बाँधकर गतिमय दृश्य फेंकता है। इसीलिए हर पंक्ति में, कवि कूदकर एक बिंब से दूसरे बिंब पर आ जाता है और बिंब बदलने से पूर्व कवि तथ्य के बदलने को ठोस रूप में संकेतित करता है।

कविता पढ़ते समय यह अनुभव भी होता है कि तेंदुआ भय, चीर-फाड़, उठा-पटक आदि का आदिम बिंब साक्षात्कार है। इसमें वे आदिम बिंब संवेदनाएँ संपृक्त हैं जिन्हें हमारा मन आदिम युगों से ग्रहण किए चला आ रहा है। चट्टान हमारी चेतना का वह अपरिवर्तित हिस्सा है जो बहुत मुश्किल से अधिभूत सचेत मन की ओर आता है। इसलिए तेंदुआ जिस तथ्य का प्रतीक है वह कविता में अर्धआच्छादित नहीं रह पाता। यह तेंदुआ वर्तमान की चेतना का भयाक्रांत पाशविक रूप है जो समूची कविता के आधार में फैला हुआ है। यह वह वक्राघात भय है जो हमारे समूचे बोध को थर्राहट में बदलता रहता है। एक तेंदुआ-व्यक्ति पूरी व्यवस्था को अपने जैसा बना रहा है या सारे जंगल को काले तेंदुओं में बदल रहा है, यह अर्थ कविता में बिजली की तरह चमक जाता है।

इस संग्रह में कुछ ऐसी भी कविताएँ हैं, जो हवा, पत्ती, तितली, सर्प, मुसकान और रूमानी मानवीय संबंधों को खोजने के प्रयास में लिखी गई हैं। धमनियों में जो संगीत बजता है, वह नये रंगों में चढ़ना-उतरना चाहता है। इसीलिए सुर्ख हथेलियाँ, सुर्ख आकाश में बदल जाती हैं और भौंरा नीले जल में कमल बन जाता है। जिंदगी के रोमानी क्षणों में मिली कोई भी मुस्कान कोहरे से दबकर नहीं, सीधी धूप-सी आती है। यह मुस्कान रक्त में दौड़ती है, क्योंकि ऐसे अनुभवों को हम प्रायः निजी तौर पर जीते हैं। इसलिए कवि की धमनियों में जो प्रेम का भूकंप फूटता है उसमें सिगरेट पीती औरत भी अच्छी लगती है और वह नारी-तन की तड़प से उसमें कभी मेमने-सा देह रगड़ता है, 'मुझे चूमो और फूल बना दो' क्योंकि तुम्हारा तन—

> एक हरी-भरी झाड़ी है
> जिसमें मैं मेमने-सा
> अपना तन रगड़ता हूँ
> एक सलोनापन
> अलग होने के बाद भी
> हमारे बीच बहुत देर तक
> लहराता रहता है।

इस लहराहट में ही वह चाही देह के मस्तक, भौंहें, आँखें, कपोल, अधर, चिबुक, कंठ, वक्ष, उरोज, नाभि, प्रजनन-पुष्प आदि सभी को संपूर्णता में चूमता है। यह अखंड प्यार सोचता है—

> खुली कसी पिंडलियाँ—
> चाँदी के फूलदान,
> होंगे कहीं फूल भी
> संगीत के, अँधेरे में।

एक अतृप्ति सर्वेश्वर का लगातार पीछा करती है। एक अकेलापन डसता-दबोचता

है। उद्यानों की उड़ती हुई तितलियाँ प्रणय-कथा की व्यथा को बढ़ा देती हैं। दर्द के भीगे हुए डैने समेटे रात धड़कनों पर सोती है और अँधेरे का मनहूस जबड़ा हड्डियों पर बार-बार दाँत मारता है। फ्रायडीय दृष्टि से इन रूमानी भावों को विश्लेषित किया जाए तो यह स्थिति बड़ी भयावह है, किंतु नारी तन के प्यासे मनुष्य के लिए ऐसी तड़प ही सहज है। प्यासा मन यदि अपने रागों को छिपाकर और कुछ लिखता तो कृत्रिम होता। अपने मन की बात को खोलकर कह देना छायावादियों को नहीं आता था, वे प्रेम की गली में घूँघट मारकर चलते थे और घूँघट के भीतर ही सब होता था। किंतु नई कविता क़ी अभिव्यक्ति में वह खुलापन आ सका है कि कवि अपने मन की बात को बिना किसी छल-कपट से अभिव्यक्ति देता है। जो भीतर है, वही बाहर है। और जो बाहर है वही भीतर है और वह है—आश्रय की तलाश। गुदगुदा वक्ष नहीं मिल सका तो भी उसने आश्रय तो खोजा ही—

सारी जिंदगी<br>
मैं सिर छिपाने की जगह<br>
        ढूँढ़ता रहा,<br>
और अंत में<br>
अपनी हथेलियों से<br>
बेहतर जगह दूसरी नहीं मिली।

मन के निगूढ़ तत्त्वों को प्रोद्भाषित करती हुई यह कलाकृति स्वानुभूत जीवन की पुनर्रचना है। यथार्थ बिंब में बाँधकर भीतर-बाहर की परस्पर क्रिया-प्रतिक्रिया या टूटन को जीवन-सत्य के रूप में कवि ने पाया है। यह जीवनानुभव संवेदना में कितना गहरा धँसा हुआ है कि कविता का संपूर्ण विभाव-पक्ष अपनी प्रतीकात्मकता में वास्तविकता का आत्मचरित्रात्मक संस्पर्श ग्रहण करने लगता है। जीए और भोगे गए जीवन की प्रातिनिधिकता इसमें पोर-पोर समाई हुई है। आज का मनुष्य और स्थान पाता भी कहाँ है? अपनी हथेलियों में अपने मुँह को छिपाकर रह पाना ही तो आज के जीवन की नियति है।

संक्षेप में, यह काव्य-संग्रह बिंब-बहुल भाषा में सर्वाधिक सशक्त कविताओं का संग्रह है। आपात्स्थिति के दौरान पूरा देश जिन अनुभवों से गुजरा है, उनका पूरा सामाजिक-ऐतिहासिक हाशिया इन कविताओं में प्रतिध्वनित है। यह कविताएँ हमें राजनीति पर, समाज पर बहस के लिए आमंत्रण देती हैं। भारत के सामाजिकीकरण के अंतर्विरोध को वैचारिक स्तर पर रखती हैं। इस प्रकार इनमें सामाजिक-राजनीतिक अन्वीक्षा का सिलसिलेवार ब्यौरा है। नया बुद्धिजीवी आज के निरंतर विचारधारात्मक विवाद में जूझकर ही जीवन के कुछ तथ्य बटोर सकता है। इस प्रकार यह कविताएँ वैचारिकता के समृद्ध स्तर का संकेत देती हैं। युगीन यथार्थ और उसकी चेतना में आए परिवर्तन से नया साक्षात्कार कराती हैं।

# ९

# दृश्य और दृष्टि

सर्वेश्वर आज की युवा-पीढ़ी के प्रिय कवि हैं। साठोत्तरी कविता में उनका कवि-व्यक्तित्व अनेक कारणों से चर्चा का केंद्र बनता गया है। इस चर्चा का प्रमुख कारण तो यही है कि निराला और मुक्तिबोध की विद्रोही परंपरा को उन्होंने काव्य के नये मुहावरे से आगे बढ़ाने का प्रयत्न किया है। यह नया मुहावरा साठोत्तरी कविता में इतना प्रख्यात हुआ हैं कि आज की अधिकांश युवा-कविता पर सर्वेश्वरीय व्यंग्य-मुद्राओं की छाप स्पष्ट लक्षित होने लगी है। उनके व्यंजनागर्भी प्रतीक-विधान तथा परिवेशीय शक्ति से पनपे बिंबों ने नयी कविता के व्यंग्य-काव्य को काफी हद तक समृद्ध किया है। यह कहना अधिक उचित होगा कि मुक्तिबोध की प्रतीक-परंपरा को यहाँ नये ढंग से 'समय की सही समझ' के लिए अनुभवों की वयस्कता से विकसित किया गया है। दोनों में एक बड़ा पार्थक्य यही है कि मुक्तिबोध जहाँ कविता में राजनीति को पाठक के अंदर से बिना नुकसान के निकाल ले जाते हैं, वहाँ राजनीति के बहुत अधिक दबाव से सर्वेश्वर की कविता फट जाती है। फिर भी मुक्तिबोध के काव्यादर्श, कवि सर्वेश्वर की अंतश्चेतना में घुमड़ते और तड़पते रहते हैं। सर्वेश्वर ने अपनी कविता 'कवि मुक्तिबोध के निधन पर' एक संकल्प अवचेतन की पुकार रूप में व्यक्त किया है—

तुम थे—
हम सबके अधिक तेजस रूप
अधिक प्रखर आकृति,
तुम्हारा टूटना
हम सबके आकारों का टूटना है। *(एक सूनी नाव)*

अभी तक अपनी संपूर्ण काव्य-यात्रा में सर्वेश्वर ने केवल दो हिंदी कवियों पर कृतज्ञता के भाव से कविता लिखी है—वे दो कवि हैं—दद्दा मैथिलीशरण गुप्त और कवि मुक्तिबोध। इनमें से प्रथम तो भारतीय नवजागरण की वेला के सांस्कृतिक शब्ददूत हैं और दूसरा स्वातंत्र्योत्तर काव्य-चेतना का नया क्रांतिदूत। एक ऐसा विद्रोही, जिसने नयी कविता को सृजनात्मक सत्य का नया सवेरा भी दिया है और नयी कविता का

सिद्धांत-प्रयोग भी। एक प्रकार से तो संपूर्ण नयी कविता ही मुक्तिबोध की छवि का उभार है। मुक्तिबोध के लिए कवि-कर्म का एक ही अर्थ है—दायित्व-बोध। 'कवि-दायित्व' की इसी मुक्तिबोधीय मुद्रा के गत्यात्मक मूल्यों को संकेतित-प्रतीकित करते हुए सर्वेश्वर ने लिखा है—

नहीं.........नहीं
जीवित हैं हम सब अभी भी
और हम सब में जीवित हो तुम
ये लहरें जाने कहाँ से आती हैं
जो हमारी पसलियों पर
अपने को तोड़ती चली जाती हैं
तुम्हारे अनुरूप...। *(एक सूनी नाव)*

समकालीन काव्य-परिदृश्य पर निगाह फैलाते हुए मैंने पाया है कि धूमिल, मलयज, लीलाधर जगूड़ी आदि युवा-कवियों पर सर्वेश्वर का रंग काफी गाढ़ा चढ़ा हुआ है। कथ्य और शिल्प दोनों ही स्तरों पर इन कवियों के आदर्श-अनुकरण के केंद्र बिंदु सर्वेश्वर की काव्य-यात्रा के प्रतीक चिह्न ही हैं। इस स्थिति का सीधा अर्थ यही हुआ है कि सर्वेश्वर के पास नयी पीढ़ी को देने के लिए 'कुछ न कुछ' है। वे एकदम खाली जेब के कवि नहीं हैं। ऐसा होने के साथ ही वे किसी का भी हाथ अपनी जेब से दूर नहीं करने देते हैं। और जो कवि अपने समकालीनों को नये अनुभव देता है, नये ढंग से सोचता-लिखता है, नयी अभिव्यक्ति-भंगिमा और काव्य-टोन निर्मित करता है, वह समकालीनों को हिस्सेदारी भी देता है, उन्हें भाता भी है। ऐसे कवि को 'महा' या 'महान' कवि चाहे कहना अच्छा न लगे, अपने समय को परिभाषित करने वाला सार्थक कवि तो कहना और मानना ही पड़ता है ऐसे कवियों का महाकाव्यात्मक व्यक्तित्व तो आज होता नहीं, हो नहीं सकता, होना भी नहीं चाहिए। नये संवेदना-पुंजों को कमाने वाला कर्मठ काव्य का कवि ही कहा जा सकता है, कहना चाहिए।

कवि-कर्म की बहुत बारीकियों को थाहने और उजागर करने की ताकत मुझमें नहीं है, नहीं रही है। फिर भी कविता के सार्थक कविता के जीवंत और वैचारिक संवाद से तो गुजरता हूँ, गुजरा हूँ। इस बीच मैंने इतना ही पाया है कि नया काव्य नयी बौद्धिकता को दृष्टि की आधुनिकता और धारदार वैचारिकता से व्यक्त करता है। वह रागात्मक बोध का काव्य न होकर बदले हुए जीवन के दृश्य का चिंतनात्मक अनुभव है। रागात्मक संबंधों की बदलती हुई प्रणालियों ने वैचारिक चेहरा पा लिया है, भावात्मक आस्फालन का लुंज-पुंज शरीर त्याग दिया है। नयी प्रश्नाकुलता को नये कवियों ने नये प्रसंगों-संदर्भों से उधेड़ा-टाँका है। इधर के कवियों में जिस कवि ने यह कार्य पूरी ईमानदारी के साथ सबसे ज्यादा किया है—उनमें

सर्वेश्वर प्रमुख हैं।

इधर के कवियों में बहुत कुछ दमदार होने पर भी हिंदी-आलोचना का (विश्लेष रूप से काव्यालोचना का) दुर्भाग्य यह है कि नये कवियों को आलोचक का सही संवादात्मक सहयोग नहीं मिलता है। पुराने और प्रतिष्ठित आलोचक तो इन पर बोलने-लिखने में ही अपनी तौहीन समझते हैं। वे तो उदात्त काव्यों-महाकाव्यों पर आलोचना लिखते हैं, इन नये कवियों पर क्या लिखें। दूसरे वे आलोचक हैं जो पाठ्य-क्रम में कवि को आने पर ही लिखते हैं, पहले लिखने से क्या फायदा। तीसरे ढंग के वे आलोचक हैं जो 'वाद-भ्रष्ट' हैं, अपने दल के कवि पर ही लिखते-लिखाते हैं, क्योंकि वही उनकी निगाह से समझ की कविता लिखता है। चौथे ढंग के, वे आलोचक हैं, जो इसलिए समसामयिक काव्य पर नहीं लिखते हैं कि नये कवियों के भले-बुरे वे क्यों बनें। ऐसे भी बेचारे आलोचक हैं जो मध्ययुगीन काव्य तो छकते हैं, इधर का काव्य पढ़कर या तो गाली देना सीख जाते हैं या फिर बकते हैं इस काव्य में न तो सौंदर्यशास्त्र है, न रसशास्त्र है, न नैतिकशास्त्र है, न धर्मशास्त्र, इसको पढ़ने से ही क्या लाभ। ऐसे भी आलोचक हैं जो नयी कविता को समझते हुए भी आलोचना की दलबंदी के घेरे में चीख रहे हैं। इस स्थिति ने कविता से ज्यादा आलोचना को बर्बाद किया है।

समकालीन काव्यालोचन पर निगाह डालते हुए मैंने पाया है कि नये आलोचक समकालीन कविता पर लिख रहे हैं। अशोक वाजपेयी जैसे कवि समीक्षक तो कविता का 'फिलहाल' ही लिख रहे हैं। किंतु मुझे यह 'फिलहाल' पढ़ने पर लगा है कि यह कविता का 'फिलहाल' कैसे हो सकता है, जिसमें इधर के महत्त्वपूर्ण कवियों का नाम तक आलोचक की जीभ पर नहीं आया है। उदाहरण के तौर पर सर्वेश्वर जैसे कवि का नाम तक नहीं है। साठोत्तरी कविता का इतना महत्त्वपूर्ण नाम भी कविता के फिलहाल में छोड़ा जा सकता है, यह सोचकर समझ में आ गया कि यह कविता का फिलहाल नहीं मात्र 'हालचाल' है। कवि और कविता से सीधा साक्षात्कार नहीं है। यह भी ध्यान में बरबस ही आया है कि यह कहीं हिंदी-आलोचना की दलबंदी का परिणाम तो नहीं है, जिसने सर्वेश्वर के नाम की ही तालाबंदी कर दी हो। इस तरह के आलोचकों पर सोचते हुए आचार्य रामचंद्र शुक्ल का वह कथन फूट पड़ा—"तुम धन्य हो, तुम्हें धिक्कार है।" आज के आलोचक को या तो काव्य के फिलहाल को लिखकर गुमराही नहीं करनी चाहिए या फिर मेहनत करनी चाहिए। वक्तव्यों के सीधे-तिरछे बाणों से कविता का फिलहाल नहीं लिख मारना चाहिए। ऐसा करने से समकालीन महत्त्वपूर्ण कवियों के साथ नाम तक छोड़ देने पर बड़ा बुरा असर पड़ता है, पड़ सकता है। उन्हें लगने लगता है कि उनके सृजन-कर्म को पर्याप्त बल नहीं मिल रहा है, जो नये कवियों के लिए विशेष जरूरी है। पुराने आलोचक, कवियों से लड़ बैठते थे, नये आलोचकों का एक दल नये कवियों को चबाकर थूक देता

है। खैर.....।

कविता में विशेष रूप से समकालीन कविता की आलोचना-प्रत्यालोचना में 'वस्तु तत्त्व' और 'रूप तत्त्व' को अलगाना और एक खास किस्म का जर्राही ढंग अपनाना बहुत अच्छा नहीं होता है, फिर भी इन दोनों को अलगाना पड़ता है। वस्तु तत्त्व और रूप तत्त्व के अंतःसंबंध को कहीं न कहीं तार्किकता से विश्लेषित-संश्लेषित करना पड़ता है। यह भी ध्यान देना पड़ता है कि इन दोनों में से कवि का झुकाव किधर है। कहना न होगा कि सर्वेश्वर तो अपनी 'सप्तकीय घोषणा' से ही कविता में 'वस्तु तत्त्व' की प्रधानता को स्वीकृति देते हुए काव्य-यात्री बने हैं। कवि-जीवन के आरंभ काल में ही उन्हें ध्यान है—"अधिकांश पुराने कवि छंद और तुक की बाजीगरी के नशे में काव्य-विषय की एक संकीर्ण परिधि में घिरकर व्यापक जीवन के संघर्षों को भूल न गए होते और उन्हें कविता के विषयों में से निकाल न देते, यह माना गया होता कि संसार का कोई भी विषय कविता का विषय है और कवि की दृष्टि इतनी व्यापक होनी चाहिए कि वह उसे उस कोण से भी देख सके, जहाँ से वह संवेदना को छूता हो, यह सत्य स्वीकार कर लिया जाता कि भावनाओं की नयी परतें खोलने के और संवेदना के गहनतम स्तरों को छूने के लिए कविता ने सदैव नये रूप-विधान धारण किए हैं।" (*तीसरा सप्तक,* पृ. 208)। पुराने मठाधीशों से त्रस्त होकर ही कवि को ऐसा मजबूरी में कहना पड़ा था। अन्यथा सच्ची कविता को किसी वक्तव्य या वकालत की अपेक्षा नहीं होती है, वह तो अपना वक्तव्य स्वयं होती है। कवि के कथन में ही निहित है कि वह 'वस्तु तत्त्व' को प्रधानता देने पर भी 'रूप तत्त्व' की उपेक्षा नहीं कर रहा है। प्रायः उनका कलाकार इस बात में सावधान अवश्य है कि 'रूप तत्त्व' ही 'वस्तु तत्त्व' पर सवारी न गाँठ बैठे। ऐसी स्थिति में इस सावधान कवि पर रूपवादी आलोचना के प्रतिमान अन्याय ही करते हैं, अन्याय ही करेंगे।

कभी-कभार ही रूपवादी आलोचना से काम लेने के कारण साहित्य के एक प्रखर आलोचक से 'कविता के नये प्रतिमान' में एक चूक हो गई है। उन्होंने बिखरे बिंबों की माला का दोष सर्वेश्वर आदि नये कवियों में दिखाते हुए लिखा है और अपने कथन की पुष्टि में सर्वेश्वर की कविता के दो उद्धरण भी प्रस्तुत किए हैं। आलोचक महोदय लिखते हैं—"बिंबों के आधार पर निर्मित कविता तथा कविता के विन्यास में यथास्थान सायास बिंब-योजना का दुष्परिणाम यह हुआ कि आलोचकों का ध्यान समूची कविता पर न जाकर कुछ चमकते हुए बिंबों पर ही केंद्रित हो गया। ऐसा नहीं है कि यह आलोचकों का ही अपना दोष हो, स्वयं कवियों की ओर से ही इस प्रवृत्ति को जैसे बढ़ावा मिला। उदाहरण के लिए, सर्वेश्वरदयाल सक्सेना की 'यह खिड़की' शीर्षक कविता अपने कथ्य के बावजूद मुख्य रूप से पाठक के मन पर दो बिंब छोड़ जाती है :

(1) जिंदगी मरा हुआ चूहा नहीं है।
जिसे मुख में दबाए
बिल्ली की तरह हर शाम गुजर जाए
और मुंडेर पर
कुछ खून के दाग छोड़ जाए।

(2) लोकतंत्र को जूते की तरह
लाठी में लटकाए
भागे जा रहे हैं सभी
सीना फुलाए।

इन बिंबों की संगति तथा 'काव्यात्मक अनिवार्यता' की जाँच-पड़ताल करने पर इन्हें 'सैद्धांतिक दृष्टि से यह प्रवृत्ति निश्चय ही काव्य विरोधी' प्रतीत होती है। (*कविता के नये प्रतिमान,* पृ. 128) इस दृष्टि के मूल में डॉ॰ एफ॰ आर॰ लीविस के 'काव्य-बिंब' प्रतिमान हैं, जो आलोचक का पिंड नहीं छोड़ते हैं। अन्यथा वे कभी भी यह राय कायम नहीं कर सकते थे कि सर्वेश्वर आदि कवियों ने चमकते-खनकते बिंबों की उत्सवधर्मिता से कविता में काम लिया है। सच्चाई यह है कि अमेरिकी रूपवादी समीक्षा का प्रतिक्रियावादी शीशा ही ऐसा है कि उसमें 'आकृति' सही दृष्टि वाले को भी भ्रमित कर देती है। प्रतिमानों की अप्रासंगिकता जैसे कवि-दृष्टि की आधुनिकता के विरोध में डट जाती है।

इन्हीं रूपवादी प्रतिमानों से नमस्कार करते हुए जब डॉ॰ रामविलास शर्मा जैसे बड़े आलोचक सर्वेश्वर आदि कवियों के काव्य पर दृष्टिपात करते हैं तो कविता के साथ बड़ा न्याय हो जाता है। सर्वेश्वर पर विचार करते हुए डॉ॰ रामविलास शर्मा लिखते हैं—"सातवीं और आखिरी किस्म में वे रचनाएँ हैं जो पुराने छायावाद, उत्तरकालीन छायावाद आदि-आदि से मुक्त हैं, रूमानी परंपरा से संबद्ध होते हुए भी मौलिक हैं, हिंदी छायावाद के लिए नयी हैं। बच्चे जिस तरह के सपने देखते हैं, यथार्थ संसार को जिस तरह सपनों में मिला देते हैं, वैसे ही कल्पना सर्वेश्वरदयाल की अनेक कविताओं में है। यह यथार्थ को मोहक आवरण से ढँकने वाली कल्पना नहीं है, यथार्थ से खेलने वाली, उसे सर के बल उलटकर देखने वाली, काव्य के लिए सार्थक कल्पना है।" (*नयी कविता और अस्तित्ववाद,* पृ. 68, प्रथम संस्करण, 1978)। इस कथन से स्पष्ट है कि 'छायावादी कल्पना' तथा 'सर्वेश्वर की नयी यथार्थवादी कल्पना' में बुनियादी भेद है। एक की तह में यथार्थ नहीं, स्वप्निलता है दूसरी की तह में यथार्थ के अनेक रंग। कल्पना का कार्य है नये बिंबों का सृजन। इस कल्पना-दृष्टि को ठीक से न समझ पाने वाले ही सर्वेश्वर-काव्य के यथार्थ से साक्षात्कार नहीं कर पाते हैं। अतः कवि सर्वेश्वर पर डॉ॰ नामवर सिंह तथा डॉ॰ रामविलास शर्मा के दृष्टि-भेद में ही काव्य-प्रतिमान भेद छिपा है। ऐसी स्थिति में

प्रबुद्ध पाठक स्वयं निर्णय कर सकता है कि इन दो आलोचकों में से उसे किसका साथ देना है। कल्पना में यथार्थ के इस आग्रह के कारण ही सर्वेश्वर 'छायावादी भटके राही' न होकर 'नयी राहों के अन्वेषी' कवि हैं।

नयी कविता के काल में 'काव्य-संरचना' के महत्त्व पर काफी बहस हुई है, और कविता के मूल्यांकन में 'संरचना' के महत्त्व को छायावाद से लेकर आज तक लगातार रेखांकित किया जा रहा है। कविता की 'अन्विति' और 'अंतर्ग्रंथन' को इसी संरचना दृष्टि से विश्लेषित किया जाने लगा है। इस सिद्धांत पर भी सर्वेश्वर आदि कवियों की कविताओं को कसा गया है, तो अनेक कमजोरियाँ ही दृष्टिगत हुई हैं। घनीभूत पीड़ा की भावना प्रधान छोटी कविता की इस कसौटी पर यदि आज की कविताओं को कसकर देखें तो संरचना के स्तर पर ही अनेक कविताओं की काव्यगत कमजोरियाँ स्पष्ट हो जाएँगी। उदाहरण के लिए सर्वेश्वरदयाल सक्सेना की 'अपनी पत्नी की मृत्यु पर' शीर्षक कविता (*कविता के नये प्रतिमान*, पृ. 148), पहली पंक्ति 'बाएँ हाथ में ले अपना कटा हुआ दाहिना हाथ' कविता में आवृत्ति के साथ तीन बार आती है। हर बार नया बिंब, मूल पीड़ा के भयानक साक्षात्कार को और गहराता है। फिर भी कविता में 'पैराफ्रेज' के कारण आलोचक संरचनागत कमजोरी पाते हैं—'इतनी मर्मस्पर्शी कविता अनपेक्षित विस्तार के कारण प्रभाव क्षीण हो गई है।' किंतु इस मूल कविता को ढंग से समझने वाले मानेंगे कि 'पैराफ्रेज' इस कविता की शक्ति है—सीमा नहीं है। अनुभूति की ईमानदारी का तकाजा कविता में अनेक अनुभवात्मक स्तरों का रचाव-रूप है—

चारों ओर हरहराती हुई बाढ़
कमर तक पानी में
पीठ पर संदूक लादे खड़ा मैं
देख रहा हूँ सामने से
बहता हुआ सारा घर,
हिलती हुई छत पर
कुछ सहमे, कुछ निडर बैठे
अपने दो खिलौने।
भविष्य सिकोड़ता जा रहा है मेरी पीठ
और झुकाता जा रहा है मेरे कंधे
छाती पहाड़ बनाते-बनाते
आदमी से नाव बनता जा रहा हूँ।

इस कविता का संरचनागत दोष घोषित करते हुए डॉ॰ नामवर सिंह ने लिखा है—''इस कविता के अनपेक्षित विस्तार से स्पष्ट है कि संरचनागत दोष वस्तुतः काव्यानुभूति के दोष का सूचक है। संरचना में शिथिलता आती है तो अनुभूति की

सघनता टूटकर भावुकता (सेंटिमेंटलिज्म) में बदल जाती है, जो सर्वमान्य काव्य-दोष है क्योंकि उससे कवि की नैतिक दृष्टि के स्खलन का आभास होता है।'' (*कविता के नये प्रतिमान,* पृ. 150)। अच्छा हुआ 'कुआनो नदी' जैसी कविता 'कविता के नये प्रतिमान' लिख जाने के बाद प्रकाशित हुई है अन्यथा संरचनावादी इस चक्की में पिसकर उसके कथ्य का भी कचूमर निकल जाता। कथ्य की शक्ति का केंद्रीय अर्थ फूटकर चारों ओर काँच की तरह बिखर जाता। इस दृष्टि से 'कुआनो नदी' को बचाने के लिए उस पर एक बड़ा लेख दिया गया है। 'कविता के नये प्रतिमान' पर विचार करते हुए डॉ॰ रामविलास शर्मा ने रूपवादी समीक्षा के समीक्षकों को इसमें पाते हुए लिखा है, ''आधुनिकता बहुत जल्दी-जल्दी बदलती है। उसके साथ आधुनिकता बोध बदलता है। आधुनिकता-बोध बदलने के साथ कविता के प्रतिमान बदलते हैं। नामवर सिंह ने इलियट और सार्त्र ही नहीं, विम्साट वियर्डस्ले, जौन कोरेंसम, क्लींथ ब्रुक्स, डोनाल्ड डेवी, फ्रैंक कर्मोड, विलियम एम्पसन, गिलेबर्ट राइल, रिचर्ड एल्डिगटन, रिचर्ड ब्लैकमूर, डब्ल्यू॰ डब्ल्यू॰ राब्स, ईरिस मर्डोक आदि से यथाशक्ति आधुनिकता निचोड़कर अपनी पुस्तक में भर दी है। इस निचोड़ में रामचन्द्र शुक्ल, अज्ञेय और विजयदेव नारायण साही के विचार वैसे ही घुल गए हैं जैसे नयी कविता में दर्शन घुलकर अनुभूति बन जाता है।'' (*नयी कविता और अस्तित्ववाद,* पृ. 59)। इसी आधुनिकता-निचोड़-दृष्टि के कारण नये प्रतिमानों में अच्छे-भले कवि निचुड़ गए हैं, निचोड़ डाले गए हैं। कब नैतिक मूल्य प्रबल हो जाएँगे, कब 'काव्य-मूल्य' कोई कुछ नहीं कह सकता। इस अस्थिरता के कारण ही ये प्रतिमान नये कवियों के साथ न्याय नहीं कर पाते। 'अनुभूति' तथा 'भावुकता' के 'भावयोग' को ठीक से न समझ पाने के कारण ही 'कविता के नये प्रतिमान' में सर्वेश्वर की कविता 'अनुभूति की सघनता टूटकर भावुकता' (पृ. 150) बनती दृष्टिगत होती है। छायावादी अनुभूति तथा नयी अनुभूति की जटिलता को सरलीकृत भावावेश में खपाते ही सब कुछ लड़खड़ा जाता है। 'अनुभूति' को काव्य प्रतिमान मान लेने से काम नहीं हो पाता है, पुरानी नयी अनुभूति की बनावट को अलगाने से काम चलता है। जिसे इधर के धमकदार आलोचकों ने भुला दिया है, यही कारण है कि आचार्य शुक्ल का 'अनुभूति योग' आज हमारे लिए ज्यादा ग्राह्य है। बजाय इसके कि इधर के अनुभूति-चक्र में चक्कर खाया जाए। जिनका शाश्वततापरक अनुभूति के नाम पर नारा है—''माना कि काव्य में अनुभूति की प्रधानता होती है और काव्य सर्वप्रथम अनुभूति का ही विषय है।'' (*कविता के नये प्रतिमान,* पृ. 56)। तो यह अनुभूतिवाद एक प्रकार के रोमांटिसिज्म का दबा राग ही लगने लगता है। ऐसा प्रतिमान भी किस काम का है जो कवि और काव्य के प्रति समझ न देकर भटकाव देता है। इस प्रकार की भटकाव-भरी दृष्टियों से बचकर सर्वेश्वर-काव्य को समझने-समझाने की आवश्यकता है।

आज भी हिंदी-समीक्षा में सही प्रतिमानों की तलाश का संकट टला नहीं है।

मुक्तिबोध की कविता को हिंदी-समीक्षा में समझाने का जो संकट है, वही संकट अज्ञेय को समझाने का है। एक प्रकार से ये सभी नये भाव-बोध के कवि अभी ठीक से समझने-समझाने की भूमिका में पड़े हुए हैं। नये प्रयोग किस दशा और दिशा को प्राप्त हो रहे हैं, यह बात हमें इतिहास के बृहत्तर संदर्भ में रखकर देखनी पड़ेगी। छायावाद से लेकर आज तक की कविता के बदलाव और मूल्यों को नये ढंग से विश्लेषित करना होगा। 'नारों' और 'इश्तिहारों' से समीक्षा को मुक्त करते हुए नये ज्ञान-विज्ञान के प्रकाश से दीपित करना होगा। कवियों के प्रेरणा स्रोत, मानसिक द्वंद्व, भटकाव, अनास्था-आस्था तथा सांस्कृतिक विघटन के बिंदुओं को यथार्थपरक दृष्टि से संपूर्ण परिवेश वृत्त का ध्यान रखते हुए विश्लेषित करना होगा। ऐसी स्थिति में ही सर्वेश्वर, रघुवीर सहाय, धूमिल तथा इधर की युवा-पीढ़ी के कवि मलयज, लीलाधर जगूड़ी आदि को ठीक से समझा जा सकेगा। कवियों पर केवल हमला करने वाली दोष-गुण प्रधान समीक्षा से अब काम नहीं चलेगा। कवियों की अंतर्वृत्तियों को ठीक से पकड़ने में समर्थ समीक्षा-दृष्टि का पुनः निर्माण करना होगा, जिसकी नींव आचार्य रामचंद्र शुक्ल, डॉ॰ रामविलास शर्मा, मुक्तिबोध, साही तथा जगदीश गुप्त डाल रहे हैं।

आज लक्ष्मीकांत वर्मा की मुंशियाना आलोचना 'नये प्रतिमान पुराने निकष' बनकर भी काम की नहीं है। बहुत जोर लगाने पर भी 'नयी कविता के प्रतिमान' काम के इसलिए नहीं बन पाए हैं कि वे जड़ सैद्धांतिकता की शास्त्रीय मुद्राएँ हैं, व्यावहारिक समीक्षा की सुचिंतित स्थापनाएँ नहीं हैं। इन सैद्धांतिक प्रतिमानों की उधारवादिता भी बाहर के देशों की कमाई है। इसीलिए 'आधुनिकता' से लेकर 'समसामयिकता' तक के प्रतिमान मात्र 'शिशु-भाव' हैं। धीरे-धीरे आलोचना से यह भ्रम ही आज समाप्त हो गया है कि आधुनिकता काव्य का मूल्य है। आधुनिकता को एक विधि या प्रक्रिया रूप मानकर समीक्षा आगे बढ़ रही है। अहंवादी आलोचकों का यह कहना कि बिंब-प्रतीक की रचना-प्रक्रिया के बहस में पड़े अध्यापक आधुनिकतावादी बन रहे हैं, निराधार हो गया है। अनेक बहसों और तर्कों से यह निष्कर्ष सहज ही निकल आया है कि सृजनात्मकता में बिंबों, प्रतीकों, मिथकों एवं रूपकों का प्रयोग अनिवार्य माध्यम है। कलाकृति के अर्थ-अनुषंग को संप्रेषित तथा उद्घाटित करने में इनका बड़ा भारी हाथ होता है। अज्ञेय ने प्रतीक को 'काल डमरू' कहकर इसी सत्य की ओर ध्यान आकृष्ट किया है। काल-चक्र की सांस्कृतिक नाभि से प्रतीक-बिंब के कमल खिलते हैं। इस कारण से नये कवियों की इस काव्य-यात्रा में बिंबों, प्रतीकों की रचना-प्रक्रिया को विश्लेषित करना आधुनिकता मात्र न होकर सृजन-धर्म की बुनियादी जरूरत है। इस दृष्टि से डॉ॰ केदारनाथ सिंह का यह कथन आज की समीक्षा को सही दिशा देता है—"कविता में सबसे अधिक ध्यान देता हूँ बिंब-विधान पर। बिंब-विधान का संबंध जितना काव्य की विषय-वस्तु से होता है, उतना ही उसके

रूप से भी। विषय को वह मूर्त्त एवं ग्राह्य बनाता है, रूप को संश्लिष्ट और दीप्त।'' (*तीसरा सप्तक*, पृ. 114)। स्वयं आ. शुक्ल के मन में अमूर्त्त को मूर्त्त बनाने की ताकत का 'बिंब' से अहसास हुआ था कि कविता में अर्थ-ग्रहण मात्र से काव्य नहीं चलता, बिंब-ग्रहण अपेक्षित होता है। हाँ, 'बिंबवाद' तथा 'प्रतीकवाद' का नारा देकर कला को पतनशील वृत्तियों की ओर प्रेरित करने वाले कलाकारों से आज भी सावधान रहने की जरूरत है। क्योंकि इनका प्रतिगामी चिंतन अँधेरे में ही सेंध लगाता है। 'कलाकृति' चेतन-अवचेतन के अनुभवों का अंग होती है। इस दृष्टि से मनोविश्लेषणात्मक समीक्षा में 'आद्यबिंब' तथा 'सामूहिक अवचेतन सिद्धांत' को आज की समीक्षा में ग्रहण कर लेना होगा। इसके द्वारा कवि की संपूर्ण अंतर्मानसिकता को दृष्टि की वैज्ञानिकता से समझा जा सकेगा। यह कहना कि मनोविश्लेषणवादी समीक्षा 'व्यक्ति' पर केंद्रित है 'समाज' पर नहीं, आज के परिवेश में उचित नहीं होगा। क्योंकि अनुभूति की निर्वैयक्तिकता एवं सामाजिकता को समझने का यह निश्चय ही प्रामाणिक साधन है। पर है साधन ही साध्य नहीं। साथ ही कविता के विचारधारात्मक संघर्ष को समझने के लिए वर्ग-संघर्ष की भूमिका को अपनाना होगा। इन दोनों समीक्षा-पद्धतियों के कोणों को बिना मिलाए और अपनाए 'कवि की सामाजिक ईमानदारी' को विश्लेषित कर पाना कठिन होगा। हिंदी समीक्षा की एकांगी मिथ्या चेतना से हटकर मैंने यथार्थवादी और मनोविश्लेषणवादी समीक्षा के ठोस सूत्रों का कवि सर्वेश्वर को समझने में सर्वत्र उपयोग किया है। सर्वेश्वर में 'केकड़ों', 'मकड़ों', 'कछुओं', 'केंचुओं', 'गुबरैलों' के तमाम उपमान है। सर्वेश्वर 'बिलबिलाकर बिछ गए हैं केंचुए अंधे' से भी चिंतित हैं और 'वृद्ध मकड़ा आयु का चुप जाल है बुनता' से संत्रस्त भी। आकाश में मकड़े की तरह रेंगता चाँद मकड़ा धीरे-धीरे कवि को दबोचता है। 'दड़बे की मुर्गियाँ' गंदे परों को खोलती हैं। काली चट्टानों पर तेंदुए अँगड़ाई ले रहे हैं। इधर की कविताओं में 'कुत्ता', 'तेंदुआ' आदि के प्रतीक बढ़ गए हैं। इस दृष्टि से उनका प्रतीक संसार वैविध्यमय है। इस संसार को भीतर से बिना समझे कविता के अर्थ-संदर्भ को उजागर कर पाना बड़ा कठिन है। इसीलिए जगह-जगह इन प्रतीकों को विश्लेषित किया गया है।

पाश्चात्य-जगत के अस्तित्ववादी चिंतन ने द्वितीय विश्व-युद्ध के बाद के समस्त साहित्य को भीतर से प्रभावित-आंदोलित किया है। हिंदी के नये एवं सजग कवियों पर भी इस चिंता-धारा के अनेक बिंदु दृष्टिगत होते हैं। इस चिंतन को इन कवियों ने जान-बूझकर ग्रहण नहीं किया है। ऐसा लगता है कि परिवेश के दबाव या काल-बोध की तीखी चेतना ने इस चिंताधारा को सहज रूप में ही ग्रहण कर लिया है। यह आरोपित न होकर भीतरी स्थितियों, मनःस्थितियों के भीतर से फूट-फट पड़ा प्रतीत होता है। यह दूसरी बात है कि हिंदी के बुद्धिजीवियों ने अस्तित्ववाद को उस समय अपनाना शुरू किया जब किर्केगार्द एवं सार्त्र जैसे चिंतक उसकी चिपक से छूट चुके

थे। सर्वेश्वरदयाल सक्सेना के काव्य पर अस्तित्ववाद की छाया-छाप पाते हुए डॉ॰ रामविलास शर्मा ने लिखा है–"हिंदी के अधिकांश नयी कविता वालों का हाल रोमांते जैसा है। ऊब, उबकाई, अकेलापन, बुरे-बुरे सपने, त्रास, आत्महत्या की चाह, सड़ाँध का बोध, भीड़ में अजनबीपन का अहसास होने की समस्या से परेशानी आदि-आदि लच्छन इनमें भी मिलते हैं। बीमार आदमी को कभी-कभी हर चीज बीमार नजर आती है। इन कवियों को चीजें बीमार ही नहीं, मुर्दा भी नजर आती हैं। ××× सर्वेश्वरदयाल सक्सेना को लगता है जैसे मैं मुर्दों के बीच में हूँ, उन्हें ही उठा रहा हूँ, रख रहा हूँ, उनसे ही लिपट रहा हूँ, लड़ रहा हूँ, उन्हें बाँध रहा हूँ, छोड़कर आगे बढ़ रहा हूँ, इस मृत नगर में। 'मैं जीवित हूँ' या मृत, कुछ समझ में नहीं आता।" (*नयी कविता और अस्तित्ववाद*, पृ. 104)। श्रीकांत वर्मा, गिरिजाकुमार माथुर, धूमिल, जगूड़ी, राजकमल चौधरी, साही आदि कवियों का यही हाल है। यह हाल इन कवियों का नहीं, सच्चे अर्थों में उस समय का है जिसमें ये जीवित हैं। सर्वेश्वर में परिवेशगत सजगता अपने समसामयिक कवियों में सर्वाधिक है। समय के ढोंग और अविश्वास को वे श्रीकांत या भवानी भाई की तुलना में बहुत अधिक सचेतनावादी दृष्टि से पहचानते हैं। 'कुआनो नदी का मुर्दाघाट-पाट' कवि में दिल्ली की सड़कों तक चलता है। स्थिति की अराजकता और बेढंगा सत्तावाद 'जंगल का दर्द' बन जाता है। चिंतन के लोहियावादी ढंग ने 'धीरे-धीरे' के दर्शन का प्रखर ढंग से खंडन किया है। उनकी चिंताधारा पर अस्तित्ववाद की मात्र ऊपरी छाप है, सच्चे अर्थों में उनका समस्त चिंतन लोहियावादी विचारधारा का साहित्यिक रूप है। यही कारण है कि वे मार्क्सवादी न होकर भी समाजवादी चिंताधारा से गहराई से जुड़ सके हैं।

मामूली आदमी के प्रति उनकी दृष्टि डॉ॰ लोहिया की दृष्टि है, जो उसके 'कद' को छोटा होते देखकर दुःखी होता है और उस कद को बढ़ाने एवं रक्षित रखने के लिए प्राण-पण से जूझ रहा है। क्योंकि डॉ॰ लोहिया ने इस सड़ी-गली व्यवस्था को अपने विद्रोही चिंतन से बदलना चाहा था–

उसने थूका था इस
सड़ी-गली व्यवस्था पर
उलटकर दिखा दिया था
कालीनों के नीचे छिपा टूटा हुआ फर्श,
पहचानता था वह उन्हें
जो रंगे-चुने कूड़े के कनस्तरों से
सभा के बीच खड़े रहते थे। *(लोहिया के न रहने पर–गर्म हवाएँ)*

यही विद्रोही चिंतन सर्वेश्वरदयाल सक्सेना की समस्त काव्य-यात्रा में वैचारिक भूमिका के रूप में विद्यमान है। इस चिंतन को ग्रहण करने वालों में वे नयी कविता के अकेले कवि नहीं हैं। इसी चिंतन से रघुवीर सहाय, धूमिल भी प्रेरित हैं। विजयदेव

नारायण साही का तो विचार है कि इसी चिंतन का प्रभाव नयी कविता के कवि अज्ञेय जी पर है।

इस संपूर्ण विचार-परिदृश्य की भूमिका पर विचार करते हुए डॉ॰ शिवप्रसाद सिंह ने तो अपनी पुस्तक 'आधुनिक परिवेश और नवलेखन' में संपूर्ण नवलेखन की प्रेरणा-दृष्टि में डॉ॰ लोहिया की विचारधाराओं को केंद्रीयता प्रदान करने की घोषणा की है। नेहरू-युग में लोहिया की इस क्रांतिकारी विचारधारा का प्रभाव इन कवियों पर आना सहज ही है, इसका तो न होना ही आश्चर्य दे सकता है।

नयी कविता में यथार्थ के अनुभव की बात को विशिष्ट ढंग से उठाया गया है। साथ ही यह चेतावनी भी दी जाती रही है कि यह अनुभव, भावात्मक प्रतिक्रियाओं से यथासंभव मुक्त रहे तो अच्छा है। रचनात्मक कृति चाहे वह 'आत्मजयी' हो या 'कुआनो नदी' एक 'संपूर्ण सत्ता' होती है जिसके विभिन्न अंग अपनी पारस्परिकता में एकाकार एवं अभिन्न होते हैं। इन अंगों को मात्र विश्लेषण की सुविधा के लिए अलगाया जाता है। सृजनात्मकता में अनुभूति और संवेदनात्मक बोध का आधार यदि युगीन यथार्थ होता है तो उसकी शक्ति उन रचनाओं की तुलना में बहुत अधिक बढ़ जाती है जिनमें बेलबूटे और नक्काशीवाली कला का फैशनेबुल प्रदर्शन होता है। सच्ची अनुभूति, घटनाओं, भावों, विचारों और मानवीय संबंधों के कोणों को विशिष्टता ही नहीं देती, प्रामाणिकता भी देती है। कवि की आत्म-सजगता या स्वचेतनता का सृजनात्मक प्रक्रिया में निर्धारण करती है। सच्ची अनुभूति के साथ-साथ सर्जक में अपने युग की भीतरी बाहरी पहचान, उस पहचान की संवेदनात्मक ज्ञान-क्षमता एवं गत्यात्मक मूल्यों की पकड़ भी अपेक्षित होती है। क्योंकि इस पकड़ में ही आत्म-साक्षात्कार के स्थान पर वस्तु-साक्षात्कार का सत्यानुभव निहित रहता है। अतः कवि-कर्म की बड़ी शर्त रही है युगीन यथार्थ की वास्तविक एवं तटस्थ अनुभूति को व्यंजित करने की कला। 'कवि सर्वेश्वर' में इस युगीन यथार्थ की सहज परिणति आरंभ से ही देखी जा सकती है। इस दृष्टि से उनका काव्य-परंपरा को नये ढंग से युगीन परिवेश में परखता है। एवं इसी से वह नया अनुभव-संबंध रचता है। अनुभूति के विभिन्न रूपों एवं स्तरों, उनकी तीव्रता, गहनता, प्रामाणिकता, प्रासंगिकता आदि को समकालीन संवेदनशीलता में समायोजित करता है। अनुभवों का दर्द ही 'जंगल का दर्द' है, 'गर्म हवाएँ' हैं, 'कुआनो नदी' है। राजनीतिक, सामाजिक, आर्थिक स्थितियों के कारण ही व्यक्ति-समाज-देश को खौलते तेल के कढ़ाहे में फेंक दिया है। अनुभवों के ये खौलते कढ़ाहे ही 'यह खिड़की' कविता का ताप है, 'कुआनो नदी' का वह नाविक है जो नीला एवं मरा पड़ा है। ग्रामीण स्थितियों का बदलावहीन ढाँचा और शहरी जीवन का नकटापन 'यहीं कहीं एक कच्ची सड़क थी' नामक कविता का दर्द है। अपने अनुभवों को नये से नये युगीन यथार्थ से जोड़ने के कारण ही सर्वेश्वर बँधी विचारधाराओं, मान्यताओं, सिद्धांतों, शास्त्रों एवं आदर्शों के खूँटे तोड़कर भागते हैं।

नये शहर ने उन्हें बेचैन कर दिया है और नये गाँव ने उदास। इसीलिए उनके लेखन में हर मान्यता के ऊपर सर्वव्यापी प्रश्नपरकता है। संशय से आक्रांत एवं त्रस्त कवि उग्र हिंसात्मक एवं आतंककारी ध्वंसात्मकता के लिए 'कुआनो नदी' में तैयार नहीं हो पाता है। उनकी समस्त बेचैनी अराजकता, विशृंखलता, रूपहीनता, विकृति एवं सड़ाँध को समाप्त करने या कम करने की बेचैनी है। इस दृष्टि से यह कवि परंपरागत 'आनंद-सिद्धांत' से हटकर आज के जीवन का त्रासद-सिद्धांत या 'विक्षोभ-सिद्धांत' अपनाता है। श्री नेमिचंद्र जैन का यह कथन सर्वेश्वर पर सटीक ठहरता है—"आधुनिक साहित्य का उद्देश्य है चेतना के सीमांत का विस्तार या सघनीकरण, संवेदना की व्यापकता या गहनता, ग्रहणशीलता की परिपुष्टि या उसकी प्रखरता, स्थिति को यथावत् बनाए रखने की प्रवृत्ति को चुनौती देकर मानसिक विक्षोभ और अरक्षा की चेतना का उभार।" (*बदलते परिप्रेक्ष्य,* पृ. 48)। सर्वेश्वर का समस्त काव्य जीवन की विद्रूपताओं एवं विसंगतियों को सीधे-सीधे अभिव्यक्त करता है। यहाँ काव्य में व्यक्त विसंगतियों का अर्थ सामाजिक भ्रष्टाचार, राजनीति का लंपटपन, विकृतियाँ, कुरूपताएँ, अमानवीकरण, व्यक्ति का विघटित रूप, मूल्यांधता आदि सभी से है। इन्हीं प्रतिक्रियाओं को व्यक्त करने के लिए कवि सर्वेश्वर ने भावात्मक एवं वैचारिक दोनों ही कथ्य-प्रस्तुतिकरण पद्धतियों का प्रयोग किया है। उनके काव्य में आने वाले 'प्राकृतिक चित्र' इन्हीं मरु-भूमियों के बीच जन्मे शीतल जीवन स्रोत हैं जिन्हें इस काव्य-यात्रा में बहुतायत से पाया जा सकता है।

आज सर्वेश्वर उन कवियों में अग्रणी हैं जिनकी कविताओं में आजादी के बाद का भीतरी-बाहरी इतिहास सही रूप में सुरक्षित है। मुक्तिबोध की काव्य-परंपरा के वे जुझारू कवि हैं। सन् 1959 में प्रकाशित तीसरे सप्तक से पूर्व सन् 1955 में (नयी कविता, अंक 2) में अज्ञेय ने उन्हें परिचय सहित 'कलाकार और सिपाही', 'पोस्टर और आदमी', 'पीस पैगोडा', 'मोर' और 'अब पहली बार' जैसी कविताओं से प्रस्तुत किया था, बाद में ये सभी कविताएँ 'काठ की घंटियाँ' में संकलित की गई हैं और अज्ञेय जी की भूमिका भी यहाँ है। ऐसा प्रतीत होता है कि अज्ञेय जी आरंभ से ही सर्वेश्वर को पसंद करते रहे हैं। उनकी काव्य प्रतिभा ने अज्ञेय जी को आरंभ से ही आकृष्ट किया है, यह भी छोटी बात नहीं है। सन् 1955 से पूर्व भी अज्ञेय जी के आकृष्ट होने का कारण था उनकी कविताएँ 'प्रतीक' में सन् 1951-52 में छपकर ख्याति प्राप्त कर चुकी थीं। 'सरकंडे की गाड़ी' इसी में छपी कविता है। 'नये पत्ते' पत्रिका के दूसरे अंक में 'नये वर्ष' नामक कविता प्रकाशित हुई थी। इन कविताओं ने तत्कालीन पाठक समुदाय को अत्यधिक प्रभावित किया था। उस समय की कविताओं के प्रभाव का साक्ष्य देते हुए डॉ. जगदीश गुप्त ने लिखा है—"सर्वेश्वर उन कवियों में सर्वप्रमुख हैं जिनकी कविताओं ने छठे दशक के आरंभ में ही मुझे 'नयी कविता' की शक्ति-सामर्थ्य के प्रति गहराई से आश्वस्त किया था। जो विश्वास आधुनिक

युग-बोध से युक्त उनकी सच्ची और मार्मिक अभिव्यक्ति ने मुझे उस समय और उसके बाद दिया, उसके सहारे मैंने निर्भीक होकर नयी कविता की लड़ाई लड़ी जिसका फल भला-बुरा जैसा भी माना जाए, सबके सामने है। ××× इस दृष्टि से सर्वेश्वर के कृतित्व का नयी हिंदी कविता के संदर्भ में ऐतिहासिक महत्त्व भी माना जाएगा, इसमें संदेह नहीं।" (*नयी कविता : स्वरूप और समस्याएँ,* पृ. 271)। डॉ. जगदीश गुप्त के इस कथन से स्पष्ट है कि सर्वेश्वर की कविताओं से प्रभावित होकर ही वे नयी कविता के समर-क्षेत्र में निर्भीक होकर उतरे हैं। और आज बहुत समय बाद यह सत्य किसी से भी छिपा नहीं है कि इस समय में जीत डॉ. जगदीश गुप्त जैसे नयी कविता के पक्षधरों की ही हुई है। आलोचना के पुराने कौवे काँव-काँव भर करते रह गए हैं, उनका शास्त्र-जड़ आलोचक जड़ता की जकड़ से बाहर नहीं आ पाया है। आज अज्ञेय का यह पुराना कथन जैसे सत्य हो गया है—"सर्वेश्वर का कवि उनके कथाकार से अधिक 'प्राथमिकता' रखता है।" (*काठ की घंटियाँ, भूमिका,* पृ. 46)।

सन् 1952 ई. के आसपास ही कवि सर्वेश्वर चर्चा के केंद्र में आ जाते हैं। 'परिमल' की 'स्मारिका' में उस समय का लिखा हुआ यह कथन उल्लेखनीय है—"परिमल के कवियों में सबसे अधिक आश्चर्यजनक प्रवेश हुआ है श्री सर्वेश्वर दयाल सक्सेना का, एक लंबे मौन के बाद जैसे किसी पुराने पेड़ में बौर आ गए हों। अपनी प्रथम रचना से ही जो नया रंग, जो शक्ति उन्होंने दी है, उससे भविष्य के सुंदर और मधुर रूप की आशा की जाती है। उनकी कविताओं को लेकर परिमल में अनेक बार गहरे विचार विनिमय हुए हैं।" (*स्मारिका,* पृ. 12, परिमल पर्व पर प्रकाशित, 23 फरवरी, 1952)। आज इस बात को इस ढंग से कहना अधिक सार्थक लगता है कि हिंदी की नयी कविता में सबसे अधिक आश्चर्यजनक प्रवेश हुआ है सर्वेश्वरदयाल सक्सेना का। नयी कविता के वृक्ष पर जैसे उनके प्रवेश से बौर आ गए हों। उन्होंने नये रंग-ढंग से नयी कविता की शक्ति को भरपूर उजागर किया है, आदि-आदि।

मुझे यह भी ध्यान है कि नयी कविता की व्यंग्य-काव्य-परंपरा की व्यंजना-धर्मी कला के कवि रूप में आज सर्वेश्वर की ख्याति मुक्तिबोध के बाद सर्वाधिक हो रही है। नये प्रयोगों की नयी परंपरा में उनके व्यंग्य-काव्य पर अभी विद्वानों, मठाधीशों का ध्यान प्रायः नहीं गया है, जिसकी ओर ध्यान जाना चाहिए। इस ओर ध्यान जाते ही हम पाते हैं कि समकालीन सच्चाई को नये मुहावरे में ढालकर किस प्रकार निर्वैयक्तिकता के साथ अभिव्यक्त किया जा सकता है। व्यंग्य का सर्वाधिक सशक्त रूप 'गर्म हवाएँ', 'जंगल का दर्द' और 'कुआनो नदी' में दर्शनीय है।

सर्वेश्वर काव्य में रोमैंटिक मनोभावों की आरंभ में भारती एवं अज्ञेय की भाँति प्रधानता है, किंतु धीरे-धीरे उनका रोमैंटिक भाव-बोध जीवन-जगत की विषमताओं

से टकराकर टूट जाता है। भारती के 'ठंडा लोहा' का रोमैंटिक रूप 'कनुप्रिया' में सर्वाधिक व्याप्ति पाता है। वैयक्तिक सुख-दुख कोमल कल्पनाओं की सपनीली भूमि पर फिसलते हैं। भारती का समस्त झुकाव, इतिहास-पुराण, मध्य युग तथा रोमैंटिक युग की धूपछाया में समाहित रहता है। अज्ञेय में रोमैंटिक भावबोध 'हर एक अर्थ को नए अर्थ तक जाने दो' की प्रक्रिया है। कुंठारहित मनोभाव यहाँ खुलकर खेलते हैं। गिरिजाकुमार माथुर का रोमैंटिक संसार 'फागुन की शाम' हो या 'वसंती दिन' द्विधा एवं भावावेश के बाद आत्म-खिन्नता में बैठ जाता है। किंतु सर्वेश्वर काव्य की समस्त चेतना रोमैंटिक स्वप्नों के टूटने से तीखी एवं पैनी होती है। युग-जीवन की कटु-तिक्त अनुभवात्मकता ने कल्पना के कोणों को वास्तविकता में जैसे इनमें बदल दिया हो। 'गर्म हवाएँ' प्यार के ठंडे सवेरे के खो जाने का ही प्रतीक है। इन गर्म हवाओं के गुजरने से जगत की ज्वाला का झुलसाव उनमें आता है। इस संग्रह के बाद के सभी संग्रहों में यही जलनशील चेतना बलवत्तर होती जाती है। यही ताप 'जंगल का दर्द' का सामाजिक विस्फोट रूप है। अनुभवों में युग और जीवन एक प्रकार से ऐसे रिले मिले हैं कि मूल संवेदना का समष्टि रूप ही सामाजिक दायित्व भावना एवं लोक-संपृक्ति का भाव बन गया है। युग की असंगतियों, विकृतियों, विरोधाभासों, विडंबनाओं के अहसास ने 'असाधारण' से हटाकर 'साधारण' से जोड़ दिया है। समस्याओं के प्रति साहसिक जागरूकता ने उनमें काव्यानुभव को गाढ़ा बनाया है। अतः यह कहना सही नहीं होगा कि भिन्न स्थितियों और प्रतीकों का उपयोग करने के बाद भी वे आगे बढ़ने का आभास नहीं दे पाते। (*डॉ. रघुवंश—समसामयिकता और आधुनिक हिंदी कविता,* पृ. 31)। यदि ऐसा होता तो उनका काव्य प्रभावहीन हो जाता और उनके प्रतीक-बिंब मिथक अपनी शक्तिवत्ता ही खो देते। परिवेश की सजगता का रंग उतर गया होता। चूँकि उनके अनुभव कविता के पाठक को भीतर से भरा-पूरा बनाते हैं, सोचने-समझने की नयी प्रक्रिया शुरू कराते हैं, तो उन्हें आज की कविता का 'जेनुइन' कवि मानना ही पड़ता है। मैं तो मानता हूँ कि बड़ा कवि वही नहीं होता जो क्लासिक धमक रखता है। वह कवि भी बड़ा कवि है जो अपने अनुभवों को युग-जीवन के प्रति संपृक्ति और संसर्ग के आधार पर रखता है। भाषा के खेत में 'वैराइटी' के बीज डालता है और फसल की किस्म बदल देता है। परंपरा के चिकने डेले फोड़कर भाषा-खेत की नवीन ताकत को अंकुरित करता है। आम आदमी से जुड़कर आम आदमी का हो जाता है। जिसे ज्ञात है कि भाषा ही वह कामधेनु है जो खूब दुही जाकर भी कभी पूरी तरह नहीं दुह पाई जाती है, उसके स्तनों में फिर नया दूध उतर आता है। सर्वेश्वर की कविता में भाषा की कामधेनु का दूध इतना ताजा एवं जीवनप्रद है कि नयी कविता का संसार उससे पीन-पुष्ट न हुआ हो, यह कैसे कहा जा सकता है। सर्वेश्वर और रघुवीर सहाय की 'काव्य-भाषा' का नयी कविता की काव्य भाषा में नया भाषा-इतिहास है जिसे आज

फिर नये ढंग से समझने-समझाने की जरूरत है। अभिव्यक्ति की फूहड़ता और शब्द को स्थूलता में प्रयुक्त प्रयोग इन कवियों ने कभी नहीं किया, केवल गालियाँ कभी नहीं दी हैं। यही कारण है कि इनके व्यंग्यों में सचाई के साथ कलात्मकता है।

सामाजिक परिवर्तन को सर्वेश्वर लगातार नजरुल इस्लाम के अराजकतावादी स्वर की भाँति पहचानते हैं। सामाजिक व्यवस्था के विद्रोहपूर्ण क्षण में वे अपने से भी विद्रोह करते हैं—

मैं जहाँ होता हूँ
वहाँ से चल पड़ता हूँ
अक्सर एक व्यथा
एक यात्रा बन जाती है। *(अक्सरः एक व्यथा)*

यह यात्रा साँप के फण के सामने अपनी हथेली खड़ी करती है और हर विषधर पर आक्रमण करने को तत्पर रहती है। क्योंकि

एक ओर भूखी गौरैया
एक ओर नीला अजगर है। *(नीला अजगर)*

कंकड़ों में रेंगते हुए साँप को देखकर मन फटने लगता है, जमीन की सही सतह तक साँप के आने की प्रतीक्षा असह्य हो जाती है। 'युद्ध-स्थिति' कविता में उनका मन अपने निष्कर्ष देता है—

एक युद्ध हर क्षण
मैं अपने भीतर लड़ता हूँ
धरती को बड़ा करने के लिए
और दृश्यों को सुंदर,
सौंदर्य को उदार करने के लिए
और आस्थाओं को समुंदर। *(युद्ध-स्थिति)*

इन सागरीय आस्थाओं ने राजनीति के नाटक और धर्म के घंटे को भीतर से पहचाना है। लेकिन उन बुद्धिजीवियों का क्या हो, जो चरने वाले भेड़ दल में शामिल हैं। 'सत्ता का भेड़िया जिनकी झुकी गर्दन पर', मनमाने प्रहार करता रहता है। इन तमाम स्थितियों को संकेतित करने के कारण सर्वेश्वर की कविता मात्र-बिंब या प्रतीक की प्रदर्शनशाला न होकर नये जीवन की पढ़ाई है। उन्होंने बहुत पहले यह कह दिया था—

अब मैं कवि नहीं रहा
        एक काला झंडा हूँ।
तिरपन करोड़ भौंहों के बीच मातम में
खड़ी है मेरी कविता।

एक नदी सूखकर कँटीली झाड़ियों में फँस रही है, एक क्रांति-यात्रा देखते-देखते

शव-यात्रा में बदल रही है। देश के नक्शे पर सड़ाँध फैल रही है। नम रेत पर बैठी हवा थके पैरों से काँटे निकाल रही है और रात की रानी काले पेड़ों में सिर झुकाए खड़ी है। केवल साँप के जोड़े निर्द्वंद्व पूँछ पर खड़े वसंत की चाँदनी पी रहे हैं। पूँजीवादी व्यवस्था की यह स्थिति कवि को असह्य है। तभी तो आज यह कवि, विद्रोही कवि है।

# 10

# कविता में जीवन का अर्थ

सर्वेश्वरदयाल सक्सेना के आरंभिक सृजन-कर्म में मानव-प्रेम, प्रकृति और स्वाधीनता का एक विशेष अर्थ-संदर्भ है। नयी कविता की ठीक-ठाक पहचान सर्वेश्वर के काव्य-मुहावरे में सबसे पहले होती है। यह काव्य-मुहावरा पाँचवें दशक और छठे दशक के आरंभ के नये मनुष्य की मनोभूमिका को प्रत्यक्ष रूप से शब्द-मूर्त्त करता है। उनके प्रथम-संग्रह 'काठ की घंटियाँ' का प्रकाशन 1959 में अज्ञेय जी की 'भूमिका' के साथ हुआ। लेकिन इस संग्रह की सभी रचनाएँ पहले की हैं—वे 1943 से रची जा रही थीं। 'वाद', मुक्त, दल के ठप्पे से दूर स्वाधीन अनुभवों की पूँजी से समृद्ध और संपन्न। हर तरह की बात कहने का साहस और कोई कितना ही बड़ा क्यों न हो, उससे आतंकित हुए बिना अपनी बात को कहने की निर्भयता। नयी कविता की नासमझ आलोचना करने वालों को सर्वेश्वर ने ललकारा और सृजन से नयी संवेदना की धड़कन को महसूस कराया। बदलते हुए रागात्मक संबंधों की चेतना के प्रति हमें सतर्क किया। इस कवि का पूरा काव्य-संघर्ष लड़ते हुए आदमी की ताकत को उसकी संपूर्णता में पहचान कर उसे एकजुट करने की बेचैनी है। कविताओं का पैना व्यंग्य और वर्णन निश्चित नतीजे तक पहुँचता है। ये नतीजे इस काव्य-संवेदना की स्वाभाविक परिणति हैं और स्थितियों, दृश्यों, व्यक्तियों, स्थानों के अनुभवों से उपजे तर्क। आम आदमी की तकलीफ के बुनियादी कारणों को ये कविताएँ हर जोखिम लेकर उजागर करती हैं। सर्वेश्वर को कविताओं के इस बुनियादी चरित्र को विस्मृत नहीं करना चाहिए।

आरंभ से ही सर्वेश्वर की काव्य-संवेदना में जीवन की आग दहक रही है। यह आग आम आदमी की व्यथा से उद्दीप्त है और इसमें व्यापक मानवीय-करुणा का साथ है। यह आग कवि-मन और कवि-दृष्टि से निष्पन्न मानववाद की चेतना के आलोक से प्रदीप्त है तथा गहरे अर्थों में ठेठ देशीपन की व्यंजना करती है—

शब्द जिन्हें मैं बर्फ की सिल्लियों पर भी
अकेली चींटी-सा चला ले जाता था
अब अंगारों से दहक रहे हैं

उनसे मैं खेल नहीं सकता
वे युद्धभूमि में बदल गए हैं। *(आग)*

प्रश्न उठता है कि शब्द अंगारों से क्यों दहक उठे हैं? वे युद्धभूमि में क्यों बदल गए हैं? इसका उत्तर कवि की प्रेरणा में मौजूद है। सर्वेश्वर किसान-मजदूर की व्यथा से निराला, नागार्जुन और केदारनाथ अग्रवाल की तरह पिघलते हैं और उनकी यातना को वाणी देते हैं। इस दृष्टि में सर्वेश्वर की काव्य-यात्रा के वैचारिक दृष्टि-बिन्दु अंतर्निहित हैं। इनकी पूरी काव्य-यात्रा में वैचारिक ताप निरंतर बढ़ता रहा है। वे उन कवियों में नहीं हैं जो एक-दो अच्छे कविता-संग्रह देकर चुक जाते हैं या अपने को दुहराने लगते हैं। सर्वेश्वर निरंतर वर्तमान की चुनौतियों का सामना करते हैं। और अपनी बात कहने के लिए ताजा काव्य-मुहावरा ईजाद करते हैं। उनकी आरंभिक कविताओं में एक विद्रोही कवि का आक्रोश-आवेश रहा, लेकिन धीरे-धीरे अनुभव के पकाव-भराव के साथ उसमें शांत विवेक—वयस्कता आती गई। लोहिया, गाँधी, मार्क्स—तीनों उनमें रिल-मिलकर वैचारिक खमीर उठाते रहे। लेकिन जवाहर लाल नेहरू की विचार-दृष्टि ने उन्हें आकृष्ट नहीं किया। कवियों में वे भारतेंदु, निराला, मैथिलीशरण गुप्त और गजानन माधव मुक्तिबोध से गहरा लगाव रखते रहे हैं और इस काव्य-परंपरा का लोक-जागरण प्रकाश उनकी काव्य-प्रतिभा में जज्ब होकर नया रचता रहा है। रचनाकार का दायित्व है—मानव को स्वाधीनता और मुक्ति-पथ की ओर अग्रसर करना।

सर्वेश्वर की काव्य-यात्रा का आरंभ 1943 ई. के आसपास होता है। एक कवि कथाकार के रूप में वे साहित्य-मंदिर में प्रवेश करते हैं। अज्ञेय जी के संपादकत्व में निकलने वाले 'तीसरा सप्तक' (1959 ई.) में छपी उनकी कविताएँ प्रसिद्धि पाती हैं। गद्य-पद्य को साथ में लेकर प्रथम संकलन के रूप में 'काठ की घंटियाँ' बज उठती हैं। अज्ञेय इस संकलन की 'भूमिका' में लिखते हैं कि "और आरंभिक कविता में सीधी सहज भाषा में गीत लिखने वाले 'बच्चन' की छाप है, तो यह अस्वाभाविक नहीं है। किंतु क्रमशः कृतिकार का अपना व्यक्तित्व विशद औरं पुष्ट होकर सामने आता गया है।" *(काठ की घंटियाँ, भूमिका)* सच बात यह है कि सर्वेश्वर ने नयी संवेदना का बोध अज्ञेय से ग्रहण किया और भाषा बच्चन-शंभुनाथ सिंह आदि गीतकारों से ली। फिर वे गीत की भूमि छोड़कर 'कविता' लिखने लगे और नयी राहों के अन्वेषी बने। उनकी कहानियों का काव्यत्व कविता में छाने लगा। अज्ञेय जी ने ठीक पहचान कर कहा—"जब वह गीत की परिपाटी छोड़कर एक नये प्रकार की कविता लिखने लगे तब उन्हें इसका भान नहीं था कि वह एक परती क्षेत्र में प्रवेश कर रहे हैं या नयी भूमि तोड़ रहे हैं।" इसलिए सर्वेश्वर जी के बारे में मेरी धारणा ज्यों की त्यों रह जाती है। उनका तीखा 'व्यंग्य' जो गद्य और पद्य दोनों रूपों में प्रकट हुआ है उनके कवि रूप की प्राथमिकता को खंडित नहीं करता। इस दृष्टि से भी सर्वेश्वर

पहले कवि हैं। उनकी कहानियों और उनके उपन्यासों की प्रवृत्ति भी गहरी पड़ताल की है। बाह्य वास्तविकता की उपेक्षा या अवज्ञा कहीं नहीं है, किंतु लेखक की दृष्टि उसी से उलझकर रह जाने को तैयार नहीं। इसलिए उनकी गद्य रचनाओं में भी एक प्रकार की काव्यमयता है। गद्य में भी यथार्थ को मूर्त्त करने के उनके साधन कवि के साधन हैं। रूपाकारों का वर्णन यहाँ प्रधान नहीं है और बिंब अथवा संकेत ही यथार्थ को दर्शाते नहीं, अवगत कराते हैं। (*वही, भूमिका,* 1959) इस कवि में भीतर और बाहर का कोई खानेदार बँटवारा नहीं है जो भीतर है वह बाहर की वास्तविकता से संघर्ष से नया रागात्मक संबंध स्थापित करता है और उन संबंधों से मूल्यों की प्रकृति निर्मित करता है, अवधारणा देता है। क्योंकि बदलना मूल्य-दृष्टि का बदलना है और यह बदलाव भीतरी-बाहरी वैचारिक क्रांति का अनिवार्य प्रतिफल है।

सर्वेश्वर के कवि-कर्म में 'समकालीनता' गहरे अर्थ-संदर्भों के साथ 'आधुनिकता' का पर्याय बनकर आई है। यहाँ 'आधुनिकता' से मेरा तात्पर्य है—व्यापक सामाजिकता की भूमि से निष्पन्न दृष्टि की नवीनता। अज्ञेय जी ने स्वयं कहा है—"क्या सर्वेश्वर की रचनाएँ 'समकालीन' हैं? जिस कवि की कृतियाँ स्पष्टतया समवर्ती पद्दिश्य से सम्बद्ध होती हैं—अपने समय का सामाजिक बहिरंग जिनमें स्पष्ट निरूपित होता है—उन्हें समकालीन मान लेना आसान होता है। लेकिन जिनकी संवेदना समकालीन यथार्थ से काल के आयाम में मिलना चाहती है उनके बारे में इस प्रश्न का उत्तर देना इतना सरल नहीं होता। इतना बिना संकोच के कहा जा सकता है कि उनकी संवेदना में समकालीनता का स्पंदन है। दूसरे शब्दों में समकालीन यथार्थ उनकी पकड़ में हो या न हो, उनकी चेतना द्वारा अवश्य नाप लिया गया है। और ऐसी रचना में तात्कालिक प्रभाव की दृष्टि से मर्यादित होने पर भी स्थायित्व का गुण उसमें अधिक होता है।" *(वही, भूमिका)*

सर्वेश्वर की सहजता उनके कवि-कर्म की जागरूकता को खंडित नहीं करती, बल्कि उसे आत्म-चैतन्य के प्रकाश से भरती है। उन्होंने स्वयं कहा है (हालाँकि कवि कथन पर हम अविश्वास भी कर सकते हैं, विश्वास तो केवल 'कविता' पर किया जा सकता है) कि "मैं कविता लिखता हूँ, उसके लिए संघर्ष भी करता हूँ। वह देवी प्रकाश की तरह नहीं उतरती। अपने सारे औजार और उन्हें इस्तेमाल करने के ढंग से मैं वाकिफ हूँ। यह मेरा नितांत अपना ढंग है किसी और की नकल नहीं। कब कौन-सा औजार मैं बदल दूँगा यह मैं ही जानता हूँ। इसलिए मेरी नकल मुश्किल है।" (*सर्वेश्वरदयाल सक्सेना : संपूर्ण गद्य रचनाएँ, भाग-3,* पृ. 22)

सर्वेश्वर निरंतर अपने से जूझते हुए यह प्रश्न पूछते रहे कि कविता किसके लिए? मौन की कविता से उनका मन सहमत नहीं है, सामाजिक-राजनीतिक कविता बोलचाल की भाषा में हो, सब तक पहुँचे—सब उसे संवेदना के स्तर पर जी सकें—"मैंने एक जगह लिखा भी है कि आज ऐसी कविता रची जानी चाहिए जो एक ही समय

में काव्य-मर्मज्ञों, अर्द्ध-शिक्षितों और हो सके तो अशिक्षितों को भी एक साथ संतुष्ट कर सके।'' (*वही,* पृ. 26) इस कवि से यह पूछे जाने पर कि आपका राजनीति से संपर्क किस रूप में रहा? उनका उत्तर है, ''राजनीति से मेरा कोई गहरा संपर्क नहीं था। बस्ती में क्रांतिकारियों के प्रति रूमानी रुझान था। उनका साहित्य पढ़ता था, उन जैसा बनने की सोचता था पर माँ की नौकरी छूट जाने की आशंका से मुझे त्रस्त रखा जाता था। 1942 के आंदोलन में भी मैंने बनारस में कोई भाग नहीं लिया। भाग लेने वाले मेरे मित्र अवश्य थे।'' (*अंतरंग साक्षात्कार,* कृष्णदत्त पालीवाल, पृ. 47) आज भी आलोचकों का एक वर्ग हिंदी में सर्वेश्वर को लोहियावादी विचारधारा का कवि घोषित तौर पर मानता है–हालाँकि स्वयं सर्वेश्वर ऐसा मानने को तैयार नहीं हैं। इस कवि की पहली कविता 'आर्यमित्र' में छपी–''इस निराशा में गमन को मौन गीत सुना रहा था।'' उनका कथन है, ''जब से कविता लिखनी शुरू की तब से आज तक कोई खास परिवर्तन मेरे भीतर की बुनावट में नहीं हुआ। मेरे निजी संबंध भी मुझे उतना ही झकझोरते थे जितना बाहर की दुनिया।''

आजादी का उल्लास एकदम पीड़ा और मोह-भंग में बदल गया। क्यों बदल गया? सर्वेश्वर जी का उत्तर है, ''आजादी मिलने पर उतनी आशाएँ नहीं जुड़ीं जितना एटम बम बनने और जापान पर उसे गिराने की तकलीफ मन में समा गई। दुनिया के लिए चिंता समा गई। शांति और युद्ध पर अनेक कविताएँ मैंने लिखीं। आजादी के स्वागत में एक भी नहीं। कुछ दिनों तक तटस्थ रहा, लेकिन धीरे-धीरे दस रुपये में कोयले के बने को साइकिल के कैरियर में खाना बनाने पर घर लादकर लाने पर तटस्थता भंग होती गई और धीरे-धीरे लगने लगा कि हमारी आजादी नहीं है। सत्ता की लूट की आजादी है। यह भाव गहरा होता जा रहा है और 'कुआनो नदी', 'जंगल का दर्द' से लेकर यह तकलीफ और घनी होती हुई जैसे एक लड़ाई में बदलती जा रही है।'' (*अंतरंग साक्षात्कार,* पृ. 51) हर तरह के भ्रष्टाचार से चौतरफा लड़ाई इस कवि-कर्म की एक व्यापक प्रकृति रही है।

'तीसरा सप्तक' के कवि सर्वेश्वर नयी कविता या नयी प्रवृत्तियों के विरोध में डटे आचार्यों-मठाधीशों, यथास्थितिवादी आलोचकों से क्षुब्ध रहे हैं। सर्वेश्वर ने 'कवि-वक्तव्य' में कहा, ''जब चारों ओर लोग इस बात पर कमर कसे हों कि आपकी बात नहीं समझेंगे, तब आपके सामने दो ही रास्ते रह जाते हैं : या तो चुप रहें–अपनी बात न कहें या फिर उसे इस ढंग से कहें कि सुनने वाले तिलमिला उठें, उनकी कलई उतर जाए।'' (*तीसरा सप्तक,* पृ. 207) जाहिर है कि सर्वेश्वर ने व्यंग्य-वक्रोक्ति से, तिलमिला देने वाला दूसरा रास्ता चुना। अपने पैने व्यंग्य की मार करते हुए लिखा–

वह आग मेरे करीब आ रही है।
कभी मैं किसानों की चिलमों में
अंगारों की तरह दहकने की कामना करता था,

मजदूरों की बीड़ियों में सुलगने के
ख्वाब देखता था।
उनके चूल्हों में धधकना चाहता था।

इस कवि कथन में इस कवि की संपूर्ण मानसिकता का खुलासा है कि वह पूरे संकल्प के साथ किसानों-मजदूरों की व्यथा से एकाकार होना चाहता था। कोमल भावनाओं को 'फूल' से 'आग' में बदलने का अरमान रखता था। सदियों-से लिखने-पढ़ने से वंचित अनपढ़ खेतिहरों-मजदूरों को 'आग' और 'सामूहिक आग' का सही-सही अर्थ समझाना चाहता था। दुःखी, उदास, आँसू-भरे, झुर्रियों भरे असहाय-निस्तेज चेहरे, गुस्से-भरे विवश चेहरे, हर तरफ से मार खाए चेहरे सर्वेश्वर की आँखों में बार-बार उभरते हैं। वे आजादी के बाद के आदमी को गधे और साँप का रिश्ता समझाना चाहते हैं। कवि ने भीतर से अनुभव किया कि : मैं भाप बनकर उड़ रहा हूँ।

विचारों की यह आग ही कवि-धर्म का सच्चा अर्थ खोलती है। गुलेल की तरफ खिंचता-भन्नाया सताया आदमी 'घिराव' के लिए विवश कर दिया जाता है। उसके दिमाग में एक ही आवाज गूँजती है "आग लगा देंगे हम"। किसान और मजदूर की क्रांति-यात्रा में कवि शरीक हो गया है—

अब—
उनका और मेरा चेहरा एक हो गया है।
हम सब एक अंगार हैं, एक लपट, एक आग
एक शब्द, एक अर्थ, एक राग

यह क्रांति-यात्रा पूरी कवि-समझ से थुनकियों पर खड़े छप्परों को ललकार रही है। नक्शा फाड़ते बच्चों के क्रोध को नया अर्थ-संदर्भ दे रही है। भेड़ियों को खदेड़ने के लिए उनकी आँखों में आँखें डालकर घूरने का संदेश दे रही है। कंकड़ों में रेंगते साँपों को मारने का उपाय सोच रही है। यह समझ ही भूख से लड़ने वाले को सुंदर कह रही है। आपातकाल के दिनों में तेंदुए बढ़ गए थे—आदमी पर चढ़ गए थे—यही 'जंगल का दर्द' है—

चट्टानों पर झिंझोड़ रहा है अपना शिकार
काला तेंदुआ
चट्टानें चट्टानें नहीं रहीं
एक तेंदुआ
सारे जंगल को
काले तेंदुए में बदल रहा है।

'जंगल के दर्द' की यह 'समझ' लंबे आर्थिक-सामाजिक-राजनीतिक समझ के दर्द का पर्याय है। यह कविता रूपवाद-कलावाद-भाववाद के चक्कर में न पड़कर लोक-मंगल, लोक-जागरण की दृष्टि से जन्मी है। सर्वेश्वर नाराज हैं कि क्यों छायावादी

कवि व्यापक जीवन-करुणा और व्यापक संघर्षों से कटकर गुलाबी चश्मे से दुनिया देखता रहा। क्यों प्रगतिवादी कवि कोरे नारों-वायदों से जनता को बहलाते रहे। 'पुष्प की अभिलाषा' जैसी देश-प्रेम की कविताएँ लिखने वाला क्रांतिकारी कवि माखनलाल चतुर्वेदी क्रांति-दर्शन से दूर क्यों हुए? कमजोरी का जो आलम कविता में पैदा हुआ था उसे वे हर कीमत पर बदलना चाहते हैं। उनका विश्वास है कि नयी कविता के कवि ने अपने कवि-धर्म को पहचान कर पूरी परंपरा को नया संस्कार दिया। गजानन माधव मुक्बिोध ने जन-संघर्षों-अभावों-पीड़ाओं को पहचानकर रीतिवाद का टाट पलट दिया। मुक्तिबोध ने जिस तरह का समर लड़ा है, उसी समर को लड़नेवालों में से एक सर्वेश्वर भी हैं। विषय-वस्तु, काव्य-संवेदना, काव्य-भाषा के सभी स्तरों पर वे जूझते रहे। आज निस्संदेह यह बात कही जा सकती है कि नयी कविता की सच्ची पहचान सर्वेश्वर की कविताएँ कराती हैं।

काठ की घंटियाँ में 'तीसरा सप्तक' की कविताएँ मौजूद हैं और कुल मिलाकर यहाँ छियासठ कविताएँ हैं जिनमें विषय-वैविध्य और स्व-वैचित्र्य का मोहक टटकापन है। कलम उठाते ही कागज पर एक लंबी चोंच वाली चिड़िया बैठ जाती है। यह चिड़िया सृजन-चेतना का आदिम-प्रतीक है—शुक्रिया/ओ प्रकाश/ शुक्रिया ये तो परछाईं है यही कवि के विचारों का अनवरत साथ है। अपनी काव्य-प्रेरणा की परछाईं से कवि कहता है—दर्द की गाँठ खोलने के साथ इन कविताओं में मुक्त-प्रेम के लिए तड़पन है। इस प्रेम में पीड़ा और कुंठाएँ हैं। प्रकृति और नारी प्रेम के मुक्त-संकेत कवि ने जीवन की तमाम विवशताओं के बीच दिए हैं—चार नयन मुस्काए खोए, भीगे फिर पथराए।

स्मृति के कब्जों सा कसा बंद समाज का दर्द उभरता है और भावना की हवा उसे हिलाकर नया दृश्य देती है। अभाव का दंश उभरता है—

> एक मैं ही हूँ कि जिसकी साँझ चुप है
> एक मेरे दीप में ही बल नहीं है
> एक मेरी खाट का विस्तार नभ-सा
> क्यों मेरे शीश पर आँचल नहीं है।

जीवन में तृप्ति खोजता कवि-मानस आम तले की सफेद गुलाबों से सजी चाँदनी को पाना चाहता है। केले के पास की अलस प्रिया का इंतजार करता है। मालती कुंज में तनिक अँधेरा आते ही किसी को बुलाना चाहता है। अभाव-भरे जीवन की यह पुकार ही 'बीसवीं शताब्दी के एक कवि की समाधि' पर कविता में व्यक्त है। 'एक प्यासी आत्मा का गीत' अवचेतन में उमड़ती-घुमड़ती इच्छाओं का प्रतीक। एक दर्द भरा संगीत झनझनाता है और दर्द है कि थिरता नहीं है—

> एक हल्का-सा मेघ
> बरस कर निकल गया

पेड़ों की पत्तियाँ धुल गईं
एक छोटी-सी चिड़िया
तेजी से झुरमुट को चीरती चली गई।
प्यार के सागर में एक शब्द तैरता है—अहं से मेरी बड़ी हो तुम;
क्योंकि अंतर में
आस्था के टूटते असहाय रथ के चक्र थामे
नित बड़ी हो तुम।
अहं से मेरी बड़ी हो तुम।

'बनजारे के गीत', 'चरवाहे के युगल गीत', 'झूले के गीत', 'सुहागिन का गीत', 'युग जागरण का गीत', 'सिपाहियों का गीत', नाम से जो कई गीत हैं—उनमें लोक-संवेदना और लोक-लय की सदाबहार रंगत है। लोक-भाषा की झूमती मस्ती इन गीतों का प्राण है। लोक-मानस की भावभूमि में 'हूक करेजवा छाई रे' की पुकार है। इन कविताओं में 'ताँबे के फूल', 'घास काटने की मशीन', 'नीला अजगर', 'संरकडे की गाड़ी' आदि ऐसी कविताएँ हैं जिनमें सीधे-सीधे बात कहने का प्रभावी ढंग मिलता है। 'कलाकार और सिपाही', 'पोस्टर और आदमी', 'सामाजिक अभिव्यक्ति', 'आत्म साक्षात्कार', 'काठ की घंटियाँ' आदि कविताएँ समसामयिक अनुभव को नया काव्य-मुहावरा देने की तलाश हैं। इसी संकलन में 'कॉफी हाउस में एक मेलोड्रामा' नामक लंबी कविता है। प्रेरणा में डॉ॰ लोहिया की ध्वनि है।

बचो उनसे बचो
जो लकड़ी की टाँगों पर दौड़कर
मानव प्रगति का इतिहास लिखने में लगे हैं।

इस आवाज से जंग खाए इंसान जग पड़े हैं। संतों-भक्तों के चेहरे लगाए नकली चेहरे समाज को भ्रष्ट कर रहे हैं। डॉ॰ राममनोहर लोहिया ने अमानवीय, विकृत राजनीति के चेहरे को उघाड़ा था। संतों के कपड़ों में छिपी बंदूक और हत्या को दिखा दिया था। सत्ता से नाभि-नाल जुड़े गुंडे समाज के कीचड़ को बढ़ाते हैं। परंपराओं की रूढ़ियों का 'कीचड़' साफ हुए बगैर समाज पनप नहीं सकता है। समाज की दिग्भ्रान्ति और धुँधलापन आगे नहीं बढ़ा सकता। गाँधीयुग के बाद ही दिशाहीनता का यह कवि प्रखर आलोचक है। दरअसल, सर्वेश्वर को युवा कविता की असली अंतर्धारा के प्रारंभ बिंदु के रूप में देखा जा सकता है।

सन् 1958 से लेकर 1963 तक की कविताओं का दूसरा संकलन बाँस का पुल है। इसमें विषय-वैविध्य लिए हुए चालीस कविताएँ हैं। यह संकलन अज्ञेय जी को समर्पित है और शमशेर के प्रति कवि के आकर्षण का प्रमाण। इसी आकर्षण के कारण सर्वेश्वर ने कवि मलयज के साथ 'शमशेर' नाम से एक पुस्तक भी संपादित की। शमशेर का सूक्ष्म सौंदर्यबोध और प्रणयावेग नयी कविता की अनुपम देन है।

इस देन को प्राणों में भरकर सर्वेश्वर सृजन-कर्म करते हैं। उनमें आवेग बहुत है और यही आवेग उनकी शक्ति है—यही उनकी सृजनात्मक कल्पना में 'स्वतंत्रता' का नया अर्थ रचता है। यही मन घोषित करता है—

निडर आगे बढ़ो
तुम्हारी राह में यह एक छोटा-सा
बाँस का पुल है।

विवेक-वयस्कता की कवि रंगत का आलम इस संग्रह की कविताओं में यह है कि कवि नागफनी के टीले, अजगर, रंगीन साँप—सभी को भीतर बाहर से पहचान लेता है। नेहरू युग में जो पश्चिमीकरण, आधुनिकीकरण का 'प्रगति' और 'विकास' के नाम पर जो चला था, वह देशी सपनों को, स्वदेशी को लील गया। प्रगति के नाम पर बंजरपन फैला और विकास के नाम पर 'उधारवाद' की लत लग गई। पूरी स्थिति पर निगाह डालते ही स्वाधीनता-संग्राम की स्मृति उभरती है : दर्द अजगर-सा/निगलकर उगल देता है।

तपते इतिहास के पत्थरों पर बैठा कवि नयी संभावनाओं के तार जोड़ता है। वर्तमान के काले जल पर चेतना की पीली रेखाएँ सिमटकर पड़ती हैं। "जाने कहाँ से तैरती आती मछलियाँ" जल की सतह को हिलाती हैं और आदिम-मन प्रतीकों में खुलने लगता है। भोगने-जीने का "दर्द यह किस से कहूँ" सृजनात्मकता में ढलने लगता है। दर्द की तीखी काव्यानुभूतियाँ पैर-फटी बिवाई सी दुःखने लगती हैं—मुझको चुनौती देती हैं/ मेरी ही परछाइयाँ। धमनियों में कसा ठहराव फूटकर कविता में निकास पाता है जिसमें हरहराहट का अनुभव है। इस अनुभव के भीतर से जनता को समर्पित कवि-व्यक्तित्व झाँकता है। प्रकृति के रंग आस्था के संगीत में 'रचनानुभव' बनते हैं—

पेड़ों के झुनझुने
बजने लगे;
लुढ़कती आ रही है सूरज की लाल गेंद
उठ मेरी बिटिया, सुबह हो गई।

एक रोशनी की नदी प्रवाहित हो उठती है। धूप दूध बनकर फैलती है बच्चों को कहानी सुनाता पिता आसमान की गाय को धरती पर उतारता है। लेकिन कठोर सामाजिक यंत्रणाएँ दबोचती हैं—जब-जब सिर उठाया/अपनी चौखट से टकराया। परिस्थितियों की मार से यौवन-वसंत के दिन धूल भरी थाली में गिर जाते हैं और काली भयावह छायाएँ घेरने लगती हैं। पीली घाटियों में व्यथा की डबडबाई झील लहराती है। यह व्यथा बोझिल संसार शमशेर का काव्य-संग्रह पढ़ने के बाद चीख उठता है और यह एक ईमानदार चीख पूरे काव्यानुभव में भर जाती है।

दर्द का तनाव इस रचना-जगत में प्रकृति रंग को ढीला करता है। संध्या के

चित्र छायावादी चित्रों से अलग अर्थ-ध्वनि लेकर आने लगते हैं। हरी साड़ी पहने प्रकृति तोते के हरे पंखों से संदेश देती है। इस प्रकृति सौंदर्य के संसार में कवि रमता है और रम्य कल्पनाएँ सक्रिय हो जाती हैं–

आकाश की नीली टोपी लगाए
क्षितिज का टीला चरवाहे-सा
ढलते सूरज की आग ताप रहा है

इस संग्रह की कविताओं पर संध्या-सुंदरी का जादू है। जो लोग यह समझते हैं कि नयी कविता घृणा, कुंठा, संत्रास, मृत्युबोध की ही कविता है–उनके भ्रम को ये कविताएँ तोड़ती हैं। सर्वेश्वर अस्तित्ववादी विचार के कवि नहीं हैं, जैसा कि डॉ॰ रामविलास शर्मा ने 'नयी कविता और अस्तित्ववाद' में उन्हें सिद्ध किया है। सर्वेश्वर अटूट मानवीय आस्था और नये सौंदर्य-बोध के कवि हैं। उनके लिए सुबह पीली मरियल लड़की है, वह दमकते रंगों से भरी मूँज की डलिया बुनती अल्हड़ किशोरी है। शाम सेंदुर का बड़ा टीका लगाए बुनकर की साँवली औरत है जो सूत की रंग-बिरंगी लच्छियाँ बुनकर आकाश की अरगनी पर टाँग रही है। हर जगह ठेठ देशीपन से भरा सौंदर्यानुभव है–गाँव की संवेदना, गाँव की माटी की रंगत भरी कविता छबीली है।

आधुनिकता एवं औद्योगीकृत-शहरीकरण की सत्यानाशी छाया गाँव पर पड़ती है और पूरे गाँव का चैन छीन लेती है। गाँव के सभी साधनों-उत्पादनों पर मुनाफाखोर व्यापारियों का कब्जा हो जाता है। ट्रक और बसें माल लादकर गाँव को तबाही में धकेल देती हैं। इसी व्यथा को कवि ने समर्थ प्रतीकों से 'यहीं कहीं एक कच्ची सड़क थी' कविता में अभिव्यक्ति दी है। 'प्रगति' और 'विकास' की पोल यह कविता खोलती है और सशक्त व्यंग्य से। शहर आएगा तो गाँव को अपनी ही तरह बनाकर तबाह कर देगा–यह चिंता कच्ची सड़क को पक्की सड़क में बदलते देखकर शुरू होती है। नीम की निबोलियाँ, आम की डालें, महुआ, इमली, जामुन, काँसे की चूड़ियाँ–सभी की देशी संवेदना उभरती है–

सुनो! सुनो!
यहीं कहीं एक कच्ची सड़क थी
जो मेरे गाँव को जाती थी

× × ×

अब वह कहाँ गई?
किसने कहा उसे पक्की सड़क में बदल दो,
उसकी छाती बेलौस कर दो
स्याह कर दो यह नैसर्गिक छटा
विदेशी तारकोल से–

× × ×

किसने कहा झूठी उद्दाम वासना के
प्रखर सूर्य में अग्नि-सी तपे,
शीत के स्नेह-रंजित तुहिन बिंदु
शुष्क अंतर में सोख ले।

गँवई संवेदना का प्रकृत राग तोड़ने में यांत्रिक सभ्यता की विकृत आधुनिकता का हाथ है। इसी विकृत आधुनिकता के बाजारवाद ने आर्थिक शोषण के नये ढंग ईजाद किए हैं और ग्रामीण को चूसकर बर्बाद कर दिया है।

युद्ध-भूमि में लड़ने वाले सैनिकों को धान-मक्के के लहराते खेत समर्पित हैं। इस तरह के भाव-बोध की कविताएँ नयी कविता में केवल सर्वेश्वर लिखते हैं जिनमें करोड़ों बच्चों की दूधिया मुस्कानें, नववधुओं की तप्त चितवनें और गाँव के मेले की रंग-तरंग है। 'आए महन्न वसंत', 'जाड़े की धूप', 'मेघ आए', 'वसंत की शाम', 'नया वर्ष फिर आया', 'रूप दर्शन', 'वसंत पूर्णिमा' आदि प्रकृति लय में डूबी कविताएँ हैं। इन कविताओं के साथ 'तुम', 'तमाम समझदार लोगों के बीच', 'कभी-कभी लगता है', 'दिवंगत पिता के लिए', 'सर्पमुख के सम्मुख', 'मैं नहीं चाहता', 'अंत में', आदि प्रखर सामाजिक दर्शन की कविताएँ हैं। काव्यानुभव में यह अहसास बढ़ गया कि जिंदगी एक फटा-सड़ा चीचड़ा भर है जिसमें रीतने का सत्य है।

सन् 1963-1966 तक की इकतालीस कविताएँ तीसरे संग्रह 'एक सूनी नाव' शीर्षक से प्रकाशित होती हैं। अब काव्यानुभव में पकाव-भराव आ गया है और नयी कविता का काव्य-मुहावरा सध गया है। कवि सामाजिक-राजनीतिक विद्रूपताओं-विसंगतियों को पूरी ताकत से व्यंग्य-वक्रोक्ति की कला में उजागर करता है। सर्वेश्वर के व्यंग्य में कबीर और सूर दोनों की ठसक है। कवि अनिर्मित पथों की तलाश कर रहा है—

लीक पर वे चलें जिनके चरण थके दुर्बल और हारे हैं,
हमें तो हमारी यात्रा से बने अनिर्मित पंथ प्यारे हैं।

काव्यानुभूति में नयी आँच दहकती है और गाँव से शहर में आकर आत्म-निर्वासन की चेतना बल पकड़ती है। श्रम का परायापन, शहरी व्यक्तिवाद-अलगाववाद की पूरी मानसिकता में कसक भरी है। 'घंत-मंत' कविता इसी पीड़ा का विस्फोट है—दिल्ली हम का चाकर कीन्ह/दिल-दिमाग भूसा कर दीन्ह। शहरी जीवन की विडंबनाएँ अनुभव की भाषा में सीधे-सीधे आने लगती हैं। 'पढ़ी-लिखी मुर्गियाँ' उसी ढंग की कविता का प्रतीक है। किड़-किड़-किड़ किया-किया करती पढ़ी-लिखी मुर्गियाँ संस्कारहीनता से चर रही हैं—

बड़े-बड़े घरों के कचरे पर डोल रहीं,
पता नहीं कहाँ-कहाँ गंदे पर खोल रहीं
हर अपाच्य पाच्य इन्हें
ऐसी हैं प्रचुरगियाँ

आधुनिकतावाद की गोद में पलने वाली उपभोक्तावादी संस्कृति के विकृत एवं विद्रूप यथार्थ को कवि व्यंग्य की धार से सामने लाता है। आजादी के बाद का 'मोहभंग' नये काव्य-प्रयोगों की अर्थ-ध्वनि बनता है जिसमें अवसरवादी राजनीति का लूटतंत्र, संसद का अंधापन बिंबों-प्रतीकों के माध्यम से कौंध जाता है। जनता और जनतंत्र के साथ कैसे दगा किया गया यह पूरा युग-यथार्थ कविताएँ परोसने लगती हैं। भाव का स्थान 'विचार' ले लेता है और मानवद्रोही राजनीति का नरक उमड़ता है। जनता और परिवेश के बीच का तनाव बढ़ने लगता है और सामाजिक प्रतिबद्धता का स्वर प्रबल हो जाता है। सर्वेश्वर कविता में जीवन-वास्तव को प्रकट करने के लिए जिस तनाव की ऊर्जा का उपयोग करते हैं, वह केवल काव्यात्मक हुनर या हिकमत नहीं है, आज के भयावह अमानवीकरण के विरुद्ध एक प्रकार का कारगर हस्तक्षेप है। यह कवि राजनीतिक कविता लिखने लगता है और उसके लिए राजनीतिक विचार महत्त्वपूर्ण हो उठते हैं। आम आदमी की विवशता, पीड़ा, अकुलाहट, अकेलापन, आत्म-निर्वासन के कारण वह टुच्ची राजनीति में खोजने लगता है। पूरा दहशत-भरा परिवेश राजनीति की देन है—यह 'काव्य-विवेक' निरंतर बढ़ने लगता है। एक ओर, कवि आत्मीय ढंग से सुख-दुःख की बात करता है तो दूसरी ओर क्रूर अमानवीय स्थितियों-दृश्यों को खुलकर अभिव्यक्ति देता है। धीरे-धीरे लोक-जीवन के चित्र जोकि सर्वेश्वर की समर्थ काव्य-दिशा रहे हैं—हटने लगते हैं और कवि राजनीति के घिनौने चरित्र को उजागर करने में प्रवृत्त हो जाता है। जाहिर है कि कवि-दृष्टि आत्मपरक से वस्तुपरक होती गई है।

# 11

# काव्य में अनुभव की व्यापकता

सर्वेश्वर की काव्य-संवेदना में प्रौढ़ निखार 'गर्म हवाएँ' (1966-1969) काव्य-संग्रह की कविताओं के साथ शुरू होता है। अब कवि काव्य-संघर्ष की सच्ची काव्यात्मकता को अभिव्यक्त करता है। राजनीतिक-सामाजिक संदर्भों की समझ गहराई और विस्तार पाती है। कवि कहता है–

अब मैं कवि नहीं रहा
एक काला झंडा हूँ
तिरपन करोड़ लोगों के बीच मातम में
खड़ी है मेरी कविता।

अब कविता का प्रखर तथा विद्रोही स्वर उठान पर है और प्यार के प्यासे कवि का संसार उजड़ चुका है। 'कवि पत्नी' की मृत्यु उसे बेचैन और अकेला कर देती है तथा बाहर की दुनिया का नरक उसे पीने लगता है। बाहर भीतर से गर्म हवाएँ गुजरती हैं। स्थिति कवि निराला की भाँति है–"जब कड़ी मारें पड़ीं दिल हिल गया।" समसामयिक राजनीति की काली आँधी कविता में घुमड़कर चलती दिखाई देती है–आजादी के बाद का 'मोह-भंग' कहता है : कुछ नहीं होगा, 'धीरे-धीरे' कुछ नहीं होगा। चारों ओर ढोंग और झूठ से पटता समाज और सत्ता की दिखावटी भाषा से बेचैनी बढ़ती है। 'यह खिड़की' कविता इसी बेचैनी का विस्फोट है–

लोकतंत्र को जूते की तरह
लाठी में लटकाए
भागे जा रहे हैं सभी
सीना फुलाए

खीझ, घुटन, निराशा, आक्रोश की मनःस्थितियों से यह काव्य-संसार भर जाता है। पूरा परिवेश सत्ता के मदारीवाद में बर्बाद हो गया है, जनता के स्वप्न खाक हो गए–कालिख लगी ईंट से पड़े होंगे हम राह में/एक काला झंडा लिए अपनी उखड़ी बाँह में। निराशा का अंधकार फैल रहा है तो काव्यानुभव में वैसे ही बिंब आते हैं :

लगाते जाओ दलों की टोपियाँ

पर कोई रास्ता कहीं नहीं ले जाता।

जनता का गुस्सा जंगली सूअर की तरह निकल जाता है और पैंतरेबाज शासक का कुछ नहीं कर पाता—

मजबूत तेज सलाखों वाले पिंजड़े में
बैठा है आततायी
शेर झपटेगा अपने ही पंजे घायल करने के लिए

इन निराशा भरी कविताओं को पढ़कर मार्क्सवादी नाराज होकर कह सकता है कि कवि को जन-बल पर भरोसा नहीं है। जनता पर भरोसा है पर सामने के यथार्थ से कवि आँखें बंद नहीं कर सकता। निराला, नागार्जुन और मुक्तिबोध की परंपरा इस कवि में धड़कती है और नये प्रयोगों में कविता जीती है। लोक-लयों में ढले नये छंद सर्वेश्वर में बहुतायत से हैं, नयी कविता के कवियों में सबसे अधिक। वे पुराने की मरम्मत करते हैं और नये को रचते हैं। वस्तु और शिल्प के स्तर पर किसी देशी-विदेशी कवि का अनुकरण नहीं करते। 'धीरे-धीरे', 'यह खिड़की', 'स्थिति यही है', 'लोहिया के न रहने पर', 'छीनने आए हैं वे', 'पंच धातु', 'बुद्धिजीवी' जैसी नयी कविता की सशक्त कविताएँ इसी काव्य-संग्रह में हैं। इतनी सशक्त कि नयी कविता के काव्य-मुहावरे का इन्हें प्रतिनिधि कहा जा सकता है। कथ्य इतना समर्थ है कि पूरी कविता पाठक की संवेदना में 'समझ' पैदा करके वैचारिक हलचल मचा देती है। युग-जीवन की स्थितियों, संदर्भों, चरित्रों का चेहरा व्यंग्य-वक्रोक्ति से बिंबों में कौंधता है। यह संपूर्ण काव्यानुभव पूरे अर्थ संदर्भ को बृहत्तर सामाजिकता में दीप्ति एवं प्रदीप्त कर देता है। एक खास अर्थ में सर्वेश्वर की काव्य-संवेदना में कबीर, तुलसी, सूर, जायसी की संत शक्ति का सृजनात्मक रंग है। लोक-जागरण की परंपरा का ठेठ देशीपन आभिजात्य के दंभ को तोड़ता और छोड़ता है। 'पत्नी की मृत्यु पर' एक शोक गीत ही यह कवि नहीं लिखता एक दहाड़ती चीख से बेबसी को परिभाषित करता है। फिर भी ताकत का माद्दा यह है कि वह पुकार कर कहता है कि "नहीं नहीं प्रभु तुमसे शक्ति नहीं माँगूँगा।" उसे मरकर और बिखरकर हर कीमत पर स्वयं पाना चाहता है—आत्म-दया नहीं है, आत्म-शक्ति की परीक्षा का दौर है—जिसमें कवि जीतता है। मूल बात यह है कि सर्वेश्वर पराजय के कवि नहीं हैं। प्रकृति उन्हें प्रेरणा देती है—वे 'फिर वसंत ने मुझे डसा', 'प्यार', 'तुम्हारे लिए', 'वसंत की चाँदनी', 'तुम्हारा मौन', 'वह चुंबन', 'रेत की नदी', 'वे हाथ', 'उड़ने दो मन को', 'शाम : एक किसान', 'वसंत के नाम एक खुला पत्र' आदि प्रेम-प्रकृति सौंदर्य की कविताएँ लिखते हैं जहाँ कवि जीवन के अभावों को प्रकृति-सौंदर्य से भरता है :

हवा के झोंकों को
टोकरों की तरह सिर पर रखे
नाच रहे हैं पेड़—

झुको मत व्यथा के भार से
आकाश का साफा बाँधकर
सूरज की चिलम खींचता
बैठा है पहाड़
घुटनों पर पड़ी है नदी चादर-सी।

इस कवि का अगला काव्य-संग्रह है–कुआनो नदी। इसमें 1969-1973 तक की सत्रह कविताओं को स्थान मिला है। 'कुआनो नदी' नामक इस लंबी कविता के तीन चरण हैं–'कुआनो नदी', 'कुआनो नदी के पार' और 'कुआनो नदी खतरे का निशान'। यह नदी भारतीय चेतना की वह मंद धारा है जिसमें हर विपत्ति झेलकर भी विद्रोह की शक्ति नहीं आ सकी है। 'कुआनो नदी' कविता का सर्वेश्वर के काव्य-सृजन में वही स्थान है जो निराला के सृजन में 'राम की शक्ति पूजा' और मुक्तिबोध के काव्य-सृजन में 'अँधेरे में' कविता का है। नयी कविता की तमाम लंबी कविताओं में 'कुआनो नदी' कविता का अलग व्यक्तित्व और अस्तित्व है। सर्वेश्वर जी ने 'कुआनो नदी खतरे के निशान पर' नामक वक्तव्य में लिखा है कि मैं अपनी कविता के द्वारा यदि अपने देश, अपनी दुनिया के आम आदमी की यातना प्रेषित कर सकूँ तो मैं संतुष्ट होऊँगा क्योंकि इसका अर्थ मेरे लिए इतना होगा कि इस शताब्दी में मैंने अपना होना प्रमाणित किया।

'कुआनो नदी' गर्म मिजाज की राजनीतिक कविता है। यह कविता कवि की जन्मभूमि से जुड़ी है–"कुआनो नदी किसी भी गरीब देश की प्रतीक नदी हो सकती है पर बहती उत्तर प्रदेश में मेरी जन्मभूमि बस्ती (जिला) में है। इस नदी से राजधानी के वैभव में बैठकर भी मैं अपनी मिट्टी में चला जाता हूँ, साधारण से अलग जो कुछ भी भौतिक रूप में मेरे पास है वह इस नदी के किनारे जाते ही उतर जाता है। मुझे अपना गरीब बचपन, गरीबी से घिरा बचपन याद आता है–जो सारे देश में आज भी वैसा ही है और मैं एक साधारण में बदल जाता हूँ।" 'कुआनो नदी' कविता के प्रथम भाग में देश की गरीबी का चित्रण है, दूसरे भाग में देश में फैली हिंसा और तबाही का वर्णन है और तीसरे भाग में सामाजिक पविर्तन के लिए तड़प है। "हिंसा का रास्ता उसे पसंद नहीं, पर कोई और चारा भी उसे नहीं दिखाई देता। वर्तमान समाज में अब सुधार की गुंजाइश नहीं। कविता में उस आम आदमी की मनःस्थिति का चित्रण है जो क्रांतिकारी शक्तियों को न तो स्वीकार कर पाता है न अस्वीकार कर पाता है।" कवि का भोगा हुआ अनुभव यही है कि "आजादी के पचीस साल बाद आम आदमी हर तरह से और विपन्न हुआ। हर तरह से वह टूटा है। सबने अपने मतलब से उसे छला है। सत्ता और राजनीतिक दल सबसे वह ऊब चुका है। महँगाई, गरीबी उसे तोड़ चुकी है। उसके जिंदा रहने और आगे बढ़ने का कोई रास्ता नहीं है।" कविता सामाजिक जीवन पर तीखी टिप्पणी है : नाखून

दिन पर दिन बढ़ते जा रहे हैं/और जमीन उसी अनुपात से बंजर होती जाती है। इस कविता की सृजन-प्रक्रिया के पीछे गरीबी का दर्द है—"मैं उस आम आदमी के साथ उसकी यातना में खड़ा हूँ। संवेदना के स्तर पर मैं ही वह आम आदमी हूँ जिसे लड़ाई का भी कोई रास्ता दिखाई नहीं देता। जो हिंसात्मक क्रांति का रास्ता दिखा रहे हैं उनकी संगठन क्षमता कितनी है पता नहीं। प्रस्तुत कविता लिखते समय यह सब मेरे मन में था। जब कलम मेरे हाथ में है तो उसे लेकर ही आम आदमी की लड़ाई में उसके साथ रहना चाहता हूँ। मैं किसी राजनीतिक दल का सदस्य नहीं हूँ क्योंकि कोई भी राजनीतिक दल आम आदमी के साथ नहीं है, उसका नाम भले ही हो। वह अपनी लड़ाई में अकेला है। सच यह है कि कवि ने बाहरी दबाव को भीतरी दबाव में रूपांतरित करते हुए पूरी विस्फोटक स्थिति को ईमानदारी से प्रस्तुत कर दिया है और एक वैचारिक अंतर्योजना के साथ। बिंब, प्रतीक, भाषा, लय—सभी में वह साधारण आदमी की व्यथा के नजदीक है। इसलिए कविता का संप्रेषण व्यापार अबाधित है, कविता पाठक को सीधे समझ में आती है। जो लोग नयी कविता पर जटिलता या दुरूहता का दोष लगाते हैं, उन्हें यह लंबी कविता पढ़नी चाहिए ताकि वे नयी कविता के इस सहज-समर्थ पहलू की शक्ति का साक्षात्कार कर सकें। धमनियों में जलती आग शब्दों में फूटती है और कवि प्रश्नाकुल मुद्रा में पूछता है—

> क्यों हर हाथ टूटा है?
> क्यों हर पैर कटा हुआ है?
> क्यों हर चेहरा मोम का है?
> क्यों हर दिमाग कूड़े से पटा हुआ है?

'कुआनो नदी' संग्रह की अन्य कविताएँ सरकारी वायदों के सफेद झूठ को व्यंग्य शैली में सामने लाती हैं। समाज के दर्द को हर कीमत पर अभिव्यक्त करने की समस्या कवि के सामने है और वह इस सामाजिक दायित्व के प्रति पूरी निष्ठा से समर्पित है।

'जंगल का दर्द' 1976 ई. में प्रकाशित कविता-संग्रह है। इसमें आपात्स्थिति के दौरान लिखी गई अट्ठावन कविताएँ हैं। यहाँ कवि को साफ है कि कविता न नारा है न उपदेश, न भावुक आस्फालन है—न भाव-विलास। कविता कठिन सामाजिक बोध का नाम है और वह लोक-जागरण की वाणी है। अपने 'समय' को प्रतीकों में स्थितियों में उतारा गया है, आर्थिक-राजनीतिक, समस्याओं-विफलताओं को निर्भय-भाव से शब्द-मूर्त्त किया गया है। तानाशाही के बर्फीले माहौल में कवि के शब्द आग की तरह दहक उठे हैं, वह अँधेरे से लड़ने मशाल लेकर निकल पड़े हैं। इंदिरा-युग का अँधेरा तना हुआ है, जिसमें तेंदुए-भेड़िए गुर्रा रहे हैं और मशाल इन्हें ही भगाने के लिए जलाई गई है। दुःखी, उदास, फीके, निस्तेज, क्षोभ और क्रोध भरे चेहरे इसी मशाल से अपने को बचा सकते हैं। जन-शक्ति के जागरण को कवि 'आग' प्रतीक

से पहचानता है और इसी आग में नयी चेतना का प्रकाश खोजता है—

मैंने देखा स्लेट पर चलती
उनकी उँगलियाँ
लौ में बदल रही हैं
और पूरा शब्द लिखते ही
उसका हाथ मशाल में बदल गया है।

कवि-मन जन विद्रोह के 'अर्थ' को पहचान गया है। वह सामने के भेड़िए से लड़ना चाहता है, डरकर भागने का अर्थ होगा कायरता, गद्दारी।

भेड़िए की आँखें सुर्ख हैं।
उसे तब तक घूरो
जब तक तुम्हारी आँखें
सुर्ख न हो जाएँ।

इन भेड़ियों को जनता की सम्मिलित शक्ति से खदेड़ा जा सकता है। इतिहास के जंगल से भेड़िया हर बार जनता ने ही खदेड़ा है—

भेड़िया गुर्राता है तुम मशाल जलाओ
भेड़िया गुर्रा तो सकता है मशाल नहीं जला सकता
अब तुम मशाल जला भेड़िए के पास जाओ,
भेड़िया भागेगा।

इतिहास गवाह है कि करोड़ों हाथों में मशाल लेकर जनता बढ़ेगी तो भेड़िया लाचार होकर भागेगा। उसे जंगल से खदेड़कर बर्फ में छोड़ दो—भेड़िए आपस में लड़कर मर जाएँगे। सर्वेश्वर आस्था के कवि हैं, उन्हें विश्वास है कि भेड़ियों को खदेड़ने के बाद राह निकलेगी—

विपत्ति में तुम अकेले नहीं हो
असंख्य सोते कुलबुलाते हैं चट्टानों में
मिलकर एक धारा बनने की
इसे पहचानो, राह निकलेगी निश्चय।

अधिनायकवाद के साँप को मारने के लिए धैर्य और अक्ल से चलना होगा। कंकड़ों में रेंग रहा है साँप। लाठियाँ मारने पर भी वह सुरक्षित है। उसे मारने के लिए समतल भूमि तक आने की प्रतीक्षा करनी होगी। डॉ. लोहिया का विचार-दर्शन अनजाने ही कवि-मन में उमड़ता है। उस विचार-दर्शन का मन काव्यानुवाद करता है—"इतंज़ार/शत्रु है/उस पर यकीन मत करो।" इतिहास-चक्र से अर्थध्वनि उठ रही है कि जिन्दा कौमें पाँच वर्ष इंतजार नहीं करतीं। इसीलिए कवि एक भावयोगी या कर्मयोगी की भाँति जंगल के दर्द को पहचानकर सत्ता-व्यवस्था की क्रूर तानाशाही पर प्रहार करता है—

ताकतवर ने सब खा लिया
कमजोर ने उच्छिष्ट से
संतोष कर, दर्द से मुँह छिपा लिया।

ताकतवर ही सब कुछ खाता रहे यह क्रम तोड़ना होगा। इस व्यवस्था को तोड़कर नयी व्यवस्था बनानी होगी। कहना न होगा कि 'जंगल के दर्द' की सभी कविताओं में अधिनायकवादी-साम्राज्यवादी ताकतों को नष्ट करने का स्पष्ट संदेश है। ये ताकतें नष्ट तभी होंगी जब हम अपना 'टुकड़खोरी भाव' या 'कुत्ता भाव' छोड़ने को तैयार होंगे। आपातकाल में सर्वेश्वर की भाँति ही भवानी प्रसाद मिश्र ने काली कविताएँ लिखी थीं।

कवि के सामने श्रम के परायेपन की पीड़ा है तो फँसा हुआ उजाला भी है। यह उजाला ही निराला-मुक्तिबोध की विद्रोही परंपरा को इस कविता में नया अर्थ-प्रकाश देता है। सहज भाषा में नये-से-नये प्रतीकों एवं बिंबों से काव्यात्मकता दीप्त हो उठी है और कवि का चेहरा आम आदमी का चेहरा हो गया है–

वह आग मेरे करीब आती जा रही है
कभी मैं किसानों की चिलमों में
अंगारे की तरह दहकने की कामना करता था
मजदूरों की बेड़ियों में सुलगने के ख्वाब देखता था
अब–
उनका और मेरा चेहरा एक हो गया है।

सर्वेश्वर का कथन है कि "मैं जानता हूँ कि कविता से समाज नहीं बदला जा सकता है। जिससे बदला जा सकता है वह क्षमता मुझमें नहीं है। फिर मैं क्या करूँ? चुप रहूँ? उसे खुश करने का नाटक करूँ, भड़ौती करूँ? मेरे मान का नहीं। सच तो यह है कि मैं यह कविता लिखकर अपना होना प्रमाणित करता हूँ। मैं यह मानता हूँ कि हम जिस समाज में हैं, जिस दुनिया में हैं, वहाँ हमें अपना होना प्रमाणित करना है। बाङ्ला देश, वियतनाम अपने देश की हिंसा पर कविता लिखकर–मैं सिवा अपना होना सिद्ध करने के और कुछ नहीं करता।" (*सर्वेश्वरदयाल सक्सेना : संपूर्ण गद्य रचनाएँ, भाग-3,* पृ. 20)। सर्वेश्वर अपना होना प्रमाणित करते हैं लोक-चेतना में मिलकर। वे आधुनिकतावादी और आभिजात्यवादी, साम्राज्यवादी, पूँजीवादी शक्तियों से जूझने वाले बड़े जीवट के रचनाकार हैं। युग यथार्थ की धड़कती संवेदना के साथ उनके काव्य का प्रगाढ़ रिश्ता है। प्रचलित काव्य-शैली और काव्यात्मक मतवाद से दूर रहकर वे अपनी काव्य-राह निर्मित करते हैं।

नयी कविता ने सामाजिक चेतना और काव्य-संघर्ष के बीच एक तनाव, जीवन-संतुलन विकसित करने का जो प्रयत्न किया है उस क्षेत्र में सर्वेश्वर अग्रणी हैं। सर्वेश्वर के ढंग की सामाजिक चेतना रघुवीर सहाय, केदारनाथ सिंह, कुँवर नारायण,

विजयदेव नारायण साही एवं श्रीकांत वर्मा की विशिष्ट कविताओं में भी पाठक को नसीब होती है। सर्वेश्वर के कविता-संग्रह 'खूँटियों पर टँगे लोग' (1982) की पहली महत्त्वपूर्ण कविता है—'जंगल की याद मुझे मत दिलाओ।' इस कविता का मूल कथ्य यह है कि कैसे आदमी अपनी मूल जड़ों से कटकर व्यवस्था चलाने का एक पुर्जा मात्र रह गया है, उसमें 'आत्मपरायेपन' का मारक बोध उपजा है जो व्यक्तित्व को खंडित कर रहा है। डॉ॰ परमांनद श्रीवास्तव ने ठीक कहा है कि "इस काव्य-मुहावरे में काव्य-मुक्ति और काव्यानुशासन का सार्थक संगठन मौजूद था।" (*शब्द और मनुष्य*, पृ. 126) सर्वेश्वर, रघुवीर सहाय, साही के काव्य-मुहावरे को आमने-सामने रखकर तुलना करने पर पाठक पाता है कि सर्वेश्वर "सबसे पहले (प्रयोगवाद की पाठशाला से प्राप्त दर्द और आत्मदया के अनुभवों के बावजूद) निराला के ढंग को यथार्थवादी कविता के नजदीक आने की कोशिश कर रहे थे। इस कोशिश का नतीजा यह है कि जब पिछले दिनों नागार्जुन और त्रिलोचन की देशी आधुनिक दृष्टि वाली यथार्थवादी कविता की नयी पहचान बनी तो सर्वेश्वर उनके काफी निकट दिखाई देने लगे।" (*वही*, पृ. 127) ध्यान देने की बात यह है कि सर्वेश्वर में पश्चिमी आधुनिकतावादी-रूपवादी रुझानों के प्रति अस्वीकृति का भाव है और अपनी माटी के प्रति एक गहरा लगाव। यह गहरा लगाव ही काव्य की किसान-संवेदना है—मजदूर की पीड़ा है। पीड़ा एवं संघर्ष की यह चेतना कई बार काव्यात्मकता के प्रशांत स्वर को तोड़कर 'आवेश' में बदल जाती है और काव्य-मूल्यों के घायल होने तक का जोखिम लेती है।

अपने सघन रचनात्मक तनाव के क्षणों में वे कहते हैं, "कविता नहीं है कोई नारा/जिसे चुपचाप इस शहर को/सड़कों पर लिखकर घोषित कर दूँ/ कि क्रांति हो गई।" उनके लिए कविता आंतरिक दर्द का विस्फोट है जिनमें जनचरित्री रुझानों की प्रमुखता है। 'खूँटियों पर टँगे लोग' की कविताओं में अर्थ-भूमि का विस्तार हुआ है और शिल्प तथा छंद एवं लय का काव्यात्मक अनुशासन बढ़ा है। सर्वेश्वर लू शुन को अपने गाँव का सपेरा यों ही नहीं दिखाते हैं, उसके पीछे काव्य-दृष्टि है। वह सामाजिक त्रासदी जो आजाद भारत के गाँवों में अँधेरे पर अँधेरा कर रही है, उसका साक्षात्कार कराने निकलते हैं। कैसे आजाद भारत के नकलची पश्चिमवाद ने धन के उत्पादन स्रोतों को काटकर उस पर कब्जा किया है तथा उसे मूल रागों-प्रकृत भावों के सौंदर्य से धकेल कर अलग किया है। असहाय भारतीय जनता का हाड़-फोड़ दर्द ही पूरी कविता बन गया है। अपने काव्यानुभव में जंगल का दर्द लिए यह कवि बराबर याद दिलाता रहता है कि "कुछ धुआँ/कुछ लपटें/कुछ कोयले/कुछ राख छोड़ता/चूल्हे में लकड़ी की तरह मैं जल रहा हूँ/मुझे जंगल की याद मत दिलाओ। जंगल की याद/अब उन कुल्हाड़ियों की याद रह गई है/जो मुझपर चली थीं/उन आरों की जिन्होंने/मेरे टुकड़े-टुकड़े किए थे/मेरी संपूर्णता छीन ली थी/चूल्हे में लकड़ी की तरह अब मैं जल रहा हूँ/बिना यह जाने कि जो हांडी चढ़ी है/उसकी खुदबुद झूठी

है/या उससे किसी का पेट भरेगा।" सर्वेश्वर हर जगह कविता में जन-क्रांति की आहट पाते हैं, संकेत देते हैं पर क्रांति...क्रांति चिल्लाते नहीं हैं। ऐतिहासिक यथार्थ का मूल भाव उनके पास है—"वह तो जमीन भर तैयार कर पाएँगे/क्रांति बीज बोने कुछ विरले ही आएँगे।" इतना ही नहीं—"काटेंगे उसे जो फिर वही उसे बोएँगे/हम तो कहीं धरती के नीचे दबे सोचेंगे।" सर्वेश्वर ने लिखा—"मुझे यह मुक्ति नहीं चाहिए/अपने लिए आजाद हो जाने से बेहतर है/अपनों के लिए गुलाम बने रहना।" हर जगह सर्वेश्वर का 'मैं' निराला के 'मैं' की तरह 'हम' का पर्याय है जिसमें हृदय-विस्तार की सीमा नहीं है। आचार्य रामचंद्र शुक्ल ने 'कविता क्या है' निबंध में कहा है कि अपने हृदय को लोक-हृदय में मिला देना ही सच्चा कवि-कर्म है।

खूँटियों पर टँगे लोग का प्रतीकार्थ 'कोट' कविता से खुलता है—"खूँटी पर कोट की तरह!/एक अरसे से मैं टँगा हूँ/कहाँ चला गया/मुझे पहनकर सार्थक करने वाला।" इस संग्रह की कविताओं में कोट, मोजे, जूते, चिड़िया, टूटी बाँह, गुबरैले, कोयल जैसे बहुत-से प्रतीक सर्वेश्वर ने अपनी बात कहने के लिए गढ़े हैं। अपनी विवशताओं, विसंगतियों एवं विडंबनाओं का कवि को गहरा आत्मज्ञान है। आत्मालोचन के बाद वह कहता है—"मोजे की तरह/मैं एक जूते में पड़ा हूँ। फुदकती चिड़ियो : आओ/मुझे अपनी चोंच से खींच-खींचकर/इस जूते से बाहर करो/मैं खुद अब/उस धरती का स्पर्श करना चाहता हूँ।" धरती का स्पर्श कवि-मन का स्थायी भाव है और उसे भरोसा है कि धरती का आदमी अन्याय के खिलाफ बहुत समय तक चुप नहीं बैठेगा। वह एक दिन कमर कसकर खड़ा होगा और भेड़ियावाद की ऐसी की तैसी कर देगा। "लेकिन याद रखो/अन्याय और यातना की सीमा/जब पार हो जाती है/तब बेजान में ही सबसे पहले जान आती है।" सर्वेश्वर की काव्य-शक्ति में ऐसा बहुत कुछ है कि वे सपाटबयानी या वक्तव्यबाजी में से भी कविता निचोड़ सकते हैं—पूरा 'यथार्थ' उनके लिए कच्चामाल है जिसे वे संवेदना की भट्ठी में गलाते हैं और एक खास देशी शैली में उसे 'कविता' बना देते हैं।

सर्वेश्वर की कविता में भूख और असहाय आदमी कदम-कदम पर मिलता है—"भूखे और असहाय आदमी को/किसी झंडे की जरूरत नहीं होती। वह अपनी ही वेदना से बेचैन रहता है।" 'मंटू बाबू' और 'हजूरी' जैसे यथार्थ चरित्र इस कविता में हैं—"काम न मिलने पर/अपने तीन भूखे बच्चे लेकर/कूद पड़ी हजूरी कुएँ में/कुएँ का पानी ठण्डा था।" सड़ी-गली व्यवस्था का एक अर्थहीन मलबा समाज को नष्ट कर रहा है। भवानी प्रसाद मिश्र या रघुवीर सहाय इस संकट से बार-बार गुजरते हैं और पेट पकड़कर रह जाते हैं। 'विकास' और 'प्रगति' की अवधारणा की पोल खोलने वाली कविताएँ सर्वेश्वर ने पर्याप्त लिखी हैं। 'प्रौढ़ शिक्षा 1-2' कविताएँ भीतरी व्यवस्था की कलई खोलती हैं—"उसके खुरदरे हाथों में रख दी गई/एक चिकनी किताब/उसने उसे सिर से लगाया/और सारा घर खोज आया/पर उसके रखने योग्य

स्थान उसने नहीं पाया।'' अंततः उसे पाया कि किताब चूहों ने कुतर डाली। किसान मजदूर को दम मारने की फुर्सत नहीं है, किताब पढ़ने के लिए समय कहाँ है। हर जगह जीने का संघर्ष, हर जगह लड़ाई—''हर जगह जरूरी चीजों की छापामार लड़ाई में/कहीं न कहीं घायल होकर घर लौटती हैं।'' और जीवन में तना रहता है अभाव और दुःख। लेकिन आदमी की जीवट में ऐसा कुछ है कि वह दुख को झेलकर और मजबूत हो जाता है, वह दुख से ही शक्ति पाने लगता है। मानव की जय-यात्रा में निर्भीकता आत्मा का गुण बन जाती है, ''जब भी/भूख से लड़ने/कोई खड़ा हो जाता है/सुंदर दीखने लगता है।''

भूख और गरीबी से लड़ने वाले सर्वेश्वर में ललित कलाओं के प्रति गहरा अनुराग था। उनका रचनात्मक अनुभव कलाओं के संपर्क से परिष्कृत एवं संपादित हुआ था। अनेक ललित कलाओं से जुड़े रचनाकार उनके अभिन्न थे। हिम्मतशाह, स्वामीनाथन, स्वप्न सुंदरी और अनेक अभिनय-संगीत और नृत्य से जुड़े लोग उनकी शाम पूरी करते थे। चित्रकार स्वामीनाथन पर चार कविताएँ उन्होंने लिखी थीं : 'चमक', 'पहाड़', 'हरा और पीला' तथा 'चिड़िया'। एक कविता हिम्मतशाह की कृति 'हाथ' देखकर रच डाली। कभी कविता श्रीमती राजम की वायलिन पर नीलांबरी सुनते हुए, कभी कुमार गंधर्व के गायन की लय-राग गति पर कविता फूट पड़ती है। ठीक बात है ''पूरा बन असंख्य बाँसुरियों से बज उठा/पत्तियाँ नाच-नाच कर/पेड़ों से अलग हो/ हरे तोते बन उड़ गईं/ लेकिन भीतर कहीं बहुत गहरे/शाखों में फँसा/बेचैन छटपटाता रहा/एक बारासिंहा।'' कलानुभव कवि-चेतना को समृद्ध बनाता है और जीवन के रंग-लय-गति सौंदर्य को कवि-दृष्टि पकड़ती है। कई बार कवि को अहसास होता है कि मेरे भीतर एक कोयल पागल हो गई है, हर समय कूकती रहती है। एक निराशा फूटती है—'क्रांति' को सामने न देख पाने की। ढलती पकती उम्र का अहसास भी सर्वेश्वर ने निराला की भाँति अपनी कविताओं में किया है।

'विकास' और 'प्रगति' के नाम पर गाँव की कोख को जिस तरह उजाड़ा गया है, वह दर्द सर्वेश्वर कभी नहीं भूल पाते। प्रेम और प्रकृति की रंगभरी कविताओं के बीच भी 'गाँव का सपेरा' जैसी कविताएँ मिलती हैं और हर काव्य-संकलन में मिलती हैं। गाँव की त्रासदी—''देखना पड़ेगा कि झाँझ का पीतल/बेचकर खा तो नहीं गए हैं/और हुड़क संग्रहालयों के शौकीन/खरीद कर तो नहीं ले गए हैं।'' यह भी व्यंग्य का रूप छाले सा कविता में फूटता है—पूरी कल्लाहट के साथ। कसकते-करकते अनुभव ही 'कविता' बनकर सामने मौजूद हो जाते हैं, यहीं सर्वेश्वर की काव्य-संवेदना का कमाल है—''और उन्हें समझा दूँ कि/दूसरों द्वारा अपनी फसलें काट ले जाने की/उस समय तुम से शिकायत न करें/और न जिस्म पर/बंदूक के छर्रों के घाव दिखाएँ/और न अपने जले हुए घरों की/न बेइज्जत की गई औरतों के/बाबत तुम्हें कुछ बताएँ।''

सर्वेश्वर की ज्यादातर कविताएँ ऐसी हैं जिन पर समय का रंग है या कहिए जिनमें देश और काल का यथार्थ बोलता है। इस यथार्थ की अभिव्यक्ति एक ऐसे सदाबहार व्यंग्य में हुई है कि हर दौर में यह कविता अपनी अलग पहचान रखेगी। कविताओं में जीवनानुभवों के तगड़े सामाजिक एवं राजनीतिक आधार हैं और 'कवि दृष्टि' की सजग आँखें खुल गई हैं—जो हर चीज, हर घटना को देखती हैं। भारतीय आर्थिक एवं सांस्कृतिक संवेदना का नैतिक दबाव 'स्मृति' में घुमड़ता रहता है और आजादी के बाद का 'मोहभंग' दिमाग को झटका देता है। जनता की तबाही और तड़प में कविता का नैतिक एवं सामाजिक मूल्य चेतना का जग-मंथन है। यह कविता जड़ाऊ कविता न होकर सादगी की कविता है जिसमें नये मनुष्य का इतिहास-भूगोल मौजूद है। बिना सरलीकरणों के सामाजिक-राजनीतिक सच्चाइयों को वे सामने लाते हैं और लोक-संवेदन का उपयोग काव्यात्मकता और व्यंग्य देता है—'रंग तरबूजे की/महक खरबूजे की' की गंध और लय पाठक को मोहती है। 'कोट', 'स्वेटर', 'दस्ताने', 'मोजा', 'जूता' के प्रतीक एक ओर हैं तो दूसरी ओर एक आवाज है—'आहिस्ता मत चलो' या 'अब मैं सूरज को डूबने नहीं दूँगा।' सर्वेश्वर देश में घिरते हुए दुःख की भाषा बोलते हैं लेकिन हताश नहीं हैं। चिंताकुल प्रश्न उभारते हैं और पूछते हैं—

प्रश्न जितने बढ़ रहे हैं
घट रहे उतने जवाब
होश में भी एक पूरा देश यह बेहोश है
खूँटियों पर ही टँगा रह जाएगा क्या आदमी?
सोचता उसका नहीं यह खूँटियों का दोष है— *(देशकाल)*

इसी महत्त्वपूर्ण काव्य-संग्रह पर मरणोपरांत कवि सर्वेश्वर को साहित्य अकादमी पुरस्कार से सम्मानित किया गया।

सर्वेश्वर की देह-लीला समाप्त होने के बाद उनकी पुत्री विभा-शुभा ने अपने पिता की कुछ अप्रकाशित कविताओं का एक काव्य-संग्रह छपवाया है। 'कोई मेरे साथ चले' (1985)। इस संग्रह की सभी कविताओं में जीवन का वह तीव्र राग है जो जीवन जीने को प्रेरित करता है। यहाँ एक ऐसा सौंदर्य-बोध मौजूद है जो बासीपन के विरोध में डटा है। कवि-संवेदना में अर्थ-भूमि का विस्तार संत-परंपरा की याद दिलाता है। कबीर, दादू, सूर, तुलसी—सभी मिलकर मानों यहाँ संवाद कर रहे हैं। मानव के कर्म-सौंदर्य की महिमा और गरिमा से सर्वेश्वर की कविता भर गई है—पवित्र पसीने की धार से धुला आदमी इस काव्य का सौंदर्य है। अन्याय-शोषण के विरोध में खड़ा आदमी 'लड़ाई' और 'आग' पर भरोसा किए है। फलतः इन कविताओं में जीवन-धारा की एक अंतःसलिला प्रवाहित है, जिसकी मूल ध्वनि 'मानव-मुक्ति' से भरी है। 'कुआनो नदी', 'जंगल का दर्द' और 'खूँटियों पर टँगे लोग' काव्य-संग्रहों

की संघर्षशील जन-चेतना यहाँ मुखर है। सर्वेश्वर ने नाटकों के लिए गीत लिखे, कुछ यहाँ आ गए हैं, कुछ मिल नहीं सके।

इस काव्य-संग्रह की अधिकांश कविताएँ मानव-प्रकृति प्रेम की छवियों से निर्मित हैं। कुछ कविताओं में समकालीन जीवन यथार्थ और भारतीय लोकतंत्र की चिंता है। ''उस समय तुम कुछ नहीं कर पाओगे जब भेड़ियावाद उजाड़ और हिंसा पर आमादा होगा। इसलिए पहले से तैयारी आवश्यक है—अब लकड़बग्घा/बिल्कुल तुम्हारे घर के/करीब आ गया है/यह जो हल्की सी आहट/खुनकती हँसी में लिपटी/तुम सुन रहे हो/वह उसकी लपलपाती जीभ/और खूँखार नुकीले दाँतों की/रगड़ से पैदा हो रही है/इसे कुछ और समझने की/भूल मत कर बैठना/जरा सी गलत गफलत से/यह तुम्हारे बच्चे को उठाकर/भाग जाएगा/जिसे तुम अपने खून-पसीने से/पोस रहे हो/लोकतंत्र अभी पालने में है/और लकड़बग्घे अँधेरे जंगलों/और बर्फीली घाटियों से/गर्म खून की तलाश में/निकल आए हैं।'' लोकतंत्र के मूल्यों-मर्यादाओं पर इन लकड़बग्घों ने समूहबद्ध हमला करके पूरे समाज में दहशत पैदा कर दी है। भ्रष्टाचार, धकापेलवाद, गुंडावाद, भारतीय सत्तावादी 'चरित्र' के ठोस पर्याय बने हैं। 'क्रांतिकारी की मौत' में चेरा बण्डा राजू के मौत का कवि-चेतना पर आंतक है तो 'संकल्प की मीनार' कविता में नागभूषण पटनायक के प्रति आंतरिक सहानुभूति।

सर्वेश्वर के कवि-मन को एक कविता 'देश' से समझा जा सकता है—डालियाँ/बदलीं कुर्सी में/तना तख्त में/जड़ अलाव में पड़ी। इस कविता में उत्तर-आधुनिकवादी दृश्य का संकेत है। 'स्वाभाविक' कुछ नहीं रहा, सभी पर कृत्रिम मुखौटा और उपभोक्तावादी संस्कृति के बाजारवाद का हमला हुआ है। यह हमला हमें परंपराओं, मूल्यों एवं मान्यताओं से विच्छिन्न कर रहा है। 'प्रेम' जैसी प्रकृत भूख की अवधारणा भी सहज नहीं रही, उसमें भी आधुनिकता का जहर घोल दिया गया है। ''मैंने कब कहा/कोई मेरे साथ चले/चाहा जरूर।'' कवि की एक प्रबल आकांक्षा है—आजादी में किसान और मजदूर को राहत मिले। लेकिन सत्ता उलटी दिशा में चल पड़ी है—'कमजोर और असहाय' को स्थान ही नहीं रहा। स्थान केवल उन्हें मिला जो बंदूक लिए लूट रहे हैं। कहना न होगा कि सर्वेश्वर का पूरा रचना-कर्म इस पीड़ा से भरा हुआ है। प्रायः सर्वेश्वर 'तनाव' से काव्य की निष्पत्ति करते हैं और 'उदात्त, महान' के मिथ को हर स्तर पर तोड़ते हैं। यह आम आदमी के संघर्ष, पीड़ा तनाव की कविता है। डॉ. रामस्वरूप चतुर्वेदी ने 'हिंदी साहित्य और संवेदना के विकास' में लिखा है कि ''नयी कविता की पहचान जहाँ से शुरू होती है वहाँ सर्वेश्वरदयाल सक्सेना की कविताएँ हैं। नयी कविता के ऊपर लगाया जाने वाला समाज-विमुखता का आरोप कितना निराधार है, यह ऐसी कविताओं के माध्यम से अच्छी तरह समझा जा सकता है। लोक-संपृक्ति के इस मूल तत्त्व को ध्यान में रखकर कहना होगा कि सर्वेश्वर ने नयी कविता के लिए वह किया जो आधुनिक खड़ी बोली के आरंभिक युग में मैथिलीशरण

गुप्त ने किया था। तद्भवता, सार्वजनिकता और व्यापकता उनके कृतित्व के मूल गुण हैं।" (पृ. 279) सर्वेश्वर का यह कथन सच है कि–

"मैं नया कवि हूँ
इसी से जानता हूँ
सत्य की चोट बहुत गहरी होती है,
मैं नया कवि हूँ
इसी से मानता हूँ
चश्मे के तले की दृष्टि बहरी होती है,
इसी से सच्ची चोटें–बाँटता हूँ–
झूठी मुस्कानें नहीं बेचता।" *(मैंने कब कहा)*

# 12

# नाटक : लोक-संवेदना का रंग

सर्वेश्वर की काव्यात्मकता में नाट्यात्मकता की स्थिति के दर्शन निरंतर होते हैं। सच कहा जाए तो जीवन की नाटकीय-संवेदना के प्रति उनके कवि-मन में गहरा लगाव है। जीवनानुभवों को रचनात्मकता में ढालते सर्वेश्वर नाटकों में संशोधित और परिष्कृत होते हैं। एक ऐसी ज्ञान-व्यवस्था इस कृतित्व में स्थायी रूप से निवास करती है जो जीवनानुभवों और तर्कसंगत निष्कर्षों के आधार पर बनती है। यह अकारण नहीं कि उनकी कविताओं के बिंब प्रकृति, किसान-वेदना और राजनीति से आते हैं। उनका रचनात्मक स्वभाव ही ऐसा है कि भोगनेवाले प्राणी और रचने वाले प्राणी के बीच पार्थक्य नहीं है। जीवन की सघन-प्रगाढ़ अनुभूतियाँ शिराओं के खून को खौलाती हैं और सृजन-प्रेरणा की शक्ति से विवश रचनाकार संवेदनात्मक-विचारात्मक, ज्ञान-व्यवस्था को नये-नये रूपों में गुंफित करता है। विशेष बात यह भी है कि सर्वेश्वर अपने व्यक्तित्व का इस्तेमाल तभी कर पाते हैं जब वे ओट में रहकर किसी पात्र के माध्यम से व्यवस्था के नरक पर चोट करते हैं। उनके नाटकों में लोक-शैली के गीत और संवाद भी उनके अंतर्मन का कवित्व सामने लाते हैं। जिनमें एक ईमानदार चिंतक और देश-प्रेमी मौजूद रहता है। प्रत्यक्ष जीवनानुभवों की सीधी घुसपैठ जैसी उनके नाटकों और निबंधों में होती है, वैसी उनकी कविताओं में नहीं। कविता में उनका जीवनानुभव अनेक स्तरों पर पककर और छनकर उतरता है।

अनेक नाट्य-प्रस्तुतियों के लंबे समय तक धैर्यवान प्रेक्षक बनकर सर्वेश्वर ने यह अनुभव ज्ञान प्राप्त कर लिया था कि हिंदी नाटक की सर्वाधिक सर्जनात्मक संभावना को लोकनाट्य-शैली के सार्थक प्रयोगों से ही सामने लाया जा सकता है। नये नाटककार को अपनी नाट्य-परंपराओं, रंग-पद्धतियों, प्राविधियों के साथ पूरे मन से जुड़ना चाहिए। पश्चिमी रंग-परंपराओं में प्रयोग तो हो सकते हैं, पर उन प्रयोगों में लोक-मन का जुड़ाव-रचाव नहीं हो सकता। नाटक अपनी भूमि पर ही पनपता है। उसकी पूरी चेतना में संस्कृति-विशेष की कलाओं की प्रेरणा-प्रभाव शक्ति सक्रिय रहती है। इसी दृष्टि से सर्वेश्वर ने अपने नाटकों को पश्चिमी प्रयोग-चक्र में नहीं पड़ने दिया। खूब सोच-समझकर उन्होंने भारतीय रंगमंच की लोक-नाट्य-शैली वाली जड़ों से अपना

नाता जोड़ा। यह नाता उन्हें रामलीला, कृष्णलीला, स्वांग-प्रहसन-नौटंकी की लोक रंग-परंपरा से मिला था। यह संस्कार इतना प्रबल पड़ा कि पश्चिमी रंगमंच का सर्वेश्वर ने सहारा नहीं लिया।

रूपक उत्साही प्रयास से कमजोर पड़ा है। उस समय के राजनीतिक माहौल में 'बकरी' का प्रदर्शन चर्चा का केंद्र रहा। देश-भर में इस नाटक के अनगिनत प्रदर्शन हुए तथा भारतीय भाषाओं में रातोंरात अनूदित होकर यह नाटक खेला गया। इस अकेले नाटक ने सर्वेश्वर को हिंदी नाटककारों की प्रतिष्ठित पंक्ति में स्थान दिला दिया। इस नाटक को लेकर आज यह शंका उठाई जाने लगी है कि एक समय विशेष में अपनी प्रासंगिकता को सिद्ध करने वाला यह नाटक अप्रासंगिक हो गया है। लेकिन इस तरह की शंका निराधार है क्योंकि राजनीतिक नेताओं और पुलिस का चरित्र आज भी बहुत कम बदलता है और गरीब औरत की बकरी डाकू झपट रहे हैं। जब तक डाकू बकरी को झपटते रहेंगे तब तक यह नाटक प्रासंगिक रहेगा।

'बकरी' नाटक ग्रामीणों की बोली और बानी का, उनकी यथार्थ समस्या का नाटक है। विपत्ति के द्वारा रंग-कर्म की मूल-प्रकृति को सही संदर्भ में तराशा गया है। फारसी रंग-शैली और नौटंकी शैली के घोल से यह लोक-नाटक तैयार हुआ है। नट-नटी-नर्तन, नगाड़ा, गायन, नौटंकी की लोकप्रिय धुनें, भजन-कीर्तन-गजल-कव्वाली, फिल्मी धुन की छौंक सभी का मुरब्बा नाटक में तैयार किया गया है। पारसी रंग-विधाएँ, उसी ढंग की अभिनय-कला, तुकबंदी, तान भरी भाषा, पद्यात्मक-संवाद, चमत्कारी वक्रोक्तियाँ और लय भरी अभिव्यक्ति की अदाकारी ने नाटक को सदाबहार रूप दिया है। नट-नटी के संवाद और गीत समकालीन स्थिति एवं परिस्थिति पर व्यंग्य की धारदार नोक से प्रहार करते हैं। कुल मिलाकर यह बड़ा ही नुकीला नाट्य-प्रयोग है। राष्ट्रीय गान तक को यह नाटक बकरी माता के जय-जय गान में बदलकर व्यंग्य करता है। 'झंडा ऊँचा रहे हमारा' तथा 'रघुपति राघव राजाराम' को कवि ने सृजनात्मक कल्पना से एक नया सटीक एवं सार्थक अर्थ-टोन दे दी है। नाटक के संगीत नृत्य में पाठक मग्न रहता है और जटिल प्रतीक सहजता से खुलने लगते हैं। राजनीतिक ढाँचे की पोल-पट्टी को न केवल उधेड़कर दिखाया गया है; बल्कि उस समाज का विकृत चेहरा भी उभारा गया है जो आजादी के दो दशकों के बाद बना है। नाट्य-संवेदना की ताजगी और राजनीतिक व्यंग्य की मार के कारण 'बकरी' स्कूल-कॉलेजों, सड़क-चौराहों पर धूम मचाता रहा है। सच बात यह है कि इस नाटक ने हिंदी नाटक और रंगमंच को नवीन जमीन दी है।

'बकरी' नाटक की भारी लोकप्रियता के बाद सर्वेश्वर ने दूसरा नाटक लिखा—'लड़ाई'। हम एक अर्थ में 'लड़ाई' को नाटक कहते हैं—कारण, यह उनकी प्रसिद्ध कहानी पर आधारित है। सर्वेश्वर की कहानी 'लड़ाई' इतनी प्रसिद्ध हुई थी कि इससे प्रभावित होकर ओम शिवपुरी ने अपने निर्देशन में इस कहानी का मंचन

किया। मंच-प्रस्तुति में कहानी के कहानीपन को खंडित करने का प्रयास निर्देशक ने नहीं किया। विशेष बात यह थी कि स्वयं सर्वेश्वर इस कहानी को रेडियो नाटक के रूप में आकाशवाणी से प्रस्तुत कर चुके थे। इतना ही नहीं 'लड़ाई' कहानी का रेडियो नाट्य रूपांतर कई भाषाओं में उत्साह के साथ आकाशवाणी के केंद्रों से प्रसारित किया गया। रंगकर्मियों के पास मोहन राकेश की उस कहानी का अनुभव था जिसके भीतर से 'लहरों के राजहंस' जैसा जटिल संरचना का नाटक उभरा था। मोहन राकेश के नाटकों की अर्थ एवं व्यंजना-शक्ति तो सर्वेश्वर के पास नहीं है, पर नाट्य-प्रयोग का 'अरमान' है। सर्वेश्वर ने कहानी में कोई मौलिक परिवर्तन नहीं किया। लड़ाई का थीम समकालीन ज्वलंत प्रश्नों में धधकता मिलता है। एक प्रकार से यह 'बकरी' के थीम का संशोधन-संपादन एवं विस्तार है। स्वतंत्रता के बाद हम सब अपने स्वार्थों की पूर्ति के लिए अपने-अपने मोर्चे पर लड़ रहे हैं, लेकिन इस लड़ाई में दमखम नहीं है। पूरा सामाजिक-राजनीतिक परिवेश और परिदृश्य इस लड़ाई को कमजोर कर रहा है। यह स्थिति पूरे देश के लिए दुःखद है। इसी भयावह स्थिति का चित्रण यह नाटक करता है। नाटककार को 'लड़ाई' में यह विश्वास है कि "इस ट्रेजेडी का अनुभव करना संगठित प्रयास की ओर बढ़ना है।" कहना न होगा कि यह नाटक सर्वेश्वर की प्रतिबद्धता का नाटक है—'प्रतिबद्ध नाटक'।

सत्य के लिए लड़ने वाला सत्यव्रत ही इस नाटक का केंद्रीय पात्र है, पर उसका चरित्र आवेश से उभरता है। आवेश सर्वेश्वर के काव्य की कमजोरी है और नाटक की भी। इसी आवेश ने आंतरिक प्रतिबद्धता को खरे मूल्य में नहीं बदलने दिया। नाटक के बारह-तेरह दृश्य 'लड़ाई' को सफल करते हैं, पर नाट्य-अन्विति के अभाव में नाट्य-प्रभाव बिखर जाता है। हर जगह सत्यव्रत लड़ाई लड़ता है—पर बात बनती नहीं। गीतों एवं संवादों में 'बकरी' वाली कला गायब है। नाटक के आरंभ और अंत में 'उद्घोषक' का प्रयोग जमता नहीं है। सर्वेश्वर का यह नाटक 'बकरी' की तुलना में कमजोर है। पता नहीं किस आत्म मोह में सर्वेश्वर यह कहते रहे हैं कि "इसे लेखक का पहला नाटक माना जाए।" *(लड़ाई—भूमिका)* क्यों माना जाए जबकि यह 'बकरी' के बाद का नाटक है। हाँ, यह सच है कि लड़ाई अपनी अनेक नाट्य-दुर्बलताओं के बावजूद हिंदी नाटक के क्षेत्र में नये ढंग का प्रयोग है। इस नये प्रयोग की असफलता में ही इस नाटक की सफलता को पाया जा सकता है। कुछ भी हो, सर्वेश्वर पश्चिमी रंगमंच के जाल से हिंदी रंगमच को मुक्त करने के आकांक्षी रहे हैं। उनका यही 'अरमान' सच्चे अर्थों में 'बकरी' और 'लड़ाई' जैसे नाटकों में उभार पर है। आम आदमी की बोली-बानी, गीत-लय में नाटक रचने के पीछे सर्वेश्वर की लोक-चेतना का रंग है और रंग इन नाटकों की सृजनात्मक-शक्ति है। सर्वेश्वर का रचनाकार-व्यक्तित्व कविताओं की भाँति इन नाटकों में भी अपने सामाजिक दायित्व के प्रति सजग है। यह सजगता ही इन नाटकों के प्रति पाठक

को निरंतर सतर्क रखती है।

'अब गरीबी हटाओ' (1979) नाटक में सर्वेश्वर ने पूरी सत्ता व्यवस्था पर व्यंग्य किया है। इस नाटक का मंचन 'रंगपीठ' द्वारा आइफैक्स हाल, नयी दिल्ली में 12 जनवरी, 1981 को हुआ था और दर्शक इस नाटक के विचार पक्ष से बहुत प्रभावित हुए थे। आम जनता के लिए लिखे गए इस नाटक में झूठी जुमलेबाजी नहीं है। "दरअसल यह नाटक सदियों से व्यापक अपमान और शोषण की चट्टान के नीचे पिसते हुए साधारण जन की पीड़ा के चरम क्षणों का बहुत प्रामाणिक मूर्तिकरण है।" पूरा नाटक मानवीय तकलीफ की चट्टानों से टकराता रहता है। नाटककार की शैली में व्याप्त काव्यात्मक संवेदना ने 'कथ्य' को प्रभावान्विति में समर्थ बनाया है। यह नाटक इस सच्चाई को उघाड़कर रख देता है कि "शहरी आधुनिक रंगमंच जन-चेतना से कितना विच्छिन्न और दूर है। जब तक हमारा रंगमंच एक व्यापक समाज की पीड़ाओं-संघर्षों, विसंगतियों या विडंबनाओं को संवाद प्रस्तुति और प्रस्तुतिकरण की नयी पद्धतियों की खोज में प्रवृत्त नहीं करता तब तक वह अधूरा है। सर्वेश्वर के इस नाटक में रंगमंच की अनेक संभावनाएँ हैं, केवल कल्पनाशील निर्देशक चाहिए। इस नाटक के मंचन के लिए पुतलों की परिकल्पना भानु भारती तथा संगीत ब.व. कारंत ने दिया था और नाटक की रूप अवधारणा निर्देशन भानु भारती ने किया था। लोक-शैली और लोक-लय के साथ व्यंग्य की ठसक ने नाटक में प्राण डालने का कार्य किया है।

सर्वेश्वर का नाटक 'हवालात' तीन लड़कों और एक पुलिस वाले की क्रिया-प्रतिक्रिया का नाटक है। बर्फीली तूफानी रात में ठिठुरते तीन लड़के हवालात में जाने को आतुर हैं, पर वह भी नसीब नहीं है। भारतीय पुलिस के सिपाही का सच्चा चरित्र नाटक में सामने आता है। नाटक में यह वाक्य गूँजता रहता है कि "पर वह हमें हवालात क्यों ले जाता? हमारे पास देने को एक दमड़ी जो नहीं थी।"

'हिसाब-किताब' सर्वेश्वर का अंतिम नाटक है। मास्टर जी, सेठ, जोकर, बच्चे, नौकरशाही, पूँजीपति, बुद्धिजीवी तथा 'देश का भविष्य' ऐसे पात्र हैं जो उस व्यवस्था पर चोट करते हैं जिसमें बच्चों तक का खाना स्वार्थी, हृदयहीन तत्त्व डकार जाता है। यह दो दृश्यों का नाटक है और प्रभाव में बेहद कमजोर।

सर्वेश्वर के समय में नुक्कड़ नाटक की आँधी उठी। इस आँधी में कौन समर्थ-असमर्थ नाटककार नहीं बहा। इसी परिवेश में सर्वेश्वर ने एक नुक्कड़ नाटक लिखा—'मर गया जे जाओ।' यह नाटक 'बोली' में लिखा है और एक औरत की लाचारी में उसके पति के मरने की व्यथा का बिंब है। गरीब आदमी के लिए मरना तो जिंदा रहने से भी ज्यादा महँगा है। विवश औरत प्रधानमंत्री को व्यथा सुनाना चाहती है पर कौन सुनता है। यह पूरा नुक्कड़ नाटक गरीबी की 'हाय.....हाय' पर केंद्रित है।

इसी बीच सर्वेश्वर जी ने एक नृत्य-नाटिका लिखी 'होरी धूम मच्यो री'। इस नृत्य नाटिका में कृष्ण, मनसुखा, राधा, ललिता तथा अन्य गोप-गोपियाँ हैं। नाटिका का आरंभ उल्लासमय मादक संगीत से होता है। होली का रीतिकालीन परिवेश उमड़ता है और कवि पद्माकर के वसंत वर्णन से 'कूलन में केलि में कछारन में कुंजन में' दृश्य भराव पाता है। रीतिकालीन कवियों के कवित्त सवैया का रंग नृत्य नाटिका में उमड़ता है और राधा-कृष्ण की रंग-लीला का प्रगाढ़ संसार पाठकों के चित्त में आनंद-राग का संचार करता है। दरअसल, सर्वेश्वर में प्रेम के प्रति गहरी पुकार है और उसे पाने के लिए ही चातक मन रखते हैं। इसी मनोभूमिका का विस्तार 'रूपमती बाज बहादुर' नामक नाटिका में हुआ है। माण्डव के सूने महलों के बीच रात में रूपमती की डोलती आत्मा और बाजबहादुर का अशरीरी प्रवेश होता है। इस लोक-कथा में सर्वेश्वर जी ने नर्मदा की पूजा करता रूपमती का पिता दानसिंह भी दिखाया है। पूरी नाटिका में गीत-गायन का अद्भुत थिरकता लोक है। सर्वेश्वर ने हिंदी में 'नृत्य नाटिका' को नये रूप में सँवारा है और इस परंपरा को आगे बढ़ाने का संकेत भी दिया है।

सर्वेश्वर ने 'रेडियो रूपक' भी कम नहीं लिखे हैं। उनके रेडियो रूपकों में 'पीली बत्तियाँ', 'चाँदी का वर्क', 'दो चीनी औरतें', 'यहाँ हम एक हैं', 'बर्फ ने कहा', 'राजकीय सूक्ष्म यंत्रशाला', 'धूलिया', 'रामकृष्ण परमंहस', 'पाँच मिनट का नाटक' तथा 'वे क्या सोचते हैं' उल्लेखनीय हैं। इन सभी रेडियो-रूपकों की प्रधान विशेषता है कि समस्या या प्रश्न को सहज भाषा में संप्रेषित करने की क्षमता। यही क्षमता सर्वेश्वर के दो एकांकी नाटकों में भी दिखाई देती है—'बुद्ध की करुणा' और 'सत्यवादी गोखले'। सर्वेश्वर के समय तक एकांकी-लेखन का प्रचलन लगभग बंद हो गया था। इस दौर के सभी नाटककारों ने बहुत कम एकांकी लिखे।

यही वह दौर है जब हिंदी-नाटक और रंगमंच का ध्यान बच्चों की ओर गया। बच्चों को रंगकर्म में लगाकर ही स्वस्थ रंग-दृष्टि का विकास किया जा सकता है—यह बात 'समझदार रंगकर्मी' दुहराने लगे। बड़े रचनाकारों ने बच्चों के लिए कविताएँ-गीत-प्रहसन लिखना शुरू किया। इसी माहौल में सर्वेश्वर जो कि अपने दो बच्चों के लिए माता-पिता दोनों का दायित्व निभा रहे थे उन्होंने पाँच प्रसिद्ध बाल नाटक लिखे—'कल भात आएगा', 'हाथी की पों', 'अनाप-शनाप', 'भों भों खों खों' तथा 'लाख की नाक'।

प्रौढ़ों के लिए नाटक लिखने के साथ ही सर्वेश्वर बच्चों के लिए बाल नाटकों का सृजन करते हैं। प्रायः हम बच्चों के लिए नाटक लिखने में कतराते हैं—जबकि बच्चों के लिए नाटक लिखना-खेलना जरूरी कार्य है। बड़े रचनाकर्मी बच्चों के लिए सहज-भाव से नाटक लिखें—यह किसी भी साहित्य का सौभाग्य होता है। ध्यान देने की बात यह है कि सर्वेश्वर के समय तक बाल-रंगमंच नाममात्र को विकसित हुआ था। उनका मन था कि बच्चों की प्रकृति-स्वभाव, प्रवृत्तियों को समझकर नाटक लिखे

जाएँ और इसी मनोभाव से भरकर वे बाल-नाटक लिखने में प्रवृत्त हुए। शैली का ताजा रंग, जीवन की विविधता और समसामयिक स्थितियों का चित्रण उनके बाल-नाटकों को एक नवीन अर्थ-भूमि प्रदान करती है। इस क्षेत्र के विशिष्ट बाल नाटक हैं—'लाख की नाक', 'भों भों खों खों', 'कल भात आएगा' आदि।

प्रसिद्ध नाट्यनिर्देशक वंशी कौल ने 'कल भात आएगा' का मंचन किया तो इस बाल-नाटक की गहरी सृजनात्मकता की ओर दर्शकों का ध्यान गया। इसकी अर्थवत्ता ने कई दृष्टियों से सोचने के आयाम भी दिए। यह मान लिया गया कि बाल नाटकों के लिए एक तरह का समर्पण चाहिए। बच्चों के प्राणों में बैठकर ही बाल-नाटक उनकी बात कह सकता है। बाल नाटक और बाल-रंगमंच को जगाने, बढ़ाने में सर्वेश्वर ने ऐतिहासिक भूमिका अदा की है और इस भूमिका को हमें आदर से याद करना चाहिए।

यह कितने आश्चर्य का विषय है कि सर्वेश्वर के कवि, कथाकार, नाटककार एवं निबंधकार की मनोभूमिका में सामाजिक प्रश्नों, सामाजिक चिंताओं की रेखाएँ गहरी हैं। सभी विधाओं में उनकी मूल संवेदना एक है। काव्य की लोक भावभूमि से उपजी चिंताएँ ही नाटकों में उभरती हैं और लोकनाट्य-शैली की ओर वे प्रवृत्त हो जाते हैं। सर्वेश्वर को मानो यह पहचान बराबर रही है कि लोक-मन की बात को लोक-शैली से ही जनता में संप्रेषित किया जा सकता है। सत्ताधारी वर्ग और बुद्धिजीवी वर्ग से सर्वेश्वर को आशा कभी नहीं रही। लेकिन रचना के सांस्कृतिक संवेदन में उनकी आस्था रही और इसी आस्था से वे रचते भी रहे। रचना में किसी जटिल दार्शनिक आधार को गढ़ने के चक्कर में वे नहीं पड़े उनके आसपास का यथार्थ ही या परिवेश ही उनके सृजन में ढलता रहा। इसलिए इस सृजन में न कोई 'फ्राड' है न कोई ढोंग—न कोई अस्तित्ववादी-दर्शन का किर्केगार्दी नगाड़ा बजता है। सर्वेश्वर अपना विकल्प सामाजिक प्रगति और मानव-मुक्ति को ही चुनते हैं और इसी राह से वे जीवन-वास्तव का साक्षात्कार कराते हैं।

# 13

# निबंध : अंत:प्रक्रियाएँ

सर्वेश्वर निबंध के माध्यम से निरंतर अपने चिंतन को मुखरित करते रहे। किसी भी घटना, प्रसंग, प्रकरण अथवा पात्र संदर्भ पर बारीक चिंतन करना उनका स्वभाव था और यही स्वभाव निबंध-कला में ढला है। वे 'दिनमान' में सह-संपादक के रूप में 'चरचे और चरखे' शीर्षक से 'कॉलम' लिखते रहे। यह कार्य उन्होंने अज्ञेय जी की प्रेरणा से शुरू किया था, लेकिन सर्वेश्वर के पत्रकार-मित्र श्यामलाल शर्मा भी प्रेरणा के रूप में कहीं न कहीं रहे। 'चरचे और चरखे' शीर्षक के लिए लिखे गए विचार किसी घटना या व्यक्ति का तार्किक वस्तुनिष्ठ अंकन हैं। पर शैली पर रिपोर्ताज की छाप रहती है। संस्मरण, कहानी, रेखाचित्र, रिपोर्ताज सभी नयी गद्य विधाएँ सर्वेश्वर के इन लघु व्यक्ति-व्यंजक निबंधों में एक निगाह में ही पहचानी जा सकती हैं।

यह पहचान सर्वेश्वर को बराबर रही है कि अच्छा गद्य लिखना, अच्छे पद्य लिखने से भी कठिन होता है। ज्यादातर अच्छे कवि सृजनात्मक गद्य लिखने में बगलें झाँकने लगते हैं। यही कारण है कि गद्य को कवियों का निकष माना गया। कवि-कर्म की खरी कसौटी आज भी निबंध है। कवि को छंद-लय-प्रगाढ़ अनुभूति की ताकत का सहारा रहता है लेकिन निबंधकार को केवल अपने विचार-प्रवाह का। निबंधकार से यह अपेक्षा भी रहती है कि वह विषय-प्रतिपादन में मौजूद रहकर भी अलग रहे। यह बड़ी कठिन शर्त है और इसी शर्त के कारण अच्छे-अच्छे निबंध लिखने से कतराते हैं। दिलचस्प बात यह है कि हम सभी छोटी कक्षाओं से ही निबंध लिखने का अभ्यास करते हैं और उच्चतर उपाधियों तक यह कार्य चलता रहता है। इस कथन का एक अर्थ तो यह हुआ कि निबंध दीर्घ साधना, विचार-तप और कला-संयम चाहता है। दूसरा अर्थ यह कि गद्य की निबंध ही एक ऐसी विधा है जो किसी विरले को ही सिद्ध होती है। निबंध में लालित्य आता तभी है जब भीतर तक रचने का भाव होता है। इस दृष्टि से हम सर्वेश्वर के लघु व्यक्ति-व्यंजक निबंधों को देखते हैं तो निराश नहीं होना पड़ता। यह देखकर सुख प्राप्त होता है कि सर्वेश्वर की आत्मीयता का, निजता का एक रम्य-विस्तार यहाँ हुआ है। इन व्यक्ति-व्यंजक निबंधों का व्यक्ति

सतह पर नहीं, गहराई के भीतर बैठा हुआ है। वह अनुभव की साझेदारी का विश्वासी है और तर्क-बुद्धि के प्रति आस्थावान। सर्वेश्वर के निबंधों को लेकर अजीब स्थिति यह है कि हिंदी आलोचकों ने उनके इस पक्ष पर बहुत कम ध्यान दिया है। ज्यादातर उनके कवि-कर्म और नाट्य-कर्म का ही ढोल पीटते रहे हैं। जबकि सर्वेश्वर जीवन-भर किसी न किसी रूप में निबंध लिखते रहे। ऐसी स्थिति के कारण उनके सृजन के इस पक्ष पर ध्यान देने की विशेष आवश्यकता है।

सर्वेश्वर के 'चरचे और चरखे' के सभी निबंधों के भीतर से गुजरने पर उनकी भीतरी विशेषताएँ साफ तौर पर उभरती हैं। प्रथम व्यापक जीवन-दृष्टि; दूसरी फक्कड़पन की मस्ती; तीसरी सामान्य में विशेष को पाने की ताकत। कहा जा सकता है कि ये तीन वस्तुएँ ही सर्वेश्वर के निबंधों की वैचारिक पीठिका हैं जिनके माध्यम से जीवन के तमाम वैचारिक सरोकार व्यक्त किए गए हैं। बहुत से 'बुद्धिजीवियों' को यह भ्रम है कि हिंदी के व्यक्ति-व्यंजक निबंध अंग्रेजी प्रेरणा-स्रोतों की देन हैं। ये वे लोग हैं जिन्हें भारतीय मनीषा पर भरोसा नहीं है या जो पश्चिम के प्रशंसक बनकर अपनी हर चीज पर भरोसा खो चुके हैं। हिंदी प्रदेशों की जातीय प्रतिभा को बहुत कोशिश करके भी पहचानने में ये लोग अक्षम हैं। सच बात यह है कि ये निबंध हिंदी प्रदेशों की जातीय-प्रतिभा का विस्फोट हैं जिनमें मुक्त-चिंतन का प्रकृत-रूप मिलता है। नकल या प्रभाव से 'चरचे और चरखे' जैसे मौलिक निबंध नहीं लिखे जा सकते हैं। यह चिंतन हमारी स्थिति-परिस्थिति के भीतरी टकराव से उपजा है। हमारे अनुभव-चिंतन की द्वंद्वात्मक भाव-स्थिति ने ही इन निंबधों को ऐसा रूप-रंग दिया है। इन निबंधों का 'मैं' अनुभवकर्त्ता के रूप में आता है साथ ही यह 'मैं' कहीं भी हम से विच्छिन्न नहीं है। सच तो यह है कि यह 'मैं', 'हम' का पर्याय है, जिसमें कोई चुभने वाली कोर नहीं है पश्चिमी 'मैं' का दहाड़ता अहं हमारी निबंध परंपरा में कहीं नहीं है। हमारा चिंतन सबको लेकर है—"हम सबमें सब हम में, मैं पुनि बहुरि अकेला"। यह "मैं" सबको देखता है और सबके द्वारा नित्य देखा जाता है। जो दिखाने वाला है वह देखने वाले की आँख में बैठकर सब कुछ दिखाता है। दिखाने वाले की क्षमता ऐसी है कि विचार सृजनात्मक हो जाता है। सर्वेश्वर जी तो साफ कहते रहे हैं कि "घास की एक पत्ती के सम्मुख/मैं झुक गया/और मैंने पाया/मैं आकाश छू रहा हूँ।"

साहित्य, राजनीति, संस्कृति, कला, संगीत आदि ऐसा कोई नया विषय नहीं है जिस पर सर्वेश्वर ने बेबाक टिप्पणियाँ न की हों। आप चाहें तो इन 'टिप्पणियों' में नये हिंदी निबंध की सूरत देख सकते हैं। निबंध का यह चेहरा भारतेंदु, बालकृष्ण भट्ट, प्रताप नारायण मिश्र या रामचंद्र शुक्ल, हजारीप्रसाद द्विवेदी, विद्यानिवास मिश्र, कुबेरनाथ राय के निबंधों जैसा नहीं है। इनका चेहरा नया है और शरीर छरहरा, चुस्त-दुरुस्त। इनका फुर्तीलापन लुभावना है और विचार को प्रस्तुत करने की कला

मोहक जादू से भरी है। दशहरा और रावण शीर्षक निबंध की शुरुआत देखिए–है तो वह मोची लेकिन बात करने पर आ जाए तो बातें ऐसी करता है कि सुनने वाले को जवाब नहीं बन पड़ता। चप्पल टूटी थी–उसके पास जाना पड़ा और बेसाख्ता मुँह से निकल भी पड़ा–"कहो धनीराम इस बार दशहरा जमा रहे हो?" "इस बार तो दशहरा नहीं मनेगा साहब।" पूरे निश्चय के साथ उसने कहा। "क्यों?" "रावण मना करता है।" (*सर्वेश्वरदयाल सक्सेना, संपूर्ण गद्य रचनाएँ, भाग-4,* पृ. 10) पूरी भ्रष्ट व्यवस्था की बिंबमाला मौजूद है। स्वाधीन भारत, गाँधी के सपनों का भारत 'रावण राज' बना। इसे मोची तक जानता है। वह कहता है–

"आप तो जानते हो साहेब मैं रावण का वंशज हूँ। अभी दो रोज हुए रावण आया था। बोला, "इस बार मैं नहीं जलूँगा।" पचास गालियाँ दीं साहब। कहा, "हमीं को क्यों जलाते हो? चारों ओर तो इतने रावण फैले हैं–उन्हें क्यों नहीं जलाते? हमने तो कोई ऐसा बुरा काम नहीं किया था। अगर तुम्हारे आकाओं के राम की सीता मैं हर ले गया था तो उसे इज्जत से रखा था। कोई बदफेली उसके साथ नहीं की। आज तो लाखों रावण गली-गली घूम रहे हैं। जलाना हो तो उन्हें जलाओ। खबरदार जो हमें जलाया।" सो अब दशहरा कैसे मनेगा?"

"खैर न जलाना रावण, राम की जीत की खुशी तो मनाओगे?"

"राम कहाँ है साहेब? आज कोई राम रह गया है? बस, एक जगजीवन राम हैं। ऊ कहाँ जीते हुए हैं बस हारे हुए हैं।"

"तुम्हें कोई राम नहीं दीखता?"

"एक भी नहीं साहेब, चिराग लेके ढूँढ़ लो एक भी राम नहीं मिलेगा। हाँ अपनी मेहरारू छोड़ देना यदि राम होना है तो काफी लोग मिल जाएँगे, लेकिन साहब जो सताता हो उससे लड़ने वाला कोई राम नहीं, रावण जितने कहो उतने दिखा दें।" (*वही,* 4/10) यह है आजादी के बाद का लोक-मन जिसे सर्वेश्वर निरंतर समझ रहे थे। लोक-हृदय को मिला देना ही रस-दशा है और रचना-धर्म भी। सर्वेश्वर दूसरी बार 'मोची' से मिले तो उसने कहा–"आप पूछते हो तो बताते हैं–रावण है पुलिस दरोगा, थानेदार–राक्षस हैं राक्षस–पूरे राक्षस। क्या नहीं करते। लूटपाट, गोली, लाठी, हत्यांकाड, बदफेली सब करते हैं। ये लोग रावण से कम हैं? गाँधी जी का 'राम-राज्य' तो रह गया–'रावण-राज्य' आ गया। पहले ताकत राम बनाती थी अब रावण बनाती है। बस साहेब यही लोग हैं रावण।" (*वही,* 4/11) यही रावण-लीला आजादी के बाद से देशी-विदेशी ताकतों के रूप में चल रही है। पूरी व्यवस्था की सड़ाँध पर यह निबंध एक घूँसे जैसा है जो पाठक को घुमा देता है। विचारों को सर्वेश्वर कितनी सहजता से परोसते हैं और ऐसी भाषा में परोसते हैं कि बात सीधे समझ में आती है। निराला ने कहा था कि "गद्य जीवन-संग्राम की भाषा है।" इस जीवन-संग्राम की भाषा को सर्वेश्वर ने पूरी ताकत से आजमाया है और उसकी आंतरिक सृजनात्मक

शक्ति का पूरी तरह उपयोग किया है।

सर्वेश्वर के लघु निबंधों में विषय-वैविध्य से जीवन-वैविध्य के रंग-बिरंगे जीवंत चित्र मौजूद हैं। 'जूते और जबान की जुगलबंदी' में बिहार प्रेस विधेयक के विरोध में दिल्ली में घटी घटना हो या 'अखिल भारतीय बकरा यूनियन' जैसा व्यंग्य-प्रधान निबंध हो। कमजोर आदमी की स्थिति का बिंब यही है कि 'दूसरों' के स्वाद के लिए अपने को कटा देने के खिलाफ सिवा मिमियाने के और कुछ न कर पाते हों। (*वही,* 4/14) 'एक अदृश्य गाय', 'नैतिकता की तलाश', 'बलात्कार का मुआवजा', 'एक मौत से दूसरी मौत तक', 'अंतरात्मा की आवाज', 'विधुरी दिवस मनाइए', 'एक शरीफ आदमी', 'रायल्टी का घपला', 'थपकियाँ और चपत', 'कटे हाथ की पुकार', जैसे लघु निबंध हों—सभी की एक राजनीतिक टोन है। इस टोन में मामूली आदमी का दर्द उभरता है और सत्ता के अंधेपन के सबूत नजर आते हैं। जाहिर है कि सर्वेश्वर का कवि इस गद्य की 'करुणा' में अपने पूरे मानववादी चिंतन के साथ मौजूद है। इस जन-करुणा का गहरा नाभि-नाल संबंध गाँधी और लोहिया की चिंतन-परंपरा से है जिसमें भारतीय संत-परंपरा का जल कोलाहल कर रहा है।

ये निबंध निरंतर पाठक से संवाद स्थापित करने का प्रयत्न करते हैं। इनमें 'बातचीत' की आत्मीय शैली का खुलापन है और यह खुलापन अंतरंग आत्मीयता की भूमि से उपजा है। इसीलिए लेखक का परिवेश पाठक का परिवेश हो जाता है और घटनाएँ हम यहाँ देखते-समझते हैं। रोजमर्रा की जिंदगी की सामान्य स्थितियाँ, प्रसंग, प्रकरण, घटनाएँ कहानी या रिपोर्ताज शैली में आती हैं और किसी बड़े अर्थ-संदर्भ से घटना या स्थिति को जोड़ देती हैं। उदाहरण के लिए 'आँधी की टक्कर' निबंध लिया जा सकता है। यह रोटी, जनवाद और निरंकुशता विरोधी आंदोलन की आजाद भारत में झाँकी है जिसमें गीत चल रहा है—"समाजवाद बबुआ धीरे-धीरे आयी।" किसान एवं मजदूर के संकल्प की इस आँधी पर सर्वेश्वर को भरोसा है। "क्या कोई और रास्ता बचा है?" जबकि सत्ता देश के नवयुवकों की शक्ति का कोई रचनात्मक उपयोग नहीं करती है। 'अंग्रेजी में तारीफ' औपनिवेशिक गुलामी को बरकरार रखने की साजिश करने वाली अकादमियों की खबर लेता निबंध है। पण्डित बनने का आसान रास्ता विश्वविद्यालयीय शोध-प्रबंधों के परीक्षकों के दिवालियापन का सच्चा चिट्ठा है जिसे पढ़कर शैलीकार बालमुकुंद गुप्त के निबंध याद आते हैं। उसी ढंग का पैना व्यंग्य और भाषा की बहुत कुछ वैसी ही चौकसी। ध्यान देने की बात यह है कि सर्वेश्वर के निबंधों में साफ विचारों की चमक एक विशेष आकर्षण पैदा करती है। जबकि हम इन निबंधों को विचार-प्रधान या भाव-प्रधान या व्यक्ति-प्रधान निबंधों के खाते में खतिया नहीं सकते। इनका रूप-रंग, साँचा-ढाँचा एकदम नया है, जिसके भीतर हिंदी गद्य की सृजनात्मक संभावनाओं का विस्तार हुआ है। जिसे हम 'अखबारी

हल्कापन' कहते हैं वैसा भी इनमें कुछ नहीं है जबकि यह 'दिनमान' में स्तंभलेखक के रूप में लिखे गए हैं। सर्वेश्वर जी में सृजन-प्रतिभा का ऐसा निखार था कि वे डूबकर कहते थे। उनका रचनाकार व्यक्तित्व ऐसा था कि वैयक्तिक अनुभव, परिवेश के शब्द, स्मृतियाँ-मिथक, विचार-ध्वनि सभी उनके आत्मीय विस्तार में समाविष्ट होकर आते थे। व्यक्तित्व माध्यम है—बात कहने का, व्यक्तित्व बादल की तरह छा कर विचार को पीला करने के लिए नहीं है।

सर्वेश्वर ने ऐसे निबंध लिखे हैं जो 'मूड' की गुलामी से नहीं उपजे हैं। वास्तविकता यह है कि उनके मन की घुमड़न ने गद्य में निकास पाया है। घटना, व्यक्ति एवं प्रसंग सर्वेश्वर को उन्मथित करते रहते हैं। हास्य-सम्मेलन के बाद घुमड़कर वे 'हास्य का दयनीय चेहरा' लिख सकते हैं और वत्सल निधि की ओर से होने वाले लेखक शिविर पर 'गोष्ठ बिहार समाज' जैसा लेख ठोंक सकते हैं। पत्र-शैली में 'गिलहरियों का विरोध-पत्र' छपवा सकते हैं। साहित्यिक माहौल पर 'कविता पोस्टर', 'भरत चौक यही है', 'सखि वसंत आया', 'नेरूदा के प्रेमपत्र', 'नागार्जुन का नागार्जुनत्व' जैसे निबंध लिखते हैं तो सांस्कृतिक एवं राजनीतिक विषयों पर 'राजीव का लड्डू', 'लोकतंत्रीय धारणा और बुद्धिजीवी', 'भीड़वाद', 'नेहरू बाल मेला', 'सांस्कृतिक केंद्रों में किताबें', 'दिवाली मेला', 'संस्कृति, औरत और परिवहन', 'चलो हनुमान उड़ाएँ' जैसे निबंध। घटना अथवा व्यक्ति को व्यापक सामाजिक संदर्भों से जोड़कर मानवीय दृष्टि का विकास करना सर्वेश्वर का ध्येय रहता है। वे किसी अनावश्यक संदर्भ का विस्तार नहीं करते। लेकिन जो संदर्भ भीतर-बाहर के सच के लिए आवश्यक है उसका तिरस्कार करना भी अभीष्ट नहीं समझते हैं।

लोक ने निबंधकार के लिए एक आवश्यक शर्त लगा रखी है और वह शर्त है—उसका बहुश्रुत होना। बहुश्रुत होने का अर्थ है—ज्ञान-विज्ञान के विविध स्रोतों से जुड़कर उनके मर्म को समझने वाला। जड़ या ठस्स पांडित्य से निबंध नहीं लिखा जा सकता। अनपढ़ व्यक्ति गीत या कहानी की रचना कर सकता है पर निबंध नहीं लिख सकता। निबंध में अनुभव-ज्ञान की अंतर्यात्रा का परिपक्व प्रगाढ़ रस होता है जिसमें हृदय और बुद्धि के साथ, लोक और सामयिक परिवेश के संदर्भ प्रमुखता पाते हैं। लोक-संस्कृति के अंतःसूत्रों को जोड़ने का काम निबंधकार कितनी कुशलता से करता है—यह उसकी प्रतिभा पर निर्भर करता है। प्रतिभा में यदि विश्लेषण और संश्लेषण, दोनों की क्षमता नहीं है तो निबंध की शक्ति का क्षरण हो जाता है। सर्वेश्वर की बहुश्रुतता प्रसिद्ध रही है। वे अनेक कलाओं से प्रत्यक्ष-अप्रत्यक्ष रूप से जुड़े रहे हैं। पत्रकार एवं रचनाकार होने के कारण अपने समय के नामी-गिरामी कलाकारों से उनका वैयक्तिक संबंध रहा है और इस परिचय-प्रेम का उनकी मनोभूमिका की बुनावट पर असर पड़ा है। अपने 'आत्मलेखों' में सर्वेश्वर ने इस बात का जिक्र स्वयं

किया है। 'मेरी कविताओं में प्रेम', 'मेरा क्रांतिकारी जीवन', 'ईश्वर का जन्म और मृत्यु' उनके ऐसे ही लेख हैं। साहित्य-समीक्षा संबंधी सर्वेश्वर के लेखों की संख्या दो सौ से ऊपर है। वे 'दिनमान' साप्ताहिक में साहित्य-संस्कृति के अंतर्गत 'सड़क साहित्य', 'अभिव्यक्ति की स्वतंत्रता और कविता', 'सत्ता और संस्कृति', 'हिंदी साहित्य : दो अतियों के बीच', 'एक अनूठा उपन्यास', 'पोट्टेक्काट की कहानियाँ', 'सामाजिक कर्म की कविताएँ', 'जनवादी साहित्य या जन साहित्य', 'आधुनिक रूसी कविताएँ', 'जापानी कविताएँ', 'हिंदी साहित्य', 'अवधी का लोक साहित्य' तथा समकालीन साहित्य-सृजन पर आलोचनात्मक निबंध पूरी निष्ठा से लिखते रहे। अज्ञेय से लेकर नया से नया लेखक या कृति उनके विचार का मुद्दा रही। कहना न होगा इन आलोचनात्मक निबंधों-समीक्षाओं का विशेष महत्त्व है। कारण, इनमें हिंदी साहित्य का इतिहास लिखने वालों के लिए कच्चा-पक्का माल है। वह माल जो साहित्य की भट्ठियों में गलकर हिंदी साहित्य के इतिहास की संवेदना का अंग बनेगा।

सर्वेश्वर जी अवसर पाते ही 'स्मरण' लेख लिखते रहे। इस तरह के स्मरण लेखों में 'मानवीय करुणा की दिव्य चमक', 'रघुपति सहाय फिराक', 'मेरा बचपन और जोश', 'मलयज नहीं रहे', 'अपनी भी वह छोटी-सी मौत', 'साही का बोला हुआ शब्द अब कौन सँजोएगा', 'रामनाथ सुमन', 'डब्ल्यू.एच.ऑडेन', 'बर्ट्रेण्ड रसेल' आदि। इन सभी में रचनाकार मन के अंतःराग की ध्वनि है, गूँज है। एक ऐसा संदर्भ है जो पूरे दृश्य को दृष्टि देता है। ऐसे ही 'नृत्य' पर बहुत से सर्वेश्वर के मार्मिक लेख हैं। इस तरह के लेखों की संख्या भी इतनी अधिक है कि इनकी नाम परिगणना की रस्म अदायगी भी अनुचित लगती है। उदाहरण के तौर पर कुछ को स्मरण ही किया जा सकता है जैसे 'आधुनिक बैले में आधुनिक क्या है', 'कथक प्रयोग से कतराता नहीं', 'क्या भक्ति और आस्था के बगैर भक्ति संभव है?', 'मोहिनी अट्टम को पुनर्जीवित करने वाली श्रीमती कनक रैले', 'रसमय कथक', 'देहराग से ढलते बिंब मोहिनी अट्टम और भारती', 'कूचीपुड़ी केंद्र और स्वप्न सुंदरी', 'रसिका खन्ना', 'ओडिसी सदियों से', 'देह का संगीत' तथा 'सोवियत नृत्य-नाट्य'।

'संगीत' के साथ एकाकार होने का सर्वेश्वर के लिए विशेष अर्थ रहा। वे निबंध लिखते हैं—'दस सितार भारत में एक साथ नहीं बज सकते', 'चिड़िया की दुम अब तबले की ओर', 'जरीनदारूबाला शंकरलाल संगीत समारोह', 'निबंध ठाकुरराम', 'कला और लोकरंजन', 'सरसता और शास्त्रीयता', 'उस्तादों का कमाल', 'फहीमुद्दीन डागर' आदि। राग और रस का यह लोक इन निबंधों में पूरी शक्ति से मौजूद है। निबंध की रीतिबद्धता को तोड़कर सर्वेश्वर ने निबंध का एक साँचा अपनी बात को या अपने विचार को रखने के लिए अपनाया है। इन निबंधों में अपने समय का इतिहास-भूगोल, साहित्य-राजनीति, संगीत-नृत्य सभी का रंग-बिरंगा संसार है। भारतीय

जीवन की संस्कृति संरचना और उसे विचलित करने वाले मूल्य-संकट की व्याख्या भी इन निबंधों के आधार पर की जा सकती है। भारतीय लोकतंत्र की भूमिका से उत्पन्न त्रासद स्थितियों को इन निबंधों के पोर-पोर में दुखते-कसकते देखा जा सकता है।

सर्वेश्वर के रचनाकार की मनोभूमिका को ठीक-ठीक समझने के लिए इन निबंधों के भीतर से गुजरना आवश्यक है। युग का 'परिवेश' अपने भराव और तनाव के साथ इस गद्य में जीवंतता से धड़क रहा है।

# 14

# कहानी के परिचित अनुभवों में नया अर्थ-संदर्भ

सर्वेश्वर की कहानियों के अनुभव-संसार से गुजरना एक दिलचस्प अनुभव है। उनका कहानी-विधा के साथ सरोकार एक खास किस्म का है। ये कहानियाँ कुछ-कुछ जयंशकर प्रसाद की कहानियों जैसी रोमांटिक संवेदना की निष्पत्ति हैं। प्रकृति-राग से भरा सौंदर्यवाद और मानवीय अनुभव का यथार्थवाद, दोनों का इनमें मेल-मिलाप है। इसलिए प्रेम एवं सौंदर्य का एक ऐसा स्वाद इन कहानियों में मिलता है, जिसमें फंतासी की बुनावट का मजा है। इन कहानियों में सर्वेश्वर के जीवन-सृजन की मनोभूमिका है और कवि-व्यक्तित्व के बहुत से रचनात्मक अनुभवों के अंतःसूत्र खोजे जा सकते हैं। कहानी की शर्त पर देखें तो पता चलता है कि सरल-सहज कथन के फेर में पड़कर ये कहानियाँ अपना पूरा प्रभाव नहीं छोड़तीं। इस स्थिति के होने पर भी सर्वेश्वर के सृजन की मनोभूमि को जानने-समझने के लिए इनका महत्त्व कम नहीं है।

आलोचकों ने सर्वेश्वर की कहानियों पर कम ध्यान दिया है जबकि सर्वेश्वर के सृज़न-कर्म का आरंभ कहानियों से ही हुआ। 'नयी कहानी' के आंदोलन को समझते हुए सर्वेश्वर ने कहा है, ''नयी कहानी मेरे विचार से उसे कहा जाना चाहिए जो कई स्तरों पर चलती हो। एक स्तर पर कथा, दूसरे स्तर पर वैचारिक निबंध और तीसरे स्तर पर भाषा सांकेतिकता और प्रतीकों के माध्यम से काव्य का सुख दे सके, वही नयी कहानी है। इस दृष्टि से निर्मल वर्मा, रघुवीर सहाय, कुँवर नारायण और श्रीकांत वर्मा नये लिखने वालों में मेरे प्रिय हैं।'' (*सर्वेश्वरदयाल सक्सेना, संपूर्ण गद्य रचनाएँ, भाग-3, पृ. 13*) कहानी का यह प्रतिमान सर्वेश्वर ने मानों अपनी कहानियों को ध्यान में रखकर ही बनाया है। कारण, सर्वेश्वर की कहानियों में कविता ज्यादा है कहानी कम।

सर्वेश्वर जी की कहानियों पर विचार करते हुए अज्ञेय जी ने ठीक लिखा है कि 'काठ की घंटियाँ' के लेखक भी उन लोगों में से हैं जो पहले कहानीकार के रूप में सामने आए। विश्वविद्यालयीय जीवन में ही कहानियों पर प्रतियोगिता में पुरस्कृत होने वाले सर्वेश्वर जी के लिए ऐसी कोई लाचारी नहीं थी कि वह कहानियों के बजाय कविताएँ लिखने लगे। सन् 1943 से 1950 तक वह कहानियों के ही लेखक थे।

यह वह समय था जब हिंदी कहानी अपने को वस्तु और रूप, संवेदना और टेकनीक के स्तर पर बदल रही थी। कहना चाहिए कि कहानी का पूरा समाजशास्त्र और सौंदर्यशास्त्र, परिवर्तन की ओर उन्मुख था। आजादी के प्रकाश और उल्लास में कहानी और कविता की संवेदना एक थी, मात्र विधा का फर्क था। अज्ञेय जी स्वयं कहते हैं कि सर्वेश्वर कहानी एवं कविता के बीच झूलते रहे।

तीन-चार वर्ष के काव्यमय अतंराल के बाद उन्होंने फिर कुछ कहानियाँ लिखीं। 'सोया हुआ जल' नाम का लघु उपन्यास या लंबी रूप-कथा भी इसी समय लिखी गई। इसके अनंतर फिर चार-पाँच वर्ष का काव्यांतराल रहा, उसके बाद फिर कुछ कहानियाँ और एक नया (अथवा डेढ़) उपन्यास लिखा गया।

ऐसा क्यों हुआ? इसकी पड़ताल निःसंदेह लेखक के कृतित्व के अध्ययन और मूल्यांकन के लिए उपयोगी होगी। अपने आप में भी वह रोचक हो सकती है। किंतु इस भूमिका से उसमें जाना आवश्यक नहीं है। यहाँ इतना ही कहना यथेष्ट है कि प्रत्येक सोपान की रचनाएँ पढ़ने पर यह स्पष्ट हो जाता है कि लेखक ने न केवल माध्यम बदला है बल्कि उसकी संवेदना का स्तर और उसकी दिशा बदल गई है। इस प्रकार कहानी लेखक कुछ वर्ष कविता लिखकर जब फिर कहानी की ओर लौटता है तो फिर उसी सूत्र को नहीं उठाता जिसे वह छोड़ गया था, बल्कि एक नये प्रदेश में नयी राह पर चलता हुआ अपने को पाता है। इसी प्रकार कवि जब गद्य लेखन के अंतराल के बाद फिर काव्य-क्षेत्र में लौटता है तो वह भी नये आयाम में। इनमें से कुछ परिवर्तन तो सीधे-सीधे वयस्कता के परिणाम हो सकते हैं। आरंभ की कहानियों में अगर हम प्रसाद की (यद्यपि अधिक सामाजिक प्रसाद की ही) अनुगूँज पा सकते हैं और आरंभिक कविता में सीधी-सहज भाषा में गीत लिखने वाले 'बच्चन' की छाप, तो यह अस्वाभाविक नहीं है। (*वही, भाग-1,* पृ. 10-11) धीरे-धीरे सर्वेश्वर का अपना रचनाकार व्यक्तित्व प्रौढ़ होता गया तथा उनकी कहानियों से रोमांटिक कुहासा छँटता गया। वे प्रेमचंद और प्रसाद, जैनेन्द्र और अज्ञेय की कहानी-दृष्टि और परंपरा को अपनी शर्तों पर ग्रहण करने लगे। स्वातंत्र्योत्तर हिंदी कहानी : पुनर्मूल्यांकन पर सन् 1976 की त्रिदिवसीय कहानी गोष्ठी में हिस्सेदारी करते हुए उन्होंने कहा और जो कहा वह उनकी रचनाकार मानसिकता को समझने के भीतरी 'क्लू' देता है। इस संगोष्ठी के समापन पर सर्वेश्वर ने कहा, "हिंदी कहानी को कहानी के साहित्यिक आंदोलनों ने सर्वाधिक क्षति पहुँचाई है।" इतना ही नहीं, उन्होंने कहानी के लिए एक पाँच सूत्रीय कार्यक्रम पेश किया। ये पंचशील हैं—"(1) पश्चिमी फैशनपरस्त अंधानुकरण से बचो, (2) शिल्प को आतंक मत बनाओ, (3) उनके लिए भी जो अर्द्धशिक्षित हैं और उनके लिए जो अशिक्षित हैं, जिन्हें आपकी कहानी पढ़कर सुनाई जा सके। (4) इस देश की तीन-चौथाई जनता की उस सोच-समझ और चिंता को वाणी दो जो वह खुद नहीं कह सकती, (5) कहानी को लोककथाओं और फेबुल्स

की सादगी की ओर मोड़ो। उसके विन्यास से सीखो और आम आदमी के मन से जोड़ो।" (*वही, भाग-3,* पृ. 202) नयी कहानी आंदोलन ने प्रयोग परंपरा और आधुनिकता के नाम पर जो साहित्यिक हलकों में बहुस्तरीय छद्म पैदा कर दिया था सर्वेश्वर जी कहानी को आतंक से मुक्त करने के पक्ष में रहे। उन्होंने इसी स्थिति से निबटने के लिए 'लड़ाई' जैसी कहानी लिखी।

दरअसल, सर्वेश्वर को मानवीय संवेदना और संबंधों को गहराई से देखने का अभ्यास है। 'मृत्युपाश' से बात साफ प्रकट होती है कि प्रेम ही जीवन का बृहत्तर अर्थ है–'मृत्यु बंधन नहीं', 'प्रेम और मोह', 'आँधी की रात', 'बदला हुआ कोण' जैसी कहानियों में सर्वेश्वर अधिक सहज रूप में मन को खोलते हैं। कहानियों की भाषा 'सपाट' न होकर व्यंजनात्मक है। कवि के नाते प्रतीकों में बात कहने से गहराई ज्यादा आती है। 'चोर' और 'खून और शराब' कहानियों की प्रतीक योजना शिल्प को नया आयाम देती है। शिल्प सामर्थ्य की कला सर्वेश्वर के काव्य से छनकर कहानियों में आई है। प्रतीक योजना, विशेषकर कहानियों में अनेक सूत्र पाठक को पकड़ा देती है। लेखक की खूबी यह है कि वह पाठक की संवेदना एवं कल्पना और समझ का विस्तार करता है।

सर्वेश्वर की कहानियाँ विषयगत भिन्नता से भरपूर हैं, हर बार पाठक का स्वाद बदलता है, संवेदना बदलती है। 'चोरी', 'खून और शराब', 'टूटे हुए पंख', 'बेबसी', 'प्रेम-विवाह', 'वह चित्र', 'बरसात अब भी आती है', 'पुलिया वाला आदमी', 'सीमाएँ', 'डूबता हुआ चाँद', 'सोने के पूर्व', 'मौत की छाया', 'कमला मर गई', 'मौत की आँखें', 'क्षितिज के पार', 'भगत जी', 'रूप और ईश्वर', 'जिंदगी और मौत', 'छिलके के भीतर', 'मास्टर श्यामलाल गुप्त', 'स्नेह और स्वाभिमान', 'पत्थर के फूल', 'कड़ी सड़क', 'लड़ाई', 'धूप', 'तीन लड़कियाँ एक मेढक', 'प्रेमी', 'टाइमपीस', 'मरी मछली का स्पर्श', 'सफलता', 'तोता', 'सूटकेस', 'सो जाओ दोस्त', 'नयी कहानी के नायक और नायिका', 'छाता', 'पराजय का क्षण', 'एक बेवकूफ चिड़िया', 'पुलोवर', 'लपटें', 'अँधेरे पर अँधेरा', 'मीराबी', 'एक नयी बाइबिल', 'माँगे हुए शीर्षक', 'रोशनी', 'गलती', 'मैं एक बेरोजगार आदमी', 'मुईलौटन', 'उठे हुए सिर पर बोझ', 'रेगिस्तान की यात्रा', 'एक रद्दी कहानी', 'एक रद्दी उपन्यास', 'भ्रम', 'हल्की नीली रोशनी', 'हेमंत की ऋतु', 'नये कवि से चातक की शिकायत', तथा 'दो पतों के बीच'। दो कहानी-संग्रह प्रकाशित हैं–'कच्ची सड़क' तथा 'अँधेरे पर अँधेरा'। तीसरा कहानी संग्रह 'बदला हुआ कोण' नाम से प्रकाशित होने की प्रतीक्षा में है। कहानीकार सर्वेश्वर की विशेषता यह है कि वे प्रौढ़ों के लिए कथा-कहानी लिखने के साथ बच्चों के लिए बाल-कथाएँ लिखते हैं। इन बाल-कथाओं में 'अपना दाना', 'सफेद गुड़', 'जूं चट्ट पानी लाल', 'अब इसका क्या जवाब है', 'टूटा हुए विश्वास' आदि के नाम उल्लेखनीय हैं। दिलचस्प बात यह है कि इन बाल कहानियों में सर्वेश्वर का अपना

बचपन—अभाव भरा बचपन—भी मौजूद है, जैसे 'सफेद गुड़'। सफेद गुड़ की चर्चा सर्वेश्वर जी ने एक लेख में विशेष तौर से की है—इस लेख का नाम है 'ईश्वर का जन्म और मृत्यु'। अपनी दस वर्ष की उम्र और आर्थिक कठिनाइयों से संघर्ष करता परिवार—

"उन दिनों बाजार में सफेद गुड़ आया था। जिस बनिये की दुकान से मैं सौदा लेने जाता था। कई दिनों से उसके यहाँ उसे देख रहा था और उसको पाने की लालसा तीव्रतर होती जा रही थी। माता-पिता से पैसा माँगा, बदले में झिड़की मिली। कहाँ जाता? मैंने सोचा ईश्वर की शरण में जाऊँ। वह सर्वशक्तिमान है, सर्वव्यापी है और मैं उसका भक्त। यकीन न होता था कि वह मेरी मनोकामना पूरी करेगा। लेकिन उस पर अविश्वास करने का भी कोई तर्क मेरे पास न था।" आखिरकार एक इकन्नी मिली, पर गुड़ न मिल पाया। जन्मा विश्वास का ईश्वर मर गया। इसी सत्य घटना पर सर्वेश्वर ने कहानी लिखी है—सफेद गुड़। केवल अंतर इतना पड़ा है, लेख की 'इकन्नी' कहानी में 'अठन्नी' बनकर मौजूद है। जिए और भोगे अनुभवों के ठोस यथार्थ से निर्मित सर्वेश्वर की कहानियाँ हृदय को झकझोरती हैं। गरीबी का आघात सहते तमाम बचपन 'सफेद गुड़' कहानी के भीतर से झाँक जाते हैं। कहानी की यह निर्वैयक्तिक-कला ने सर्वेश्वर को बहुत दूर तक आत्मीय बने रहने की शक्ति दी है।

सन् 1940 के बाद कहानी के रचना तंत्र में जो बदलाव आ रहा था, उसकी ध्वनि सर्वेश्वर की इन कहानियों में साफ सुनाई देती है। 'कच्ची सड़क' जैसी कहानी उस गीत और दृष्टि का संकेत देती है, जिधर हम आजादी के बाद बढ़े। 'प्रगति' और 'विकास' के नाम पर हमने ग्राम-व्यवस्था को उजाड़ डाला। जगेश्वर बैलों की बढ़िया जोड़ी लाकर जीवन के स्वप्न बुनने लगा था। उसे लगा था कि वह गाँव के कालीनों को ढोकर शहर पहुँचाएगा और ठीक-ठाक कमाई होगी। गाँव के रईस बड़े ठाकुर प्रसिद्ध कांग्रेसी कार्यकर्त्ता और ग्राम पंचायत के सरपंच थे। वह ही सभी गाँव वालों को उल्लू बनाकर श्रमदान के सहारे से पक्की सड़क बनवा लेते हैं और माल ढोने के लिए ट्रक खरीद लेते हैं। ट्रक चलते ही बैलगाड़ी वाले बेकार हो गए। असहाय होकर भूखे मरने लगे। कहानी का यथार्थ, क्रूर और मार्मिक है—और एक दिन जगेसर ने देखा ठाकुर साहब के दरवाजे पर एक नयी ट्रक खड़ी है जो उस पक्की सड़क से आई थी जिसे श्रमदान द्वारा उसने बनाया था। गाँव के बैलगाड़ी वाले खड़े थे और ठाकुर साहब कह रहे थे—"अरे तुम लोग देखते क्या हो, जरा हाथ लगवाकर कालीनें उस पर लदवा दो। तुम्हीं लोगों की इज्जत और खुशहाली के लिए तीस हजार रुपये मैंने निछावर कर दिए। लेकिन बैलगाड़ी वालों के सिर झुके हुए थे और जगेसर देख रहा था कि उसके बैल उसी ट्रक पर लदे शहर की ओर बिकने के लिए चले जा रहे थे, दृष्टि से ओझल हो गए हैं। उसके सिर पर

से गुलाबी पाग उतर गई है और ट्रक के क्लीनर का कालिख वाला रूमाल बँध गया है।'' पूरी कहानी का व्यंग्य भीतर तक चोट करता है, कैसे कच्ची सड़कें पक्की सड़कों में बदलकर गरीब की रोजी-रोटी खुशहाली लूट ले गईं। इसी कहानी पर सर्वेश्वर ने कविता भी लिखी है—'यहीं कहीं एक कच्ची सड़क थी।'

सर्वेश्वर की एक प्रसिद्ध कहानी है—'लड़ाई'। इस कहानी पर आधरित उन्होंने एक नाटक भी लिखा 'लड़ाई'। एक व्यक्ति सत्य के लिए खड़ा हुआ और पागल करार दिया गया। कहानी का आरंभ इस प्रकार—''आँख खुलते ही उसने निश्चय किया अब वह सत्य के लिए लड़ेगा। न खुद कोई गलत काम करेगा, न दूसरों को करने देगा।'' उसकी आवाज सुनकर पत्नी चौंक गई—रजाई में से सिर निकालकर उसने पूछा—''यह तुम्हें क्या हो गया है?'' ''मैंने निश्चय किया है कि अब मैं सत्य के लिए लड़ूँगा। चाहे जो कुछ हो।'' उसने दृढ़ स्वर में जवाब दिया; स्त्री ने देखा उसका चेहरा बदल गया है। वह व्यक्ति पागलों की तरह कहने लगा—''झूठा होने से पागल होना बेहतर है। मैं कायरों और ढोंगियों से नफरत करता हूँ। अखबार कायरों और ढोंगियों की वकालत करते हैं। झूठे हैं। मैं उनसे निपटूँगा।'' घर वाले उससे डर गए। पत्नी ने बहुत समझाया, वह नहीं माना। दृढ़ संकल्प के साथ वह व्यक्ति चौतरफा लड़ाई में अकेला शरीक हुआ। पर हर जगह अपमान और पराजय का मुँह देखना पड़ा। आखिरकार लड़ते-लड़ते मर गया। इस लंबी कहानी में एक व्यंग्य दहाड़ रहा है कि पूरा समाज झूठ, ढोंग, भ्रष्टाचार, निकम्मेपन से पट गया है—सत्य को जगह नहीं रही है। गाँधी का आदर्श सत्य आजादी के बाद मक्कारों के दाँतों से पिसकर मर गया। इसीलिए आजादी के बाद देश में अँधेरा बढ़ता गया है, मूल्यांधता काबिज हो गई है। देश में 'प्रगति' और 'विकास' के नाम पर जो परिवर्तन आया, वह इस देश की संस्कृति एवं परंपरा के मूल्यों के प्रतिकूल और कुरूप रूप में लाया गया। भारतीयता की आंतरिक लय को उसने नष्ट कर दिया। 'चोरी-रिश्वत से कमाओ पर हाथ न आओ' की ओर हम चल पड़े। 1947 की आजादी के बाद आर्थिक-सांस्कृतिक-सामाजिक मोर्चे पर हमारी असफलता ने देश की कमर तोड़ दी। सड़क पर संसद की सलाह से खुले आम लूट मच गई। असहाय आम जनता भँवर में पड़कर डूबती-उतराती रही। 'गरीबी हटाओ' का नारा झूठ की नाक काटकर जोकरी हँसी बन गया। भटकाव, असंतोष, श्रम का परायापन, नव-पूँजीवाद, आधुनिकतावाद, नव-उपनिवेशवाद, पश्चिमी साम्राज्यवाद, नकलवाद पनपा। आम आदमी और सृजनशील आदमी, दोनों ही त्रासदी के पात्र बन गए। सामाजिक एवं आर्थिक रूपांतरण के इस भटकाव को सर्वेश्वर ने अपने रचना-कर्म में खुलकर अभिव्यक्ति दी।

आजादी के बाद एक नयी पीढ़ी जवान होकर जीवन के धर्म-क्षेत्र—कुरुक्षेत्र—में कूदी। पर मिला क्या—हाड़-फोड़ दर्द, अकेलापन, संत्रास, ऊब, आत्मनिर्वासन और

विसंगति तथा विडंबना। नेताशाही, अवसरवादिता ने पूरे देश को कूड़े से पाट दिया। सर्वेश्वर की कहानी 'चोरी' मेहनतकश आदमी की विवशता का दर्द है। सही मूल्य चेतना के अभाव में रामलीला रावण-लीला हो गई। राम को आजादी के बाद हमने फिर वनवास दे दिया। इस बार सीता के कहने पर राम स्वर्ण मृग के पीछे भागे जरूर, लेकिन लौटे नहीं। सीता को रावण ले गया, धरती की पुत्री उसी के कब्जे में आ गई। हमारे सभी मूल्य खोखले करार दे दिए गए। हम अंग्रेजी गफ़लत में पड़कर भटक गए–भटका दिए गए। भाषा और टेक्नालॉजी की गुलामी ने स्वदेश–स्वराज–स्वभाषा, स्वाभिमान और स्वाधीनता–स्वदेशी का अर्थ ही गड़बड़ा गया। हमें विश्व-मानव और ग्लोबलाइजेशन का ऐसा भूत सवार हुआ कि हम अपनी पहचान ही खोने पर आमादा हो गए। हर क्षेत्र में पश्चिम के नकलची और चांडाल सभ्यता के गुलाम हो गए। गाँधी, अरविंद, विवेकानंद को हमने धता बता दी–नेहरूवाद की गुँजलक ने हमें बाँधकर तोड़ दिया। लोहिया, जयप्रकाश शीर्षासन करते रहे और आज तक कर रहे हैं। व्यवस्था की इस सड़ाँध पर सर्वेश्वर की कहानियाँ सच्ची टिप्पणियाँ हैं।

सर्वेश्वर की कहानियाँ 'अँधेरे पर अँधेरा', 'सफलता', 'सूटकेस', 'पराजय का क्षण', 'जिंदगी और मौत', 'छिलके के भीतर', 'मौत की आँखें', 'मौत की छाया', 'सोने के पूर्व', 'बेबसी' आदि ऐसी हैं कि पढ़ने के बाद सिर चकराने लगता है। यह है हमारा समाज–इतने कुरूप हैं हम। सर्वेश्वर विश्वास दिलाते हैं, घबराओ मत यही हैं हम। यही हमारे समाज और राजनीति का यथार्थ है जिसमें हम हर रोज तिलक और गाँधी की हत्या कर रहे हैं। इन कहानियों में 'मौत' प्रतीक रूप में बहुत बार आती है–जीवित देश की मौत, जीवंत संस्कृति की मौत को सर्वेश्वर व्यंजना से लाते हैं। जीवन अस्थिर और अनिश्चित तथा प्रेम घुन खाया खोखला शब्द। साफ है कि अनुभव ही नहीं, वैचारिक और सैद्धांतिक स्तर पर भी अनिश्चय–घबराहट और आत्मनिर्वासन बड़ा है। उस समाज में जहाँ का आदमी आधा पेट रूखा-सूखा खाकर भी गाता, हँसता, झूमता और यौवन में वसंत का राग सुनता रहा। जहाँ सोना और शैतान से बचने की बात रही। वहाँ पश्चिमी प्रभाव से उपभोक्तावाद पनपा और देखते-देखते पूरा देश पश्चिमी व्यापारियों के व्यापार की मंडी में बदल गया, नव्य औपनिवेशिक बाजारवाद। सर्वेश्वर जी की कहानियाँ, 'नये बुद्धिजीवियों' के ऊपर फ़बतियाँ कसती हैं–क्योंकि इन बुद्धिजीवियों का पूरा चिंतन इस देश की मिट्टी से कटा हुआ है। समाजशास्त्र हो या अर्थशास्त्र, भाषाशास्त्र हो, साहित्य-मीमांसा–सभी क्षेत्रों में पश्चिमी सिद्धांतों के तोते हैं, जो रटा दिया गया है उसी को अपने पिंजरे में बैठकर रटते हैं। वे विदेशी के विषय में विशेषज्ञ हैं पर भारत के विषय में अनजान। इन बौद्धिक चमगादड़ों से सर्वेश्वर जी को चिढ़ थी और चिढ़ इन कहानियों में तनी हुई है। यह सफाई देने से कि आज की दुनिया वैचारिक-बौद्धिक संक्रांति से गुजर

रही है, मूल्यों-मान्यताओं के विघटन-अवमूल्यन का समय है, रचनाकार सर्वेश्वर को गरमा देता है। सर्वेश्वर का तर्क है कि विज्ञान और टेक्नॉलोजी पर आशा रखने वाला पश्चिमी समाज आज स्वयं त्रस्त-शंकित और बेचैन है। फिर यूरोप तो एशिया का विशेषकर भारतीय रक्त को पीकर ही तगड़ा हुआ है। उनकी औद्योगिक और प्राविधिक समृद्धि हम भारतीयों के श्रम से ही हुई है। और अब वे देश में खुलकर अपसंस्कृति के प्रचार-प्रसार को करते हुए खीसें निपोर रहे हैं। प्रसाद और निराला पर लारेंस और इलियट का यह हमला उन्हें बर्दाश्त नहीं है। कांग्रेसवाद के वे कटु आलोचक हैं, यहाँ तक कि 'कच्ची सड़क' कहानी के ठाकुर साहब कांग्रेसी कार्यकर्त्ता दिखाए गए हैं। कैसे कांग्रेसवाद ने 'प्रगति' और 'विकास' के नाम पर लूटा और बेइज्जत किया—यही 'लड़ाई' कहानी का प्रतीकार्थ है। सर्वेश्वर आजादी के बाद के 'परिवेश' को आँख खोलकर देखते हैं तो उनकी आँख छलछला जाती है। एक अनुवाद-जीवी संस्कृति का विदूषकवाद और उसमें शामिल सत्ता और बुद्धिजीवी, उन्हें कूड़े से पढ़े-लिखे पुते कनस्तर दिखाई देते हैं। उनकी कहानियाँ आम आदमी की विवशता-बेचैनी को लेकर बार-बार दहाड़ती हैं। स्त्री-पुरुष संबंध इन कहानियों में प्रेम के नाम पर परिभाषित किए जाते हैं। अक्सर इन कहानियों का सामाजिक आयाम नया अर्थ-संदर्भ खोलता है।

अधिकांश कहानियों में सर्वेश्वर की कल्पना नारी और प्रकृति सौंदर्य के आसपास मँडराती है जिसे प्रस्तुत करने के लिए वे दिलचस्प स्थिति-घटना-प्रसंग चुनते हैं। उनके ज्यादातर नारी पात्र उम्र के लिहाज से युवतियाँ हैं, चंचल-शोख, रंगीन। 'प्रेम और मोह' की राजकुमारी शशिप्रभा में छायावादी-रचनाकार जयंशकर प्रसाद की रूप-ध्वनि है। ''महल की ऊपरी छत पर रूप और यौवन की किरणों में लिपटी हुई राजकुमारी शशिप्रभा मादक सपनों का जाल बुनती हुई, निश्चेष्ट एकटक शून्य में देख रही थी। अस्तव्यस्त झीने वस्त्रों से फूटकर निकलती हुई रूप की लहरें, अर्द्ध-मूर्च्छित खामोश झरती हुई शशि—किरनों से ज्योतिर्मय बेसुध आलिंगन कर रही थी।'' इसी तरह के रूप-बिंब सर्वेश्वर की कहानियों में जीवन-संगीत की लहरदार तान छेड़ते हैं। साथ-साथ जीवन-दर्शन और जीवनानुभव भी रिले-मिले चलते रहते हैं। ''माता-पिता और उर्मिला ऐसे ही चुपचाप आए और चले गए। इस दुनिया में कोई किसी का साथ नहीं देता। आदमी बिना प्यार के रह नहीं सकता। वह किसी-न-किसी को अवश्य प्यार करेगा। चाहे वह जड़ हो या चेतन पर किसी के प्यार पर विश्वास नहीं किया जा सकता। सब धोखा देते हैं। सबका प्यार टूट जाता है। और अंत में हाथ लगता है—पीड़ा, निराशा, दुःख।'' वही प्रेम के कवि विद्यापति का अनुभव 'माधव हम परिणाम निरासा' इसी अनुभव को सर्वेश्वर दुहराते हैं। एक विशेष बात यह भी है कि सर्वेश्वर में नारी देह की भूख है, एक अतृप्ति है जो निरंतर दहाड़ती रहती है। प्रायः कहानियों में पति-पत्नी के चित्र आते हैं और करुणा भरे। 'बदला हुआ कोण', 'मृत्यु-पाश',

'आँधी की रात', 'प्रेम और मोह', 'खून और शराब' आदि कहानियों में अनुभव का कोण ताजा और यथार्थ है। जीवन के रंग-दर्शन और विषाद दर्शन तथा विडंबना को लेकर 'टूटे हुए पंख' कहानी है। चुलबुली हँसोड़ लड़की शीला का धन, मस्ती, आनंद खोकर एक रेस्तरां में नौकरी करना और उससे लेखक का मिलना एक कसकता हुआ अनुभव है।

सर्वेश्वर की ज्यादातर कहानियाँ उनके अनुभवों की कोख से जन्मी हैं। इसलिए इन कहानियों में सर्वेश्वर का अपना जीवन भी कुछ न कुछ कहता-सुनता मिलता है। 'कमला मर गई', 'मौत की आँखें, 'मौत की छाया', 'क्षितिज के पार', 'सूटकेस', 'प्रेमी', 'पराजय का क्षण', 'एक बेवकूफ चिड़िया' आदि ऐसी ही कहानियाँ हैं। 'एक बेवकूफ चिड़िया' अद्‍भुत कहानी है जिसमें चिड़िया घोंसला बना रही है और उस घोंसले को लेकर पति-पत्नी में बहस होती है। पति कहता है कि ''मैं हटाऊँगा'' और पत्नी कहती है कि ''तुम वह घोंसला नहीं हटाओगे''। सृजनशील नारी का मन और करुणा का विस्तार ही कहानी बन गया है। चिड़िया मर गई तो नारी-मन की व्यथा का बाँध टूट गया। उसने कहा, ''नहीं, वह अपने घोंसले के लिए मरी है, वह बेवकूफ नहीं थी।'' नारी और चिड़िया मातृत्व का प्रतीक-विस्तार। सर्वेश्वर को अपनी पत्नी याद आई लिखा, ''मेरी पत्नी की मृत्यु हो गई। इस बार जब चिड़िया घोंसला रखने लगी, मैं जान-बूझकर अनदेखा करता रहा।'' कहीं पत्नी के प्रति गहरा राग, कहीं माँ के प्रति 'पुलोवर' जैसी कहानी का राग। राग कहानियों में आवेश की सीमा तक लेकिन एक हृदय का विस्तार। आश्चर्य की बात यह है कि बुद्धिवादी नगाड़ों के बीच सर्वेश्वर ने भाव-प्रधान कहानियाँ लिखीं जिनमें अल्हड़-उन्माद और झकझोर है। बचपन के बादलों की वर्षा है। प्रकृति-सौंदर्य के शत-शत मोहक चित्रों से कहानियों का मन-प्राण बना है।

सर्वेश्वर की कहानियाँ अपनी काव्यात्मक नाटकीयता, खुलेपन, और सूक्ष्म ब्यौरों—इतिवृत्तों—विवरणों के लिए हिंदी कहानी साहित्य में याद की जाएँगी। 'स्व' को 'पर' और 'पर' को 'स्व' बनाने की कला इस कहानीकार के पास है और वह निहायत सरल एवं सहज ढंग से गंभीर बात कहने की सृजनात्मक सामर्थ्य रखता है। कमी यही है कि सर्वेश्वर की आरंभिक कहानियों में पिछले दौर की रूमानियत का असर बरकरार रहा है। इसलिए 'नयी कहानी' वाला तीखा—बेरहम तगड़ा झटका नहीं है। फिर भी यह कहानियाँ आकृष्ट इसलिए करती हैं कि इनमें रोजमर्रा की जिंदगी के आम-परिचित अनुभवों को सहजता से पेश किया गया है। यह अनुभव इसलिए ताजा लगता है कि उसके प्रतीक-संदर्भ में नया अर्थ निष्पत्ति पाता है। अनुभव की एक नयी परत खुलती है। अपनी बात को कहने के लिए कहानीकार के पास व्यंग्य-शक्ति है और 'आयरनी' की कला। मूल बात यह है कि ये कहानियाँ एक व्यापक फलक पर मानवीय-संबधों को नये अर्थ-संदर्भों में परिभाषित करने का प्रयास

करती हैं। यह प्रयास किसी क्रांतिकारी मुद्रा में नहीं है, निहायत आत्मीयता के साथ असलियत की पहचान।

इन कहानियों में नये प्रश्नों और चिंताओं को बेचैनी के स्तर पर उठाया गया है और अनुभवों की विवधिता ने जीवन के अर्थ-स्तरों को नया संदर्भ दिया है। व्यंग्य के साथ विडंबना का रचनात्मक उपयोग 'कच्ची सड़क', 'लड़ाई' जैसी महत्त्वपूर्ण कहानियों में दिखाई देता है। जीवन के ट्रैजिक अहसासों से ये कहानियाँ भरी पड़ी हैं। विशेष बात यह है कि ये कहानियाँ आधुनिकता के छद्म को तोड़ती हैं और एक देशी संवेदना का पाठक में रचनात्मक विस्तार करती हैं। अंतर्वस्तु और रूप के स्तर पर इनकी प्रयोगधर्मिता, मौलिकता और सृजन-दृष्टि पाठक की ज्ञान-भाव-संवेदना का विस्तार करती है।

# 15

# उपन्यास : सामाजिक दर्द का आंतरिक इतिहास

सर्वेश्वर की यथार्थ-केंद्रित सृजन-दृष्टि का विस्तार 'सूने चौखटे', 'सोया हुआ जल', 'पागल कुत्ते का मसीहा' जैसे उपन्यासों में देखा जा सकता है। प्रेम और जीवन-संघर्ष को सर्वेश्वर अपने उपन्यासों का आधार बनाते हैं और स्थिति-परिस्थिति के टकराव से कथा को गति देते हैं। यहाँ यह जानना उपयोगी होगा कि यह वह परिवेश था जब उपन्यास नव्य रोमांस के मुहावरे से बुना जा रहा था। धर्मवीर भारती का 'गुनाहों का देवता' और 'सूरज का सातवाँ घोड़ा' इसी परिवेश की उपज है। किशोर मानसिकता के बहुत से रचनाकार जीवन को एक खास अरमान से रच रहे थे, इनमें नव बौद्धिकतावादी रुझानें और मन की गाँठों को खोलने का उत्साह भी प्रबल था। नयी राहों को खोजने की तमन्ना भी उभरी थी।

सर्वेश्वर के उपन्यास-सृजन की प्रेरणा सामाजिक यथार्थ की सक्रिय चेतना है। वे अपने उपन्यासों में एक नवीन सामाजिक चेतना के पक्षधर हैं और नये कोण से बात को गहते और उठाते हैं। सूक्ष्म और स्थूल घटनाओं की तह में उतरने के लिए वे मनस्तत्त्वों का विश्लेषण जरूरी समझते हैं। इस स्थिति के कारण सामाजिक यथार्थ की उनकी पकड़ अंतर्मानसिकता की पकड़ से अलग नहीं है। सर्वेश्वर की बुनियादी चिंता यही है कि वे जीवन के संघर्ष और अंधड़ को अर्थ कैसे दें उसके भँवर में डुबकी लगाकर उसे थाहें कैसे और सामाजिक मन को कैसे साफ दिखा सकें जिस पर सदियों से विकृत संस्कारों का कूड़ा जमा है। मानव-मन की आंतरिक गुत्थियों को मन की घाटियों में झाँककर खोलना यही इन उपन्यासों के सृजन की सार्थकता या प्रासंगिकता है।

यह सृजनात्मक सत्य है कि अज्ञेय जी ने सर्वेश्वर की सृजन-प्रतिभा को प्रकाश में लाने का महत्त्वपूर्ण कार्य किया। उन्होंने 'काठ की घंटियाँ' की भूमिका लिखी तथा 'नये साहित्य-स्रष्टा' नाम से एक नवीन ग्रंथमाला का आरंभ किया। अज्ञेय जी ने सर्वेश्वर के कथाकार एवं कवि रूप की टोह लेते हुए ठीक लिखा है कि "हिंदी के समवर्ती जिस युग में बुजुर्गों ने नयी रचना के प्रति क्षोभ प्रकट किया और मध्यवय के लोगों ने गतिरोध की दुहाई दी, पुराने आलोचकों ने शाश्वत भारतीय मूल्यों की

उपेक्षा का दुःखड़ा रोया और नये आलोचकों ने अंधाधुंध विदेशी परिभाषाओं से देशी प्रतिभा को दबा देने का उपक्रम किया, उसमें यह जन उन थोड़े-से व्यक्तियों में से रहा जिसने नयी साहित्य प्रतिभा में विश्वास नहीं खोया। और उसका मार्ग प्रशस्त करने में भरसक उद्यम करते रहे और शक्ति भर से अधिक भर्त्सना सहते रहे। इस परिश्रम को उसने सही और कर्तव्य समझा तो केवल अहंकारवश नहीं, इसलिए कि उसने अनुभव किया कि समकालीन परिवेश में केवल रचना कर लेना पर्याप्त नहीं है, उसके अनुकूल परिस्थितियों के लिए संघर्ष करना भी आवश्यक है।'' (*वही, भाग-1,* पृ. 9) सर्वेश्वर के लघु उपन्यास 'सोया हुआ जल' को अज्ञेय जी ने 'लंबी रूपकथा' नाम दिया और नवीन संवेदना की पहचान कराई जो नये रागात्मक संबंधों के बदलाव को रेखांकित करती है। 'पागल कुत्तों का मसीहा' सांकेतिक लघु उपन्यास है, लेकिन प्रयोग के धरातल पर विशिष्ट। ''मैं कहना चाहता हूँ कि अपनी सामाजिक दृष्टि और अपनी रचनाओं में स्पंदनशील गहरी सामाजिक चेतना के बावजूद सर्वेश्वर को सर्वप्रथम अनुभव से प्रयोजन है; संदर्भ से केवल आनुषंगिक रूप से।'' इस अनुभव का व्यास सामाजिक पाखंडों से लेकर राजनीतिक मतवादों तक फैला हुआ है।

अज्ञेय जी का कथन सर्वेश्वर के कथा-साहित्य की मूल चेतना को समझने में सहायक है कि ''उनकी कहानियों और उनके उपन्यासों की प्रवृत्ति ने भी गहराई की पड़ताल की है। बाह्य वास्तविकता की उपेक्षा या अवज्ञा कहीं नहीं है, किंतु लेखक की दृष्टि उसी से उलझकर रह जाने को तैयार नहीं। इसलिए उनकी गद्य रचनाओं में भी एक प्रकार की काव्यमयता है। गद्य में भी यथार्थ को मूर्त करने के उनके साधन कवि के साधन हैं। रूपाकारों का वर्णन वहाँ प्रधान नहीं है और बिंब अथवा प्रतीक ही यथार्थ को दर्शाते नहीं, अवगत कराते हैं। निस्संदेह इसका एक कारण यह भी है कि कहानियों में भी कविता की भाँति सर्वेश्वर 'जो दीखता है' उसके पीछे 'जो है' उसमें व्यस्त हैं और उसे उभार अथवा उघाड़कर सामने लाना चाहते हैं। यह नहीं जो दीखता है वह सत्य ही है—उसे वह मिथ्या या यथार्थ मानते हैं बल्कि स्वयं मिथ्या भी क्या यथार्थ नहीं है। फिर भी आकारों की झिल्ली में जो अभिप्राय सधा हुआ है, जो घुट रहा है, वह मुक्त होकर सामने आवे यही उनका आग्रह है और इसी में सफलता उनके निकट साहित्यिक कृति की सफलता है।'' उपन्यासों में परिस्थिति के प्रति विद्रोह का भाव है, वे उसे बदलने के आकांक्षी हैं। लेकिन बाहर से ही बदलने को लेकर वे संतुष्ट नहीं हो सकते। वे उसे भीतर से बदलने के प्रयासी हैं। 'सोया हुआ जल' में कहते हैं, ''यह कुछ नहीं, तुम्हारा साम्यवाद बाह्य परिस्थितियों को बदल सकता है लेकिन जब तक आदमी भीतर से नहीं बदलेगा तब तक जिस स्वर्गिक जीवन की हम कल्पना करते हैं—वह नहीं प्राप्त हो सकता।''

'सोया हुआ जल' उपन्यास में सर्वेश्वर 'सुबह की आवाज' के अंतर्गत कहते हैं और इस कहने में उनके चिंतन का अंतःसूत्र मौजूद है—

"चिड़ियाँ चहकीं। दूर मुर्गा बोला। चार का घंटा बजा। अँधेरा सिमटने लगा। ताल का सोया हुआ जल जाग उठा। काली अँधेरी परछाई ताल की सतह पर रेंगती हुई फिर लौट गई।

"बाह्य परिस्थितियों के ही बदलने से काम नहीं चलेगा आदमी को भीतर से भी बदलना पड़ेगा।" एक भारी आवाज।

"नया सवेरा आ रहा है, नयी रोशनी आएगी, नयी जिंदगी आवेगी, उसे कोई रोक नहीं सकता।" दूसरी एक परिचित आवाज।

" निश्चय ही, लेकिन उसका आधार इंसानियत पर होगा, करुणा और संवेदना पर होगा।" (*वही, भाग-1,* पृ. 128)

इस आवाज पर ध्यान दें तो ध्वन्यर्थ यही है कि मनुष्य नवीन मूल्य-दृष्टि विकसित करेगा और यह मूल्य-दृष्टि प्राचीन बासी दृष्टि से अलग, व्यापक करुणा पर टिकी होगी। सर्वेश्वर जीवन-भर निराला-मुक्तिबोध की तरह सपने--जन-क्रांति के सपने देखते रहे। उन्हें क्या पता था कि भारत में उत्तर-आधुनिकतावाद का अंधा चिंतन आने वाला है जिसमें 'नायक' को हटाकर 'खलनायक' को प्रतिष्ठित किया जाएगा।

'सूने चौखटे' उपन्यास का रचना-संसार बाल-प्रेम से उठान पाता है और अंत में एक गहरी कराह के साथ पाठक को छीलकर संतोष पाता है। इस उपन्यास का आरंभ जर्जर पृष्ठभूमि के संकेतार्थ से होता है। प्रतिभाशाली बालिका कमला छोटे से बालक रामू को अपना नाम ठीक से लिखना सिखाती है। बालक-बालिका में सहज प्रेम पनपता है--राधा और कृष्ण वाला। लेकिन कमला बेहद गरीब बस्ती में रहती है। "गली में अँधेरा हो गया था। कुछ तो डूबते हुए सूरज के कारण और कुछ उस गहरे धुएँ के कारण जिसे हर घर बेतहाशा उगल रहा था, रात उस मुहल्ले में जल्दी आ गई थी। गहरे धुएँ के परदों के पीछे उन कच्चे खपरैल के घरों में जलती काली चिमनी की लालटेनों तथा ढिबरियों के धूम्र परिधानयुक्त आलोक का फीकापन डबडबाए नेत्रों से यह सूचित करता था कि साँझ उस मुहल्ले में कितनी उदास, भारी और थकी हुई आई है।" यह मुहल्ला 'कंजड़ टोला' सड़ी नालियों और मच्छरों का गोदाम था। मच्छरों को भगाने के लिए इतना धुआँ किया जाता कि कुछ दिखाई नहीं देता था। कैसा था पूरा परिवेश--"यह शोर ही जैसे इनकी जिंदगी थी जिसमें फूहड़ गानों के बेसुरे आलाप, कहकहे, गाली-गलौज, मार-पीट, औरतों की चीख-पुकार, ऊँचे स्वर में कोसना, ढोल की ढम-ढम, कार्नेट की तेज आवाज जिसमें टूट-टूट कर जोड़ी गई किसी चलते सिनेमा के गाने की लय, भूत और प्रेत की माया के तले अथुयाना, रोना, सिर पटकना, फूल की थालियाँ और कनस्तरों का पीटना, बच्चों का रोना-गाना, नाचना सब शामिल था।" इसी मुहल्ले में लाला बालेदीन की बिस्कुट की दुकान। रामू का कमला को बिस्कुट खिलाने की तैयारी और कमला का इनकार। अंधी नानी का गली में नारकीय जीवन। सौतेली माँ के पास कमला। कमला के

पिता कचहरी के मुहर्रिर–थोड़ी-बहुत जमीन-जायदाद–बेफिक्र मस्त आदमी। संतों की सेवा में समर्पित और ताश के खिलाड़ी। कमला की सौतेली माँ लड़ाकू और भयंकर क्रोधी। बात-बात में कमला पर बिगड़ने वाली। लेकिन कमला के पिता उसे जी-जान से प्यार करने वाले। कमला माँ की मौत के बाद चाचा-चाची के यहाँ पली थी। और पढ़ने शहर सौतेली माँ के पास आई थी। इस अकेली उदास प्रतिभाशाली बालिका को पिता पर भरोसा था और पढ़ाई की लगन। गाँव के पंडित भोला से पहाड़े और बारहखड़ी सीखी थी और गाँव की पढ़ाई का पिटाई वाला पूरा नक्शा कमला को ध्यान था। रामू ने कहा उसके स्कूल में पिटाई नहीं होती और आम-जामुन के मजेदार पेड़ हैं। इस उपन्यास के रामू में ध्यान से खोजने पर हम रचनाकार (सर्वेश्वर) को पाते हैं। रामू के माध्यम से सर्वेश्वर का अपना जीवनानुभव परोसा गया है।

कमला और रामू को बूढ़ी अंधी नानी कहानियाँ सुनाती हैं। गली में खुन्नू मेहतर बैंड बाजा बजाने की तैयारी करता है। मेहतर है इसलिए घर वाले बच्चों को उसके पास जाने से डपटते हैं। कमला-रामू का यह संगीत सपना टूट गया। एक लाला जी जीर्ण-शीर्ण मंदिर को भक्तजनों के लिए जगमग रखते हैं।

लाला जी कमला-रामू से प्यार करते हैं और रामू उनसे मनचाही बातें करता है। एक दिन खोखल वाले पेड़ पर चढ़ते समय एक बर्र कमला को काट लेता है, मुँह सूज जाता है, रामू दुःखी होता है। दोनों में अतिशय प्रेम। कमला और रामू स्कूल जाने लगे। कमला पढ़ने में तेज और गूंगे माली तथा मास्टरनी की चहेती। इसी स्कूल की एक लड़की सीता–धनी परिवार की–पर पढ़ाई में कमजोर। कमला को पढ़ाई में इनाम मिलता–सीता देखती रहती। कुछ दिन बाद सीता का एक धनी परिवार में विवाह और उपन्यास के सहारे कटती आराम की जिंदगी। इधर कमला को लेकर सौतेली माँ तथा कमला के पिता में अक्सर झगड़ा। इस परिवेश का कमला के मन पर गहरा दबाव।

इस उपन्यास का दूसरा अंश 'टूटी आकृतियाँ' है और कथा फिर नौ वर्ष बाद आरंभ होती है। कमला अब सत्रह वर्ष की हो गई है और सौतेली माँ की चिंता–"कब तक पढ़ाओगे आखिर? ज्यादा पढ़ जाएगी तो और मुसीबत बढ़ जाएगी।" इधर रामू के कायस्थ पिता की दुकान टूट गई। अब कमला को मास्टरनी जी का संपर्क मिला। एक दिन अचानक रामू आठ साल बाद आया। कमला-रामू मिले, घूमे लेकिन जीवन का सफेद फूल न खिल सका। मास्टरनी हेम दीदी के विचार उमड़ते हैं, "मान्यताएँ बदलेंगी, परंपराएँ टूटेंगी, समाज बदलेगा और बदलता जाएगा। यह क्रम अनंतकाल से चला आ रहा है और चलता रहेगा।" पर कमला पुराने मूल्यों को ढोती है–रामू के साथ भागने का साहस नहीं कर पाती। साहस न कर पाने के पीछे घर की कलह है, स्थिति का दबाव है। इसी बीच कमला ने हेम दीदी की कसकती-दुःखती जिंदगी की डायरी पढ़ ली। उसे लगा जीवन जीने लायक नहीं है–रंगों के पीछे कालापन है।

अनाथ-आश्रम में पला-बढ़ा गूँगा माली और जीवन रंग कहाँ हैं। रामू लेखक बनने की मानसिकता में है—यही सर्वेश्वर का प्रतिरूप है जो कहता है, "गलत सुनती है तू, समाज जैसा चाहे लेखक को बना सकता है। लेखक समाज को नहीं बदल सकता। समाज को बदलती है राजनीति।" नृत्य-संगीत जैसी कलाओं में दिलचस्पी रखने वाली कमला प्रश्न करती है कि साहित्य की इतनी महत्ता क्यों है? "क्योंकि वह जिंदगी को हरा रखता है, सूखने नहीं देता, उसमें रस है। वह जहाँ सौंदर्य नहीं है वहाँ भी सौंदर्य दिखाता है साहित्य समाज को जीवन दे सकता है लेकिन उसे किसी साँचे में नहीं ढाल सकता। यह काम राजनीति का है।" कमला रामू को बड़ा आदमी बनाना चाहती है, प्रेरणा देती है।

उपन्यास का तीसरा अंश है—'उड़े हुए रंग'। तीन वर्ष बाद अर्थात् बीस वर्ष की कमला की त्रासद कहानी शुरू होती है। कोमल, चमकदार, प्रतिभाशाली कमला घुट-घुट कर क्षय रोग का शिकार हो जाती है। विवाह के लिए चिंतित बाबू जी का रात-रात भर बरामदे में घूमना कमला को तोड़ देता है, "उसने मस्तिष्क टटोलने की कोशिश की, नहीं, महज फीके चित्र जिनमें कोई आकर्षण नहीं.....जर्जर पृष्ठभूमि, टूटी आकृतियाँ और उड़े हुए रंगों वाले चित्र.......जो होकर भी जैसे नहीं हैं—मात्र सूने चौखटे उसके मस्तिष्क की जड़ दीवारों पर टँगे हैं। उसे अपना सिर एक खाली डिब्बे सा लगा जिसकी रिक्तता एक व्यंग्य है जिसकी गहरी पर्तों में महज दर्द ही दर्द है।" आखिरकार एक मोटे व्यापारी लड़के से धूमधाम के साथ कमला का विवाह हो गया। विवाह में रामू भी आया और विदा के बाद स्टेशन पर कमला से मिला भी। बीमार क्षयग्रस्त खाँसती कमला की यह तस्वीर बड़ी ही करुणामय है। कमला मर्यादा के कारण रामू को न पा सकी और रामू अपनी सीमा में रहकर कमला से वंचित हो गया। जीवन में न जाने कितने कमला और रामू इसी कहानी को दुहराते हैं। सर्वेश्वर का यह पूरा उपन्यास एक गहरा सामाजिक व्यंग्य है—हमारी परंपराओं पर, हमारी मूल्य-व्यवस्था पर। हमारी उस मूल्य-व्यवस्था के विरोध में, जो बदलाव की शत्रु है, जिसकी अंधी आग में न जाने कितनी कमलाएँ जलकर खाक हो जाती हैं और खाक होती रहेंगी। उपन्यास का अंत पूरी त्रासदी को एक अर्थ-संदर्भ देता है—"आखिर हम सब तस्वीरें ही तो हैं। कौन तस्वीर नहीं उड़ती। यह तस्वीर भी उड़ जाएगी। लेकिन वह सूना चौखटा बचा रहेगा जिसमें वह जड़ी थी। उसे तुम्हें सौंपती हूँ, तुम सबको सौंपती हूँ। अपनी सामर्थ्य से जैसा चाहना वैसा चित्र बनाकर उसमें लगा देना। यही मेरा चित्र होगा।" निम्न मध्यवर्गीय समाज की आर्थिक विवशताएँ, रूढ़ियाँ, खोखली मूल्य-व्यवस्था कैसे व्यक्ति को तोड़ देती है—प्यार हमें शक्ति नहीं दे पाता, अर्थ नहीं दे पाता—दे पाता है—उदास, पीला, मरियल जीवन। जिसे सर्वेश्वर ने जीवन का पीला चाँद कहा है। जीवन की हरी-भरी डगर के तोते, आम, जामुन—सब छूट जाते हैं—रह जाता है—सूना चौखटा। पूरा उपन्यास कई सवाल उठाता है—समाज व्यवस्था पर। सर्वेश्वर ने सघनता के चित्रण के लिए जटिल बुनावट

का सहारा लिया है। इसलिए प्रतीकार्थ पकड़ने में बुद्धि भगानी पड़ती है। इस प्रतीकात्मक उपन्यास को पेपरबैक संस्करण में 'उड़े हुए रंग' नाम से भी प्रकाशित किया गया है। हिंदी के नये यथार्थवादी उपन्यासों में सर्वेश्वर का यह उपन्यास काफी चर्चित रहा है। कारण, समाज के भीतरी दर्द को यह बड़े साहस से सामने लाने का कदम कहा जा सकता है।

इसी बीच सर्वेश्वर का लघु उपन्यास 'सोया हुआ जल' छपा तो साहित्य क्षेत्र में हलचल हुई। ठहरे हुए समाज की पीड़ा का भीतरी साक्षात्कार कराती हुई सूक्ष्म प्रतीकों-संकेतों भरी कथा के कारण उपन्यास क्षेत्र में एक नया प्रयोग। एक ओर पैसे वाले वर्ग की खिलखिलाहट और दूसरी ओर लेनिन का दर्शन—दोनों के बीच जीवन की कराह यह उपन्यास है। किशोर और रतना, राजेश और विभा सभी प्यार को बेचैन, प्यासे-भटकते पात्र हैं। इस लघु उपन्यास की एक ही दर्द-भरी एवं अर्थ-ध्वनि है—"तुम्हारा साम्यवाद बाह्य परिस्थितियों को बदल सकता है लेकिन जब तक आदमी भीतर से नहीं बदलेगा तब तक जिस स्वर्गिक जीवन की हम कल्पना करते हैं वह नहीं प्राप्त हो सकता।"

सर्वेश्वर का अंतिम लघु उपन्यास है—'पागल कुत्तों का मसीहा'। यह उपन्यास सामाजिक व्यवस्था की सड़ाँध पर करारा व्यंग्य है। पागल कुत्तों को पकड़ने वाला पाता है कि पूरा समाज ही पागल कुत्ते में बदल रहा है। पागल कुत्ते के मसीहा की पत्नी विपत्ति और उसका बच्चा—दैवी शक्ति का विश्वास। कथा-ध्वनि इतनी ही है कि "जिसे हम जन्म नहीं दे सकते, उसे मारने का हमें क्या हक है?" प्रश्नों-चिंताओं एवं समस्याओं में फँसे समाज का पागल दर्द ही कथा-प्रतीकों से फूटता रहा है। प्यार और स्वाधीनता के अभाव में बंद कमरे का समाज आदमी को मुक्त नहीं करता—पागल कर देता है। समझदारी की एक आवाज उठ रही है "लेकिन जो असुंदर है, आंशिक है, हानिकारक है, समाज-विरोधी है, उसे मारना धर्म है।" पूरा उपन्यास समाज के काले दर्द की त्रासदी है।

सर्वेश्वर हिंदी गद्य में जो नया सामाजिक यथार्थ उभर रहा था, उसके सशक्त रचनाकार के रूप में दिखाई देते हैं। ठहरे हुए समाज के दर्द को कविताओं एवं कहानियों की भाँति यहाँ भी संकेतों-प्रतीकों कथा-अभिप्रायों एवं पात्रों से अभिव्यक्ति मिली है। जिस अर्थ में गद्य निराला के लिए जीवन-संग्राम की भाषा है उसी अर्थ में सर्वेश्वर के लिए भी है। गाँव की भीतरी पीड़ा को सर्वेश्वर ने जिया-भोगा और समझा था—वही पीड़ा और कराह कसकते-दुःखते कथानुभवों में यहाँ मौजूद है। सामाजिक पीड़ा का यह यथार्थ-संसार हमारी आँखें खोल देता है। जीवन को देखने-समझने का यथार्थवादी ढंग सर्वेश्वर की खास कला है। दिलचस्प बात यह है कि अँधेरी रात में सर्वेश्वर सवेरे की प्रतीक्षा करते हैं। यहाँ प्रकृति और मनुष्य के बीच गहरी अंतरंगता है—अनुभवों का सीधा-सच्चा साझा है।

# 16

# कवि के साथ अंतरंग साक्षात्कार

(यह भेंट-वार्ता दिल्ली में सर्वेश्वरदयाल सक्सेना के (बंगाली मार्केट) घर पर की गई थी। रविवार का दिन था। किताबों और पत्रिकाओं से भरे इस कमरे में सर्वेश्वरदयाल सक्सेना से एक बातचीत। यदि उनके पास समय हो तो निरंतर उनसे साहित्य, कला और राजनीति पर बातचीत की जा सकती है।)

* *सर्वेश्वरजी, अपने जन्म, बचपन, माता-पिता तथा परिवार के बारे में कुछ तो अवश्य ही कहिए? और यह बताइएगा कि पहली कविता किस समय लिखी थी और वह प्रकाशित कहाँ हुई थी?*

अपने बचपन और परिवार के बारे में ज्यादा तो कहा जा सकता है 'कुछ' कहना कठिन है। मेरा परिवार आर्थिक संघर्षों से जूझता आर्यसमाजी विचारों का परिवार था। बचपन आर्थिक तंगी, पारिवारिक कलह और अनाथ बच्चों के साथ बीता; क्योंकि मेरा घर अनाथ आश्रम से सटा हुआ था। पिता जीविका कमाने के लिए जी-तोड़ काम करते थे जो भी सामने आ जाता था—दूकानदारी से लेकर रंगसाजी तक उन्होंने की। माँ स्कूल में पढ़ाती थी। मनोरंजन के नाम पर आर्यसमाज के जलसे और व्याख्यान ही थे या गाँव के लोक-गीत, नाट्य आदि।

प्रारंभिक शिक्षा बस्ती के गवर्नमेंट स्कूल में हुई। नवीं कक्षा में क्रांतिकारी कार्यों के कारण निकाल दिया गया और वहीं के ऐंग्लो संस्कृत स्कूल से हाई स्कूल किया। कविताएँ छठी कक्षा से ही लिखनी शुरू कर दी थीं। पर नवीं कक्षा तक आते-आते छपने लगीं। पहली कविता 'आर्यमित्र' में छपी जब मैं नवीं क्लास में पढ़ता था। माता को मेरा लिखना पसंद था! पिता को भी शायद रहा हो पर ऊपर से वह उसके विपरीत ही दिखते थे क्योंकि मैं पढ़ाई में बहुत अच्छा नहीं था। और शायद डरते हों कि कविता के पीछे पढ़ाई में रह न जाऊँ। बचपन में मेरे शिक्षक ताराशंकर 'नाशाद' ने मेरे साहित्य-प्रेम को काफी बढ़ावा दिया और मेरे मित्र धर्मेंद्रनाथ त्रिपाठी और मेरे सहपाठी ब्रजभाषा के कवि जगदीश 'ईश' की लाग-डांट ने भी।

पिता हाई स्कूल के बाद चाहते थे कि मैं नौकरी कर लूँ। बस्ती की कचहरी में उन्होंने मेरी नौकरी की बात भी कर ली थी। पर माँ मुझे आगे पढ़ाने की इच्छा

रखती थीं। मैं भी आगे पढ़ना चाहता था। फलस्वरूप उसने अपना तबादला बनारस करवा लिया। मैंने क्वींस कॉलेज से वहाँ इंटर किया फिर इलाहाबाद अपने एक साथी महेंद्रप्रताप के साथ बी.ए., एम. ए. करने के लिए चला आया। पर माँ वाराणसी से कहीं और न जा सकीं। वहीं बीमारी में भी काम करती रहीं और परलोक सिधार गईं। उस समय मैं इलाहबाद में एम. ए. फाइनल का छात्र था।

राजनीति से मेरा कोई गहरा संपर्क नहीं था। बस्ती में क्रांतिकारियों के प्रति रूमानी रुझान था। उनका साहित्य पढ़ता था। उन जैसा बनने की सोचता था पर माँ की नौकरी छूट जाने की आशंका से मुझे त्रस्त रखा जाता था। 1942 के आंदोलन में भी मैंने बनारस में स्वयं कोई भाग नहीं लिया। भाग लेने वाले मेरे मित्र अवश्य थे। यह स्थिति बचपन से आज तक बनी हुई है कि मैं स्वयं राजनीति में कभी सक्रिय नहीं रहा। लेकिन सक्रिय राजनीति से जुड़े लोग हमेशा मेरे अच्छे घनिष्ठ मित्र रहे हैं। इलाहाबाद विश्वविद्यालय के दिनों में जितेन्द्रसिंह और विजयदेवनारायण सभी मेरे अभिन्न थे। दोनों ही लोहियावादी थे। उन दिनों मैं 'परिमल' का सदस्य था। ये दोनों भी 'परिमल' में थे। राजनीतिक चेतना का बहुत कुछ इन दोनों से उन दिनों छनकर मेरे पास आता था और अक्सर उसका असर कविताओं में भी दिखता था।

* *कवि होने के साथ ही साथ आप कथाकार भी रहे हैं। आपको याद है कि आपने पहले कविता लिखी थी या कहानी? वह रचना किस पत्रिका में कब और कहाँ छपी थी? छपकर आने पर आपके ऊपर क्या प्रतिक्रिया हुई थी?*

पहले तो जैसा कह चुका हूँ—कविता ही लिखी थी—कविता ही छपी थी। कहानी तो बनारस आकर लिखने लगा जब मुझे अपनी कविता जो बस्ती में बहुत अच्छी मानी जाती थी बनारस आकर खुद-ब-खुद अच्छी नहीं लगने लगी। महेन्द्रप्रताप, शंभूनाथ सिंह सब मुझसे कहीं अच्छी कविताएँ लिखते थे और कवि सम्मेलनों में कहीं अच्छा गाते थे—मुझे गाना नहीं आता था। उन दिनों बिना गाये कविता लिखने का कोई खास मतलब नहीं होता था। दो एक बार गीत लिखकर गाने की कोशिश भी की पर असफल रहा। अतः कविताएँ डायरी में कैद हो गईं। कहानियाँ लिखने लगा। इन मित्रों में से कोई भी कहानी नहीं लिखता था। अतः कहानियाँ पसंद की जाने लगीं। पहली कहानी 'क्षितिज के पार' 1942 में शंभूनाथ सिंह द्वारा संपादित 'क्षत्रिय मित्र' में छपी। बाद में यह 'माया' में भी छपी थी। छपना अच्छा लगता था। मुझे पहली रचना से ही पैसे भी मिले। कविता जरूर जब 'आर्य मित्र' में छपी थी तो उसका कुछ नहीं मिला था लेकिन उससे और भी बहुत कुछ मिला था जो कभी भुलाया नहीं जा सकता। मेरी कविता एक गीत थी—'इस निराशा में गगन में मौन गीत सुना रहा था' किसी तरह लिफाफा जुटा कर 'आर्यमित्र' को भेज दी थी और उसके छपकर आने की प्रतीक्षा कर रहा था। अचानक एक दिन खाना खाते समय पिता ने 'आर्यमित्र' का एक अंक मेरे सामने पटककर गुस्से में पूछा 'यह सब

क्या है?' वे परीक्षा के दिन थे। मैंने समझ लिया कविता छप गयी है। एक ओर उसे छपी हुई देखने की तीव्र लालसा और दूसरी ओर पिता का गुस्सा। पत्रिका घंटों छूने की हिम्मत नहीं पड़ी। मैं डर और खुशी दोनों के बीच झूलता रहा। अंत में उनकी निगाह बचाकर उसे देख सका और बार-बार पढ़ता रहा।

* *विवाह आपने अपनी इच्छा से किया था या माता-पिता के आग्रह से? विवाह से पहले किसी से प्रेम हुआ हो तो बताइए अवश्य। कविता के भीतर तो यह सब रिला-मिला रहता है—न? जीवन-साथी के बिछुड़ जाने के बाद दो छोटी बच्चियों को पालने के संकल्प के साथ आपके मन में क्या आया? जीवन के इस संकट का आपने तथा आपके रचनाकार ने किस शक्ति से मुकाबला किया।*

ज्यादा निजी सवाल है। सच तो यह है कि मैं विवाह करना ही नहीं चाहता था। माँ, बाप का प्रेम तो कम उनका कलह मन पर हावी था। फिर एकाध प्रेम-प्रसंग भी थे। इत्तफ़ाक से प्रेम की देखते-देखते उन्हीं दिनों मृत्यु-सी हो गयी थी। एक बचपन में सहेली थी, एक इंटर के दिनों की। दोनों का विवाह हुआ। दोनों ही नहीं रहीं। पर माँ बीमार थी। वह मेरी शादी का सुख अपने सपनों के लिए चाहती थी। उसकी इच्छा उसकी पसंद से शादी की। पत्नी के साथ बस पति जैसा रिश्ता रहा प्रेम भी उतना ही रहा। बच्चों ने जन्म लेकर उस रिश्ते को सहारा दिया, सँभाला। पत्नी की मृत्यु पर एक ओर अकेला हो गया तो दूसरी ओर जैसे गृहस्थी के बंधन से आजाद भी हो गया। फिर शादी करने की बात मन में आयी ही नहीं। खाली बच्चों से बँधना एक तरह का बँधना होता है। पत्नी हो तो वह बँधना कुछ और दूसरी तरह का होता है। आखिर हमारा इतना वैचारिक मेल भी नहीं था। जीवन कभी मेरे चुप लगा जाने कभी उसके चुप लगा जाने, कभी मेरे अकुलाने-घुटने और कभी उसके अकुलाने-घुटने से कट रहा था। उसने मुझसे कहीं ज्यादा सहा होगा ऐसा मेरा अनुमान है। इसलिए दुबारा शादी का सवाल नहीं उठा। कोई ऐसा मिला भी नहीं, जिसे पत्नी-रूप में पाने की आकुलता या विवशता अनुभव होती। बचपन में घोर पारिवारिक कलह से भी मैं अपने बच्चों को मुक्त रखना चाहता था और उन्हें वह आर्थिक संकट भी नहीं झेलने देना चाहता था जो मैंने झेला था। शादी कर लेने के बाद मुझे लगता था कि मुझे और उनकी उतनी आर्थिक आजादी भी नहीं रहेगी। फिर पत्नी की मृत्यु के दूसरे ही दिन अचानक मेरी पत्नी की एक वृद्ध बुआजी आ गयीं जो विधवा थीं जिनका कहने को अपना कोई नहीं था। उन्होंने मेरी पत्नी से भी अधिक कुशलता से बच्चों को सँभाल लिया और गृहस्थी को भी। मैं खुद को सँभालने में लगा रहा। जिस्म और मन की टूट-फूट से उलझता रहा और कविता में बिखरता रहा।

* *आपने आरंभ में 'प्रगति' तथा 'प्रयोग' धारा को छोड़कर रोमानी ढंग की कविताएँ ज्यादा लिखीं और बाद में भी लिखते रहे हैं—क्या इसका कोई विशेष कारण रहा है?*

आरंभ में मैंने जो लिखा या आज जो लिख रहा हूँ उस पर लेबिल वो लोग जिनका यह धंधा है जो चाहे लगाएँ। मुझे 'प्रगति' या 'प्रयोग' जैसे शब्दों से कभी कोई सरोकार न था और न है। जिसे आप रोमांटिक कहते हैं वह हो सकता है मेरे लिए जीने का आधार रहा हो। जो जीवन में जीता था वही लिखता था। यही स्थिति आज भी है। किताबी कविता या दूसरों की मनचाही कविता मैंने नहीं लिखी। हो सकता है मेरा स्वभाव ही ऐसा रहा हो जिसे आप रोमांटिक कहते हों। राजनीतिक दलों का आदमी मैं था नहीं, कोई साहित्यिक आंदोलन भी मुझे नहीं चलाना था। दोनों के साथ रहकर भी अलग रहता था। मोर्चे पर कभी मैं नहीं रहा। इसलिए 'प्रगति' और 'प्रयोग' से मेरा वैसा रिश्ता नहीं रहा जैसा 'शील जी' या 'अज्ञेय जी' का रहा होगा। जिनके साथ रहा उनका मैं मान लिया गया।

* *सन् 1949-50 ई. से आपकी काव्य-यात्रा शुरू हुई? तब से लेकर अब तक आपको अपनी रचना-प्रक्रिया में कोई बुनियादी बदलाव नजर आता है या नहीं? आप गाँधी, नेहरू और लोहिया—में किधर ज्यादा झुकते थे और किसके विचार आपको ज्यादा ठोस लगते थे?*

जब कविता लिखनी शुरू की तब से आज तक कोई खास परिवर्तन मेरे भीतर की बुनावट में नहीं हुआ है। मेरे निजी संबंध भी मुझे उतना ही झकझोरते थे जितना बाहर की दुनिया। शुरू-शुरू में देशभक्ति की कविताएँ लिखीं क्रांतिकारियों से प्रभावित होकर। नेहरू और गाँधी ने मेरी काव्य-संवेदना को कभी छुआ नहीं उन पर मेरी कोई कविता नहीं है। नेहरू की मृत्यु पर जरूर है 'एक सूखी नाव' और गाँधी के सत्ता द्वारा इस्तेमाल पर है 'पंचधातु' शायद कोई गाँधीवादी मेरा मित्र नहीं था। लोहियावादी थे शुरू में क्रांतिकारी भी। अतः लोहिया की बातें अच्छी लगने लगीं। समझ में आती थीं। पर लोहिया की बातों पर मेरी कविता नहीं थी। मैं कविता उसी पर लिख सकता हूँ जो मेरी अनुभूति का हिस्सा हो। लोहिया की बातें मेरे अनुभव का अंश बनने पर ही मेरी कविता में यदि आई हैं तो अपनी होकर।

मैं लोहिया की बातों को कविता में ढालने वाला नहीं था। कोई कवि इस तरह तो ढलाई नहीं करता। लोहिया का प्रभाव मेरी कविता में खोजना ऐसा ही होगा जैसे हुसैन की चित्रकला में लोहिया का प्रभाव खोजना। लेकिन लोग ऐसा करते हैं क्या कहा जाए। लोहिया की मृत्यु पर मैंने कविता लिखी। यदि विद्युत शवदाह गृह में नेता लोग खड़े होकर यह न कहने लगते कि उनमें और लोहिया में कोई फर्क नहीं था और खासकर वे नेता जिनके खिलाफ यह जीवन-भर लड़ते रहे तो वह कविता न लिखी जाती। इसी तरह केरल की समाजवादी सरकार गोली चलाने पर जंग कर देने की उनकी बात कवि रूप में मुझे झकझोर रही थी कविता भी लिखी थी। 'कॉफी हाउस में एक मेलोड्रामा'। वैसे कहने को कह सकते हैं इन तीनों में लोहिया मेरे ज्यादा निकट थे। नेहरू-गाँधी से तो मैं मिला भी नहीं था—गाँधी को तो देखा भी

नहीं था। लोहिया के पास आना-जाना उनसे बातचीत थी लोहियावादी साथियों के कारण। कभी उनसे भी अकेले में बातचीत नहीं हुई। पर वे काव्यप्रेमी सहृदय व्यक्ति थे। काफी मानते थे और कई बार उन्होंने मेरी ऐसी कविताएँ सुनी सराहीं जिनसे विचारतः उनका मतभेद था, पर वे साहित्यकार पर अपने विचार थोपते नहीं थे, साहित्य-कर्म पर आजादी के पक्ष में थे। इसीलिए 'लड़ाई' कहानी भी उनसे बहस के बाद लिखी गयी और कथ्य से सहमत न होकर भी 'जन' में उसके प्रकाशन का विज्ञापन किया गया—मेरा ख्याल है कविता में जो रह जाता है वह कवि का ही होता है किसी दूसरे का नहीं। किसी दूसरे को उसमें खोजना कविता से रिश्ता तोड़ना है। रोटी खाते समय यह सोचकर क्या होगा कि गेहूँ किस किसान के खेत का है या घी किस दूधवाले ने निकाला है। रोटी तो उसी की बनायी है जिसने पकाई है—कच्ची-पक्की, जली, मुलायम का गुण-दोष उसी का है। यह कहना इसलिए जरूरी है कि कविता में इधर यह खोजने की प्रवृत्ति बढ़ रही है। यह जानने से क्या होगा कि अमुक कविता किस प्रेमिका के प्रभाव से लिखी गयी है। क्योंकि उसमें देखा गया गुण और सौंदर्य कवि की अपनी दृष्टि है, हो सकता है इस जानकारी से आप कविता के सुख से भी वंचित हो जाएँगे।

* *चलिए, इस बात को छोड़ दीजिए—यह तो बताइए कि आजादी की नयी हवा में आपने लिखना शुरू किया। जिसने आपको नयी आशाओं से जोड़ा—लेकिन क्या सिर्फ इतना ही आपके लेखन के लिए काफी था? या कोई अन्य कारण भी था जो आपको लिखने के लिए बेचैन और विवश किए हुए था।*

आजादी मिलने पर उतनी आशाएँ नहीं जुड़ीं जितना एटमबम बनने और जापान पर उसे गिराने की तकलीफ मन में समा गयी। दुनिया के लिए चिंता समा गई। शांति और युद्ध पर अनेक कविताएँ मैंने लिखीं। आजादी के स्वागत में एक भी नहीं। कुछ दिनों तक तटस्थ रहा लेकिन धीरे-धीरे दस रुपए में कोयले के बने की जगह चालीस रुपये में कोयले के बने को साइकिल के कैरियर में खाना बनाने पर घर लादकर लाने पर तटस्थता भंग होती गयी और फिर धीरे-धीरे लगने लगा कि हमारी आजादी नहीं है। सत्ता की लूट की आजादी है। यह भाव गहरा होता जा रहा है और 'कुआनो नदी' जंगल का दर्द, से लेकर यह तकलीफ और घनी होती हुई जैसे एक लड़ाई में बदलती जा रही है।

* *आरंभ से ही आप अपने लेखन के उद्देश्य के प्रति सजग थे या धीरे-धीरे बाद में होते गए। यह सजगता आपके सृजन कर्म में, किस रूप में मौजूद है?*

भाई जान! भीतर की तकलीफ को बयान करना यदि आप उद्देश्य मानते हों तो आरंभ से ही वह उद्देश्य है और अंत तक रहेगा। उद्देश्य तो रचना से दूसरे ढूँढ़ते हैं। हम मर-खप कर अपने अबां में कविता की ईंट पकाते हैं। आपका उद्देश्य दीवारें खड़ी करना होगा तो उनसे दीवार खड़ी कर लेंगे, छत डालना होगा सिर पर छत कर लेंगे।

तोड़-फोड़ करनी होगी तो उससे दूसरों का सिर तोड़ देंगे या चाहेंगे तो कीचड़ में उसे रख कर आप उससे बचकर पार हो जाएँगे। यह ईंट कवि अपनी आग और मिट्टी से पकाता है और अपने को व्यक्त करता है, क्योंकि खुद को व्यक्त करना ही कवि का अपने लिए सार्थक होना है। यह उसकी ऐसी विवशता है जिसे जो रचनाकार नहीं है नहीं समझ सकता।

* *'जो रचनाकार नहीं है नहीं समझ सकता' के चक्कर में डाल कर आप मेरी बात को टाल रहे हैं? खैर। देखिए, आरंभ से आप ललित कलाओं और कलाकारों के प्रति आकृष्ट रहे हैं और आपने चित्रकारों के नाम लेकर भी कविताएँ लिखी हैं। इन सबका आपके सृजन-कर्म से क्या कोई सीधा रिश्ता बनता है। जिनसे रिश्ता बनना है उनके नाम भी लें तो अच्छा रहेगा।*

आरंभ से नहीं 1965 से 'दिनमान' में आने के बाद कलाकारों से मेरा रिश्ता बनाने में श्रीकांत वर्मा का हाथ था—वह दिल्ली में रहते थे सभी कलाकार उनके दोस्त थे उनके साथ मिलना-जुलना शुरू हुआ फिर लगभग सभी बड़े कलाकारों और उनकी कला से रिश्ता बनने लगा। कुछ से रिश्ता कला के माध्यम से ज्यादा गहरा हुआ। हिम्मतशाह और स्वामीनाथन के चित्रों पर कविताएँ पहले लिखी गयीं, परिचय बाद में हुआ। संगीत और नृत्य-जगत के कलाकारों से रिश्ता उन्हीं के माध्यम से हुआ। मैं कला और नृत्य पर लिखता था। मेरा लेखन जिन्हें अच्छा लगा वे मिलने-जुलने लगे। अब स्थिति यह है कि मैं कह सकूँ कि मैं बहुत सुखी आदमी हूँ क्योंकि चित्रकला, संगीत, नृत्य तथा नाटक की दुनिया का कोई भी ऐसा बड़ा कलाकार नहीं है जिससे मेरा घनिष्ठ जैसा रिश्ता न हो। जीवन में सुख के लिए और क्या चाहिए? यदि आप अपने समय के महान लोगों से जुड़े हों तो उससे बड़ा सुख और कुछ नहीं होता। सूची बहुत लंबी हो जाएगी उस पर आग्रह मत कीजिए। लेकिन मैंने कविताएँ स्वामीनाथन, हिम्मतशाह, कृष्ण खन्ना, मृणालिनी मुखर्जी जैसे चित्रकारों पर कुमार गंधर्व, श्रीमती राजम् जैसे गायक वादकों पर और संयुक्तापाणिग्रही, भारती शिवानी, लीला सेमसन, कुमुदिनी लखिया, स्वप्नसुंदरी जैसी नृत्यांगनाओं पर लिखी हैं। इन सभी से आत्मीय रिश्ता भी इनकी कला से ही बना है। एक कला माध्यम में जो रचा जाता है उसका रिश्ता दूसरे कला माध्यम से अपने आप होता है यद्यपि वह दिखता नहीं।

* *आपने कविता, कहानी, उपन्यास, नाटक, ललित-निबंध, समीक्षाएँ, बाल-साहित्य आदि सभी कुछ लिखा है। मेरे मन में एक बात है और बताइए अवश्य कि आप अपने को मूलतः कवि मानते हैं या कथाकार या नाटककार या सभी कुछ? क्योंकि आपके सृजन-कर्म की समग्र अवधारणा के लिए इस तथ्य को जानना—मुझे निहायत जरूरी लगता रहा है। इन विधाओं का आप पर भीतरी-बाहरी हमला हुआ हो। वैसे, उनके साथ आपका रुख क्या रहा?*

मैं यह सवाल ही ठीक से समझ नहीं पाता हूँ कि आप कवि हैं, या कथाकार या नाटककार या और कुछ? सब कुछ एक साथ भी हुआ जा सकता है। एक विधा से दूसरी विधा के बीच दीवार नहीं होती। रचते समय सबके साथ एक-सी जिम्मेदारी होती है और एक-सा सुख या दुख ही उभर कर छूता है तो कविता बन जाती है और जब बात भी अपना अलग रंग फेंकती है तो कहानी और जब बात सामाजिक-राजनीतिक मोड़ लेकर आज के सवालों से मुखातिब होर्ती है तो नाटक लिखना जरूरी लगता है। हिस्से तो इस तरह किए जा सकते हैं पर यह कहने की ही बातें हैं। दरसअल अलग-अलग विधा में लिखने का कोई सृजनात्मक विषय नहीं होता कहानीनुमा कविता, कवितानुमा कहानी आखिर होती ही है और नाटक भी कब कविता-कहानी से दूर का रिश्ता रखता है। कविता लिखना मुझे आसान लगता है। कम श्रमसाध्य है। चाहे तो इसे यह मान लें कि मेरी मूल प्रकृति कविता की है। अक्सर लोग मानते भी हैं। इसमें मुझे कोई एतराज नहीं।

* *सर्वेश्वर जी, कई तरह के लेखन के साथ आपने कई तरह के कार्य किए हैं—उन सबका आपके रचनाकार पर किस तरह का प्रभाव पड़ा है? अब आप बच्चों की बड़ी पुरानी पत्रिका 'पराग' के सम्पादक हैं—इससे पूर्व आप 'दिनमान' जैसी पत्रिका में थे। यह सब करते हुए आपको तथा आपके रचनाकार को कैसा लगता है?*

बच्चों के लिए लिखना भी मेरी सहज प्रकृति रही है। किसी ने कोई जोर-जबरदस्ती तो नहीं की। बच्चों के लिए लिखना बच्चों के साथ खेलना जैसा है। कुछ बाप होते हैं जो बच्चों के साथ खेल नहीं पाते। उन्हें उसमें मजा नहीं आता। बस, वह केवल बाप ही बने रहना चाहते हैं उनके साथ खेलन से सोचते हैं उनकी बाप की छवि खराब होगी, उन पर उनका अनुशासन खराब होगा। ऐसी ही प्रकृति के लेखक बच्चों के लिए नहीं लिख पाते। शुरू-शुरू में अपने बच्चों के साथ भाषा, छंद, लय से खेलने में मजा आता था तमाम नर्सरी राइम उसी स्थिति में बनी और फिर लिखी गयी। छपी आज और तमाम बच्चों से जुड़ना हो गया। हर एक की उम्र के हिसाब से उनके साथ खेलना, बात करना या कि उनके लिए रचना हो जाता है। इसमें बेहद सुख है। मुझे तो बहुत अच्छा लगता है। संपूर्णता का अहसास देता है। इसलिए 'पराग' का संपादन का मेरे रचनाकार से कोई वैमनस्य नहीं है, बल्कि यह मेरे रचनाकार का विस्तार है जैसे घर के सामने का हरा-भरा सहन और बड़ा हो जाए।

* *'परिमल गोष्ठी' से आपका घनिष्ठ संबंध रहा है। विजयदेवनारायण साही तथा लक्ष्मीकांत वर्मा आपके अच्छे मित्र रहे हैं। उस साहित्यिक मण्डली में आपको किसने चिंतन-कर्म में खींचा है?*

परिमल गोष्ठी में सब मेरे परिवार के सदस्य जैसे रहे हैं। साही, लक्ष्मीकांत से कुछ ज्यादा इधर-उधर की बातें होती थीं। तो कहने को कहा जा सकता है कि सोचना

उनके साथ हुआ जैसे ऊबड़-खाबड़ रास्ते पर साथ-साथ चलना हुआ। सबने एक दूसरे से सीखा। कविता के लिए अनुभव करना तो कोई किसी से सीख नहीं सकता। लक्ष्मीकांत की गर्म बहसें अच्छी लगती थीं तो साही के अगाध ठंडे तर्क। इस तरह का साथ ताश खेलने जैसा है कब किसके तुरुप के पत्तों ने कब किसकी चाल ने आकर्षित किया यह खेल का हिस्सा ही बना रहता है इससे अधिक कुछ नहीं।

* *'नयी कविता' आंदोलन में आप अपने को किस रूप में देखते हैं? इससे किस हद तक अपना लगाव या अलगाव महसूस करते हैं? सन् 1970 के बाद के काव्यांदोलनों के प्रति आपकी क्या प्रतिक्रिया है?*

जवाब शायद पहले आ गया है। आंदोलन दूसरों के लिए यह भले हो हमारे लिए तो यह अस्तित्व की पुकार थी। यदि 'परिमल' नयी कविता आदि न होती तो शायद यह पुकार डायरियों में और लंबे अरसे तक बंद रहती जैसे कुछ अरसे तक तो बंद रही ही। फिर सामने आती, न भी आती तो पुकार तो नहीं बनती किसी और लेबिल के नाम से जानी जाती। वैसे मैं केवल कवि कहलाना ही पसंद करता। किसी आंदोलन के तहत रखा जाना मेरी सुविधा नहीं, आंदोलन चलाने वालों की सुविधा है। कल को मेरे अस्तित्व की यह पुकार कुछ और स्वरलिपि में लिखी जा सकती है कोई और कुछ लेबिल लगा सकता है। पर मेरे लिए मेरी कविता मेरी अपनी संवेदना के ताल का फैलता और गहरा होता जल है। बस उतने से ही मेरे रचनाकार को प्रयोजन है।

* *'काठ की घंटियों' से लेकर 'खूँटियों पर टँगे लोग' तक की काव्य-यात्रा मूलतः किस कोशिश का रूप है? आपने अपने समकालीन तमाम नारों से जैसे अस्वीकृति, मोहभंग आदि से कैसे बचाया है?*

अपनी मूल संवेदना की बात मैं कर चुका हूँ। नारे-वारे आते ही नहीं। मैं कविता लिखता हूँ उसकी दूकानदारी नहीं करता।

* *'कुआनो नदी' जैसी लम्बी कविता—लम्बी कविता के दौर में आपको कायम करने के लिए लिखी गई है या वास्तव में काफी बड़े आत्मसंघर्ष से मुक्ति का प्रयास है। ऐसी ही कोई और भी प्रबंधात्मक कविता लिखने की मानसिक तैयारी तो आप नहीं कर रहे हैं?*

इस तरह के सवाल दूकानदारी के ही सवाल हैं। 'कुआनो नदी' जिस मनोजगत् की कविता है वह अपना लंबा विन्यास माँगती थी। हर रचना अपना रूप आकार खुद तय कर लेती है और कवि उसकी उँगली पकड़ कर पीछे-पीछे चलता है। हो सकता है कि कल कोई मनोजगत् और बड़े कलेवर की माँग करे तो उससे बचा कैसे जा सकता है। लंबी कविता तो नहीं एक बड़ा पद्य-नाटक मन में जरूर है—आग पर हांडी चढ़ी है—पक जाने पर परोसने का काम करना ही पड़ेगा। पर ऐसे कामों के लिए समय की दर कम है। कभी-कभी बोझ इतना हो जाता है कि फिर चाहे जो

भी हो सब काम छोड़कर उसे रखना ही पड़ता है।

'कुआनो नदी' मौजूद सी दिखाई देती है। क्योंकि अपने ब- पन की यादें आज की तकलीफ के साथ जुड़ी हुई हैं। जब यह कविता लिखनी शुरू की थी तो छोटी कविता ही लिखना चाहता था। यही कहना चाहता था कि दिल्ली की सड़कें, कुआनो नदी की तरह दिखती हैं। सोचा नहीं था कुआनो नदी क्या है यह इतने विस्तार से बताना पड़ेगा। पर एक बार जब उस नदी में घिर गया तो बहता चला गया जब तक किनारा नहीं मिल गया। फिर जरूरी हो गया कि दिल्ली की सड़कें क्या हैं लिखूँ और ध्यान उधर जाते ही आज की सारी सामाजिक-राजनीतिक विडंबनाएँ मुँह खोलकर खड़ी हो गयीं। उनसे निपटना जरूरी हो गया और जितना ही मुँह खुलता गया निपटने के लिए कविता उतनी लंबी होती गयी। एक लंबी कविता लिखनी है यह सोचकर तो कलम नहीं उठाई थी।

* *ठीक है, लेकिन यह तो बताइए कि 'जनवादी' न होकर भी आप 'जन कविता' और 'जननाटक' लिखते हैं। इस 'जन' को आप कैसे परिभाषित करना चाहेंगे?*

'जन कविता' या 'जन नाटक' जन की ही चिंता से जुड़ा होता है। यानी कवि का जन से सीधी चिंता से। जनवादी कविता या नाटक पार्टी के रास्ते से जन तक पहुँचने की चिंता है। मुझे जन तक पहुँचने के लिए, यानी उसकी तकलीफ या संघर्ष तक पहुँचने के लिए कवि के रूप में किसी पार्टी की जरूरत अभी नहीं महसूस होती, बल्कि ऐसा लगता है कि पार्टी के रास्ते से जाने पर आप जन का बँटवारा कर लेते हैं। सारी शोषित जनता आपकी नहीं केवल उतनी ही जनता आपकी है जो आपके पार्टी की सार्थक है। आपके कार्यकर्ताओं और नेताओं के प्रभाव में है—यदि आप जनवादी कवि हैं तो अपनी पार्टी के मजदूर-किसान के संघर्ष पर लिखेंगे। दूसरे पार्टी के मजदूर-किसानों के संघर्ष पर नहीं। पर एक जन कवि की हैसियत से सभी पार्टियों के या बिना पार्टी के सारे शोषित, अन्याय से ग्रस्त, संघर्षरत जनता के सारे दुख सभी तकलीफ हमारी हैं, वह भी वहीं तक जहाँ तक वह हमारी संवेदना और अनुभूति का अंश बन पाती हैं। दूसरों के नारों को जूठन की तरह जनवादी कवि खा सकता है जनकवि नहीं।

* *आप क्या यह नहीं मानते हैं कि 'अस्तित्ववाद' से नया लेखन प्रभावित हो रहा है? क्योंकि नयी कविता की बहस में यह मान्यता अंतर्भूत रही है कि यह कविता विदेशीपन लिए है तथा इस पर अस्तित्ववाद का पक्का रंग चढ़ गया है? लिखते समय आपको इस तरह से या इस तरह के किसी अन्य दर्शन का ध्यान रहता है या नहीं?*

कवि के लिए अस्तित्ववाद क्या है यह जानना जरूरी नहीं है। केवल इतना ही जानना जरूरी है कि आज मानव अस्तित्व को कौन-कौन से खतरे हैं और आगे कौन-कौन से खतरे पैदा होने वाले हैं। यदि कवि इसे जानता है और इसे महसूस कर सकता

है तो कविता लिख सकता है और अच्छी बड़ी कविता लिख सकता है। लिखते समय जो चीज ध्यान आनी चाहिए वह कोई दर्शन नहीं बल्कि वह टकराव और उस टकराव का सुख-दुख जो वह इस संसार में झेल रहा है। दर्शन लेकर लिखने वाला कवि, कवि कहाँ रह जाता है। कविता खत्म हो जाती है। किसी भी अच्छे कवि ने दर्शन सामने रखकर कविता नहीं लिखी। यह बात दूसरी है कि उसकी टकराहट से लिखी गयी कविता में आप अपने समय का कोई दर्शन खोज लें।

* *सन् 1960 ई. के बाद की कविता का दौर 'अराजकता' का दौर रहा है। इस दौर में भी आप आम आदमी की समझ को बढ़ाने वाली कविता लिखते रहे हैं। इस 'अराजकतावादी' दलदल से दूर रहने का क्या कारण है? आपकी अपनी सावधानी या उनके कवि-कर्म के प्रति उपेक्षा का भाव?*

आप कहते हैं तो मान लेता हूँ अराजकतावादी दौर। कविता के नाम पर जो कुछ लिखा जाए वह कविता तो नहीं। रसोईघर में ताक-झाँक करने वाला रसोइया तो नहीं हो जाता। कविता कभी अराजकतावादी नहीं होती, हो ही नहीं सकती। यदि वह कविता है तो ये दौर आंदोलन सब दुकानदारी के लटके हैं। बड़ी जल्दी ये सब खत्म हो जाता है। दुकानें टूट जाती हैं। उन्हें चलाने के लिए लादे गए सिद्धांत नारे टाँय-टाँय फिस्स हो जाते हैं और कविता आगे बढ़ती जाती है। इस दौर के चलाने वालों से मेरा कोई सरोकार नहीं था। न मुझे इनका नेता बनना था न पिछलग्गू। न इनके जुलूस में शामिल होकर अपना कोई स्थान बनाना था। मुझे अपनी कविता पर भरोसा था, भरोसा है भरोसा रहेगा। चाहे कितने भी दौर आंदोलन आएँ और चले जाएँ। क्योंकि कविता मेरे लिए इतिहास में नाम लिखाने का, धन और यश कमाने, समाज में प्रतिष्ठा बनाने का जरिया नहीं है। वह एक ऐसा कर्म है जिससे मैं अपने लिए सार्थक होता हूँ अपने को पहचानने की कोशिश करता हूँ। अन्यथा मैं साधारण हूँ। साधारण बना रहना चाहता हूँ। न किसी अग्रिम पंक्ति में कविता की धौंस दिखाकर बैठना चाहता हूँ। मैं अपनी कविता के द्वारा अपने ही हारे, थके, ऊबे, टूटे, निहत्थे लड़ते मन से बात करता हूँ। यह दूसरी बात है कि उसी कविता के द्वारा दूसरे भी यही काम करते हों और राहत पाते हों।

* *आपके लेखन पर डॉ. राममनोहर लोहिया की विचारधारा का प्रभाव मुझे लगता रहा है। इस संदर्भ में आज आपकी क्या राय है?*

मेरे लेखन पर राममनोहर लोहिया की विचारधारा का प्रभाव नहीं है। मैं प्रभाववादी लेखक नहीं हूँ। राममानोहर लोहिया पर कविता लिखने मात्र से मैं लोहियावादी नहीं हूँ। न इसी कारण मेरी रचनाओं में लोहियावाद ढूँढ़ना चाहिए। कवि का दुख, श्रीमान्--दुखवाद नहीं होता। समीक्षक लोग ऐसी गलतियाँ करते हैं। शायद उनके लिए कोई प्रभाव ढूँढ़ लाना समीक्षक के रूप में उनकी निपुणता मानी जाए पर कवि इस सबसे मुक्त रहता है। हर आदमी बराबर हो, गरीबी दूर हो, अन्याय शोषण

खत्म हो। हिंसा का रास्ता गलत है यह सब जब कवि कह रहा होता है तो वही कह रहा होता। कोई लोहिया, मार्क्स या गाँधी उसके पीछे नहीं बोल रहा होता। क्योंकि यह बात अपनी संवेदना के बल पर अपने अनुभव से कह रहा होता है। लोहिया मुझे अच्छे लगते थे, मेरा उनसे अच्छा परिचय भी था इसी से मैं लोहियावादी मान लिया जाऊँ या अज्ञेय से मेरा अरसे तक निकट परिचय था इसी से अज्ञेयवादी। यह गलत बात है। समीक्षक लोग इसे अपनी सुविधा के लिए करते हैं इस तरह की उक्तियाँ राजनीतिक व्यक्ति के सामने कवि को छोटा करके देखना है।

* *आपने कविता में नये-नये प्रतीक गढ़े हैं—जैसे तेंदुआ, गुबरैला, जूता आदि। इन सभी के पीछे कारण क्या रहा है?*

इसका शरारती जवाब यही हो सकता है कि मैं अपनी कविता चिड़ियाघर, वैज्ञानिक प्रयोगशालाओं और बाटा की दूकानों में लोकप्रिय करना चाहता था। इसलिए मैंने यह प्रतीक गढ़े हैं। प्रतीक गढ़ने का कोई कारण नहीं होता। प्रतीक गढ़े कभी नहीं जाते वे किसी बात को कहने के लिए कविता में अपने आप आते हैं, उसकी आत्मा होते हैं कोई वस्त्र नहीं होते कि कविता के लिए उसे कवि दर्जी की तरह सिले। कृपया अध्यापक और समीक्षक के रूप में यह ध्यान रखिए कि प्रतीक और बिंब कविता के रूप और आत्मा के हिस्से हैं। ये कविता के अर्थ और भाव की व्यापकता और गहराई को व्यक्त करने के लिए सहज रूप में आते हैं। तेंदुआ प्रतीक से उस अर्थ को समझिए जो कविता में ध्वनित है। तेंदुआ फुर्तीला होता है। सबसे अधिक फुर्तीला। अर्थ में यह फुर्तीला होना निकलना जरूरी था। यह कारण नहीं है—कारण तब होता जब उसे दलित पैंथर से जोड़ा जा रहा होता। पर कई समीक्षक इसे दलित पैंथर से जोड़कर इसका अर्थ बैठाते हैं। जबकि कवि केवल यह कह रहा है कि चुस्त फुर्तीला सोता हुआ तेंदुए जैसा समाज का एक भी व्यक्ति जब जागता है तो सारा समाज जाग उठता है। लेकिन यह अर्थ बिना ऐतिहासिक कुछ जोड़े आप समीक्षकों को भाता नहीं। आपको ऐतिहासिक विश्लेषण भी करना है और दूसरा अर्थ अपने मन का निकालना है। आप यह कह सकते हैं कविता तब लिखी जब अकेले जयप्रकाश नारायण सारे देश को जगा रहे थे। मैं क्या कर सकता हूँ। कोई भी कवि क्या कर सकता है। यदि मैं शिकार का शौकीन होता तो कोई यह भी कह सकता था यह प्रतीक शिकार के कारण है। खेतिहर होता तो खेती से कवि में संपर्क के कारण होता। ऐसे सवालों से कविता का कोई भला नहीं होता न उसे समझने में मदद मिलती है।

* *मुझे लगता है कि धूमिल तथा उनकी पीढ़ी, इधर के लेखन में आपसे सर्वाधिक प्रभावित रही है या आपने सर्वाधिक प्रभावित किया है। इस संबंध में आप क्या सोचते हैं?*

धूमिल का मेरा रोजमर्रा का साथ नहीं था। एक ही बार उनसे साही जी के यहाँ

थोड़ी देर को भेंट हुई थी। उन्होंने जो बातचीत की थी उससे यह लगता था कि उन्होंने मुझे पढ़ा है। किसी एक कवि का दूसरे कवि को पढ़ना उससे प्रभावित होना नहीं होता। जैसे मैं किसी से प्रभावित नहीं हूँ जैसे धूमिल भी किसी से प्रभावित नहीं होंगे। धूमिल एक सच्चे कवि हैं। उनका दुख-दर्द मुझसे मेल खा सकता है और तमाम कवियों से मेल खा सकता है। इसे प्रभावित होना क्यों माना जाए। यदि आपको लगता है तो आप प्रभाव के बिंदु खोज निकालिए। मुझे ऐसा नहीं लगता और न मैं ऐसे करतब देना जरूरी समझता हूँ।

* *आपके एक काव्य-संग्रह की कविताओं का मिजाज तथा मुहावरा दूसरे काव्य-संग्रह के मिजाज तथा मुहावरे से भिन्न रहता है। लेकिन आपके काव्यानुभव करुणा से भरे हैं। यथार्थ को ढंग से दर्शाते हैं। यह सब अनायास हो गया है या इसके पीछे आपका कोई सचेतन प्रयास चलता रहता है?*

सचेतन प्रयास इतना ही रहता है कि जिस कविता में मुझे पहले जैसी कविता का दोहराव दिखता है उसे मैं छोड़ देता हूँ। संग्रह में नहीं देता। वैसे कुछ पहले से अलग करना ही रचना-सुख होता है। लेकिन यह पहले से पृथक रचना ऊपरी अभ्यास नहीं है। यह भीतर से ही उपजता है। कथ्य और रूप दोनों में बदलाव जीवन-यात्रा के बदलाव से ही अंततः जुड़े होते हैं। जीवन-यात्रा यानी तन-मन के भीतरी-बाहरी चढ़ाव उतार।

* *अन्याय, शोषण आदि के खिलाफ आवाज बुलंद करना आपकी कविता का प्रधान स्वर रहा है। इस स्वर को छोड़कर आप व्यवस्था में क्यों नहीं जाते, तब बड़े पुरस्कार मिल सकते हैं क्या उनका लोभ आपको नहीं है या इन सबसे आपका रचनाकार दूर रहना चाहता है?*

अन्याय, शोषण का विरोध हर काल का सही कवि अपनी-अपनी तरह से करता रहा है। यह कवि-धर्म है यह मैं मानता हूँ। कोई भी कवि व्यवस्था में कैसे जा सकता है। नकली दवाएँ बनाने का विरोध करने वाला दवाओं का निर्माता कैसे हो सकता है। उसके लिए अतिरिक्त गुण चाहिए। वह गुण अर्जित करना क्रांतिकारी का धर्म हो सकता है कवि का नहीं। यदि मतलब व्यवस्था की चाटुकारिता है तो किसी सही कवि से यह काम नहीं हो सकता। कवि को तो यदि उसके मन की समाज-व्यवस्था हो भी जाए तो भी सतर्क रहना है और विरोध पक्ष में ही बैठना है। यह उसकी रचनात्मक नियति है। रहा पुरस्कार आदि ये सब बहुत साधारण बातें हैं। बल्कि जिस विराट् परिवेश में कवि जीता है उसमें नगण्य अगर कोई कवि उस व्यवस्था से पुरस्कार ले भी लेता है जिसका वह विरोध करता है तो वह कुछ गलत नहीं करता। क्योंकि अंततः व्यवस्था के पास पैसा तो उस जन से आता है जिसका वह कवि है। जन के कर से बने हुए कोष पर सत्ता पुरुषों से अधिक संस्कृति पुरुषों का हक होता है। क्योंकि संस्कृति पुरुष उस जन को जिलाए रखने के लिए खुद को होम करता

रहता है न कि सत्ता पुरुषों को जोकि उसे चूस-चूस कर मोटे होते रहते हैं।

* *आपकी काव्य-भाषा में लोक-भाषा तथा बोलचाल की लय बहुत है। यह आपकी शक्ति है और सीमा भी। कलात्मकता से आप इतना क्यों भागते हैं? आपकी कविता के छंदों का स्वभाव चिड़चिड़ा है—ऐसा क्यों?*

कौन-सी रचना ऐसी है जिसकी सीमा ही उसकी शक्ति नहीं होती? सीमा को ही शक्ति बना ले जाना रचनाकार की प्रतिभा है। लोक-भाषा यदि मेरी कविता में है तो वह उधार ली हुई तो नहीं है। मैं उस भाषा में पला, बढ़ा, जिया हूँ। बोलचाल की लय मुझे भाती है। सहज लगती है इसीलिए शुरू से मैंने इसे अपना रखा है। अज्ञेय जो कि इधर 'प्रतीक' में मेरी कविताएँ छाप रहे थे तो इधर मुझे लिखे पत्रों में मेरी बोलचाल की लय को 'यति नियंत्रित गद्य' कह कर तथा मेरे व्यंग्य को 'कला के रूप में घटिया' कहकर मेरी प्रताड़ना भी कर रहे थे। पर आज सभी कविता वहीं पहुँच गई हैं। वही गद्य कविता में सब लिख रहे हैं जिसे मैंने ही शुरू किया था। खैर, यह पता लगाना शोधकर्त्ताओं का काम है। रहा छंदों के स्वभाव की बात तो यूँ समझिए कि मेरी कविता छंदों की बंद गाड़ी में नहीं खुली गाड़ी में बैठी है। अतः छंदों का स्वभाव चिड़चिड़ा नहीं खुला और मुक्त है।

* *आज हिंदी में जिस रंग से और जिस रूप से कविता लिखी जा रही है, उसके प्रति आपकी प्रतिक्रिया क्या है? इस पूरे सृजन दौर को आप किस रूप में देखते हैं?*

आज हिंदी में कुछ ही अच्छी कविताएँ लिखी जा रही हैं। हम कवियों की भरमार है। सच तो यह है कि ज्यादातर व्यक्तियों को कविता से कुछ लेना-देना नहीं, आंदोलन से ही लेना-देना है। कवि का अपना कोई व्यक्तित्व नहीं रह गया है। यदि कवियों के नाम हटा दीजिए तो यह पता लगाना मुश्किल हो जाएगा कि कौन किसकी कविता है। कविता से पढ़े-लिखे लोगों तक को वितृष्णा हो गयी है। वह उनके काम की नहीं रह गयी है। कम पढ़े और अनपढ़ लोगों की बात तो दूर है। कभी-कभी समझ में नहीं आता ये तमाम कविताएँ किसके लिए लिखी जा रही हैं? सिवा उस काव्य आंदोलन से जुड़े लोगों में एक भी पाठक उनका है? जिस जन के लिए लिखी जा रही है उस तक तो उनके पहुँचने का सवाल ही नहीं उठता। यह एक कवि के रूप में मेरे लिए दुःख की बात है। सच तो यह है कि काव्य-सजृन का दौर नहीं है। यह एक ओर या तो पश्चिम के घटिया अनुकरण का दौर है या दूसरी ओर कुछ उल्टा सीधा लिख उसे कविता कह क्रांतिकारी कहलाने का झूठा दंभ है। एक नपुंसक, अकर्मण्य झूठे और ढोंगी लोगों का दंभ जो कहीं भी नहीं पहुँच पाएगी व्यक्ति को तो खैर क्या पहुँचाएँगे।

एक सड़े हुए समाज के ये लिजलिजे ये डरे हुए घबराए हुए लोग अपनी क्रांतिकारी छवि बनाने के लिए अपने टुटपुंजिए साथियों में खुद को जनवादी कवि

घोषित कराकर यह दिखाना चाहते हैं कि वे जन-संघर्ष में शामिल हैं लेकिन इनकी बिसात उन केंचुओं की तरह है जो बाढ़ तो खैर क्या रोक सकते हैं बस इधर से मिट्टी खाकर उधर से निकाल सोचते हैं कि वे बाँध बना रहे हैं। हिंदी कविता में इतनी बनावट कभी नहीं आई थी जितनी आज आ गई है। लेकिन सही कविता कभी मरती नहीं। हर दल-दल में से अपना रास्ता निकाल ले जाती है। सही समर्थ कवियों को यह भरोसा रखना चाहिए। यही एक रास्ता है। कविता को आज झूठी बेजान राजनीति में झूठ और ढोंग से उसी तरह बचाना जरूरी है जैसे देश को, देश के आम आदमी को बचाना जरूरी है।

* *साहित्य में श्लील और अश्लील के प्रश्न को उठाना कहाँ तक उचित है? क्या चित्रकार, साहित्यकार इस बात का ध्यान रखे कि हमारी कला अश्लील तो नहीं हुई जा रही है?*

श्लील और अश्लील की बात बहुत समय से बहुत-से सिरफिरे लोग उठाते रहे हैं। लेकिन इस प्रश्न को उठाकर वे क्या उत्तर चाहते हैं—पता नहीं। कला में तो अश्लील कुछ होता नहीं है। फिर अश्लीलता कला के भीतर का भाव न होकर देखने वाले की नीयत का भाव होता है। प्रायः देखने वाले या कहने वाले अपनी दृष्टि का या अपनी कुंठा का ही साहित्य पर आरोप करते हैं। अश्लीलता के प्रश्न को साहित्य में उठाने वाला कितना ही नीतिवान या नैतिकतावादी हो—तो भी प्रश्न का सही उत्तर नहीं पा सकता। मैं तो कामशास्त्र को भी अश्लील नहीं मानता। या फिर योनि-चूमता प्रेमी भी मेरे लिए अश्लील नहीं है। प्रेम के क्षण-विशेष का यह एक जरूरी कार्य-व्यापार है। प्रेम की अद्वैतता में द्वैतता नहीं रहती। मैंने अपनी कुछ प्रेम कविताओं में हाथ-मुँह-पैर-वक्ष-योनि चूमने की ओर मन के झुकाव का इशारा किया है। जो इन कविताओं को अश्लील कहेंगे—उनसे मैं बहस नहीं करूँगा। उनके ऊपर मुझे तरस ही आएगा। संस्कृत में नागर-समाज में ग्राम्यता को अश्लील माना है। बहुत-से लोगों को कालिदास के 'कुमारसंभव' के वर्णन अश्लील लगते हैं। मुझे तो नहीं लगते। हाँ, मुझे यह अवश्य लगता है कि श्लील-अश्लील का प्रश्न रचनाकार के साहित्य-बोध से न जुड़ा होकर सामाजिक नैतिकता का प्रश्न है। अतः यह कला या साहित्य का सीधा प्रश्न नहीं है। नीतिवादी श्लील-अश्लील पर अपने ढंग से कहते-गरजते रहे हैं—पर रचनाकार कभी इस प्रश्न को विचारणीय मुद्दा नहीं बनाता। प्रणय-पाश में बंधे 'उर्वशी' काव्य के प्रेमी-युगल मुझे तो आकर्षक लगते हैं। आकर्षक ही नहीं उनकी राग-चेष्टाएँ बड़ी ही तृप्तिदायक हैं। फिर मैं यह जानता हूँ कि रचनाकार के लिए सृजन में क्या सुंदर-असुंदर है—यह सौंदर्यशास्त्र का प्रश्न भी नहीं बनता। क्योंकि यह चुनाव नितांत उसका अपना होता है और इस चुनाव को कोई भी रोक नहीं सकता। कृति के साथ कृतिकार का संबंध एक प्रकार का नहीं अनेकमुखी बनता है—उसे आप सामाजिक आचरण में बाँध नहीं सकते। हम तो आधुनिक चित्रकला

के नग्नतावाद (न्यूडिज्म) को समर्थन नहीं दे सके। पर उसे विरोध ही नहीं, समर्थन भी मिला है।

* *क्या आपको यह नग्नतावाद एक प्रकार की अश्लीलता नहीं लगता? इधर बहुत-सी नारी लेखिकाओं ने 'बोल्डनेस' के नाम पर अनाप-शनाप बकवास की है!*

देखिए, कला को सीमित दृष्टि से न देखिए। सीमित दृष्टि से देखेंगे तो आप खजुराहो और अजन्ता-एलोरा की कला को भी समझने में भूल कर सकते हैं। तांत्रिकों-नाथों ने जब कहा था कि नर-नारी के मिलन से स्वर्ग की प्राप्ति होती है तो उसका एक अर्थ था। आज भी वह अर्थ समाप्त नहीं हुआ है। जिसका कला के संस्कारों से परिष्कृत लगाव नहीं है। उसे आज भी वहाँ की कला में वासना का स्पर्श लग सकता है। कलाकार पर समाज ने धर्मनीति आचरण के अंकुश समय-समय पर लगाने चाहे हैं। उसने उन अंकुशों को निर्ममता से तोड़ा है या चुनौती दी है। अतः कलाकार या रचनाकार के लिए वर्जित कुछ नहीं है। मैं तो नाटक भी लिखता हूँ। एक दिन मैंने कहीं पढ़ा कि संस्कृत आचार्यों ने अनेक प्रकार की नाट्य-वर्जनाओं की चर्चा की है। यह कार्य भी सामाजिक मर्यादा में दृश्यता को ध्यान में रखकर किया गया होगा। लेकिन आज दूरदर्शन में होने वाले नाटक नाट्य-वर्जनाओं से एकदम दूर हैं। हम सब छोटे-बड़े, बाप-बेटी एक साथ बैठकर 'सब कुछ' देखते हैं। ऐसे ही सिनेमा की सेंसरशिप भी बेकार जाती है--कारण हाव-भाव से सब कुछ साफ झलक जाता है। अतः नर-नारी आकर्षण के रूपों को संस्कारित करने की जरूरत है, वर्जित करने की नहीं।

* *लेकिन बात इतनी ही नहीं है थोड़ी ज्यादा है। आपको इस संस्कार शब्द से तो आपत्ति नहीं है?*

नहीं, बिल्कुल नहीं। बल्कि मैं तो इसे साहित्यिक घेरे में लेता हूँ। संस्कृति की जीवंत प्रभाव-प्रक्रिया मानता हूँ। रचनाकार नारी हो या पुरुष क्या फर्क पड़ता है। उनके वर्णन का अध्ययन मनोविश्लेषणशास्त्र वाले करें, समाजशास्त्र वाले करें। हम साहित्यिकों को नर-नारी बँटवारा करके साहित्य को देखना दर्दनाक है। महादेवी और मृणाल पांडेय तथा निराला और अज्ञेय का लेखन नर-नारी का अलग-अलग लेखन न होकर लेखन है। क्योंकि कलम लेकर रचता हुआ व्यक्ति न नारी होता है न नर--वह रचनाकार होता है। फिर इसके साथ यह भी जोड़ दूँ कि रचनाकार अश्लीलता बचाने के लिए कोई भी आचार संहिता मानकर रचना नहीं कर सकता। रचनाकार के भीतर जो चल रहा है मथ रहा है वह तो प्राकृत भाव से बाहर आएगा ही। यही तो साहित्य की सही और सामान्य भाव-भूमि है। फिर काम-वृत्ति कहीं-न-कहीं साहित्य और कला की आंशिक प्रेरणा है। यह प्रेरणा संयोग-वियोग वाले हिंदी के मध्यकालीन साहित्य में तो भरी पड़ी है। इधर के नये साहित्य में उसका रूप बदल गया है। पर वह मौजूद है--'कनुप्रिया' में भी और 'कामायनी' में भी। संसार काममय है यह सच्चाई

स्वीकार करने में मुझे तो आपत्ति नहीं है। सुंदर फूल और सुंदर नारी, सुंदर चाँदनी और सुंदर चित्र मुझे तो आज भी मथते हैं। मुझे ध्यान है यह सब रीतिकालीन कवियों को भी मथता था। क्योंकि वे भी मनुष्य थे। मूल बात यह है कि साहित्य प्रकृति का खुलापन चाहता है वह छिपाव-दुराव नहीं चाहता। ज्यादा छिपाव के चक्कर में छायावादी कविता का जो हाल हुआ वह तो अब जाहिर ही है। कनक किरन के अन्तराल में लुक-छिपकर चलने की बात अब नहीं चल सकती। इसलिए 'उर्वशी' का मुक्त-प्रणय नयी कविता की मुक्ति-अकांक्षा का स्वर भी है। मैं बहुत समय से सोचता रहा हूँ अश्लीलता का अस्तित्व कहाँ है? चित्रण में, वर्णन में, प्रदर्शन में, मन में, रचनाकार के रचना-कर्म में। सोचने-समझने पर इतनी ही बात पल्ले पड़ी है कि अश्लीलता देखने वाली की दृष्टि में ही होती है अन्यथा कला तो पवित्र वस्तु है। उसका बड़ा पाक-दामन होता है।

* *कला में अश्लील न सही, शाश्वत तो होता है?*

नहीं जनाब, कला में शाश्वत कुछ नहीं होता। यह लगातार बदलने वाला नदियों का तट है। इसमें न मूल्य शाश्वत हैं न सिद्धांत और न आपके आलोचना-सिद्धांत। इसीलिए 'रस-सिद्धांत' वाले इधर जो 'शाश्वत' की बात कर रहे हैं वह गलत है। सामाजिक-परिवेश परिवर्तनशील हैं तो उसमें पैदा होने वाले मूल्यों में भी लगातार बदलाव आता रहता है। भाव-विचार का यह बदलाव रचना में लगातार चला करता है। फिर मैं साहित्यशास्त्र की इस निरर्थक बहस में नहीं पड़ना चाहता। क्योंकि इतना ही जानता हूँ कि जीवन की भाँति साहित्य भी लगातार गतिशील और विकासशील प्रक्रिया है। इस बात को जो नहीं समझते हैं, उनसे चिल्लाकर कहने की जरूरत है।

* *आज के रचनाकार को आलोचक से यह शिकायत है कि उसके पास रचना को परखने के मानदंड नहीं हैं, या सही मानदंड नहीं हैं? ऐसी स्थिति के कारण रचना और आलोचना में एक दूरी आती जा रही है?*

इस कठिन प्रश्न को तो अच्छा होता आप विजयदेव नारायण साही से पूछते। लेकिन अगर मुझसे इसका उत्तर चाहते हैं तो यही कह सकता हूँ कि हमारे पास किसी भी चीज को मापने के सही मापदंड नहीं हैं। पुराने असमर्थ हो गए—नयी विचारधाराओं की खींचातानी में बाह-उखड़े दिखाई देते हैं। यह सब इसलिए भी है कि आजादी के बाद इस देश में घोर अँधेरा उमड़ा है। कोई नहीं जानता हम इस देश को क्या बनाना चाहते हैं? कहाँ ले जा रहे हैं न कोई नीति है न राजनीति। सब अवसरवादी नीतियों की बैसाखियों पर चल रहे हैं। भारत और भारतीय संस्कृति का तो इन्हें पता ही नहीं। ये तो पश्चिम के पीछे भाग खड़े हुए हैं। वहाँ के विज्ञान को, टेक्नोलॉजी को बिना सोचे-समझे ला रहे हैं। इसका क्या प्रभाव इस देश की गरीब जनता पर पड़ेगा खुदा ही मालिक है। हमें तो लगता है कि हमारे पास न संस्कृति है न शास्त्र है, न दर्शन है। गाँधी और लोहिया निकाले जा रहे हैं देश से। उनकी जगह मार्क्स

और माओ लाए जा रहे हैं। मेरे लिए यह बड़ी चिंता की बात है। इस देश में इतिहास साक्षी है कि अनेक प्रखर चिंतक पैदा हुए हैं और उनके विचारों में सांस्कृतिक-बौद्धिक स्वाधीनता की परंपरा रही है पर आज उस स्वाधीनता के ऊपर पश्चिम का दानव बैठ रहा है। आदमी को यंत्र से निगलने की तैयारी भी चल रही है। कभी कच्ची सड़क पर पक्की सड़क का धावा है, गाँवों को शहरों ने निगलने की चाल सोच ली है। इस कठिन समय में साहित्यिक मूल्यों और मानों की बात मजाक लगती है। भारतेंदु-युग, द्विवेदी-युग के पास भारतीयता की अर्जित ताकत थी, वही उस साहित्य में आज भी बोल रही है। इधर के साहित्य में वह ताकत नहीं है वह फुस्सड़ है। हालत यहाँ तक पहुँची है कि बहुत-से नये रचनाकार भारतेंदु-निराला-मुक्तिबोध और मुझसे अपना संबंध तक नहीं पहचानते। इससे बदतर हालत आलोचकों की है कुछ को छोड़ दें--तो ज्यादातर अध्यापक अभी भी रस-छंद, अलंकार से रचना को परख रहे हैं। यह अन्याय नये रचनाकार को रोज सहना पड़ रहा है लेकिन वह कर क्या सकता है। अगर आप ध्यान दें तो देखेंगे कि हर नयी रचना अपने साथ अपने को परखने के मानदंड भी लाती है। जरूरत है रचना को समझने की--उससे एकाकार होने की। और वह पाठक-शक्ति दिनोंदिन खंडित हो रही है। इसीलिए आलोचक रचनाओं से दूर पड़ता जा रहा है।

* *भारतीयता से मतलब क्या है? इस बात को थोड़ा साफ कहिए तो साफ हो। आज तो 'भारतीयता' का बड़ा सीमित अर्थ हो गया है--फिर--आप?*

देखिए जनाब! भारतीयता का वह अर्थ नहीं है जिसे विशिष्ट या आध्यात्मिक कहकर प्रचारित किया जा रहा है। और न भारतीयता 'हिंदू' होना है। भारतीयता को बार-बार मन में टटोलने पर लगता है-- मानवीयता है जीव-करुणा है--सबको साथ मिलाकर जीने की चाह है। हिंदू-मुसलमान, सिख-ईसाई ही नहीं--मानव ही नहीं--जीवों में तितली से चींटी तक को अपने साथ रखकर जीने का महाभाव है। यह महाभाव ही भारतीयता है। लेकिन आज के भारत में भारतीयता की बात करना बड़े खतरे की स्थिति है। लोगों के मन में इस शब्द से एक अमूर्त्त भय बैठा दिया गया है और भारतीय माने हिंदू--और हिंदू माने जो अपने को संसार से श्रेष्ठ समझता हो। संसार को अपने से नीचा मानता हो। भारतीयता का यह अर्थ क्यों पैदा हुआ? किसने पैदा किया, मैं नहीं जानता? इतिहासकार-समाजशास्त्री जानते होंगे। इसके पीछे जो भी कारण रहे हों। मैं तो इतना जानता हूँ कि भारतीयता का अर्थ है--उदारता-करुणा की चिंतनधारा का देश। राम का साथ देने वाला देश, रावण को मिटाने वाला देश। देखा जाए तो इस देश के अनेक व्यक्ति-प्रतीकों, तीर्थ-प्रतीकों, धर्म-प्रतीकों से भारतीयता को परिभाषित किया जा सकता है--लेकिन भारतीयता की व्याख्या नये ढंग से, नये बोध से करनी होगी। इस ढंग से व्याख्या करनी होगी जिस ढंग से डॉ. राममनोहर लोहिया राम और कृष्ण की व्याख्या करते रहे। मेरे लिए डॉ. लोहिया

की व्याख्याएँ बड़ी लुभावनी थीं और मैं उनमें अपने विचारों को पाता भी था। इलाहाबाद विश्वविद्यालय आने पर मेरा झुकाव समाजवादी आंदोलन में हो गया। उसने मुझे एक दिशा दी और भारतीयता का नया अर्थ भी खोला। जिसमें मामूली आदमी से गहरा रिश्ता भी समाया हुआ है।

* *नयी कविता-आंदोलन में आपने क्रांतिकारी तेवर की कविताएँ लिखी हैं—कविताएँ ही क्रांतिकारी विचारों की लिखीं या क्रांतिकारी भी रहे?*

देखिए—यह सवाल काफी उलझन में डालने वाला है। जैसे राजनीतिक क्रांतिकारी होते हैं या होते थे—मैं वैसा कभी नहीं रहा। हाँ, सामाजिक क्रांति के सपने शुरू से ही देखता रहा। मेरे सामने उन सपनों में आग भी लगी है। मेरी कविता 'यह खिड़की नहीं खोलूँगा'—मेरे क्रांतिकारी मन का ही एक प्रकाशन है। नेहरू-युग ने मेरा और मेरे जैसे तमाम लोगों का बड़ा मोहभंग किया। उस मोहभंग का एक बड़ा सृजन आज पाठकों के सामने छपकर आ गया है। देश में आजादी का प्रकाश जब फैल रहा था—मेरा मन आजाद भारत के नये सपने देख रहा था। किसान-मजदूरों की बेहतरी का सपना था। मैं गरीब घर से—ग्रामीण परिवेश से आया था। बैलों के चलने की घंटियाँ मेरे कानों में बजती थीं—बाद में वही पीड़ा उमड़कर-निचुड़कर 'कुआनो नदी' बन गई है। मैं 'कुआनो नदी' को अपने सृजन में सबसे ऊपर रखता हूँ। आलोचक 'कुआनो नदी' से क्या समझते हैं। मैं नहीं जानता। पर मैं 'कुआनो नदी' में अपने बचपन और विचारों के साथ पूरा-का-पूरा मौजूद हूँ। दिल्ली आने पर भी कुआनो मेरे भीतर बहती रही और मैं उसमें बहता रहा। 'कुआनो नदी' मेरे लिए मात्र एक लंबी प्रबंध कविता नहीं है—मेरा पूरा जीवन-निचोड़ है। नयी कविता-आंदोलन में जो विचार बनते रहे और अनेक कविताओं में खंड-खंड मौजूद हैं—वे सब एक साथ यहाँ एक साथ पंक्ति बनकर खड़े हैं। इस अर्थ में मेरी क्रांति संस्कृति की क्रांति है। उसे आप कुछ भी नाम दें।

* *आपने अपने क्रांतिकारी लेखन की चर्चा की है। यह क्रांतिकारी साहित्य एक विशिष्ट अर्थ में राजनीति से प्रेरित तो है ही? इस विषय में आप क्या सोचते हैं?*

यह सवाल साहित्य और राजनीति के रिश्ते से सीधे-सीधे जुड़ा है। और आज की दुनिया तो राजनीति की दुनिया है। जिसमें साहित्य ही क्या सभी से ऊपर राजनीति हो गई है। एक खास कोण से देखता हूँ तो यह आश्चर्यजनक बात नहीं लगती। हर सार्थक सृजन—चाहे वह कविता, नाटक, उपन्यास कुछ भी हो—रोजमर्रा के हँसते-रोते उपकरणों की सहायता से रचा जाता है। यह रोजमर्रा का अनुभव हमारी परिचित दुनिया के अनुभव को और अधिक पास ले आता है—विश्वसनीय बनाता है। इस दुनिया से रचनाकार का जितना गहरा और जीवंत संपर्क जुड़ता जाता है, रचना-कर्म उतना ही सच्चा और वस्तुपरक हो उठता है। यदि आप पिछले दिनों के

उस लेखन पर एक निगाह डालें जो रोजमर्रा की दुनिया से कटकर परीलोक की चीज हो गया था और सारा समाज उस सपने में खो गया था। इस मृग-मरीचिका साहित्य का जीवन के यथार्थ से संबंध अपने आप दूर हो गया था।

यह बात भी जोर से उठाई गई कि कवि को राजनीति से दूर रहना चाहिए। आज कवि से यह कहना कि राजनीति से दूर रहो ऐसी ही बात है कि आग पर चलो पर जलो मत। आज का कवि राजनीति से अछूता नहीं रह सकता। राजनीति और रचनाकार का रिश्ता कम-ज्यादा वेदों से ही दिखाई देता है। रामायण-महाभारत का संबंध भी राजनीति से कम नहीं है। नाटककारों में विशाखदत्त, भारतेंदु, जयशंकर प्रसाद भी राजनीति से कम प्रभावित न थे। और मैथिलीशरण गुप्त, नवीन, माखनलाल चतुर्वेदी, दिनकर भी राजनीति को अपनी रचनाओं में किसी-न-किसी रूप में अभिव्यक्त करते रहे। हाँ, यह सच है कि रचनाकार और राजनीति का तीव्र सर्जनात्मक दबाव के रूप में संबंध का प्रश्न सन् 1936 के बाद ही देखने को मिला। छायावाद के बाद की कविता भी अपने एक दौर में तो काफी भावुकतापूर्ण लगी थी। यह काव्य व्यक्तिगत आशा-निराशा की दुनिया में जीने की इच्छा तक सीमित था। ऐसी स्थिति में, रचनात्मकता या सच्ची और सचेत रचनात्मकता का दम घुटना एक लाचारी थी। देश के नवजागरण की स्थितियों में दूसरी ओर ऐसे भी रचनाकार थे जो भारतीय मुक्ति-संग्राम में 'कैदी और कोकिल' जैसी कविताएँ लिख रहे थे। इन कवियों की राष्ट्रीय-चेतना से संपन्न वाणी मुझे भी अपनी ओर खींच रही थी। मुझे ही क्या, किसी भी संवेदनशील व्यक्ति के लिए इस स्थिति से अप्रभावित रह पाना कठिन था।

अधिकतर रचनाकारों का उसी समय क्रांतिकारी-वामपंथी रुझान भी प्रकट हुआ। ये कवि तो सीधे राजनीति से जुड़े थे। किसान-मजदूर की समस्याओं में आदमियत का स्वर भी काफी शक्तिशाली था—नागार्जुन, केदार और त्रिलोचन मेरी आँखों के सामने ही उभरे थे। इनका सृजन काफी ताजा भी था। राजनीतिक गतिविधियों में परिवर्तन आ जाने से भी एक नया परिवेश सृजन के लिए तैयार हुआ था। रचनाकार को जो नयी संवेदना ढाल रही थी वह बड़ी प्रखर थी। इन कवियों को प्रगतिवादी तथा बाद में प्रयोगवादी कहा गया। हालाँकि प्रयोगवाद की कविता में नये प्रयोगों के साथ साहित्य में कुछ नया कुछ चौंकाने वाला कर गुजरने की आशंका काफी प्रबल थी। इस कविता में भी राजनीतिक परिवेश और उसके भीतरी संघर्ष काम कर रहे थे।

* *क्या इन कवियों की निगाह से राजनीतिक कविता ही सच्ची और युग-परिवेश की प्रतिनिधि कविता थी?*

नहीं; ऐसा जाहिर तौर पर कहना गलत होगा। वास्तविकता यह थी कि परिस्थितियों के भीतरी-बाहरी संघर्षों ने कवि को मजबूर सा कर दिया था कि वह राजनीतिक

प्रेरणा से भरी कविताएँ लिखें। लेकिन अन्य प्रकार की कविताओं को 'कूड़ा' समझा जा रहा हो–यह बात नहीं थी। यह कहना शायद अधिक ठीक होगा कि इस दौर का समर्थ रचनाकार राजनीतिक परिवेश के माध्यम से जीवन-जगत को पहचान रहा था। राष्ट्रीयतावादी कवियों में जो एक प्रकार का भावावेश था वह इस कविता में काफी हद तक कम हो रहा था। परिवेश के साथ एक भिन्न दृष्टि का जो संबंध बना था उसमें विचार की मुकम्मल भूमिका थी। रचनाकार के सामने देश का खुलता हुआ भविष्य था। वह विदेशी सत्ता से मुक्ति के साथ अपने देश के मंगल प्रभात की तैयारी में भी था। 'तारसप्तक' के कवियों में वामपंथी थे और लोकतंत्रात्मक व्यवस्था के समर्थक भी। यह नहीं था कि मार्क्सवादी दल के लोग ही किसानों-मजदूरों पर रचनाएँ कर रहे थे। बल्कि सभी चाहते थे कि इस सताए हुए देश की जनता को नया जीवन-प्रकाश मिले। देश की स्वतंत्र धरती और स्वतंत्र आसमान पर भूखों की चीखें न गूँजती रहें। श्रम का परायापन खत्म हो और मेहनतकश को उसकी श्रम-निष्ठा का लाभ हो।

* *एक जरूरी बात यह भी ध्यान आती है कि कवि और उसके परिवेश का क्या संबंध है? या क्या संबंध बन रहा था?*

इस प्रश्न का मैं सीधा उत्तर देना चाहूँगा कि कवि अब केवल 'हे भाइयो सोए बहुत' कहने वाला न रह गया था। न ही कविता परिवेश पर एक टिप्पणी बन कर रह गयी थी। रचनाकार को स्पष्ट हो गया था कि उसकी भूमिका पीछे चलने से नहीं बनेगी–उसे अगुआई करनी होगी। परिवेश को बदलना पड़ेगा। पालीवाल जी, मैं इस विचार पर पहुँचा हूँ कि कवि प्रभावित ही नहीं होता प्रभावित भी करता है। क्रांति चाहे वह न कर सके, पर क्रांति के लिए जमीन तैयार करता है। वह प्रत्यक्ष राजनीति में हिस्सेदारी करे या न करे–उसका जनजीवन के प्रति सतर्कतापूर्ण दृष्टि का अपनाना ही काफी है। क्योंकि राजनीतिक एवं रचनाकार में एक अंतर है और वह यह कि राजनीतिक व्यक्ति कई बार राजनीतिक पशु बन जाता है। रचनाकार राजनीतिक होता हुआ भी रचनाकार के दायित्व को प्रायः नहीं भूलता। यदि भूलता है तो वह भटक जाता है। मेरे बहुत से साथी समाजवादी आंदोलन में जेल जाते थे लेकिन कुछ थे जो रचनाकार भी थे। उनकी रचना में एक जंगल नहीं मिलेगा। चले हुए हल की सफेदी साफ दिखाई देगी। रचनाकार के सामने साफ था कि राजनीतिक जीवन ही सब कुछ नहीं है जीवन कुछ अलग--इससे अलग कुछ और चीज है सांस्कृतिक संस्कारों से पनपता और पुष्ट होता है। अतः परिवेश को लेकर रचनाकार के सामने साहस भरी चुनौती यह थी कि वह राजनीतिक-कर्मी तथा रचना-धर्मी व्यक्तियों में सामंजस्य कैसे स्थापित करे? परिवेश बड़ा जटिल था। इसीलिए अज्ञेय जी बार-बार कवि-कर्म की कठिनाइयों की चर्चा लेखों-वक्तव्यों-भूमिकाओं में कर रहे थे। यह ढोंग नहीं था–परिवेश की माँग का हिस्सा था। मैं यदि गलत नहीं हूँ तो कहना होगा

कि कवि और उसके परिवेश के साथ के संबंध को समझने—उसे तर्क से स्पष्ट करने में स. ही. वात्स्यायन (अज्ञेय जी) की बड़ी भारी ऐतिहासिक भूमिका रही है। अज्ञेय जी ने अपनी बातों को कहकर विरोधियों के प्रहार भी सबसे ज्यादा झेले, लेकिन वे टूटे नहीं। फिर किसी भी नयी प्रतिभा को पहचानने की जो शक्ति उस समय अज्ञेय जी में थी—वह हिंदी के अन्य किसी भी रचनाकार या संपादक में न थी। मुझे और मेरे जैसे बहुत से नये रचनाकारों को अज्ञेय जी ने गले लगाया और साहित्य-क्षेत्र में खड़ा किया। नयी कविता में अज्ञेय जी की भूमिका को मैं महावीर प्रसाद द्विवेदी जैसी महत्त्वपूर्ण मानता हूँ।

* *लेकिन शुरू से ही अज्ञेय जी का इतना विरोध क्यों हुआ?*

नयी राह पर चलने वाले का विरोध यहाँ ही नहीं, दुनिया भर में होता रहा है। लेकिन विरोधों से रास्ता तो नहीं रोका जा सकता। अज्ञेय जी का विरोध पुराने मठाधीशों-आचार्यों ने किया था क्योंकि नयी कविता उनके समझ से बाहर की चीज थी। नयी कविता को न नंददुलारे वाजपेयी समझ सकते थे न नगेंद्र। कारण, इनके संस्कारों में छायावादी-रुझान इतने घुस गए थे कि उनसे मुक्त हो पाना इनके वश की बात नहीं थी। अतः विरोधों से अज्ञेय जी का बाल-बाँका तक न हुआ उल्टे विरोधों से उन्हें प्रचार भी मिला एवं शक्ति भी। वे बहुचर्चित तो हुए ही नये सजृन की बहस के केंद्र में भी आ गए। परंपरा-आधुनिकता, संप्रेषणीयता, काव्य-भाषा, काव्य-लय आदि बहुत से मुद्दे जो अज्ञेय जी ने दृष्टि की नवीनता से उठाए थे साहित्य में महत्त्व-प्रतिष्ठा पाते गए। यह महत्त्व-प्रतिष्ठा अज्ञेय जी की नहीं थी—नये रचनाकार की, नये रचना-कर्म की थी जो अज्ञेय जी की छत्र-छाया में फूल-फल रहा था। और देखिए—प्रगतिवादी गुट बनाकर अज्ञेय जी का विरोध इसलिए कर रहे थे कि अज्ञेय जी उनकी लाल घोड़ी के दूल्हा बनने को तैयार न थे। कोई भी स्वतंत्र चिंतक किसी 'वाद' की गुलामी कैसे स्वीकार कर सकता है? रचनाकार और प्रचारक में बुनियादी भेद है यह बात अज्ञेय जी अच्छी तरह समझते थे। काफी समय तक अपनी लोकतांत्रिक-मूल-दृष्टि से अज्ञेय जी ने हिंदी की रचना और आलोचना में मार्क्सवाद का सिक्का नहीं जमने दिया। डॉ॰ रामविलास शर्मा, ग.म. मुक्तिबोध उन्हें अमेरिका का—सी.आई.ए. का एजेण्ट तक कहकर बदनाम करते रहे—उन्हें कोसते रहे। हर पत्रिका में पानी पी-पीकर अज्ञेय जी पर दोषारोपण करते रहे—लेकिन अज्ञेय जी को क्या वे नये साहित्य से नकार सके। बिल्कुल नहीं। अज्ञेय जी की प्रतिष्ठा और ज्यादा बढ़ी और उनके चिंतन-लेखन में भी नया रंग नया जोश उभरा। यह रंग 'दूसरा सप्तक' की भूमिका में देखिए—उनके निबंध संकलन 'त्रिशंकु' से लेकर 'स्मृति-लेखा' तक हलके-गहरे डिजाइनों में मिलते हैं। अतः शुरू के लेखन में मुझे निराला के बाद अज्ञेय ने झकझोरा। बाद में मैंने अपनी राह स्वयं यह कहकर बनाई 'राह पर वे चले जिनके चरण थके, दुर्बल और हारे हैं।'

* *अज्ञेय जी का इतना महत्त्व आपकी दृष्टि में है—लेकिन आपने कवि मुक्तिबोध पर उनके निधन पर जो कविता लिखी उसमें तो कहा कि हम सब में जीवित हो तुम। क्या नहीं कहा था?*

हाँ, कहा था और आज भी उसे कहने से मुकरता नहीं हूँ। मुक्तिबोध की रचनाएँ मुझे भीतर से कुरेदती थीं। उनके साथ मेरा वैचारिक तालमेल बैठता था। शुरू-शुरू में तो मैं उन पर फिदा था। उनमें जो चकमक की चिनगारी थी—वह अँधेरे में रोशनी देती थी। भारतीय समाज के चरित्र की जितनी गहरी पकड़ मुक्तिबोध को थी नये रचना-कर्म में वह पकड़ उन्हीं की थी—उन जैसा कोई दूसरा न था। उनकी मृत्यु से मुझे आघात लगा था और उसी आघात की चोट से मैंने कविता लिखी थी—'कवि के मुक्तिबोध के निधन पर'। देखिए मैंने व्यक्तियों पर कविताएँ बड़ी कम लिखी हैं और जो लिखी हैं—उनकी गिनती बहुत थोड़ी है। मैथिलीशरण गुप्त को मैं हिंदी-भाषा और साहित्य का निर्माता मानता हूँ उन पर एक श्रद्धानत रचना की है। गाँधी से मैं बहुत अंशों में असहमत होकर भी सहमत होता रहा हूँ। उनके त्याग और तप का मेरे मन में अपार-आदर है। कृतघ्न ही होगा वह आदमी जो अपने गाँधी जैसे राष्ट्रपिता को भूलेगा उसके ऐतिहासिक प्रदेय को भूलेगा। अपने समय पर उन्होंने जो जादू किया था—उसे भूलेगा। आज गाँधी जी को लोग समझ नहीं रहे—जबकि उन्हें फिर से ठीक-ठीक समझने की जरूरत है। रोज गाँधी की हत्या आँखों के सामने हो रही है मेरा पत्रकार इसे बर्दाश्त कर जाता है। लेकिन मेरा रचनाकार मुझे चैन नहीं लेने देता। पर मैंने उन पर न कविता लिखी थी न अब 'बकरी' नाटक लिखा है। 'बकरी' नाटक गाँधी-विचार का नाटक नहीं है—वह मेरे क्रांतिकारी और सत्ता-विरोधी स्वभाव की स्वाभाविक अभिव्यक्ति है। उसे जगह-जगह खेला जा रहा है। लोग समझ भी रहे हैं। लेकिन मैं बहुत संतुष्ट नहीं हूँ। क्योंकि 'बकरी' नाटक मेरी राजनीतिक समझ के संपूर्ण लगाव का नाटक है। वह संकुचित अर्थ का राजनीतिक नाटक नहीं है। जैसा कि नाट्य समालोचक गलत तरीके से समझा रहे हैं। मूलतः वह आजादी के बाद टूटने वाले आदर्शों-संदर्भों-आचरणों और मूल्यों का खुलासा है—जिसे बिना ज्यादा नाटक बनाए मैंने लिखा है। और कहूँ तो 'बकरी' मेरे राजनीतिक संघर्ष के तीव्र और सजग होने की जरूरी परिणति है। राजनीतिक सिद्धांतों-आदर्शों और तात्कालिक मानवीय मूल्यों में जो बदलाव और अंतर्विरोध प्रकट हुआ है उससे जूझने का नाटक है। नैतिक-मानवीय मूल्यों को इधर की राजनीतिक परिस्थितियों ने गड़बड़ा दिया है—यह बड़े संकट का समय है—सोचने-समझने वालों को संकट पहले भी रहे हैं—पर ऐसा अँधेरा संकट पहले कभी नहीं आया। मुक्तिबोध जिस राजनीतिक संकट और अँधेरे के प्रति सावधान कर रहे थे उसे ठीक से समझा जाना चाहिए। इस विचार से भरकर ही मैंने 'बकरी' लिखा और वैसा ही लिखने की तैयारी में हूँ। थोड़े समय में ही आप देखिएगा कि मैं कई नये नाटक लिखूँगा—जन-नाटक जो कहीं भी

खेले जा सकें और जो नयी पीढ़ी को एक अर्थ भी दें।

* *कविता से धीरे-धीरे हट तो नहीं रहे हैं आप?*

एकदम नहीं। कविता मुझे अकेले में साहस देती है। उसी के सहारे मैं जीता हूँ। उसे बिना रचे तो रह ही नहीं सकता—ठीक से खा-पी नहीं सकता। इधर जब से राजनीतिक शिकंजा कठोर हुआ है। मैंने कविताओं को एक खास ढंग से लिखना शुरू किया है। मैं अपने अनुभव, अपने परिवेश तथा उसकी काव्यगत अभिव्यक्ति को नये ढंग से रचने को आमादा हुआ हूँ। अब मैं कवि नहीं रहा—एक काला झंडा हूँ—जो विरोध में तना खड़ा है। राजनीतिक दलों की अवसरवादिता ने मुझे भीतर से छील दिया है जिनसे मैं आशाएँ करता था वे जनता को चबाने में लगे हैं। मैंने तय कर लिया है कि सैद्धांतिक बहसों में पड़ने के बजाय मुझे सचाई की तरफ आँख किए रहना चाहिए। प्रचारात्मक नुस्खों की बजाय, अपने अनुभव पर भरोसा करना चाहिए। अतः मैं अपने ढंग से रचना में आवाज लगाता हूँ। जो सबको डसने की तैयारी में साँप रेंग रहा है—फन पटक रहा है—उसे कैसे मारा जाए। अक्सर मैं सोचता हूँ और पसीने में भीग जाता हूँ। जन-बल पर मुझे बड़ा भरोसा है। देखना भेड़िया खदेड़ा जाएगा—लेकिन तभी जब सभी संगठित होकर उसकी तरफ मशाल लेकर बढ़ेंगे। इस ढंग की बहुत-सी कविताएँ इस प्रकार के विचारों की ही अभिव्यक्ति हैं। इस क्षेत्र में मेरे प्रेरणा-गुरु अज्ञेय नहीं हैं, मुक्तिबोध हैं। और मैं अपने को उन्हीं की परंपरा का कवि मानता हूँ। आप लोग ऐसा मानते हैं या नहीं मानते—मैं नहीं जानता।

इतना और जोड़ दूँ मैं कविता को नाटक से जोड़कर देखता हूँ। दोनों को अलग-अलग नहीं देखता। इसलिए कविता और नाटक साथ-साथ लिखता हूँ और इस प्रकार का लेखन कभी भी मुझे कष्टकर नहीं लगा है। इसलिए यह सोचना कि मैं अब कविता से हटूँगा और नाटक ही लिखूँगा ठीक नहीं है। सभी कलाएँ रचना में एक साथ सक्रिय रहती हैं। यह तो मैंने जीवन भर माना है और मैं उनकी और भी निकटता चाहता हूँ। चित्रकार, मूर्तिकार, संगीतकार, वादक-नर्तक सभी ललित कलाओं में सहयोग पनपना चाहिए। मेरे नाटक इस सहयोग की भावना से भी लिखे जा रहे हैं। चित्रकार स्वामीनाथन और नर्तकी स्वप्न सुंदरी सभी को रचनाकार में मिलना होगा। आजकल मैं इस प्रयास में काफी कुछ कर रहा हूँ। देखो कितना कर पाता हूँ।

* *ललित कलाओं और राजनीतिक स्थितियों पर आप एक साथ कैसे सोच लेते हैं?*

कैसे सोच लेते हैं—सोचने का कोई जादू मेरे पास नहीं है। हाँ, इतना जरूर है कि राजनीति हर समुदाय में इस ढंग से इतनी ज्यादा घुस आई है कि उससे तटस्थ रहने का मेरे पास कोई साधन नहीं है। फिर मैं तटस्थ रहना भी नहीं चाहता। तटस्थता को मैं एक प्रकार की कायरता और उदासीनता मानता हूँ। स्थितियाँ व्यक्तियों में

इन्वॉल्व्ड होने की मेरी आदत है। तभी तो मैं बहुत अनेक संस्थाओं-दलों से जुड़ जाता हूँ, जिन्हें लोग खतरनाक आदमी कहते हैं, उनके पास उठता-बैठता, खाता-पीता हूँ। मुझे उनसे कोई परहेज नहीं है—वे भी मुझसे कोई परहेज शायद नहीं करते। अगर कभी कोई गलत-फहमी होती भी है तो मैं उसे दूर करने के प्रयत्न करता हूँ। अलग-अलग मुद्दों को लेकर एक तरह की राजनीति तो अब जीवन के हर क्षेत्र में घुस गई है। इस राजनीति के कई राम-जैसे कई रावण-जैसे चेहरे हैं—कंचन मृग वाले चेहरे भी हैं—इन चेहरों के बहुरुपियापन को पहचान पाना कठिन हो गया है। राजनीति ने व्यक्ति-समाज को इस कदर लील लिया है कि इससे बच पाना ऐसे ही है जैसे कोई मछुओं के समाज में हनुमान-चालीसा पढ़कर जीवित हो। इस प्रकार आज के जीवन का सबसे बड़ा यथार्थ है—राजनीति। यथार्थ से सरोकार रखने वाला प्रत्येक सजग रचनाकार इस राजनीति से घिरा है, घिराव डाला गया है। रचनाकार यदि ईमानदारी से अपने रचना-कर्म को करता है—तो वह राजनीतिक परिदृश्य से कटकर रच नहीं सकता है। स्वीकार-अस्वीकार सभी में कवि को राजनीति से निपटना है। आज की जटिल और क्रूर परिस्थितियों से जूझने-लड़ने वाला कोई भी रचनाकार जिंदगी के अर्थ को पाने के लिए अंततः इस प्रश्न से कतरा कर नहीं रह सकता। देश में क्या होगा क्या नहीं होगा के साथ पूरा मानव भविष्य राजनीति से जुड़ गया है। ललित कलाएँ राजनीति के पीछे दुम हिला रही हैं। इनसे जुड़ी साहित्य अकादमियाँ गाँजा पीकर मस्त पड़ी हैं। नाटक-संगीत-साहित्य की मानवद्रोही अकादमियाँ—जो कुछ रचनाकार के लिए कर सकती थीं वहाँ गुबरैले भर गए हैं—वे ही लड़ रहे हैं—चढ़ रहें हैं—बढ़ रहे हैं।

* *आप तो कविता करने लगे सर्वेश्वर जी! यह बात आपने कही थी कि रचनाकार यदि ईमानदारी से अपने रचना-कर्म को करता है तो वह राजनीतिक परिदृश्य से कट कर रच नहीं सकता है। क्या कारण है? रच क्यों नहीं सकता?*

असल में राजनीतिक यथार्थ से संघर्ष रचना के लिए महत्त्वपूर्ण नहीं है, रचनाकार के लिए वह महत्त्व रखता है। रचनाकार के मन पर संघर्ष की जिस ढंग से छाप पड़ती है—उससे भिन्न रूप में या बदले रूप में रचना में अभिव्यक्त होती है। इसलिए रचनाकार का यथार्थ रचना का यथार्थ होता भी है नहीं भी होता। अनेक मनोभूमिकाओं के रचनाकार होते हैं। कुछ हैं—जिन्हें चोट कम लगती है, चिल्लाते ज्यादा हैं। कुछ हैं जिन्हें चोट नहीं है पर वे बहुत ज्यादा चिल्लाते हैं, आस-पड़ोस इकट्ठा कर लेते हैं; कुछ हैं जिन्हें चोट ज्यादा लगती है, पर उससे कम बताते हैं, कुछ हैं जो चोट खाकर चिल्लाना तो दूर उल्टे गुनगुनाते हैं। रचनाकार की इस भूमिका में रचना-प्रक्रिया बदल जाती हैं। छायावाद में निराला ही नहीं, पंत जी भी अपने रचना-कर्म की ईमानदारी बखानते रहे हैं। पर दोनों के संघर्ष की दृष्टि, दृश्य और स्थिति एक-सी नहीं है। परिणामतः दोनों में रचना-कर्म की ईमानदारी का अलग-अलग अर्थ है। नयी कविता

में मुक्तिबोध और अज्ञेय की रचना-प्रक्रिया एक-सी नहीं है। मुक्तिबोध अपने अनुभव को रचनाकर्म में ढालते समय जिस उपयुक्त भाषा की तलाश करते हैं वह भाषा अज्ञेय को रास नहीं आती। यह भाषा का अनुभव दोनों कवियों के अनुभव-विस्तार से जुड़ा है। मुक्तिबोध रचना में हर मोर्चे पर लड़ रहे हैं—लड़ अज्ञेय भी रहे हैं किंतु भिन्न मूल्य-दृष्टि के साथ।

मेरे रचनाकार का संघर्ष अपने व्यक्ति एवं समाज के साथ 'काठ की घंटियाँ' के साथ उभरता है। मेरे स्वभाव के अनुसार यह आगे की रचना यात्रा में बढ़ता ही रहा। मेरे संघर्ष भी बढ़े और मैं आयु प्राप्त करता गया। जिससे एक नयी समझदारी बनी—मित्र बने। पत्रकारिता के अनुभवों से अनुभूतियों को और गाढ़ा किया। रचना तो अपने अनुभव की भट्ठी में ही पकती है, नहीं पकती तो कच्ची रह जाती है।

* *रचनाकार यदि रचना पर 'हावी' हो जाता है—तो वह रचना का कल्याण करता है या उसके प्राण निकाल देता है?*

औरों की बात तो मैं जानता नहीं। अपनी बात जानता हूँ कि मैंने अपनी रचना पर 'हावी' होने का प्रयास कभी नहीं किया। उसे मुक्तभाव से बनने-तपने-रचने दिया। गाँव में रहकर खेल कर मैंने रचना के लिए भी एक चीज पाई है—वह है कि यदि फसल पर अधिक दिन तक बादल छाये रहते हैं—तो रोग लग जाते हैं। ज्यादा पानी में वह डूबी रहती है तो पीली पड़कर सड़ने लगती है। ऐसे ही रचना है यदि रचनाकार का व्यक्तित्व उसे 'ज्यादा' कुछ देने लगता है—तो नुकसान होता है। यहाँ भी ईमानदारी व्यक्तित्व की ईमानदारी चाहिए।

* *तो रचनाकार की ईमानदारी ही असली चीज है—इसी में उसकी रचना की जड़ें फैली होती हैं न?*

यह बात मैंने 'तीसरा सप्तक' में भी कही थी—ठीक तो वे शब्द याद नहीं, पर इतना याद है कि मैंने कहा था कि...(इतना कहकर सर्वेश्वर जी उठे और 'तीसरा सप्तक' अपनी किताबों की अलमारी में से झाड़ते हुए उठा लाए। फटाफट अपना वक्तव्य खोला और पढ़ने लगे)...देखिए मैंने कहा था—"सभी अकथित सत्य विषैले हो जाते हैं। जब चारों ओर लोग इस बात पर कमर बाँधे हों कि वे आपकी बात नहीं समझेंगे, तब आपके सामने दो ही रास्ते रह जाते हैं या तो चुप रहें—अपनी बात न कहें या फिर उसे इस ढंग से कहें कि सुनने वाले तिलमिला उठें, उनकी कलई उतर जाए। जिन्हें प्रयोगवादी या नया कवि कहा जाता है वे पहले रास्ते पर तो चले हैं, लेकिन दूसरे रास्ते पर उन्होंने कदम नहीं रखा। पीड़ा पहुँचाने से आत्म-पीड़न को श्रेयस्कर मानने के परिणाम सामने हैं। जिनमें रेंगने तक का सामर्थ्य नहीं है वे भी फैशन समझकर नयी कविता के खिलाफ फन उठाने लगे, नयी कविता पर आलोचना लिखकर आलोचना लिखने की मश्क की जाने लगी। साहित्यकार बनने और पुराने साहित्यकारों द्वारा मान्यता प्राप्त करने के लिए नयी कविता और नये कवियों को लंबी गलियों

द्वारा स्मरण किया जाने लगा। अपनी कविता पर कुछ लिखते समय यह स्थिति मेरे सामने है। देखा जाए तो यह स्थिति कम-ज्यादा अब भी है।" (गंभीर होते हुए)–मैं कविता क्यों लिखता हूँ–मैंने कविता क्यों लिखी? कहूँ कि किसी लाचारी से ही लिखी। वह लाचारी यह थी कि साहित्य के मठाधीशों ने नये कवियों को ऊँचा उठाने का इरादा बना रखा था–और वर्तमान मठाधीश कवि अपनी औकात घटने के डर से नये प्रयोगों के खिलाफ उछल-उछलकर चिल्लाते नहीं, उन्हें गलत कहने के लिए दलबंदी न करते, रिश्वतें न देते, बल्कि सद्भाव से उन्हें अपनाते, अपनी प्रतिभा का (यदि वह है तो) उपयोग रचनात्मक कार्य के लिए करते, बदलते हुए युग और मूल्यों को अपनाने के लिए अपने सीने चौड़े करते और अपनी दृष्टि प्रखर करते, यदि सरकारी पत्रों और प्रसारण संस्थाओं या मंचों पर से नयी रचनाओं का बहिष्कार करने की तानाशाही न बरती जाती, यदि साहित्य के क्षेत्र में भी राजनीतिक कतारबंदी न की गई होती, यदि प्रतिष्ठा के लालच में सत्य पर परदा न डाला गया होता, अध्ययन और लगन से शास्त्रीय स्तर पर उठकर नये साहित्य की परख ईमानदारी से करने की कोशिश की गई होती, यदि स्वाधीनता-प्राप्ति के बाद हमारे अधिकतर साहित्यकारों ने वजीफे खाने, कुर्सियों के लिए गोटें बैठाने और पदों के लिए साहित्यकार का सम्मान बेचने का धंधा न अपनाया होता, यदि अधिकतर प्रतिष्ठित-साहित्यकारों ने नकली जीवन छोड़कर साहित्यकार का अनुभवप्रवण लोकजनीन वास्तव में जीवन अपनाया होता, अपनी शक्ति ऐसा विराट साहित्य लिखने में लगाई होती जिसे हम गौरवपूर्ण विश्व के सम्मुख रख सकें। यह सब हुआ होता तो मेरे लिए कविता लिखने की लाचारी न रही होती। (तीसरा सप्तक बंद करते हुए) और यह मेरी बातें तो आप सभी ने पढ़ ही ली हैं। फिर जब मैंने लिखना शुरू किया तो मेरे ऊपर बच्चन जी की भाषा का भी असर पड़ा था–मैथिलीशरण गुप्त की स्पष्टता भी मुझे भाती थी। लेकिन मैं सबसे ज्यादा जागरूक अपने वर्तमान की सामाजिक-राजनीतिक, आर्थिक परंपराओं, स्थितियों, मूल्यों के प्रति रहा। कोशिश यही थी कि सामाजिक-राजनीतिक यथार्थ के प्रति जागरूक रह सकूँ। जीवन के वास्तव से कटकर कवि कहीं भी सच्चा कवि नहीं रहा। लेकिन मैंने वास्तविकताओं को वैज्ञानिक दृष्टि से समझने में मार्क्सवाद की शरण नहीं ली। मेरे सामने ज्यादातर सूडो किस्म के मार्क्सवादी थे–जो दिन में गरीबी-शोषण के खिलाफ नारे लगाते थे और रात में छिपकर मालपुआ खाते थे। घोड़ा पीते थे। इन्हें पैसा भी विदेशों से अनाप-शनाप मिलता था, यह उन्हीं के प्रचारक एजेण्ट थे। इनकी आवाज इनकी आवाज न थी–किसी अन्य के भोंपू थे–ये सब। और किसी अन्य का भोंपू बनकर बजना–मुझे कभी भी स्वीकार न था। मैं भी गरीब था, मुझे भी पैसे की जरूरत थी–पर मैं अपने को इस तरह बिकता नहीं देख सकता था। इन्हीं दिनों मैं समाजवादी आंदोलन में गया। समाजवादी पार्टी का प्रचारक सदस्य मैं कभी नहीं था–पर मेरा झुकाव उधर अवश्य था। शमशेर बहादुर सिंह ने जब

बाद में यह कहा कि जीवन में तीन चीजों की बड़ी जरूरत है—आक्सीजन, मार्क्सवाद और अपनी वह 'शक्ल' जो हम जनता में देखते हैं। तो भी मैंने दो की जरूरत महसूस की। जनता के प्रति निष्ठा रखने का अर्थ मेरे लिए मार्क्सवाद नहीं हो सका।

शुरू से ही मैंने अपनी कविता में नये छंदों-लयों के प्रयोग किए। बोलचाल की आम भाषा में छंद-रचना मुझे प्रिय रही। हालाँकि इस कोशिश में कहीं-न-कहीं उर्दू-शैली का भी प्रभाव है। उर्दू-शैली का प्रभाव कायस्थों पर विशेष रहा—बोलचाल से लेकर साहित्यिक तक कायस्थ उर्दू से ज्यादा जुड़े भी थे। मैंने कुछ वंश परंपरा का लाभ उठाया। भाषा को लोक-संवेदना की ओर रचना में ढाला। लोक-भाषा का ही मैं कवि बनना भी चाहता थां, बना या नहीं—कैसे कह सकता हूँ। लेकिन मैं फ्रायडवाद-अस्तित्ववाद के चक्कर में भी नहीं पड़ा। अतः एक व्यापक सामाजिकता ही मेरी कविता की प्रेरणा भी बनी और ईमानदारी भी।

* *यह ठीक है कि रचना में ईमानदारी एक व्यापक गुण है किंतु यह परख तो करनी ही पड़ती है कि इस ईमानदारी का निर्वाह किस सीमा तक हुआ। कवि या रचनाकार की हर बात पर तो पाठक भरोसा नहीं कर सकता। रचनाकार अपनी कमजोरी ढँकने के चक्कर में गुमराह भी कर सकता है?*

लेकिन मैं आपको गुमराह नहीं करना चाहता। मैंने तो हमेशा कहा है कि रचनाकार पर नहीं, रचना पर विश्वास करो। अच्छी कविता अपना वक्तव्य—प्रामाणिक वक्तव्य स्वयं होती है—उस पर अलग से टिप्पणी करना ठीक भी नहीं है। रचनाकार के लिए ईमानदारी एक ऐसा गुण है—जिसमें इसका पूरा व्यक्तित्व ढलता है। मेरे लिए ईमानदारी वास्तविकता का अनुभव है—डॉ. के लिए अपने मरीजों के इलाज की शक्ति है—इसलिए सभी तरह के कार्यों में प्रवृत्त लोगों के लिए ईमानदारी के अलग-अलग अर्थ-स्तर हैं। अपने मूल में ईमानदारी कवि का पूरा जीवन दृष्टिकोण है। दूसरे की नकल न करना हाँ—उससे सीख कर—उससे अलग करना या लिखना भी ईमानदारी है। इसमें हमारी भावात्मक और बौद्धिक ईमानदारी भी शामिल हो जाती है। जो लेखक आज—पश्चिम के पिछलग्गू हैं—नकलची हैं—उनके पीछे अपना सब कुछ भूलकर दौड़ रहे हैं—उनकी रचनाएँ इस देश के लिए ईमानदारी नहीं रखतीं। पहले विदेशी भाषा में चिंतन फिर लेखन फिर उनका अनुवाद। यह सब करने में मौलिक रचने की संभावना कहाँ रह जाती है।

* *पश्चिम के अनुकरण से रचना-कर्म में जो सांस्कृतिक-संकट पैदा हुआ है—वह काफी खतरनाक है। बुद्धिजीवी इस स्थिति में तमाशबीन हैं—ऐसे समय में रचनाकार का दायित्व क्या है?*

रचनाकार का दायित्व—सामाजिक-जागरूकता की रचना करना है। वह समाज सुधारक नेता तो हो नहीं सकता। लेकिन पश्चिमी अनुकरण की, अंधानुकरण की मनोवृत्ति नयी पीढ़ी का बड़ा अहित कर रही है। दिलचस्प बात यह है कि यह सब उन नीतियों

के कारण पनपा है—जिसने अंग्रेजी और अंग्रेजियत को बढ़ावा दिया है। भारतीय भाषाओं का लेखक आज भी अवाक् है। फिर तमाम प्रदेशों की रंग-कला से हमारी भारतीयता बनी है। अपने देश को बनाने का जो भाव आजादी के बाद पैदा होना चाहिए था—सत्ता हथियाये लोगों में पैदा नहीं हुआ—हमारा सारा गणित ही गलत हो गया है। आज तो मेरे सामने बड़ा अँधेरा है—हो सकता है कि भविष्य में इस अँधेरे से मुक्ति मिले। मुक्ति मिलेगी अवश्य। गुलामी के संस्कार बहुत दिनों में समाप्त होते हैं। समकालीन लेखक इन गुलामी के संस्कारों को खत्म करना चाहते हैं—लेकिन एक पीढ़ी है जो उन संस्कारों से समझौता किए बैठी है।

मैं आपका ध्यान एक विशेष बात की ओर आकृष्ट करना चाहूँगा कि पश्चिम का कोई घिसा-पिटा मुहावरा हमारा काम कभी नहीं दे पाया—न आज दे पाता है। हम एक ऐसे काल में जी रहे हैं जहाँ हर तरफ संकट है। फिर हमारा देश आपात् स्थिति में से भी गुजर चुका है। उस पीड़ादायक अनुभव को हम भूले नहीं हैं। हमने देखा है कि सींकचों में बंद भेड़ियों के पास कितनी सुरक्षा है। चूँकि आज का मानव सांस्कृतिक प्राणी से ज्यादा राजनीतिक प्राणी है और राजनीति उसकी अनिवार्य नियति है। और यह राजनीति भी लोक-कल्याण या मानव-कल्याण की राजनीति न रहकर सत्ता की राजनीति रह गई है। जिनके पास कुर्सियाँ और टोपियाँ हैं—वे कोलाहल करती जनता से शांति-शांति चिल्ला रहे हैं। सत्ता के रथ में जगह थोड़ी है—इसलिए थोड़े से लोग बैठे हैं—बाकी सब लटके हैं जिनके पास कुछ नहीं है वे चीख-चिल्ला रहे हैं और उन पर शांति भंग करने के अभियोग में पुलिस का डण्डा बरस रहा है—गोली चल रही है—मीसा में लिया जा रहा है। सत्ताकामी पशु—अपनी पशुता से अपनी बात मनवाये हैं—उनकी चल रही है। लेकिन सत्ता घोषित तौर पर समाजवाद का नारा लगाती है—अघोषित तौर से मानव-द्रोही है, लेकिन गरीब को हटाकर गरीबी का नारा और मानव को हटाकर, मानवीयता को छोड़कर मानववाद का ढोंग चल रहा है। मानव को मानव के रूप में तो हम देखते ही नहीं। कुर्सी पाते ही नीच को महानता से ढँक देते हैं और जनता के सामने उसे युगपुरुष—कभी दुर्गा, कभी भारतमाता, भारत-पिता कुछ भी कह देते हैं। मूल्यों के ह्रास के इस युग में मुझे सबसे ज्यादा चिंता मरते हुए शब्द को लेकर है—उसे हर कीमत पर बचाना है—भविष्य के लिए बचाना चाहिए।

फिर अज्ञानवश हमारा नेता भारत की हर तरफ से उपेक्षा कर रहा है। वह 'इण्डिया' बनाना चाहता है—'भारत' नहीं। भारत में उसे पिछड़ेपन की बासीपन की गंध आती है। उसका मोह अंग्रेजों की बनाई इण्डिया से है जिसमें 'इण्डियन कल्चर' की बात होती है—भारतीय संस्कृति की नहीं। उसे लगता है—भारतीय संस्कृति मात्र आध्यात्मिक संस्कृति है—जो इस लोक से उपेक्षा सिखाती है—परलोक की दृष्टि उठाकर मानव को पलायनवादी और अकर्मण्य बनाती है। भौतिकता से विमुख करके कर्म-दर्शन

से हटाती है। वह हमारी संस्कृति से पश्चिमी प्रभाव में इतना बिदक चुका है कि वह यह मानने को तैयार नहीं है—संस्कृति एक प्रक्रिया है। इस प्रकार अंग्रेजी साम्राज्यवाद और उपनिवेशवाद ने हमारा पूरा सार्वजनिक जीवन दूषित कर दिया है। इसलिए अंग्रेजियत और अंग्रेजी की राजनीति को बदलना है, पलटना है और जब तक ऐसा नहीं करते अंग्रेजी का मोह नहीं छोड़ते या नहीं छुड़ा सकते—तब तक इस देश में 'भारत' को लाना-बढ़ाना अंधी माता की आँखों में सुख खोजना है। अतः अंग्रेजी आभिजात्यवाद का मोह छोड़े बिना काम नहीं चलेगा।

* *यदि अंग्रेजी को एकदम हटाकर हिंदी लाई जाती है तो उसका प्रादेशिक भाषाओं पर प्रतिकूल प्रभाव पड़ सकता है? वे सब भड़क सकते हैं और हमारी सांस्कृतिक एकता खतरे में पड़ सकती है। क्या इन सभी खतरों को उठाकर भी हिंदी लाना चाहते हैं?*

मैं यह तो नहीं कहता कि अंग्रेजी का परित्याग किया जाए, मेरा आशय यह है कि वह सत्ता और धौंस की भाषा न रहे। अंग्रेजी के माध्यम से सत्ता पाने और हुकूमत करने का जो अहं मुद्दा जुड़ा है—इस बात का खंडन किया जाए। अंग्रेजी से जुड़ती आभिजात्यवादी, खोखली और भारत-विरोधी मानसिकता का खंडन किया जाए। और हिंदी को उसका उचित महत्त्व मिले—वह संपर्क भाषा के रूप में कार्य करती है—तो उसका दायित्व भारतीय भाषाओं के प्रति और अधिक बढ़ जाता है—वह अपनी इन सभी सगी बहनों को पनपने बढ़ने-फलने का मौका दे—सौतेलापन उसके व्यवहार में न हो। लेकिन यदि तमिलनाडु हिंदी-विरोध के बल पर ही राजनीति कर सकता है—जनता को भड़का सकता है तो उसके कार्य को देशद्रोही करार दिया जाए। डॉ. लोहिया जब हिंदी की बात करते थे—तो दक्षिण-भारत की भाषा-समस्या को भूलते नहीं थे। उन्हें खूब ध्यान रहता था कि अनेक प्रदेशों से मिलकर ही भारत बना है—किन्तु वह यह भी कहते थे कि सभी प्रदेशों की भाषा और साहित्य में प्रादेशिकता है। हिंदी ही एक ऐसी भाषा है—जिसमें प्रादेशिकता कम भारतीयता ज्यादा बोलती है—भारत बोलता है। हिंदी के मध्यकाल में विशेषकर भक्तिकाल के साहित्य में कहीं भी प्रादेशिकता नहीं है—मानवतावाद और मानववाद के उच्च आदर्श वहाँ सुरक्षित हैं। लोहिया जी कहते थे कि मैं उत्तर भारत में पैदा हुआ पर मेरा दिल (मन) दक्षिण भारत में है—विशेषकर तमिलनाडु में। तब उसके ध्यान में सांस्कृतिक एकता की बात थी। देश को बाँधने की राजनीति थी—वह तोड़ने वाली नहीं थी। लेकिन डॉ॰ लोहिया के विचार नेहरूजी को पागलपन लगते थे—वे उनकी एक बात भी सुनने को तैयार न थे। दूसरे डॉ॰ लोहिया अपने विचारों पर इतने रीझे हुए थे कि उन्हें लगता था कि इनसे ही क्रांति हो जाएगी। जादू हो जाएगा जनता पर और लोहिया के विचारों की विद्रोही मशाल जलेगी। मैं समझता हूँ—डॉ॰ लोहिया के हिंदी-प्रेम ने उन्हें जहाँ चर्चित किया वहाँ गलत ढंग से सोचने का विरोधियों को मौका भी दिया।

इस पर भी यह तो सच है कि आजादी के बाद के साहित्य को—विशेषकर हिंदी साहित्य को डॉ॰ लोहिया ने ही एक नयी विचार-दृष्टि दी। बहुत अधिक संगठन और आयोजन के बाद भी मार्क्सवाद नये रचनाकार में उतना नहीं भिदा, जितना लोहिया, नरेंद्रदेव, जयप्रकाश का समाजवादी क्रांतिकारी विचार-दर्शन भिदा है। भिदा क्या है—हमारे साहित्य के बहुत से नामी रचनाकारों का तो यह विचार-दर्शन संस्कार बना है। इन मित्रों के नाम गिनाने की जरूरत नहीं है। सोचने की बात है कि क्या कारण है कि शिवदानसिंह चौहान, प्रकाशचंद गुप्त से लेकर नामवर सिंह एक ओर—और इन सबको भरी सभा में परास्त करने के लिए मेरे परम मित्र विजयदेवनारायण साही दूसरी ओर होते थे—और बाजी 'विजयी' ही ले जाता था। प्यार से मैं और मेरे साथी विजयदेवनारायण साही को 'विजयी' कहकर बुलाते थे। और जब नामवर सिंह ने 'कविता के नये प्रतिमान' रचने-बघारने में मुक्तिबोध से भी ज्यादा सहारा—कहूँ कि बात-बात में विजयदेवनारायण साही का सहारा लिया तो सिद्ध हो गया कि साही के समाजवादी चिन्तन में नयी कविता के लिए मार्क्सवादी चिंतन से ज्यादा ताकत है। कविता के नये उद्धरणों में मैं साहीजी के उद्धरण पाकर चकित तो नहीं हुआ—हाँ, उनका लेख 'लघु मानव के बहाने हिंदी कविता पर एक बहस' पढ़कर दंग अवश्य रह गया था—लेख की प्रतिभा से मेरा मुँह खुला रह गया था—और मैंने साही को सिर-आँखों पर उठा लिया था। फूला न समाता था मैं अपने इस मित्र की प्रतिभा पर। मैंने शुरू से ही देखा था कि साही जी पर मुक्तिबोध से ज्यादा अज्ञेय जी की धाक थी। अज्ञेय जी की मौलिक चिंतन-शक्ति का वे बड़ा आदर करते थे और अज्ञेय हिंदी को मिले हैं—हिंदी के इस सौभाग्य पर उन्हें बड़ा नाज होता था। इसलिए अज्ञेय के विरोधियों को वे विदेशी तिजोरियों के दुभाषिए कहते थे।

* *अगर आप बुरा न मानें तो एक बात सीधी जानना चाहता हूँ कि आप डॉ॰ लोहिया का बार-बार नाम लेकर भी अपने को लोहियावादी कहलाने से क्यों हिचकिचाते हैं? फावड़ा और जेल और जनता के वोट से देश को बदलने का जो उनका सपना था वह तो आपकी रचनात्मकता में साफ झाँकता है फिर... ।*

आप जो बात मुझसे कहलाना चाहते हैं—वह मैं जानता हूँ। पर सच है यह बात कि मैं लोहिया से प्रभावित होकर भी 'लोहियावादी' कभी नहीं रहा। इतना जरूर है कि आजाद भारत में मैं डॉ॰ राममनोहर लोहिया को एक विलक्षण व्यक्तित्व मानता रहा हूँ। लोहिया न तो गाँधी थे, न नेहरू, न जयप्रकाश नारायण। वे किसी की अनुकृति कदापि न हो सकते थे—उनका चिंतन भारतीय विचारधारा के भीतर से उमड़ा नया चिंतन था। उनमें विचारक और अन्वेषणकारी, राजनीतिक और सांस्कृतिक क्रांतिकारी की विरोधी भूमिकाएँ एक साथ समभाव पा गई थीं। बड़े क्रांतिकारियों के बीच वह परंपरावादी थे और जड़ परंपरावादियों के बीच क्रांतिकारी। वे आधुनिक बोध के मानव थे। उनमें पश्चिमी ढंग की निकम्मी 'आधुनिकता' न थी—फिर भी वे आधुनिक

थे। प्रीतिकर बात यह थी कि वे पूँजीवाद विरोधी भी थे और साम्यवाद विरोधी भी। आगे चलकर वे समाजवादी भी रहे और गाँधी-विचार-दर्शन के तार्किक भाष्यकार-व्याख्याकार भी। भीतर-बाहर कहीं से भी देखिए—अधिनायकवाद विरोधी लोहिया लोकतंत्र के प्रबल समर्थक थे। इतना ही नहीं मैंने उनमें अपरिमित क्रोध और अबाध करुणा का संगम भी पाया था। भारतीय जनता की व्यापक संवेदना उनके मनुष्य को जन्मजात मिली थी। उनका व्यक्तित्व भारतीय समाज की तात्कालिक जरूरतों से बना था और भारतीयता का खरा-खरा सांस्कृतिक-सामाजिकता बोध उनमें छन-छनकर एकत्रित हुआ जान पड़ता था। नेहरू उन्हें राजनीति में खलनायक समझते रहे पर वे थे नहीं खलनायक। जनता की ओर से लड़ने वाला, डटनेवाला इतनी जीवट का जवान मर्द दूसरा न था। कम-से-कम मेरे सामने दूसरा न था। मैं तो उन्हें इलाहाबाद में यह कहकर याद करता था कि एक ऐसा संत जिसे परिस्थितियों ने योद्धा बना दिया। लेकिन लोहिया के अनुयायियों ने इतनी अधिक राजनीतिक दलबदल, अवसरवादी कलह, उखाड़-पछाड़ की या लोहिया को अपने स्वार्थ के लिए इतना बरता कि बरतते-बरतते उनकी चमक-दमक चली गई। एक खास तरह की राजनीत्ति के लोगों ने डॉ॰ लोहिया का लगातार उपयोग किया और वे लोग ही उन्हें काफी कुछ डकार गए। यह बात भी थी कि लोहिया को जयप्रकाश भीतर-ही-भीतर अपना राजनीतिक शत्रु मानते रहे। उनकी मित्रता दिखावा थी—वास्तव में जयप्रकाश नारायण के मन में जवाहरलाल नेहरू के व्यक्तित्व और विचारों को लेकर शुरू में बड़ा आकर्षण रहा। जिसे वे व्यक्त न करते थे पर वह था। अतः उन्होंने लोहिया जी का पूरे मन से साथ नहीं दिया। इसलिए समाजवादी दल लड़-झगड़कर टूटा भी और दिशाहीन भी हुआ। जब जयप्रकाश जी का नेहरू जी से मोहभंग हुआ—तो डॉ॰ लोहिया संसार से जा चुके थे। इसलिए जो क्रांति जयप्रकाश नारायण ने बाद में की—वह एक रात की दुल्हिन ही बन सकी। उसे एक स्थायी सौभाग्य उसका पति न दे सका। इस स्थिति की विडंबना ने भारतीय जनता के उछलते-उफनते स्वप्नों में आग लगा दी। राजनीति इतनी नीतिहीन-सिद्धांतहीन होती चली गई कि लोहिया-जयप्रकाश पिछड़ गए। लोहिया स्वयं न गाँधी को पूज सकते थे न मार्क्स को। वे तो कहते थे कि गाँधीवादी या मार्क्सवादी होना जितना हास्यापद है और उतना ही हास्यापद गाँधी-विरोधी और मार्क्स-विरोधी होना। गाँधी और मार्क्स के पास सिखाने को बहुमूल्य धरोहर है। निश्चय ही लोहिया की यह वैचारिकता एक अधूरे आदमी की वैचारिकता न थी। यदि होती तो दोनों विचारधाराओं में संतुलित दृष्टि अपनाने पर बल क्यों देते।

* *क्या आप नहीं मानते कि समन्वय करने वाला व्यक्ति समझौतावादी व्यक्ति होता है और लोहिया जी ऐसे ही थे—इसलिए उनका समन्वय एक अनमेल खिचड़ी बनकर रह गया—उनकी अपनी धार को भी इस समन्वय-भावना ने कुंद कर दिया?*

निश्चय ही यह उनके विषय में फैला या फैलाया जा रहा एक अतिवादी विचार है—जो निराधार तो है ही, भ्रामक भी हद से ज्यादा है। यह समन्वय भक्त कवि तुलसीदास का भक्ति-ज्ञान, निर्गुण-सगुण समन्वय जैसा—लाचारी के भाव से उपजा समन्वय न था। समन्वय करना तुलसी में एक युग-धर्म की पुकार से ज्यादा विवशता थी—क्यों विवशता थी—कैसी विवशता थी—उधर मैं नहीं जाऊँगा। पर इतना अवश्य कहूँगा कि तुलसी की समन्वय-विवशता जैसी स्थिति डॉ॰ लोहिया की नहीं थी। लोहिया के लिए समन्वय का अर्थ एक-दूसरे के सामने झुकने-झुकाने मेल-मिलाप बढ़ाने का न था। यह समन्वय कोई सांस्कृतिक माँग के अनुकूल 'भाई-भाई एक' मानने जैसा दर्शन न था। विचारों के स्तर पर अनमेल खिचड़ी पकाने को बुरा समझते थे। आधुनिक विचारधाराओं को लेकर समन्वय से उनका अर्थ था—सतही छलनाओं, अंतर्विरोधी धारणाओं के मूल में निहित वह मानवीय एकात्मकता—जो आदमी की आदमीयत को बड़ा बनाती है—उसका बौनापन दूर करके कद ऊँचा करती है—कर्म में सक्रियता लाती है। क्योंकि वे बार-बार कहते थे कि जिंदा कौमें पाँच साल इंतजार नहीं करतीं। धीरे-धीरे कुछ नहीं होता—धीरे-धीरे एक क्रांति-यात्रा शव-यात्रा में बदल जाती है। मैंने तो एक कविता में लिखा भी है—इंतजार शत्रु है—उस पर यकीन मत करो। यकीन करोगे तो इंतजार में सीलकर सड़ जाओगे कुछ नहीं कर पाओगे। काली ईंट की तरह तुम्हारी उखड़ी बाँह राह में पड़ी रह जाएगी। वे मानते थे कि सत्य या तो सत्य होता है—या होता ही नहीं। उसके बहुत से कोण होते हैं, मोड़ होते हैं—गुणा-भाग के जोड़ होते हैं।

जीवन को बदलने का काम वही कर सकता है या कर सकते हैं—जो जीवन को किसी कंकड़-पत्थर सिद्धांत से नहीं देखते—या पथराए सिद्धांत को पास तक नहीं भटकने देते। जो परिवेश के अनुकूल अपने जिए-भोगे अनुभव से सिद्धांत रचते हैं—वे ही कुछ कर दिखाते हैं। लोहिया ने ठीक मौके पर भारतीय जनता की नब्ज पहचानी थी—और चिंतन किया था। न किया होता तो नेहरू जी की विचारधारा से अलग हटकर सोचने-समझने वाले लोग 'तबाह' हो गए होते। आदमी को भूख मिटाने के लिए रोटी ही नहीं—नये विचार भी चाहिए। नये विचारों से ही पीढ़ियों का दिमाग खुलता है। पुराने जाले और बंद दरवाजे टूटते हैं और ताजी हवा आती है—घर में नया गीत गुनगुना जाती है। इसलिए आदमी को नये विचारों के लिए अपने दिमाग को पूरी तरह से खुला छोड़ देना चाहिए। इस मुक्तता से उत्पन्न वैचारिक स्वतंत्रता बड़ी ही मूल्यवान चीज है। यह बात साम्यवादी देश अभी नहीं समझ रहे हैं—लोहिया समझते थे। वे भारत में शूद्र तथा नारी की समानता और स्वतंत्रता के प्रश्न को लेकर बेचैन थे और उन्हें उनका खोया हुआ जीवन अधिकार दिलवाने के लिए कुछ भी कर सकते थे। मामूली आदमी की व्यथा से उनकी पक्षधरता स्पष्ट थी। उनके विचारों की इसी प्रासंगिकता ने उन्हें भारत की नयी पीढ़ी का नेता बना

दिया था। वे नया समाज बनाकर एक नया मनुष्य बनाना चाहते थे एक ऐसा मनुष्य जो नये जीवन-मूल्यों को संपादित-विकसित कर सके। गाँधी के 'सत्य के प्रयोगों' की व्याख्या से ही शायद उन्होंने यह नया अर्थ-संदर्भ पाया था। यही मेरे लिए उनके सामाजिक-दर्शन की संभावनामूलक उपलब्धि थी और है।

* *क्रांति और चरित्र-निर्माण के संबंध में डॉ॰ लोहिया का जो दृष्टिकोण रहा है—उससे आपकी सहमति कहाँ तक है?*

भौतिक साधनों और संपत्ति का सामाजीकरण करने में लोहिया जी अपने ही ढंग से सोचते थे। इस सोच में गाँधी जी का ट्रस्टीशिप-सिद्धांत और मार्क्स का राष्ट्रीयकरण सिद्धांत उन्हें अधूरा लगता था। इन दोनों की पूरकता, पारस्परिकता में ही उन्हें दृष्टिगत होती थी। संपत्ति के साथ जुड़ी आसक्ति की आकांक्षा को वे समाज से उजाड़ना चाहते थे—इस उजाड़ से ही मानव का सही मानववाद पनप सकता है। इस अर्थ में सच्चा समाजवाद व्यक्तिवाद को नष्ट करने और समष्टिवाद को लाने का दर्शन लगता था। क्रांति का अर्थ परंपरागत सामाजिक आर्थिक-सांस्कृतिक चिंतन में दरार डालना था। क्योंकि उन्हें भारत में ऊँची जातियाँ स्वार्थी और छोटी जातियाँ ठहरी हुई लगती थीं। इनके लिए वे वर्ग-संघर्ष की जगह 'गैरबराबरी' शब्द का प्रयोग करते थे और उनका पूरा विचार-युद्ध इस गैरबराबरी को समाप्त करने के लिए लड़ा जा रहा युद्ध था—जिसे हार-हारकर भी नयी पीढ़ी अभी भी लड़ रही है। क्रांति समाज को बदलने की तैयारी है—जिसे समाज ने भारी कीमत देकर कमाया है। उसे उजाड़ना नहीं है। वे पुराने क्रांतिकारी जो समाज को उजाड़कर सोचने की बात करते थे—लोहिया को अपराधी लगते थे। वे अक्सर कहते थे कि पुराने क्रान्तिकारी जंग लगे लोहे के शस्त्रागार हैं—जिन्हें देखा और जाना तो जा सकता है—उनसे काम नहीं चलने का। इसीलिए नयी पीढ़ी को अपने चरित्र-निर्माण के लिए अपने देश के इतिहास को बहुत खुले दिमाग से पढ़ना होगा। लोहिया की दृष्टि में बिना चरित्र-निर्माण के क्रांति का कोई अर्थ नहीं है। सामाजिक वास्तविकता के इस सत्य को समझाते हुए ही लोहिया ने भारतीय समाज का अपने ढंग से विश्लेषण किया। यह विश्लेषण अमान्य तो है—कहीं-कहीं पर कुल मिलाकर असंतोषजनक नहीं है। मुझे उनकी यह बात सोलह-आने जँचती है कि इस देश में शोषण का आधार आर्थिक से ज्यादा सामाजिक-सांस्कृतिक है। जातिप्रथा से मिलने वाला सम्मान और अंग्रेजी से मिलने वाला प्रभुत्व। इस सबके मूल में हमारा अधकचरा—सामाजिक विकास है जो तंत्र-मंत्र के चक्कर में ऐसा बैठा है—जैसे कोई टाई, कोट-पैंट, पहनने के बाद चुटिया में गाँठ लगाकर मरोरा चाल चलता है। चोटी और टाई की इस विषमता को कम करना होगा। आज तो मार्क्सवादी तक यह मानने लगे हैं कि इस देश में वर्ग-संघर्ष को मिटाने के लिए ऊँची जातियों को साथ लेना होगा—उन्हीं का प्रभुत्व कायम है—निर्धन पर। वही पहले खत्म हो तो सामाजिक-क्रांति की एक प्रक्रिया तो शुरू हो। लेकिन

लोहियावादियों में निराशाजनक बात यह है कि वे अपनी शूद्र तथा नारी की सैद्धांतिक धारणाओं में कोई व्यावहारिकता नहीं ला सके हैं। स्वयं मैं लोहियावादियों से निराश हो गया हूँ—पता नहीं लोहियावादी अपनी हालत को देखकर निराश हैं या नहीं।

* *इस निराशा और असफलता के मूल कारणों पर थोड़ा-सा प्रकाश डालिए तो बात खुले भी और खिले रूप में सामने भी आए।*

मेरी निराशा के मूल में मूल बात यह है कि लोहियावादियों ने ऊधम जितना मचाया है—उतना मूल्यों-मान्यताओं के लिए कमर कसकर संघर्ष नहीं किया। वे बहुत गहरे में हुल्लड़वाद, आपसी विश्वासघात के शिकार हो गए। दो नंबर के राजाओं से इनकी जो टक्कर होनी चाहिए थी खुलकर नहीं हुई। बल्कि, बहुत से लोग तो इन दो नंबर वालों के साथ ही खप गए। कुछ को कई तरह से खरीद लिया गया। कुछ को बौद्धिकतावाद ने नंगा बना डाला और कुछ को संकीर्णतावाद ने धर दबोचा है। यह देखकर मेरे भीतर एक घायल चिड़िया फड़फड़ाती रहती है—एक पागल कोकिल बोलती रहती है—एक फटा हुआ जूता चलता रहता है।

* *इधर आपकी रचनात्मकता की मूल दृष्टि को हिंदी के समर्थ आलोचक डॉ. रामविलास शर्मा ने 'नयी कविता और अस्तित्ववाद' नामक पुस्तक में अस्तित्ववाद-दर्शन से प्रभावित माना है। कविताओं में अँधेरा, अवसाद, मृत्यु आदि के बोध ने उन्हें शायद ऐसा सोचने का मौका दिया है।*

देखिए, पालीवाल जी, मैं तो इन बातों पर ध्यान नहीं देता। अस्तित्ववाद तो मैंने कभी नहीं पढ़ा। उसके विषय में सुनाभर है। अगर सुनने से यह बीमारी लग गई हो तो कह नहीं सकता। वैसे अस्तित्ववाद की जीवन दृष्टि का मेरा लेखन घोर विरोधी है। पराजय, पस्ती, अकेलापन, अकुलाहट आज की जिंदगी का हिस्सा है—मैं भी उससे जूझता हूँ किंतु इनके सामने मैंने घुटने कभी नहीं टेके। धुंध और धुआँ से गुजरा हूँ—पर प्रकाश की ओर ही बढ़ा हूँ। फिर मानव की शक्ति में अटूट आस्था रखने वाला व्यक्ति अस्तित्ववादी कैसे हो सकता हूँ। मैंने तो हमेशा किसानों-मजदूरों की बीड़ियों में आग बनकर सुलगना चाहा है। पहाड़ों के आगे अपनी छाती अड़ाने का इरादा रखा है—वह आग-सा इरादा अभी बुझा नहीं है। बल्कि वह आग मुझे नजदीक आती लग रही है—मैं जिंदा रहना चाहता हूँ—इसलिए हर युद्ध में शरीक रहूँ—धारा में बहना चाहता हूँ—धारा से कटकर किनारे का पत्थर बन जाना कभी कबूल नहीं रहा। ऐसा युद्ध इस धरती को बड़ा करने के लिए हर क्षण लड़ता हूँ—लड़ता रहना चाहता हूँ। और दृश्यों के सुंदर सौंदर्य को उतारने के लिए और आस्थाओं के समुंदर को लहराना चाहता हूँ। कविता में ऐसी गरमाहट भरता हूँ कि बर्फ के पहाड़ पिघल सकें, बुझी निगाहों में रोशनी भरने के लिए गीली लकड़ियों को सुलगाने के सिवाय मैंने किया ही क्या है। देखिए मेरी एक कविता 'युद्ध स्थिति' मेरा पूरा हाल बताती है—

'मैं घृणा करता हूँ उस युद्ध से
जो ईश्वर को
पतंग की तरह उड़ाता है
या खेल के मैदान को
सीटी की तरह बजाता है।
कौन-सी आयतें पढ़ते हैं ये बममार जहाज?
किसका नाम पुकारते हैं ये गड़गड़ाते टैंक?
मैं थूकता हूँ उन धर्म-ग्रन्थों पर
जिनकी जिल्द के भीतर नकली सफों में
शैतान दिमागों के नक्शे हैं
और खूनी चालों की इमारतें
जिनका अर्थ प्रार्थनाघरों में
नहीं, लड़ाई के मैदानों में खुलता है
मैं अपने मन की सरहदों पर—
इस नासमझी के खिलाफ
हर क्षण एक युद्ध लड़ता हूँ।'

मैंने जब नयी कविता लिखना शुरू किया था—वह आजादी के जोश का जमाना था। मैं हूँ क्या, मेरे साथ लिखने वाले ज्यादातर रचनाकार अपने मन की इच्छाओं-आकांक्षाओं को निर्भय मन से लिख रहे थे। हमारी अपनी स्थितियों-मनःस्थितियों से जो समझ विकसित हुई थी—उसमें अस्तित्ववाद को सूई की नोक के बराबर भी स्थान न था। पश्चिम में कुछ विशेष परिस्थितियाँ बनीं, युद्ध से मानव घायल हुआ—टूटा-लुटा—असहाय हो गया। वह स्थिति हमारे देश की कभी नहीं रही। अजीब ताकत है इस देश के इतिहास और दर्शन में, जो आदमी को टूटने नहीं देता—अँधेरे से लड़ने की ताकत देता है। लेकिन मैं करूँ क्या—हमारे बड़े आलोचकों में एक भयानक दिमागी बीमारी फैल गई है। वे हमारे हर कार्य, हर विचार, हर स्थिति, हर मोड़ के 'क्लू' पश्चिम में खोजते हैं। कहीं कुछ थोड़ा-सा मिलता हुआ नजर आता है—तो फौरन बिना सोचे-समझे पश्चिमी 'वाद' या विचारधारा से जोड़ देते हैं। ऐसे ही किसी घनचक्करी क्षण में रामविलास जी ने मुझे और मेरे जैसे अन्य रचनाकारों को अस्तित्ववादी कह दिया होगा। हमारे आलोचक जितनी ताकत नये रचनाकार को विदेशी विचारधारा या फैशन से जोड़ने-खोजने में लगाते हैं—उतनी या उससे भी कम ताकत वे नये रचनाकारों को हमारी अपनी ऐतिहासिक परंपरा के सांस्कृतिक स्रोतों में खोजने-पाने में लगाएँ तो हिंदी-आलोचना के दुर्दिन ही न समाप्त हो जाते। नये रचनाकारों की सभी बातें उन्हें हमारी परंपरा में ही मिल सकती हैं—बशर्ते वे धैर्य से उन्हें पहचानने की शक्ति रखते हों।

* *आपने जब लिखना शुरू किया था तो नयी कविता शुरू हो रही थी। प्रयोग और परंपरा, प्रगति और परंपरा की मिली-जुली काव्य-धारा एक नवीन संभावना की ओर बढ़ रही थी। 'प्रयोग' और 'प्रगति' की दो काव्य-प्रवृत्तियों से आपको कहाँ तक संतोष था। क्या यह सच है कि इन दोनों का सही सामंजस्य ही 'नयी कविता' की शक्ति का संस्कार बना। 'नयी कविता' से आप अपने को किस रूप में संबद्ध पाते हैं–*

इस बार आपने एक प्रश्न के बहाने कई प्रश्न एक साथ उठा दिए हैं। अंतिम प्रश्न का उत्तर पहले दूँ कि नयी कविता से या कहिए, नयी कविता आंदोलन से मैं सीधे-सीधे जुड़ा था। उसके बाहरी-भीतरी संघर्षों में शरीक था। नयी कविता को खदेड़ने की तैयारी में लगे आचार्यों से मैं जूझ रहा था। ये आचार्य नयी कविता को उखाड़ने के लिए इसे फ्रायडवादी, कामवादी, कुंठावादी और रूपवादी आंदोलन कहते थे। जबकि यह रूपवादी आंदोलन न था। और न इसकी प्रेरणा विदेशी थी–न हम लोग नकलची थे। अपनी स्थितियों से हम जो उपजाया रहे थे, लिख रहे थे। मैं विषयवस्तु को रूप-विधान से अधिक महत्त्व देता हूँ और मानता हूँ कि नयी कविता में रूप-विधान से अधिक विषय-वस्तु पर जोर दिया जाता है। रूप-विधान के अनुशासन से यदि विषय की तीव्रता दबती हो तो मैं उस अनुशासन को भंग करने को तैयार रहता हूँ। क्योंकि मेरे निकट विषय की तीव्रता और समग्र प्रभाव रूप-विधान से अधिक महत्त्वपूर्ण हैं और कोशिश करता हूँ कि विषय-वस्तु और रूप-विधान में संतुलन ला सकूँ। पर आलोचक कहते हैं कि इस कोशिश में मैं सफल नहीं हुआ हूँ। आगे क्या होगा कैसे कह सकता हूँ। पुरानी पीढ़ी के भरपूर विरोध के बावजूद नयी कविता पढ़ी जाती है–विश्वविद्यालयों में छायावादी संस्कारों से ग्रस्त, प्रोफेसरों को छोड़ दें तो पाएँगे कि नये प्राध्यापक इधर कम आकृष्ट नहीं हैं। इलाहाबाद में डॉ॰ जगदीश गुप्त, डॉ॰ रामस्वरूप चतुर्वेदी, डॉ॰ रघुवंश, डॉ॰ धर्मवीर भारती सभी नये अध्यापक थे–लेकिन 'नयी कविता' को जमाने में इन सभी ने कोई कसर नहीं छोड़ी। 'नयी कविता' पत्रिका का प्रकाशन एक ऐतिहासिक घटना है–जिसमें मेरी कविताएँ भी छपी थीं–और डॉ॰ जगदीश गुप्त जैसे मर्मज्ञ समीक्षकों ने उन्हें सराहा भी था। 'परिमल' में मेरी कविताओं की बड़ी धूम थी–यह बताते हुए आज मुझे अच्छा लग रहा है। यह भी सच है कि तब मैं प्रशंसा का बड़ा भूखा था–और जो भी मेरे खिलाफ एक शब्द भी बोल देता था–मैं उससे तन जाता था। वह उम्र ही ऐसी थी जब आदमी धरती को दाँत से पकड़कर उलटने की हिम्मत रखता है।

'नयी कविता' से चिढ़ने का एक प्रधान कारण तो यही था कि वह पुराने मानों-मानदंडों पर खरी न उतरती थी–साथ ही उसमें पुराने मानों के प्रति उपेक्षा का भाव भी था। कुछ शाश्वततावादी मठाधीशों को लगता था कि साहित्य के मान आत्यंतिक होते हैं, जबकि स्थिति इसके ठीक विपरीत है–साहित्य की गतिमान

विकासमान प्रक्रिया में नयी रचनात्मकता से पुरानी सैद्धांतिकता पिटती रहती है—बल्कि इतनी पीछे छूट जाती है कि जड़शास्त्र का रूप ले लेती है। इस प्रक्रिया के चलते कोई भी साहित्यिक मान आत्यंतिक नहीं हो सकता। यह नाना रूपमय जगत् परिवर्तनशील है—यह सच जानबूझकर कैसे झुठलाया जा सकता है। वास्तविकता यह है कि हर नवीन रचनात्मकता का दौर अपने साथ नवीन मूल्यों-मानों की भी निष्पत्ति करता है—वे रचना के भीतर से ही कूदकर बाहर आ जाते हैं। जो लोग इस विकासमान प्रक्रिया को नहीं समझते—उनसे अब बहस नहीं हो सकती। साही जी ने बहस के एक दौर में यह ठीक कहा है कि इस पर बहस करने से अब फायदा नहीं निकलेगा। रस-सिद्धांत पर बहस अब बंद हो जानी चाहिए। साही जी की इस धारणा में मैं उनके साथ हूँ

मैंने बराबर सोचने पर पाया है कि प्रयोग और प्रगति के पीछे जो 'वाद' लगाया गया है—वह एक नीयत की खोट का नतीजा है। इनके विस्तार को रोकना है—दल और आंदोलन की संकुचित सीमाएँ इनसे बनती हैं। इन वादों के साथ जो सैद्धांतिकता बखारी गई है वह खरी कम खोटी ज्यादा है। जबकि न प्रगति का कोई 'वाद' हो सकता है न 'प्रयोग' का। यह सब साहित्यधारा के बोधक नामक हैं। किसी भी साहित्यिक आंदोलन के पीछे जो रचनात्मक ताकत के दरिया बह रहे होते हैं—उन्हें 'वाद' की यह बाँध-दृष्टि बाधित करती है। आंदोलन दुबला-पतला हो जाता है—बाँध मोटा-तगड़ा। धारा के नीचे का कीचड़ उछालने का काम कुछ लोग शुरू कर देते हैं। आलोचकों के पास अभी तक साहित्य के आंदोलनों-प्रवृत्तियों को परखने की एक दकियानूसी दृष्टि रही है—जो साहित्य की धारा की न तो गति को नाप पाई है न गहराई को। हिंदी-साहित्य के इतिहास लिखने वालों को नयी कविता का काल चुनौती लगेगा—क्योंकि नयी कविता में एक धारा नहीं है—एक आंदोलन नहीं है—बल्कि कई धाराएँ एक साथ मिलकर चली हैं। इन धाराओं के लिए 'नयी कविता' नाम अपर्याप्त है। साहित्य में 'प्रगति' और 'प्रयोग' के दो समुदाय बनाने वालों की भी अपनी राजनीति है, विचारशास्त्र है। ये इस या उसको कभी भीतर लाते हैं—कभी बाहर निकाल देते हैं। साहित्यिक धाराओं का वर्गीकरण धड़ल्ले से किया गया है और किया जा रहा है—इस घातक-प्रवृत्ति को कोई नहीं रोकता। मुक्तिबोध और अज्ञेय एक-दूसरे के विरोधी सिद्ध किए जा रहे हैं और मजा यह है कि इन दोनों के दिमाग में भी यह बात बैठ गई है या बैठा दी गई है—सभी महत्त्वपूर्ण मुद्दों पर इनकी राय अलग-अलग है—इसलिए ये एक-दूसरे के विरोधी हैं। मुक्तिबोध को आलोचक प्रगतिशील करार देते हैं और अज्ञेय को प्रयोगशील-प्रतिक्रियावादी। देखिए—साहित्य-क्षेत्र में यह कैसा घपला खड़ा किया गया है। मैं भी इन दोनों रचनाकारों को अपने ढंग से पढ़ता हूँ—मुझे तो ये दोनों एक-दूसरे के विरोधी नहीं लगते—बल्कि पूरक लगते हैं। दोनों में आंतरिक एकता के अनेक अंतःसूत्र हैं—जैसे दोनों ही मानवीय स्वतंत्रता की रक्षा को रचना

तथा समाज में सबसे बड़ा मूल्य मानते हैं और इस मूल्य को रक्षित रखने के लिए बड़ी-से-बड़ी कीमत और कुर्बानी देने को तैयार दृष्टिगत होते हैं। प्रगतिवादी झंडे का नाम मुक्तिबोध और प्रयोगवादी झंडे का नाम अज्ञेय। इस राजनीति में अपने-अपने झंडे ऊँचे करने की लड़ाई चल रही है और इस लड़ाई को रूस और अमेरिका की विचारधारात्मक लड़ाई का जामा पहनाया जा रहा है। इसमें मार्क्सवादी प्रगतिशील बाकी जो मार्क्स का झंडा लिए नहीं घूमते—वे रूपवादी कलावादी-प्रतिगामी। भला यह भी कोई बात हुई—आप प्रगतिशीलता तक को राजनीति से दूषित कर रहे हैं। प्रगतिशीलता अच्छी और सच्ची रचना का स्वभाव होता है—उसे ऊपर से आरोपित तो नहीं किया जा सकता। उसे खेत के पट्टे की तरह किसी दल का पट्टा तो नहीं दिया जा सकता। ऐसी स्थिति में 'प्रगति' और 'प्रयोग' के दलवादी मदरसे बंद हो जाने चाहिए। साहित्य की अपनी उर्वर जमीन पर सभी को एक ऐसी फसल उगानी चाहिए जिसके स्वाद को पाकर नयी पीढ़ियाँ नये विश्वास से जी सकें। और नये रचनाकार का यह संकल्प है—'अब मैं सूरज को डूबने नहीं दूँगा।' मेरे इस संकल्प में वे तमाम नये रचनाकार शरीक हैं—जो मेरी ही तरह 'प्रयोग' तथा 'प्रगति' की खेमेबाजी को पसंद नहीं करते हैं।

* *'खूँटियों पर टँगे लोग' में कविताओं के शीर्षक कोट, स्वेटर, जूते, मोजा, दस्ताने हो गए हैं। इस संग्रह की ज्यादातर कविताओं में एक खौलती संवेदना के तार उठ रहे हैं। 'मोहभंग' के बाद का एक रचनाकार यहाँ दिल-दिमाग से चौकन्ना खड़ा है। अपने इस रचनाकार रूप पर आप क्या सोचते हैं?*

मैं क्यों सोचूँ—मुझे सोचने की क्या जरूरत हैं। मैंने तो जो सोचा था रचना में लिख दिया। अगर आप आलोचकों को लगता है कि मैंने उस काव्य-संग्रह में किसी नयी जमीन को तोड़ा है—मेरी किसानी सफल हुई। लेकिन इस संग्रह की कविताओं के भीतर मेरी मौजूदगी ज्यादा बढ़ी है यह मुझे चिंतित भी करती है। रचनाकार को रचनाकार के भीतर से गायब रहना चाहिए—नहीं तो वह रचना की शक्ति सोख जाता है। जो रचना ठीक से रचनाकार को सोखकर हरियाली पाती है—उसका हरापन ही ताजगी है। उसी में क्रांति के बीज पनपते हैं—पगते हैं—जमीन में झरते हैं—और फिर उग आते हैं। रचना का बीज बन जाना ही उसकी सार्थकता है। यह सार्थकता इस संग्रह की रचनाओं में है—या नहीं—मुझसे मत पूछिये—औरों से पूछियेगा। इस संग्रह की एक कविता 'फसल' में मैंने लिखा है—'हल की तरह, कुदाल की तरह या खुरपी की तरह पकड़ भी लूँ, कमल को तो भी फसल काटने को मिलेगी नहीं हमको। हम तो जमीन ही तैयार कर पाएँगे, क्रांति बीज बोने कुछ बिरले ही आएँगे। हरा-भरा वही करेंगे मेरे श्रम को—सिलसिला मिलेगा आगे मेरे क्रम को।' परंपरा वह जमीन है—जिस पर शब्दों की फसल उगती है—और उसके भीतर से बीजों का नया होना ही आधुनिकता है। आधुनिकता को मैं नारेबाजी का मूल्य नहीं मानता—जैसाकि बहुतों

ने पागलपन की हद तक माना है। मेरे लिए आधुनिकता दृष्टि की नवीनता है—प्रक्रिया है—मूल्य नहीं है। फिर आधुनिकता के साथ जो चिंतन यूरोप से लिपटा हुआ आया—उससे मैं बचता फिरा हूँ।

* *परंपरा और समकालीनता को लेकर इधर बहुत बहस हो रही है और आप देख रहे हैं कि परंपरा बहस का केंद्रीय मुद्दा बन गई है। इस बहस में तो आपको नहीं डालना चाहता...किंतु आपके विचारों से अवश्य अवगत होना चाहता हूँ...*

मैं शास्त्र का आदमी नहीं हूँ—न व्याख्याकार हूँ—न चिंतक-मात्र रचनाकार हूँ। इतना जानता हूँ कि कवि अपनी परंपरा से कटकर रह नहीं सकता। बिना जड़ों के कहीं पौधा पनप सकता है? कवि में रहने वाली परंपरा रचना में कितना सर्जनात्मक उपयोग पा सकी है। यह परख पाना भी बच्चों का खेल नहीं है। फिर परंपरा का अर्थ परंपरागत होना नहीं है—परंपरा से अतीत और वर्तमान का एक अनिवार्य रिश्ता है—जो आज के कवि को वाल्मीकि और निराला से एक साथ जोड़ती है। परंपरा कवि-चुनाव की तमीज का निर्धारण है—कवि को क्या छोड़ना है परंपरा में और क्या चुनना—यह उसकी अपनी समझ पर निर्धारित चुनाव है। परंपरा के प्रति स्वीकार के भाव से ज्यादा नकार का भाव ज्यादा साहस से भरा है। परंपरा से नितांत अपरिचय का भाव उपेक्षा का भाव, घृणा से भरकर उसे धकेलने का भाव नासमझी है। अज्ञेय जी की काव्य-हैसियत को हम तुलसी और प्रसाद की परंपरा में रखकर ही पहचान सकते हैं। क्योंकि जो भाषा हमें आज मिली है—और जिसके द्वारा हम संतोष-असंतोष से 'निर्मिति' कर रहे हैं वह स्वयं एक परंपरा से छनकर हम तक आती है। पूरा ऐतिहासिक-बोध, भाषा ढोकर रचनाकार तक लाती रही है—इस दृष्टि से परंपरा में रहकर विकसित होते रहना ही कविताई है। हर रचना अपनी परंपरा में कुछ जोड़ती है—रचना स्वयं जैविक इकाई है—जो भाषा की खुराक पर पलती है। परंपरा बोझ नहीं है कवि के ऊपर सर्जनात्मक दबाव है। अतः लोक-भाषा से उठाया गया एक भी शब्द परंपरा से मुक्त नहीं होता परंपरा उसमें ऐसे विद्यमान होती है—जैसे लकड़ी में आग। उसे सुलगाना पड़ता है—जो सुलगा लेता है वही सच्चा साधक है, शिष्य है। यहाँ सवाल गद्य और पद्य की परंपरा का नहीं है—समूचे साहित्य की जीवंत-परंपरा का है। फिर परंपरा का यह प्रश्न व्यक्ति के अपने व्यक्तित्व और अस्तित्व दोनों से जुड़ा प्रश्न है—जिसमें मैं अधिक उलझना नहीं चाहता। आज 'प्रयोग' और 'परंपरा' का विषय-विचार मेरे लिए पिटी हुई याद है।

समकालीनता क्या है? फिर आप कहते हैं कि समकालीनता और तात्कालिकता में क्या फर्क है या समकालीनता और आधुनिकता का क्या मतलब है। समकालीनता रचना का कालबोध है या मूल्य-चेतनाबोध। साहित्य की जटिल गुत्थियों को अज्ञेय जी सुलझा सकते हैं—वे ही सुलझाने में खपे रहते हैं—मैं इनमें अपने को नहीं खपाता। समकालीन में कितना समय आता है शायद—दस-पंद्रह वर्ष पहले तक का लेखक

समकालीन है। समकालीन लेखक में समकालीनता के सभी समाज-सजग तत्त्व मौजूद हों यह जरूरी नहीं है। बहुत-सा समकालीन लेखन समकालीनता की चेतना में पिछड़ा हुआ लगता है। आपातकाल में बहुत-सा लेखन नागार्जुन, भवानीप्रसाद मिश्र आदि रचनाकारों ने किया। मैंने भी आपात्स्थिति के खिलाफ अनेक कविताएँ लिखीं। इन 'प्रोटेस्ट' की कविताओं में समकालीनता सुरक्षित है। आपातकाल की 'हाय-हत्या' और मूल्यों का अंधापन साफ दिखाई दे जाता है। जंगल में घूमती शेरनी की दहाड़ और दबोच से खरगोश मरे पड़े हैं—कविता में इतिहास से गिरे रक्त के निशान मिटे नहीं हैं। काली चट्टानों पर बैठा काला तेंदुआ अपना शिकार तो करता रहा—लेकिन अपनी रक्तखोर पहचान भी बनता रहा है। यह पहचान जब तक अपने काल की रचनाकार के पास है—रचना में समकालीनता है। और अगर यह पहचान कराने की ताकत रचना में नहीं है—तो वह समकालीन तो है एक अर्थ में, पर उसमें समकालीनता नहीं है। फिर वर्तमान को ही—जो दीख रहा है—मानव-नियति मान लेना समकालीनता नहीं है—इतिहास के प्रति अपराध है। समकालीनता भविष्य के लिए उपजने वाली वर्तमान की चेतना है। कविता में समकालीनता की पहचान के लिए हमें कवि के काव्यानुभव, काव्यानुभूति की बनावट, काव्य-सृजन-प्रक्रिया, काव्य के उपकरण, काव्य-भाषा, बिंब, प्रतीक, उपमान, लय, छंद आदि सभी की परख करनी पड़ती है। क्योंकि कविता की समकालीनता की परख इन सभी की परख से जुड़ी परख है। वास्तव में, यह परंपरा और इतिहास-बोध से विकसित आधुनिक भाव-बोध है—जो कवि की संवेदना को अनेक स्तरों, रूपों, कोणों से तराशता है। एक सीमा से आगे तो समकालीनता काव्य-प्रतिमान बन जाती है। समकालीनता की सही परख के लिए काव्य-भाषा की सही पहचान जरूरी है। क्योंकि कविता केवल कवि ही नहीं करता—उसका माध्यम भी, परंपरा भी, राजनीति-सामाजिक परिवेश, मिथकीय चेतना आदि भी कविता करते हैं। इसलिए रचना तमाम प्रकार के संस्कारों से संस्कारित होती रहती है। कवि संवेदना पर हजारों सालों से विकसित होती आई इतिहास की चेतना का बोझ होता है—और उसे ऊपर से उतारकर नहीं फेंका जा सकता है। उसे तो झेलकर जिया जा सकता है रचा जा सकता है—यही कवि की परंपरा में रचनात्मक मुक्ति है। कवि के पास समकालीन का अकेलापन नहीं होता—सामाजिक का व्यापक भाव-क्षेत्र होता है। मुक्ति चेष्टा के प्लावनकारी प्रवाह में वह द्वीपों को अपनाता-डुबाता चलता है यह अनंत यात्रा है। रचना का भावसत्य कालबद्ध होता हुआ भी कालातीत होता है।

* *साधारणतया आपके बारे में लोगों की तरह-तरह की धारणाएँ हैं—जैसे आप एकदम दंभी किस्म के जीव हैं—हमेशा औरों से अपने को श्रेष्ठ समझते हैं—क्या कुछ ऐसी बात है?*

लोग मेरे विषय में तरह-तरह की धारणाएँ रखते हैं—यह तो जानता हूँ। पर क्यों

रखते हैं यह नहीं जानता। वैसे मैं दंभी नहीं हूँ—स्वाभिमानी हूँ। लोग दंभी और स्वाभिमानी में फर्क नहीं करते। करते होते तो वे मुझे दंभी न पाते। अकड़ कर जीना, तनकर सामने बात कहना मेरा स्वभाव है। मैं रचनाकार के अहं को रक्षित रखने के लिए उसे बचाए फिरता हूँ। वह अहं बचा रहे—बिके नहीं, बकरी की तरह मेरे भीतर मिमियाये नहीं, यह आकांक्षा भी जरूर रखता हूँ। अपने को औरों से श्रेष्ठ नहीं समझता; बल्कि औरों से छिपता फिरता हूँ। वे समझते हैं कि मैं औरों से अपने को श्रेष्ठ समझता हूँ। जो मजा 'मामूली आदमी' बनकर जीने में है--वह 'खास आदमी' बनकर जीने में नसीब ही नहीं हो सकता। फिर मैं तो आम आदमी की व्यथा से बना कवि हूँ। अभिजात्यवादी दंभ पालना मुझे सदैव हास्यास्पद लगता रहा है। और फिर मैं तो अब औरों पर ही नहीं, अपने पर भी हँसने की आदत डाल रहा हूँ। मित्रों के साथ खुलकर हँसता हूँ, खुलकर घूमता हूँ, बतियाता हूँ। लेकिन एक संतुलन तो बनाए ही रखना पड़ता है।

# सर्वेश्वर की रचनाएँ

## कविता संग्रह

| | |
|---|---|
| काठ की घंटियाँ | 1959 |
| बाँस का पुल | 1963 |
| एक सूनी नाव | 1966 |
| गर्म हवाएँ | 1969 |
| कुआनो नदी | 1973 |
| जंगल का दर्द | 1976 |
| खूँटियों पर टँगे लोग | 1982 (साहित्य अकादेमी पुरस्कार से सम्मानित) |
| कोई मेरे साथ चले | 1985 |

## उपन्यास

| | |
|---|---|
| सूने चौखटे | 1974 |
| सोया हुआ जल | 1977 |
| सूने चौखटे | पैपरबैक संस्करण में 'उड़े हुए रंग' शीर्षक से प्रकाशित 1974 |

## कहानी संग्रह

| | |
|---|---|
| कच्ची सड़क | 1978 |
| अँधेरे पर अँधेरा | 1980 |
| बदलता हुआ कोण | 1981 |

## नाटक

| | |
|---|---|
| बकरी | 1974 |
| लड़ाई | 1979 |
| अब गरीबी हटाओ | 1981 |

हवालात तथा 'कल भात आएगा' 1979
रूपमती बाजबहादुर तथा होरी धूम मचौ री (मं-1976)

## बाल नाटक

भों भों खों खों 1975
लाख की नाक 1974
हाथी की पौं 1976
अनाप-शनाप 1978

## बाल कविताएँ

बतूता का जूता 1975
महंगू की टाई 1974
बिल्ली के बच्चे 1976

## यात्रा-संस्मरण

कुछ रंग कुछ गंध 1976 (रूस यात्रा)

## पत्रकारिता

चरखे और चरचे 1986

## सम्पादित पुस्तकें

शमशेर 1971
नेपाली कविताएँ 1981
रूसी भाषा की कविताओं के दो संकलन 1977
सर्वेश्वरदयाल सक्सेना : सम्पूर्ण गद्य रचनाएँ, भाग-1-4,
किताबघर, दरियागंज, दिल्ली-110002

# सहायक सामग्री

**हिंदी साहित्य और संवेदना का विकास**—रामस्वरूप चतुर्वेदी, लोकभारती प्रकाशन, इलाहाबाद-1, हि. सं. 1993

**शब्द और मनुष्य**—परमानंद श्रीवास्तव, राजकमल प्रकाशन, नयी दिल्ली-110002

**सर्वेश्वर और उनकी कविता**—कृष्णदत्त पालीवाल, लिपि प्रकाशन, अंसारी रोड, दरियागंज, नयी दिल्ली, प्र. सं. 1979

**अंतरंग साक्षात्कार**—कृष्णदत्त पालीवाल, सचिन प्रकाशन, दरियागंज, दिल्ली, प्र. सं. 1988

**वागर्थ**—रमेशचन्द्र शाह, संभावना प्रकाशन, हापुड़, प्र. सं. 1981

**नयी कविता और अस्तित्ववाद**—रामविलास शर्मा, राजकमल प्रकाशन, नयी दिल्ली, प्र. सं. 1978

**कविता से साक्षात्कार**—मलयज, संभावना प्रकाशन, हापुड़, प्र. सं. 1979

**कविता के नये प्रतिमान**—नामवर सिंह, राजकमल प्रकाशन, नयी दिल्ली, प्र. सं. 1968

**छठवाँ दशक**—विजयदेवनारायण साही, हिंदुस्तानी अकादेमी, इलाहाबाद, प्र. सं. 1987

**समाजवादी दर्शन और डॉ. लोहिया**—लक्ष्मीकांत वर्मा, सूचना एवं जन संपर्क विभाग, उत्तर प्रदेश, प्र. सं. 1991

**नयी कविता : सीमाएँ और संभावनाएँ**—गिरिजाकुमार माथुर, नेशनल पब्लिशिंग हाउस, दिल्ली-110002, प्र. सं. 1973

**लक्ष्मीकांत वर्मा : चुनी हुई रचनाएँ**—सं. कृष्णदत्त पालीवाल, सचिन प्रकाशन, दरियागंज, दिल्ली, 1988

**नयी कविता : स्वरूप और समस्याएँ**—जगदीश गुप्त, भारतीय ज्ञानपीठ, दिल्ली, द्वि. सं. 1971

**सर्वेश्वरदयाल सक्सेना : संपूर्ण गद्य रचनाएँ (खंड 1-4)**, किताबघर, नयी दिल्ली, प्र. सं. 1992

**अनुभव का भाव**—नंदकिशोर आचार्य, वाग्देवी प्रकाशन, बीकानेर, 1994

**सर्जना और संदर्भ**—अज्ञेय, नेशनल पब्लिशिंग हाउस, दिल्ली, 1985

**नयी कविता और सर्वेश्वर**—रमेश ऋषिकल्प, भाषा प्रकाशन, दिल्ली, 1979

**नयी कविता का आत्मसंघर्ष तथा अन्य निबंध**—ग. मा. मुक्तिबोध, विश्वभारती प्रकाशन, नागपुर, 1964

●●●